AF393268

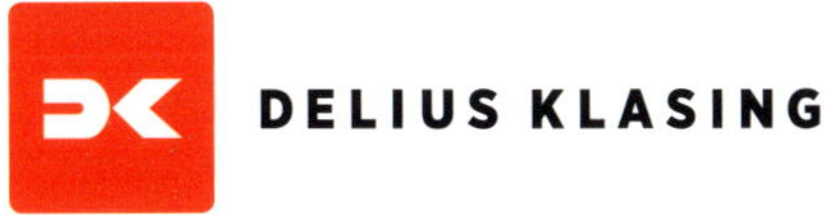

radebold | rieker | weusthoff (Hrsg.)

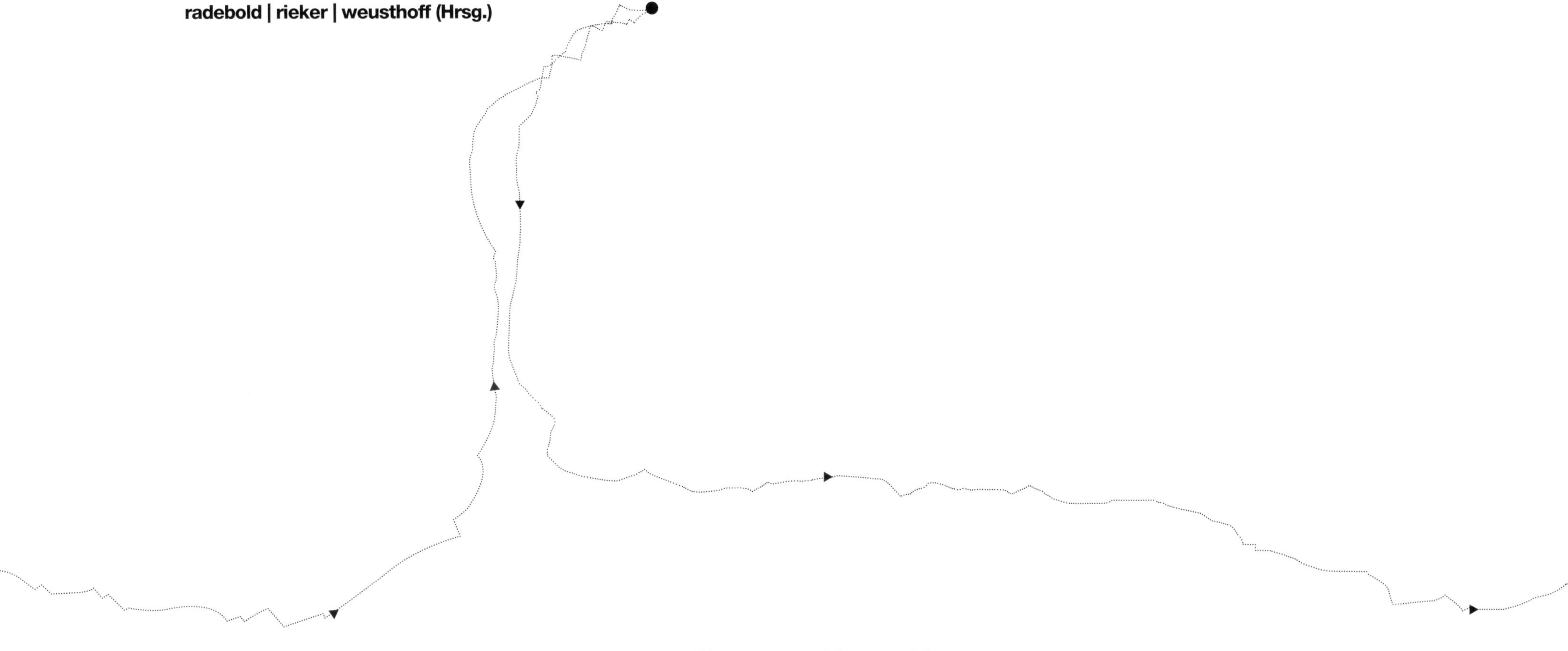

boris herrmann
seaexplorer
abenteuer vendée globe

Delius Klasing Verlag

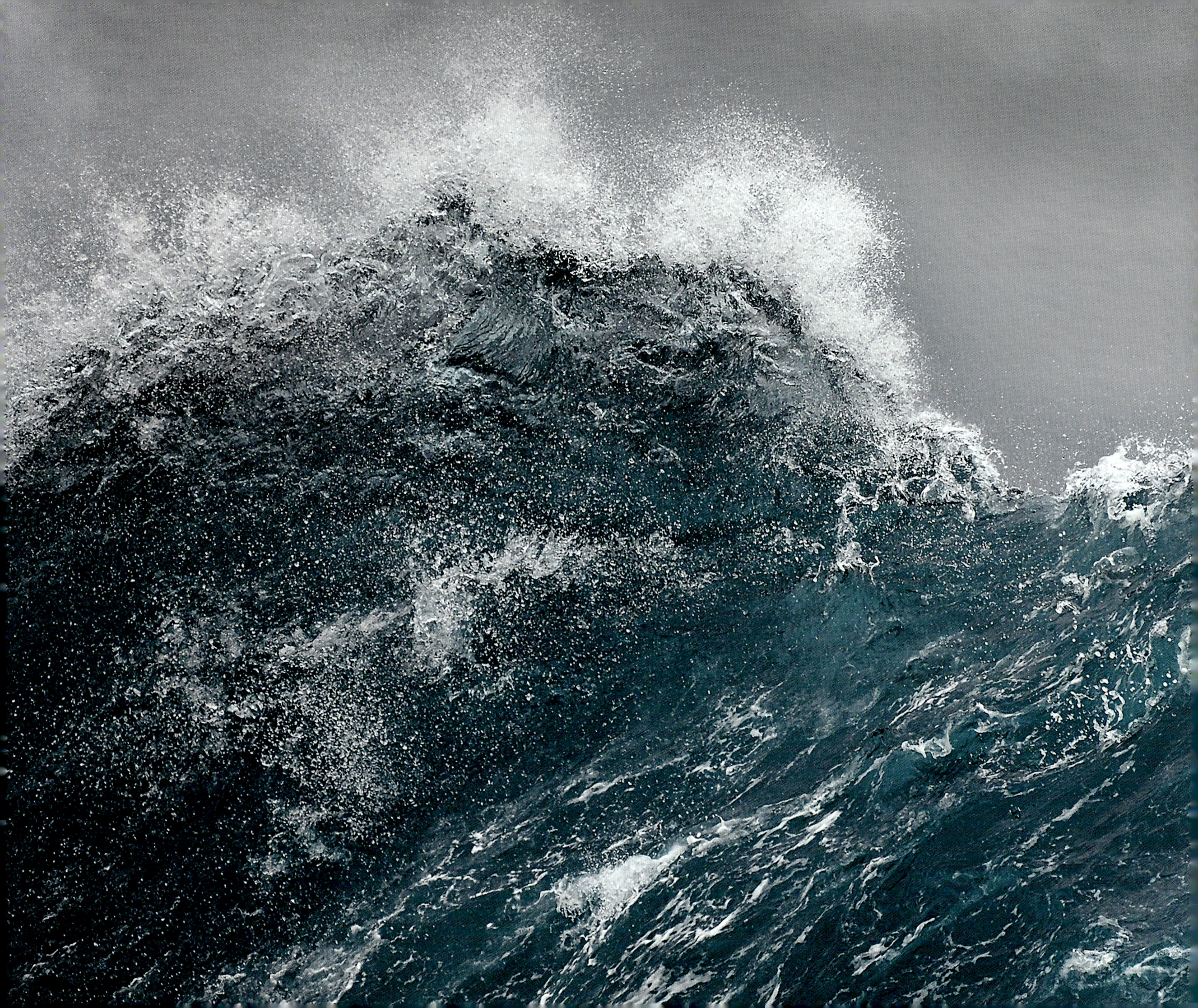

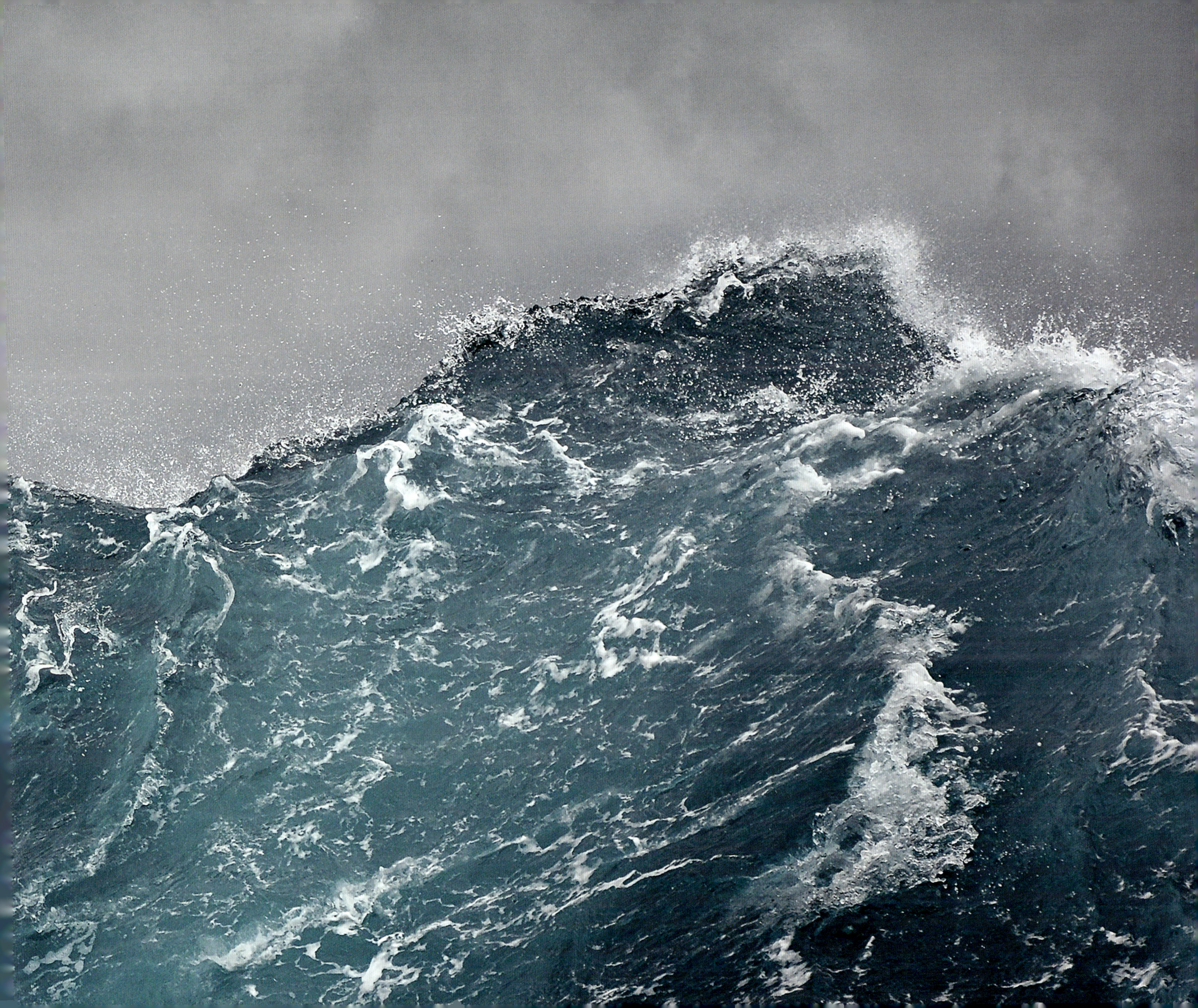

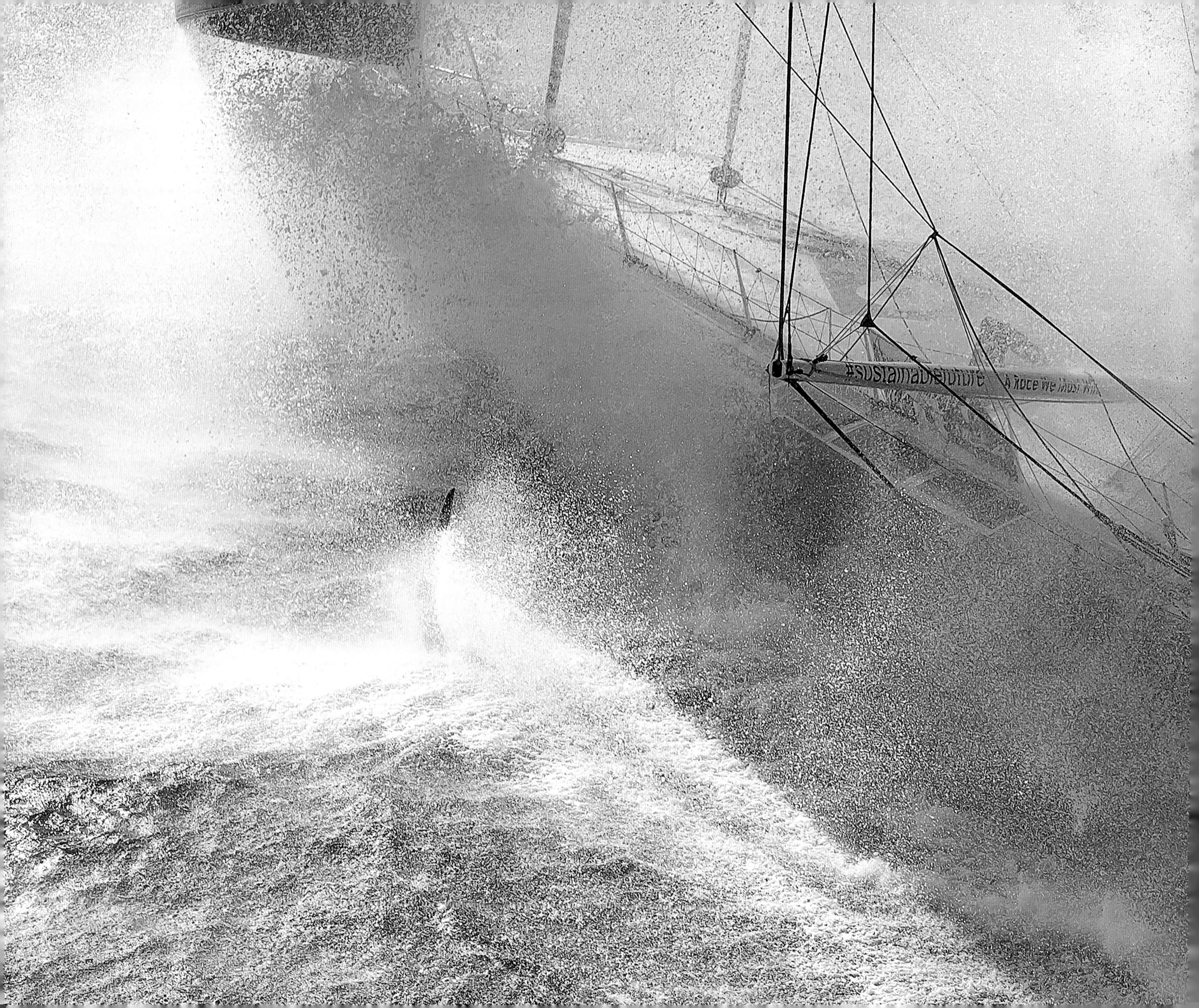

#sustainablefuture   A Race We Must Win

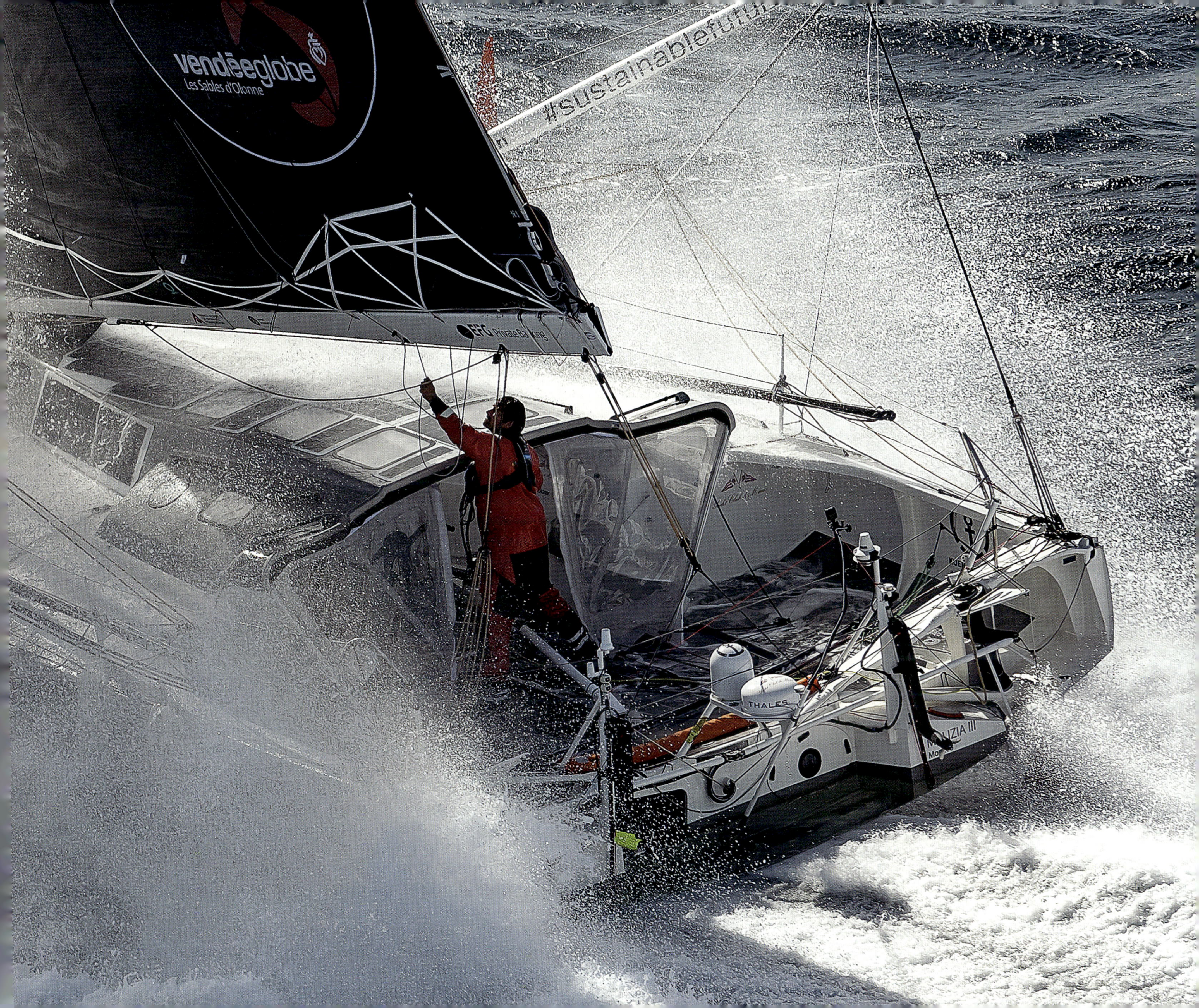

vendéeglobe
Les Sables d'Olonne
#sustainablefuture
THALES
MALIZIA III

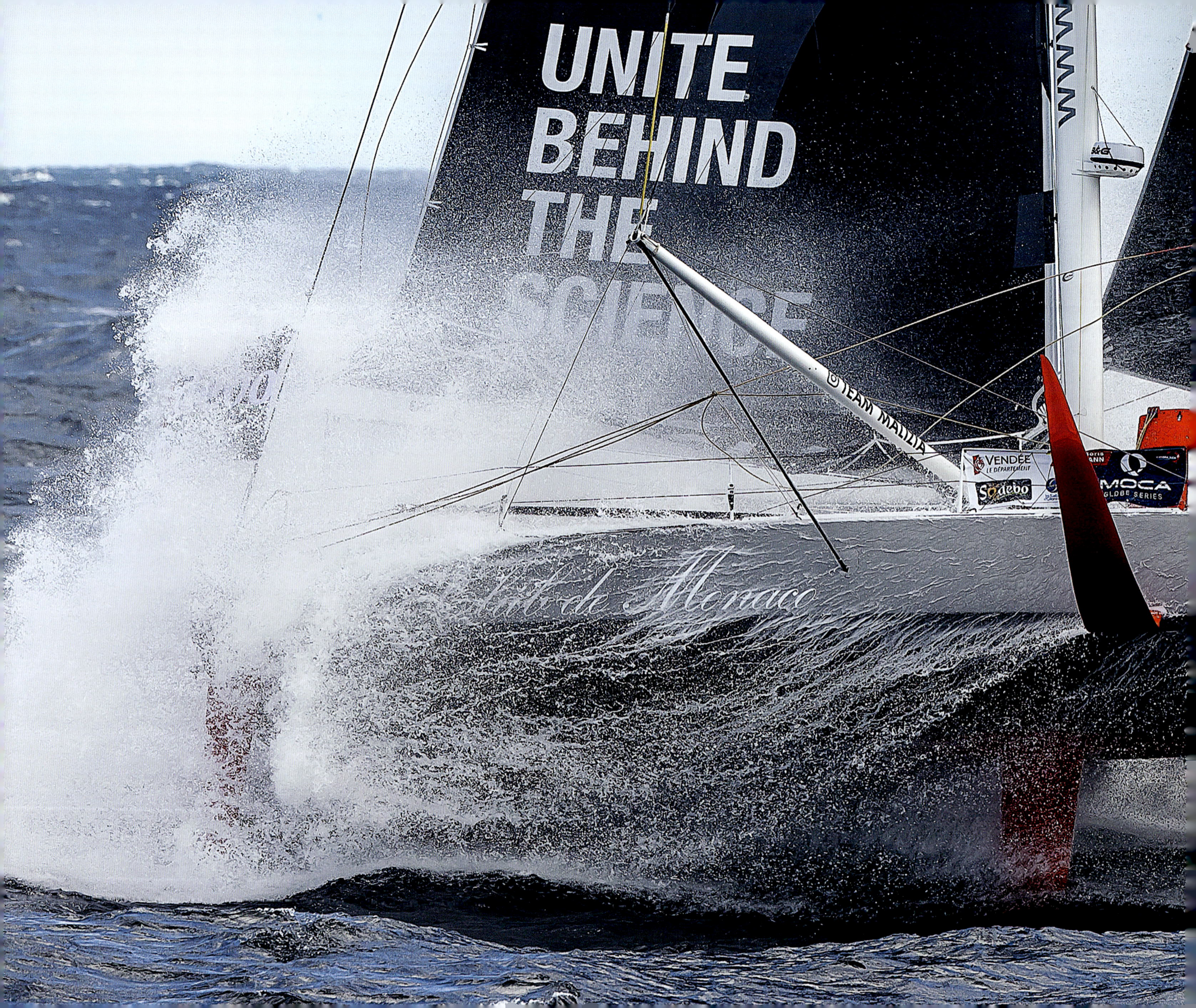

UNITE
BEHIND
THE
SCIENCE
© TEAM MALIZIA
VENDÉE
LE DÉPARTEMENT
Sodebo
IMOCA
GLOBE SERIES
de Monaco

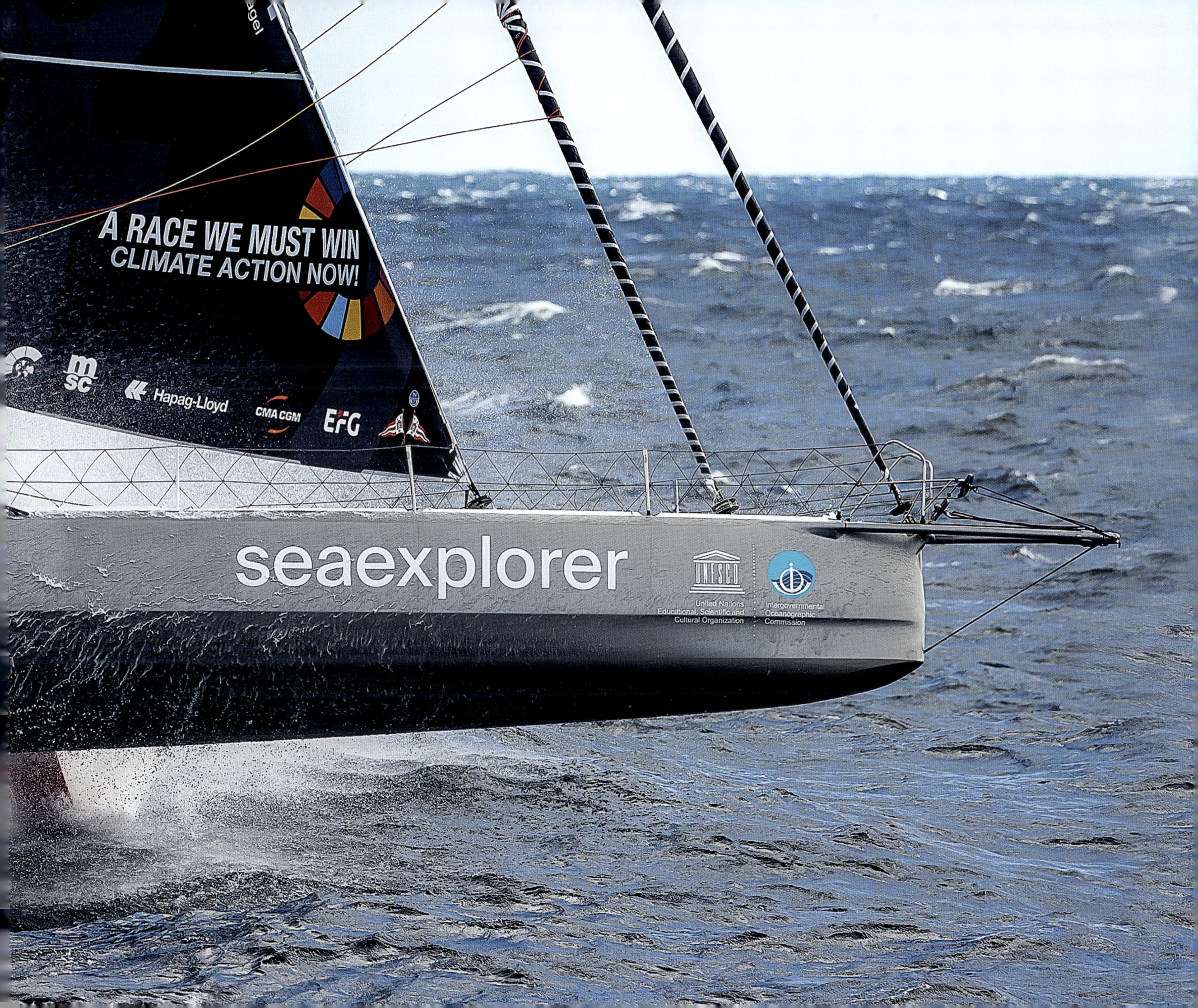
A RACE WE MUST WIN
CLIMATE ACTION NOW!
msc
Hapag-Lloyd
CMA CGM
EFG
seaexplorer
UNESCO
United Nations
Educational, Scientific and
Cultural Organization
Intergovernmental
Oceanographic
Commission

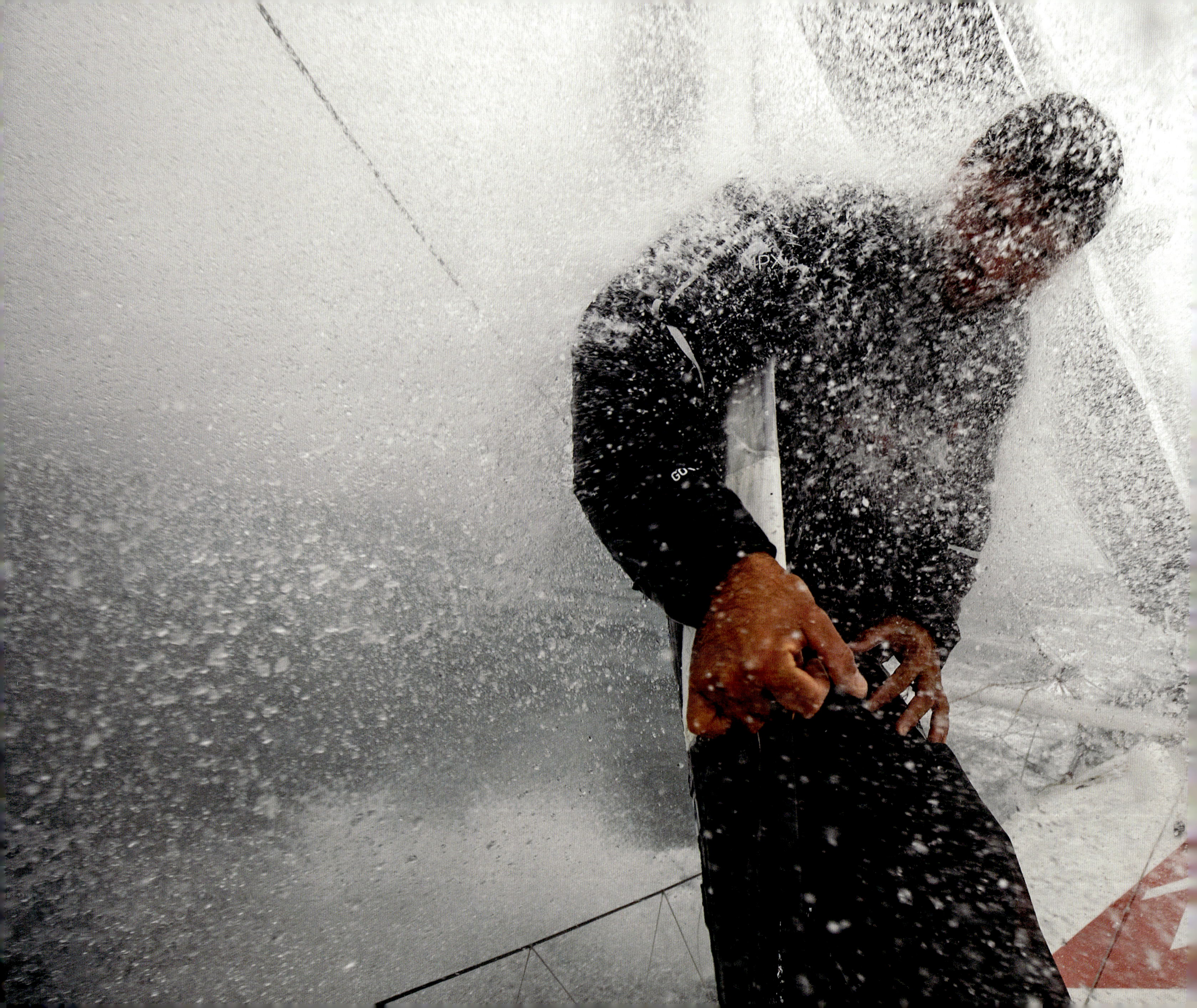

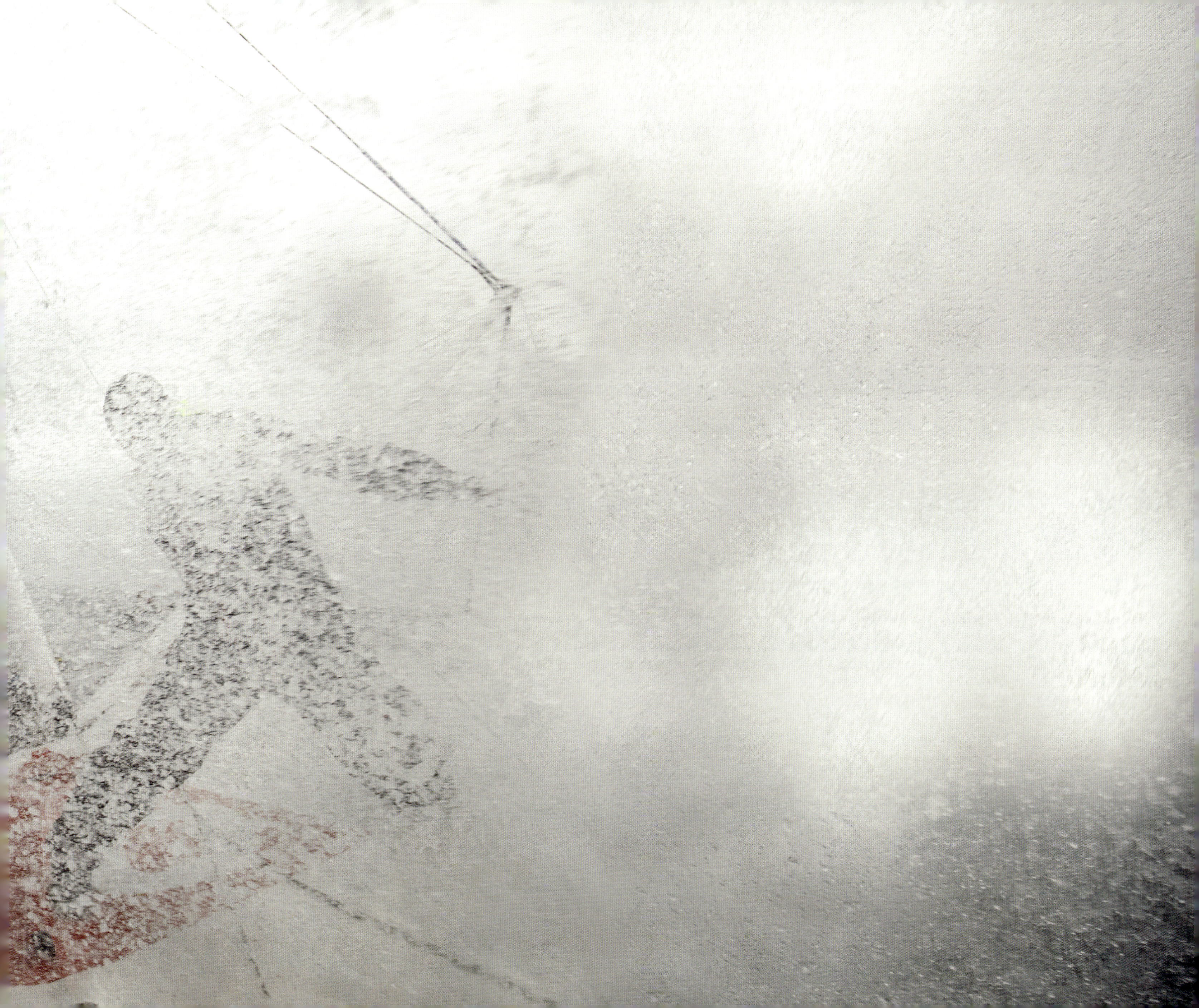

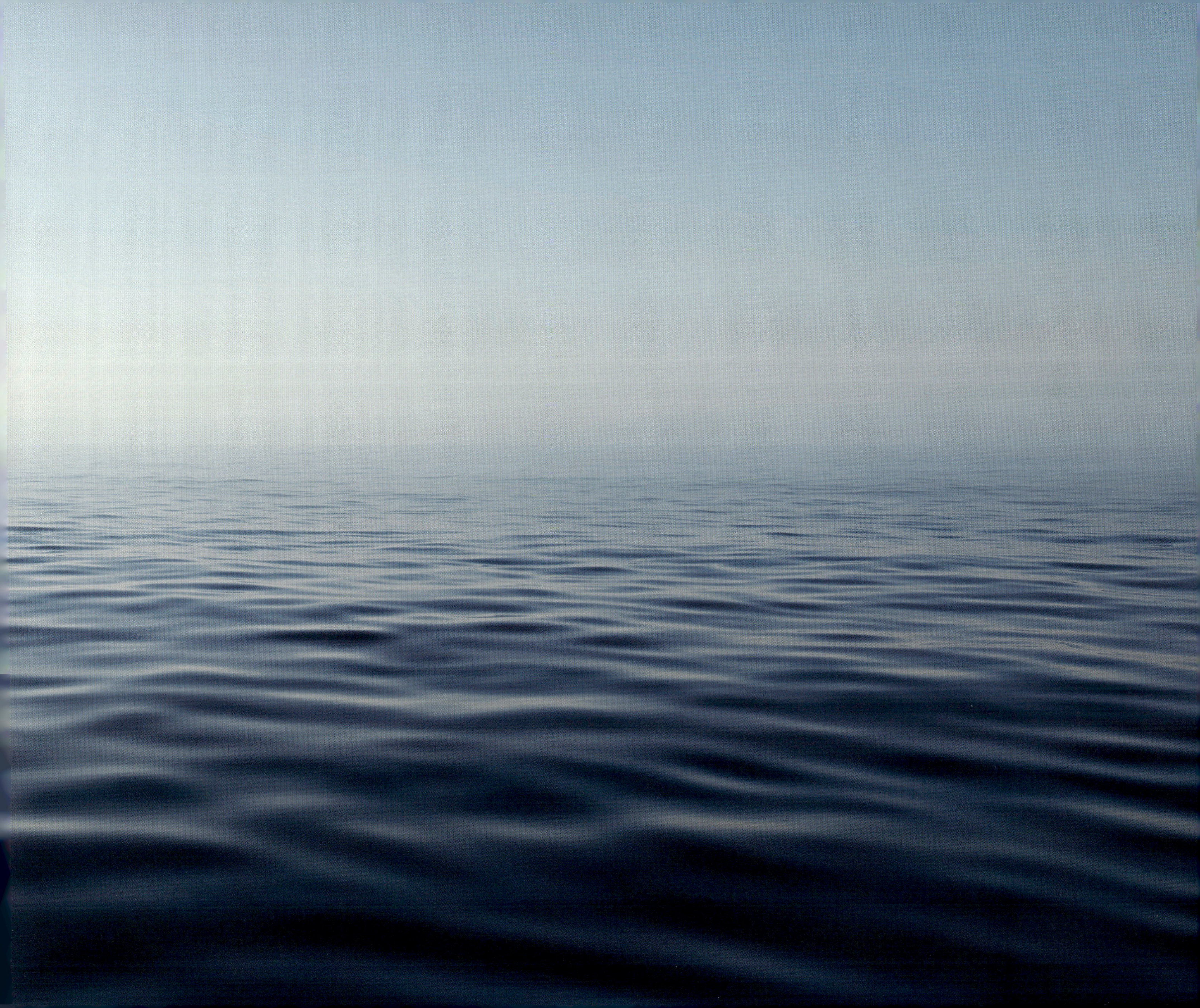

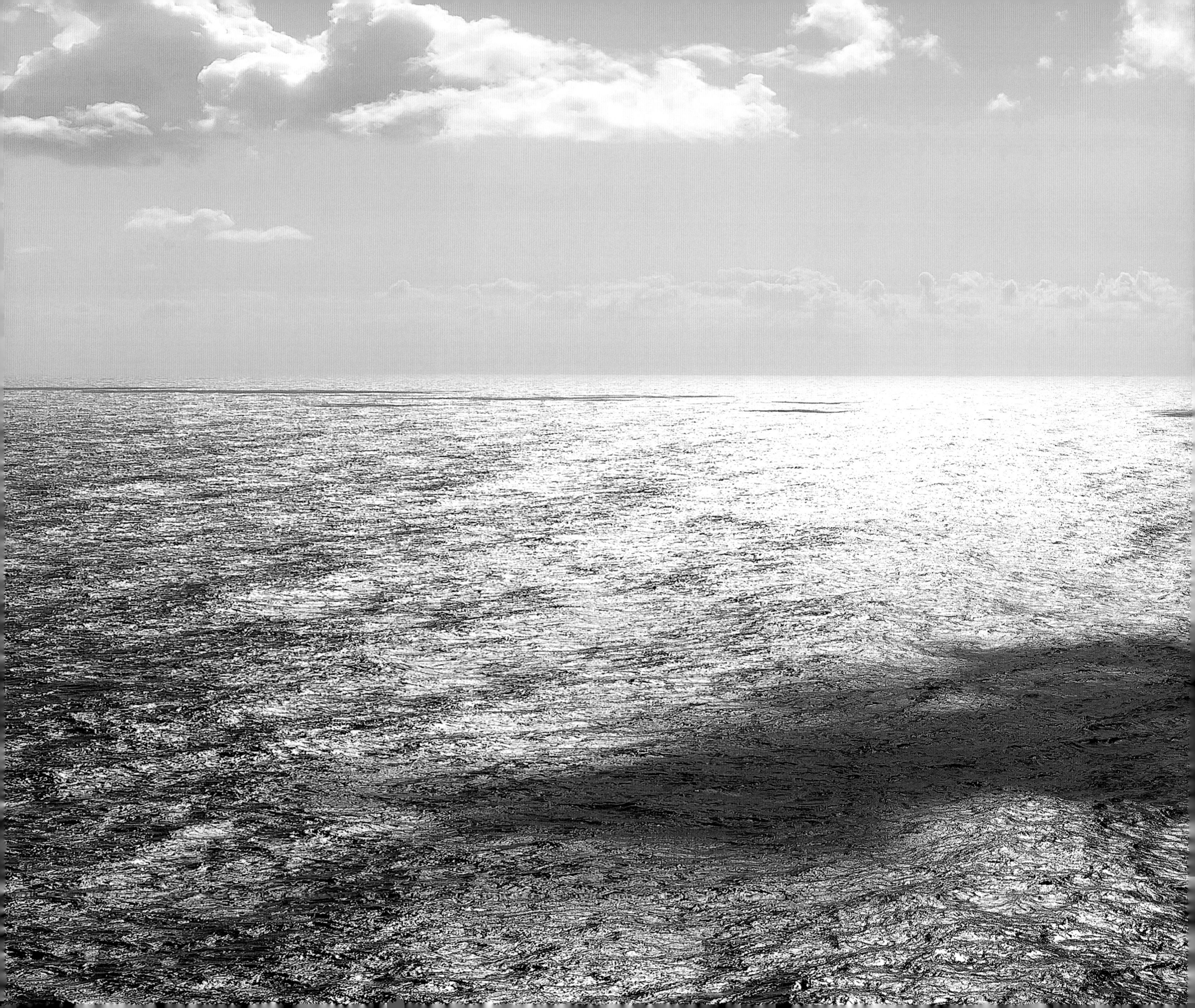

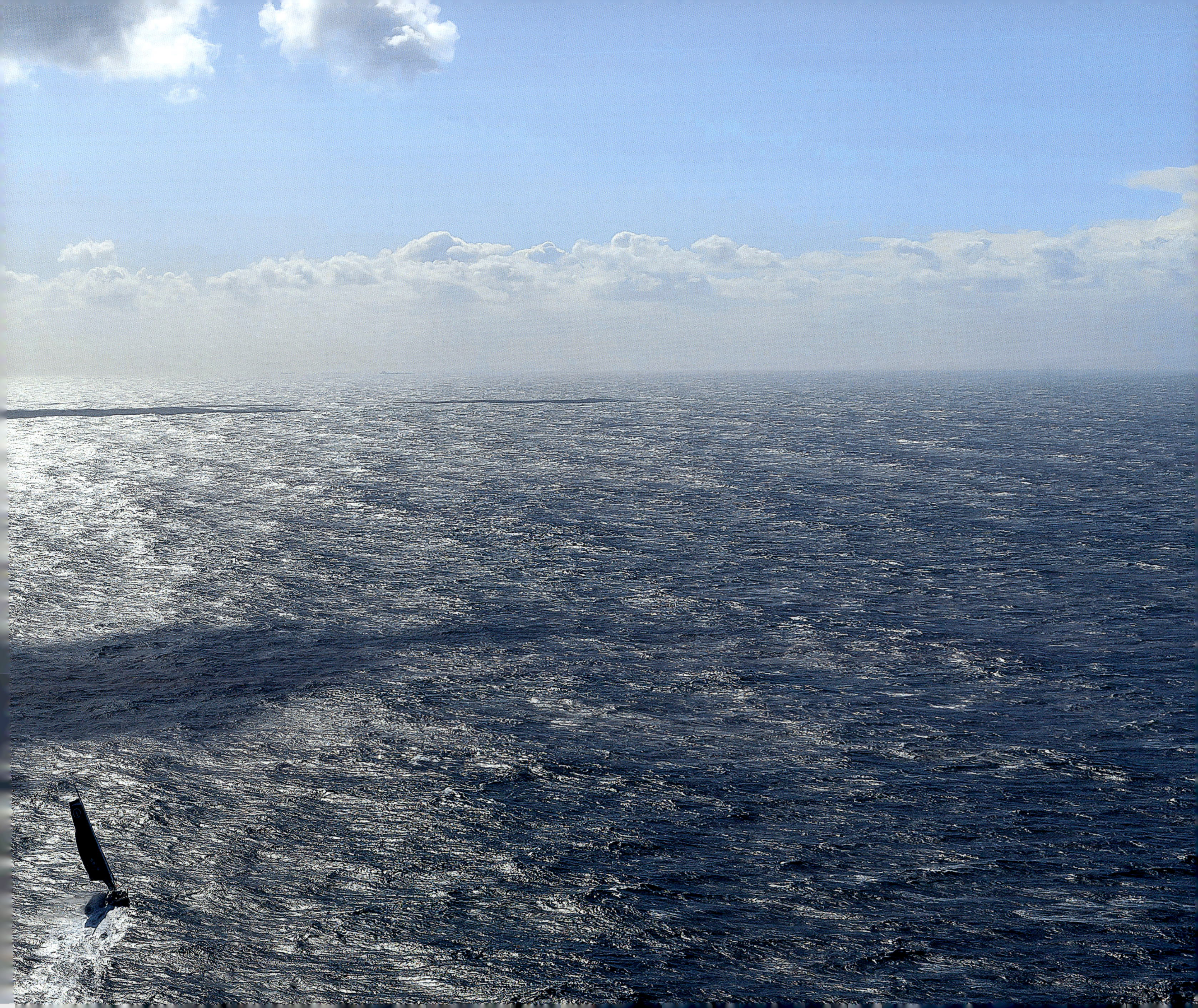

inhalt

A race we must win

An einer Regatta wie der Vendée Globe teilzunehmen, das passiert einem nicht einfach so.

Das Vendée Globe ist eines der letzten Abenteuer unserer Zeit. Der Ausgang des Rennens ist ungewiss. Wie bei jeder großen Ozeanpassage. Der Start ist wie ein Absprung ins Unbekannte: Welches Wetter werden wir in den Südmeeren in ein, zwei Monaten vorfinden? Welche Herausforderungen wird das Rennen für uns bereithalten? Wer von uns wird durchkommen? Wir brechen auf in eine der letzten großen Wildnisse dieses Planeten. Unser Schiff ist unsere Raumkapsel für die drei Monate des Rennens, versorgt uns mit allem Lebenswichtigen, trägt uns voran, bietet uns etwas Geborgenheit im Schlafsack in einer kleinen Koje. All unser Talent und Wissen, unser Elan, all unsere Voraussicht und technisches Urteilsvermögen stecken in dieser Windmaschine. Allein der Weg zum Start waren schon zehn Vendée Globe, ein stilles Wetteifern im Verborgenen, ungesehen von der Öffentlichkeit, Jahre des Strebens nach einem Traum. Sicher ein ferner Traum für jede und jeden von uns, oft zuerst eine vage Faszination im Jugendalter, manchmal auch ein Schaudern. Irgendwann ist es eine tägliche Realität aus Wetterstudien und Sicherheitstrainings, aus

Kohlefaser und Hornhaut an den Händen. Die Realität eines Vendée Globe-Skippers ist zu einem großen Teil ein Bürojob, etwas, was von außen wenige sich so vorstellen: Boot und Skipper brauchen ein Team, und das braucht eine Kampagne, ein Projekt, braucht Partner und hat viele Aufgaben neben dem Segeln.

Und dann sind sie da, die ersten Gischtspritzer, aus denen schon schnell Wasserkaskaden an Deck werden. Dann bist du in deinem Element, einem wild springenden, schräg liegenden Rennboot, erfüllt von der Energie des Windes und im Widerstreit mit den Elementen der See, in ständiger Konfrontation mit den Wellen, umgeben von einer permanenten Geräuschkulisse. Sehen kann man außer Gischt und Zahlen auf den Digitalanzeigen wenig. Man segelt viel mit dem Ohr. Durch das Schall- und Wasserinferno hört der Segler das Innenleben des ächzend Schiffes, seinen Herzschlag, das Knacken seiner Gelenke, das Stöhnen bei Schlaglöchern, das Zappeln eines Lieks, wenn das Schiff etwas zu hoch am Wind segelt, das Heulen des

Foils und des Kiels, das Rauschen am Ruder, kurze Momente, wo
das Stakkato-Schlagen des Rumpfes auf die Wellen für ein paar
Sekunden aufhört, wenn das Boot komplett abhebt und nur auf seinen
Foils fliegt, von einer Welle zur nächsten. Dann schlägt das Herz
auf 180 beats per minute, dann krampfen sich die Hände um ein
Karbonrohr fest, dann hält man den Atem an, bis sich nach einigen
Stunden alles in einem wilden Rauschen wieder ineinander blendet
und man für 15 Minuten die brennenden Augen zu schließen vermag.
Tag und Nacht gehen ineinander über ohne großen Unterschied.
Es ist überwiegend grau, diesig und kalt im Süden. Es ist eine Erlö-
sung, das Kap Horn zu passieren, die Nase wieder gen Norden zu
drehen und noch einmal durch alle Klimazonen zu segeln, bis man
es endlich geschafft hat.

Dazwischen liegt ein Leben, eine Perlenschnur an Abenteuern, ein nie
endendes inneres Streitgespräch zwischen dem einen Ehrgeizigen,
der unbedingt bis ins Ziel durchkommen will, und dem anderen Ehrgeizigen, der unbedingt den Rhythmus und den Speed der Spitzen-
flotte mithalten will.

Und dann querst du tatsächlich die Ziellinie: Was du erlebt hast,
können tausend Worte versuchen zu beschreiben, vielleicht können
aber auch Bilder es auf ganz andere Weise.

Einen großen Dank an das Team von Delius Klasing, diesen schönen
Bildband zusammengestellt zu haben, mit dem wir noch einmal ein-
tauchen können. Viel Spaß beim Träumen.

Boris,
November 2021

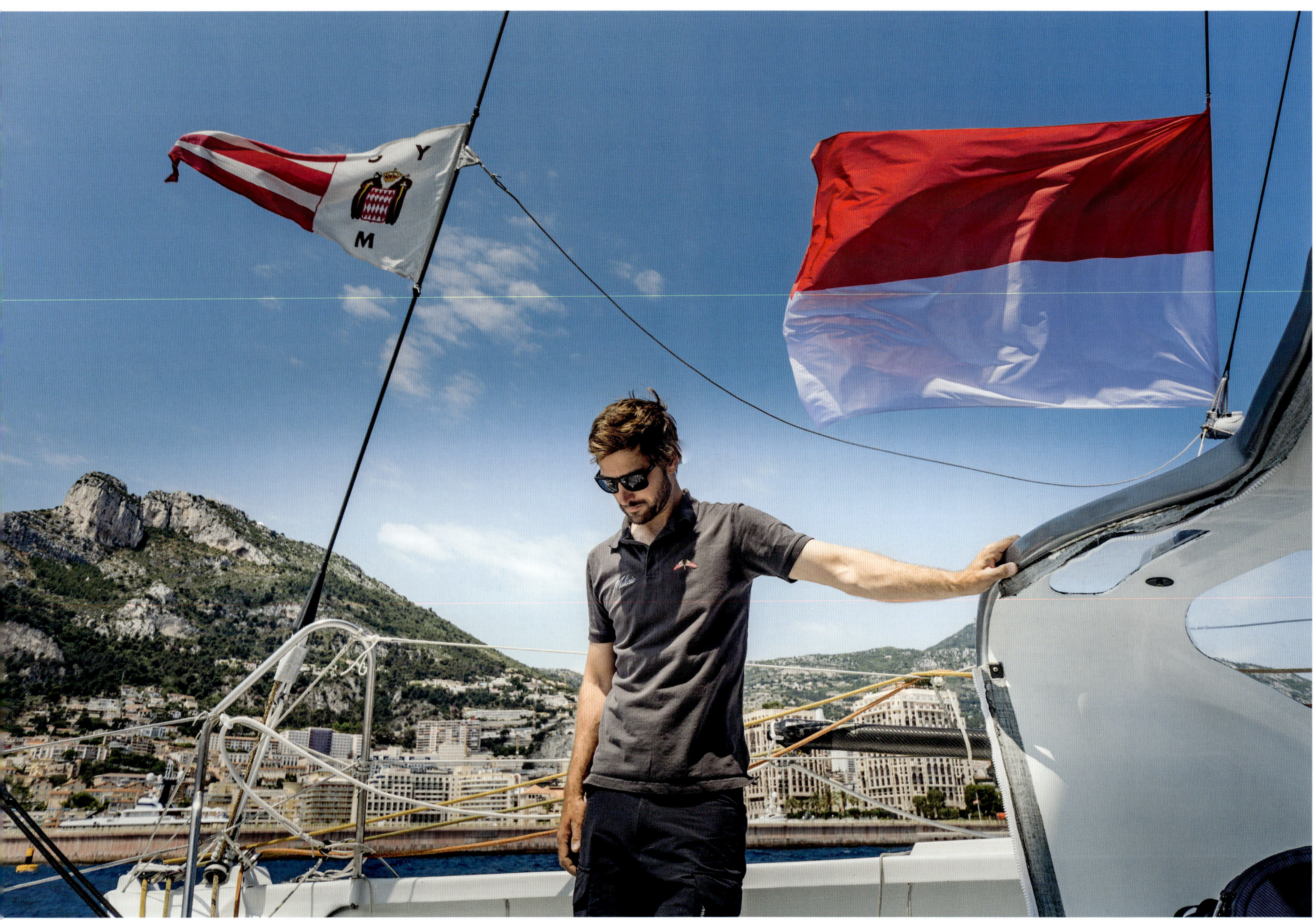

Yacht Club de Monaco, 26. Mai 2017

phase I

schiff und crew

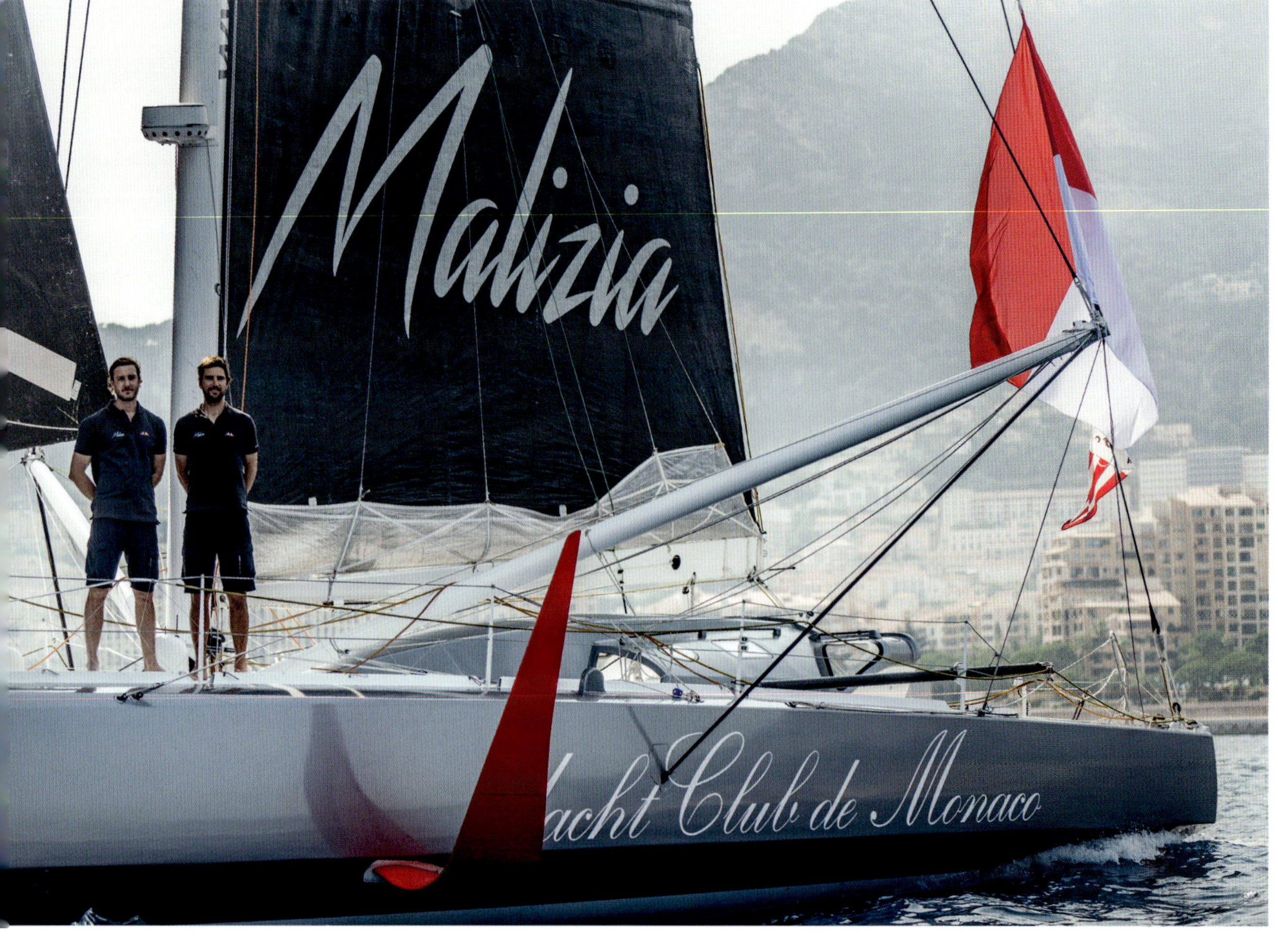

25. Mai 2017

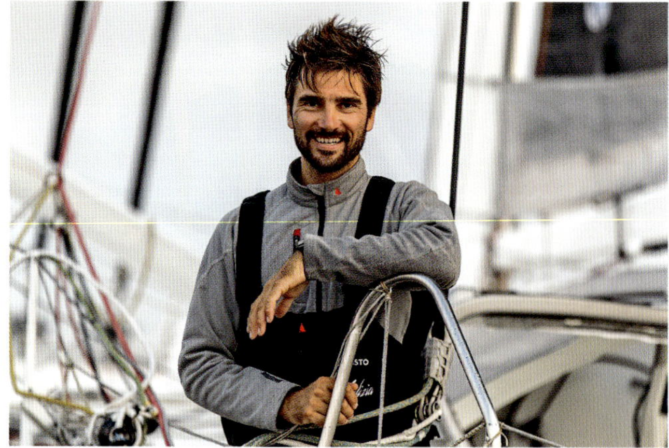

Yacht Club de Monaco, 18. Juli 2018

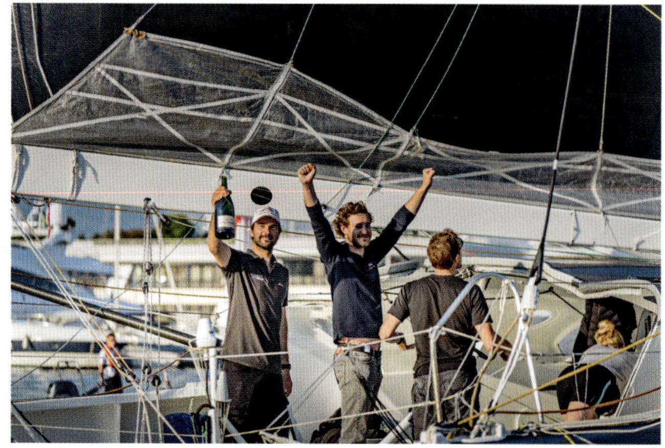

24. Mai 2017

Die Grundpfeiler sind gesetzt: Es gibt ein Boot und die Unterstützung vom Yacht Club de Monaco.

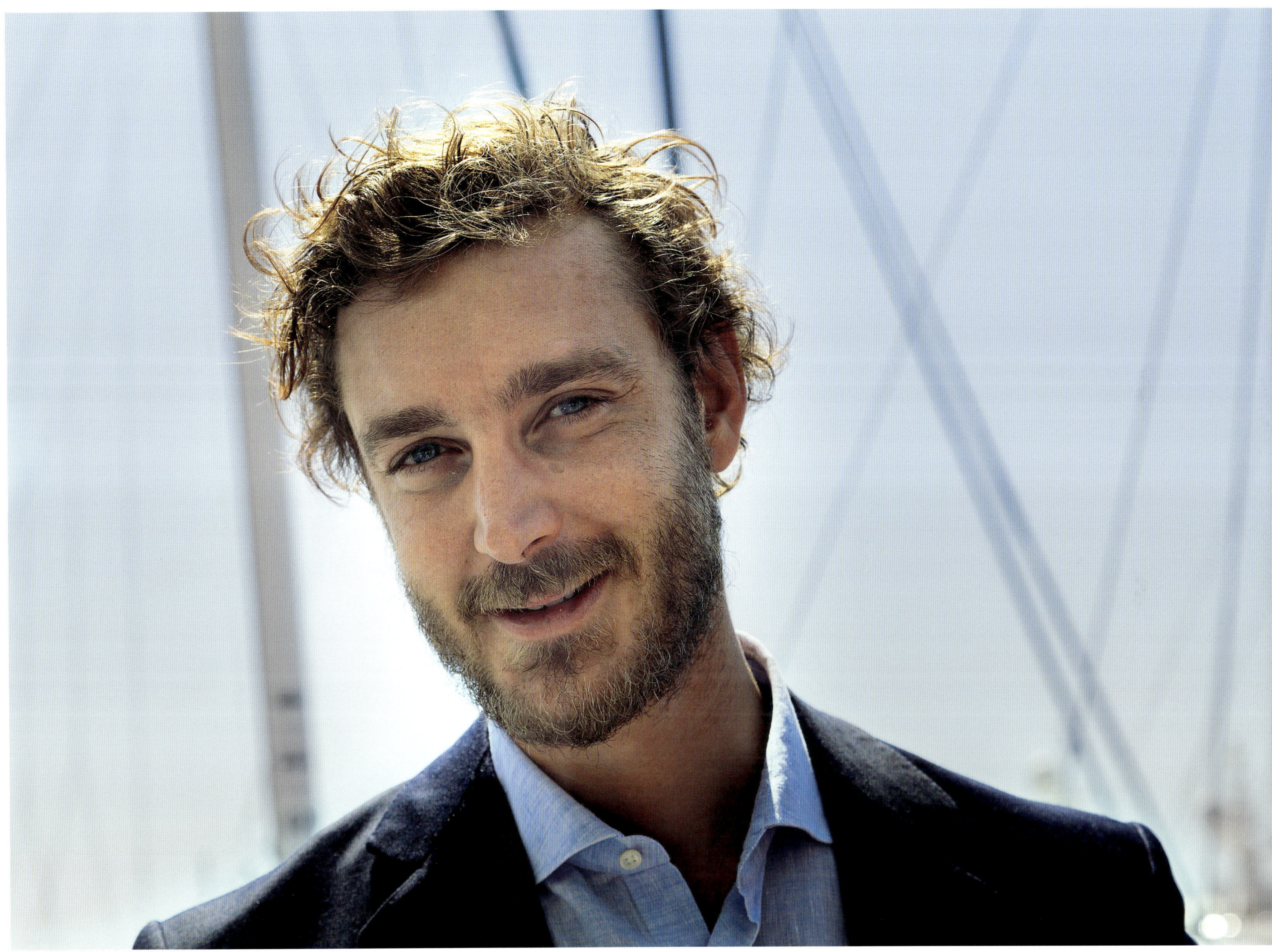

Pierre Casiraghi – Unterstützer, Co-Skipper, Freund.

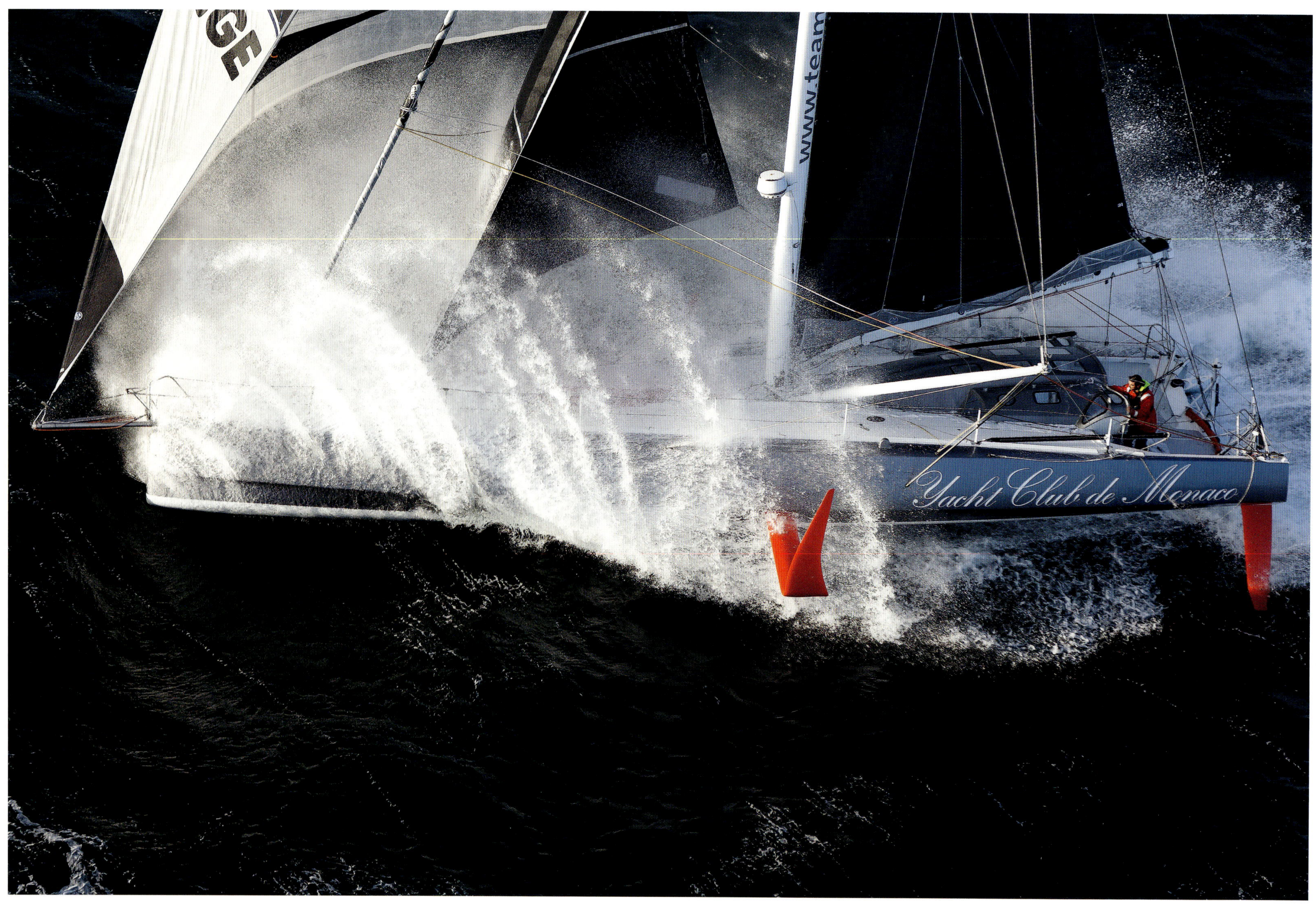
GE
www.team
Yacht Club de Monaco

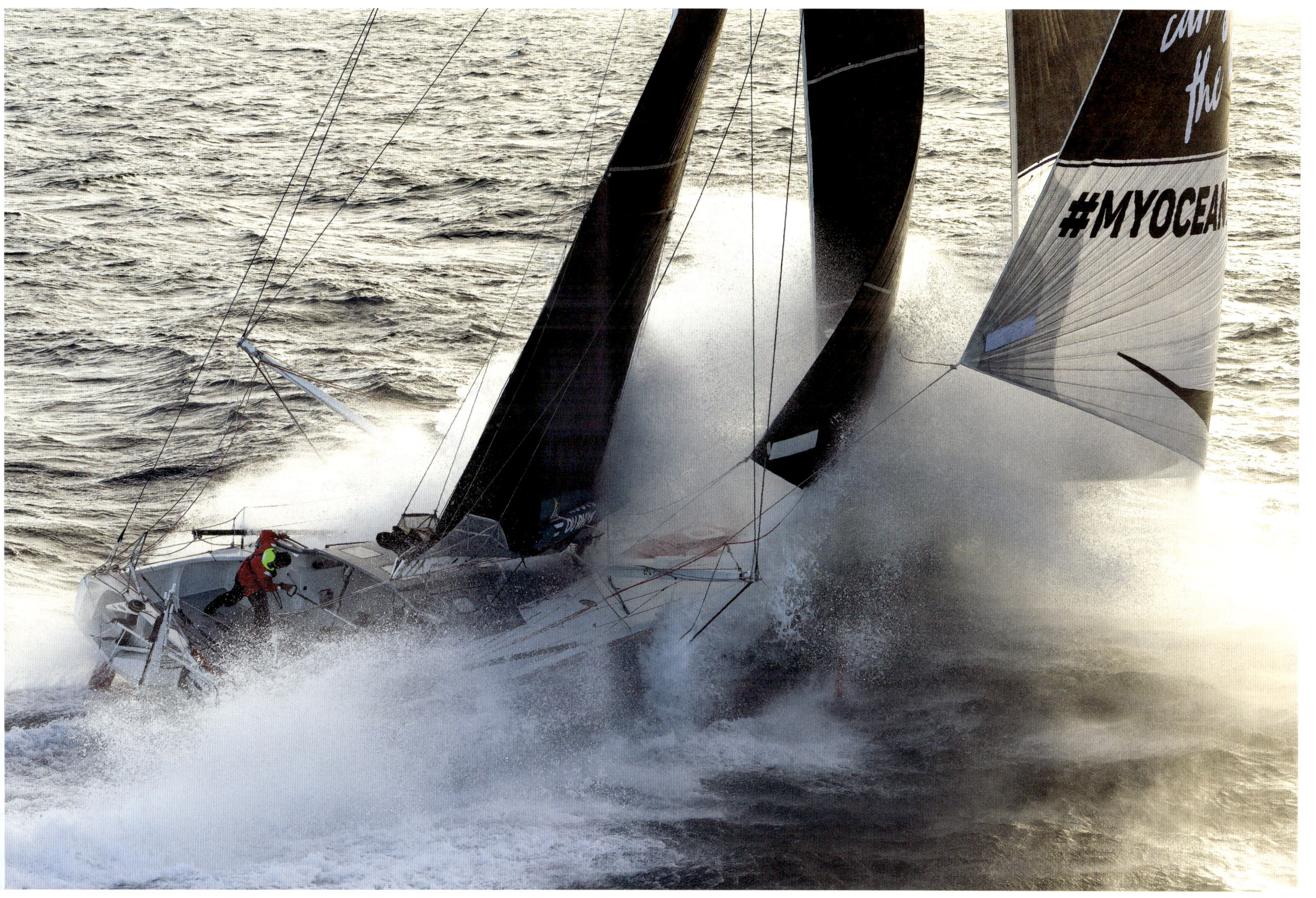

10. Oktober 2018

18. Juli 2018: Besuch der Malizia II in Hamburg – direkt vor der Haustür von Boris Herrmann.

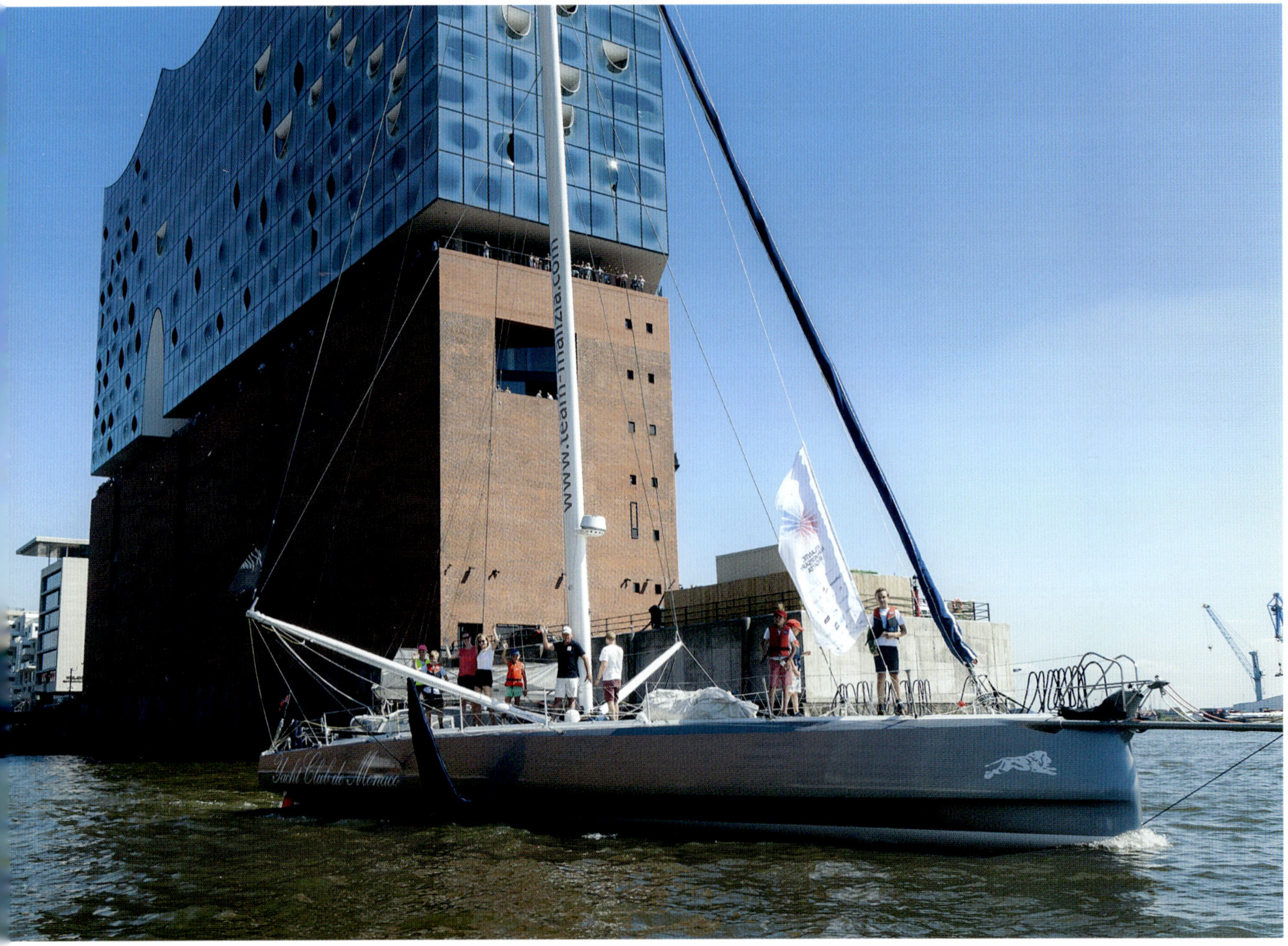

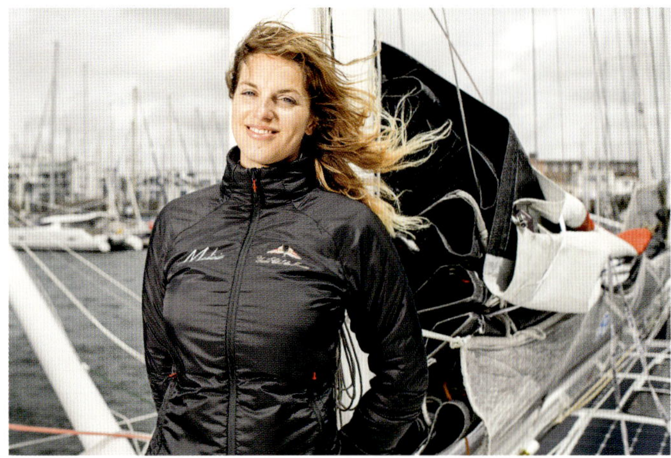

Holly Cova, Managerin. Ohne sie läuft nichts.

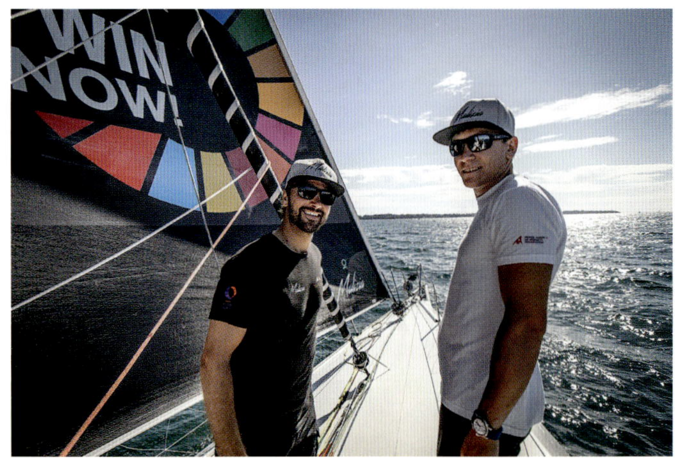

18. Juli 2018

28. Juli 2019

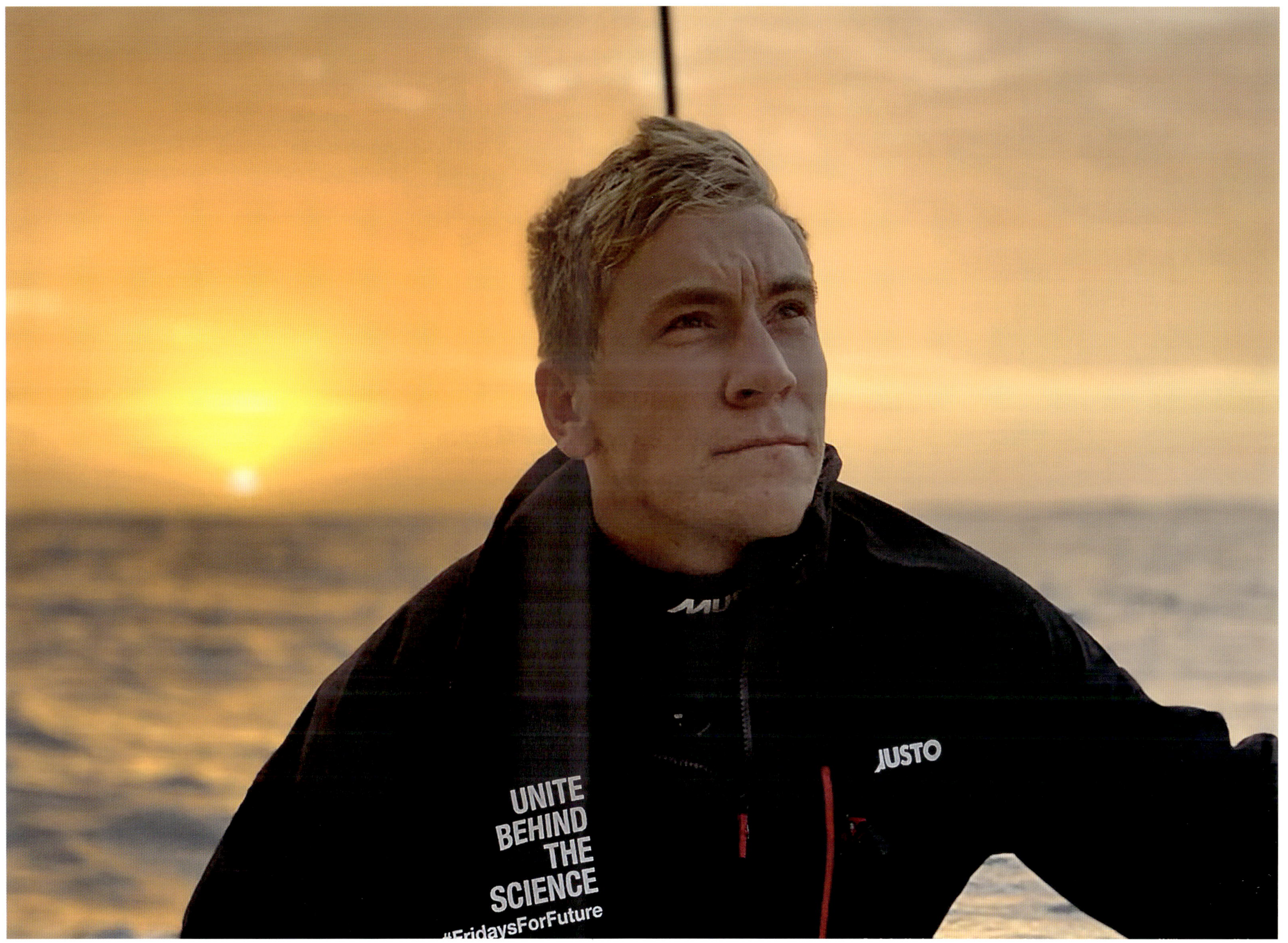

Will Harris, Co-Skipper, wird bei der Vendée Globe das Routing übernehmen und das Wettergeschehen permanent analysieren.

Die Vendée Globe ein Rennen für Einzelgänger?
Im Gegenteil!

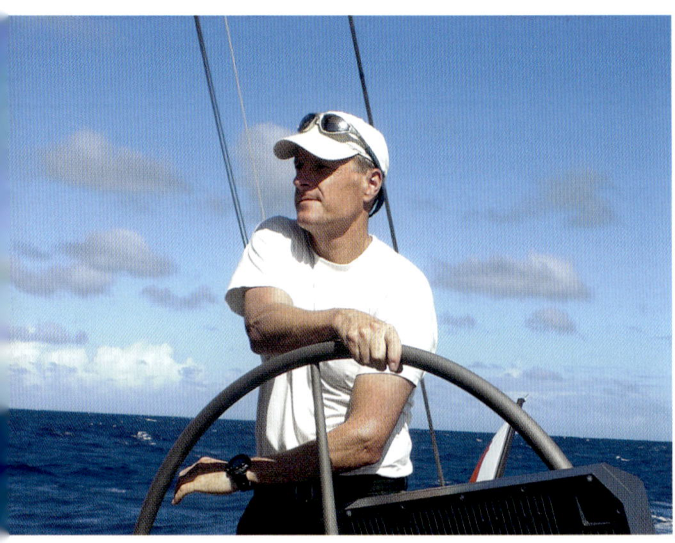

Arno Kronenberg

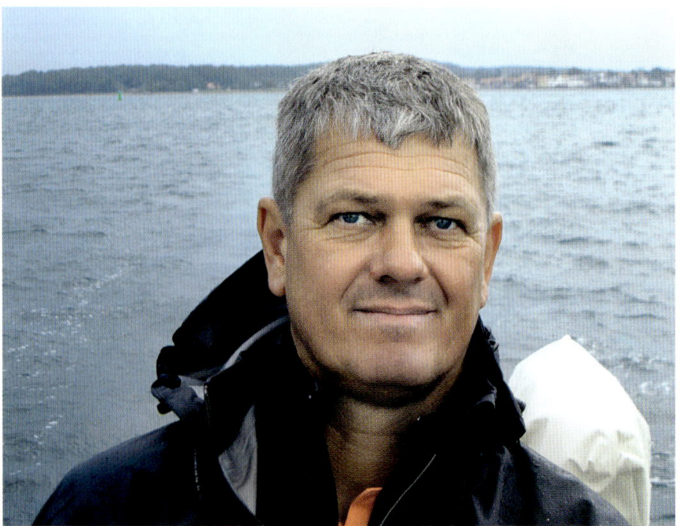

Ralf Brauner

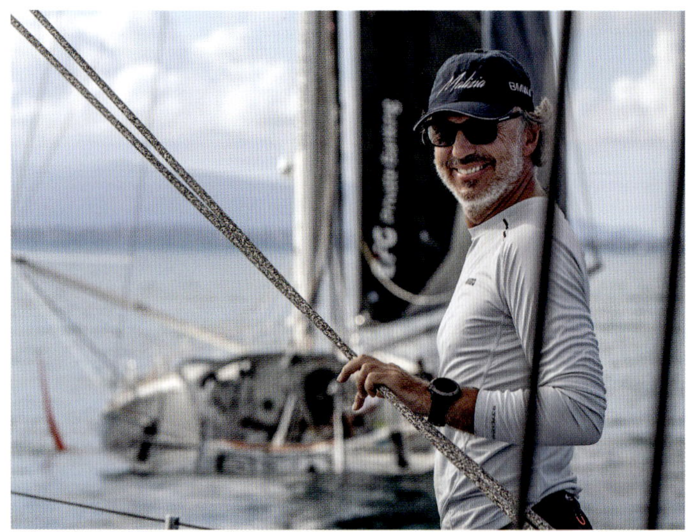

Gerhard Senft, Eigner der Malizia II, später Seaexplorer.

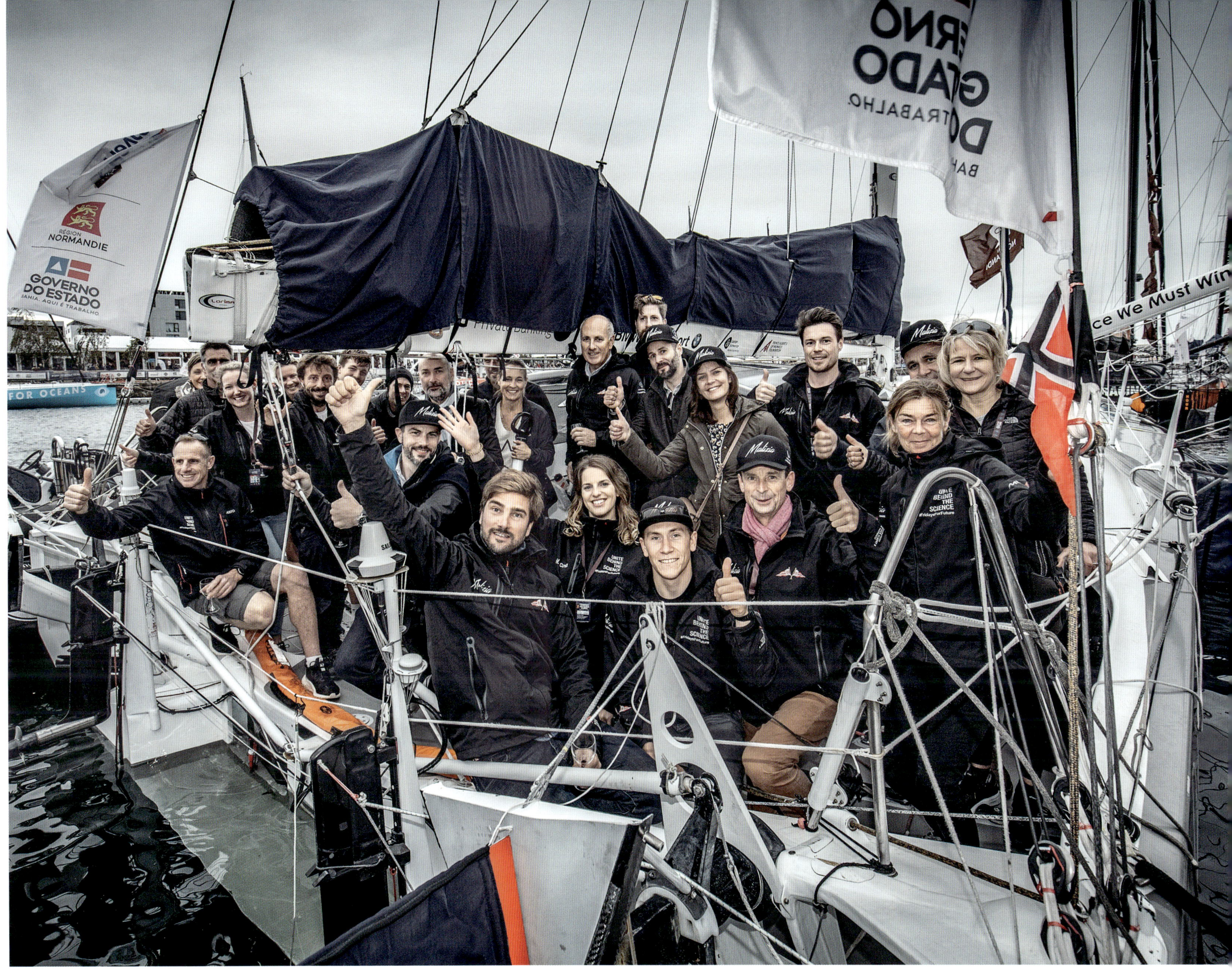

GOVERNO DO ESTADO
RÉGION NORMANDIE
...ce We Must Win

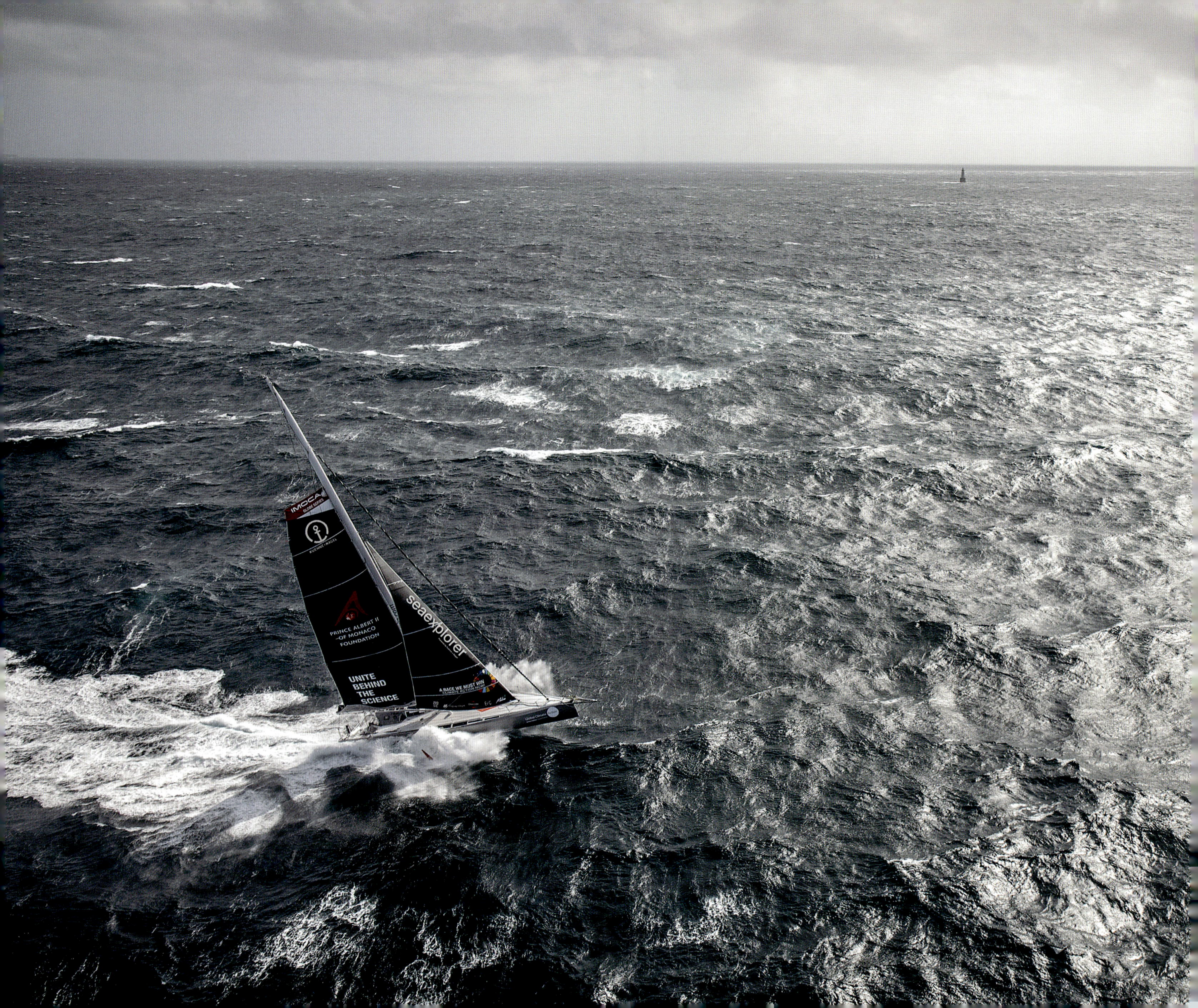
IMOCA
PRINCE ALBERT II
OF MONACO
FOUNDATION
seaexplorer
UNITE
BEHIND
THE
SCIENCE
A RACE WE MUST WIN

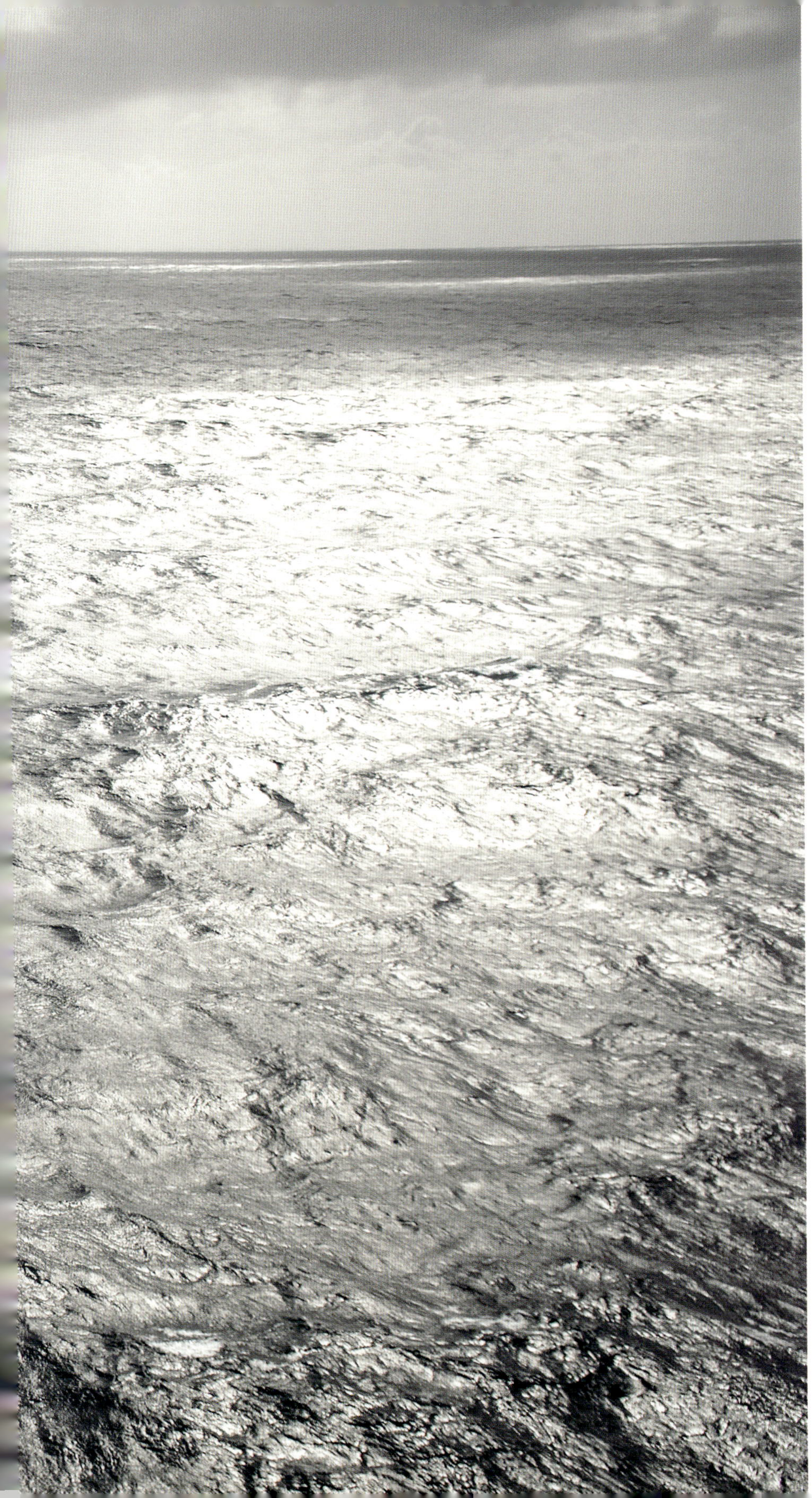

Die Vorbereitung umfasst alle Systeme: alle Segel, alle Messpunkte im und am Schiff, sämtliche Kommunikationswege – und auch die eigene Fitness. Darüber hinaus tut die gemeinsame Arbeit im Team einfach gut.

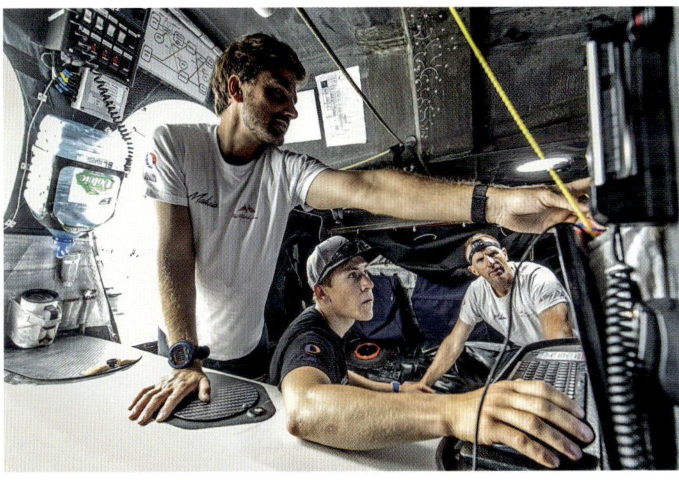

Juli 2019

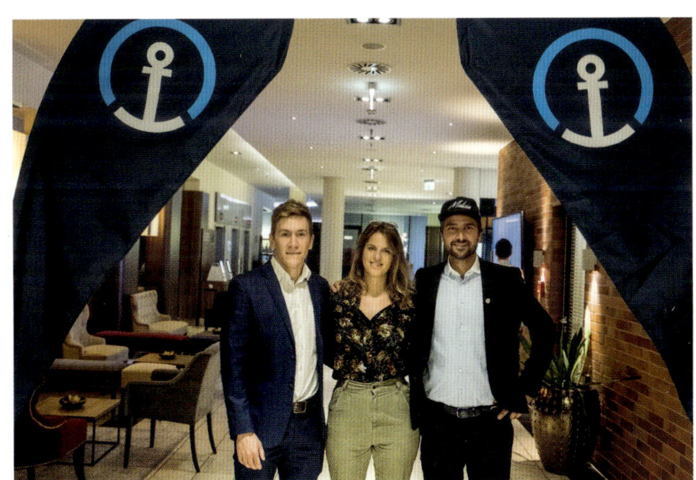

Ein weiterer Meilenstein: das Seelogistikunternehmen Kuehne+Nagel wird Hauptsponsor. Januar 2020

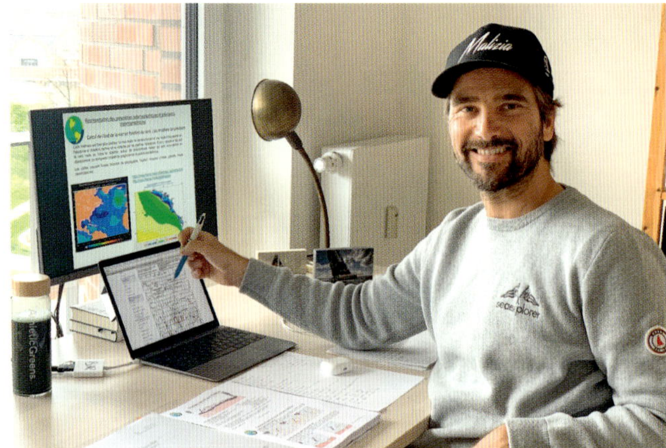
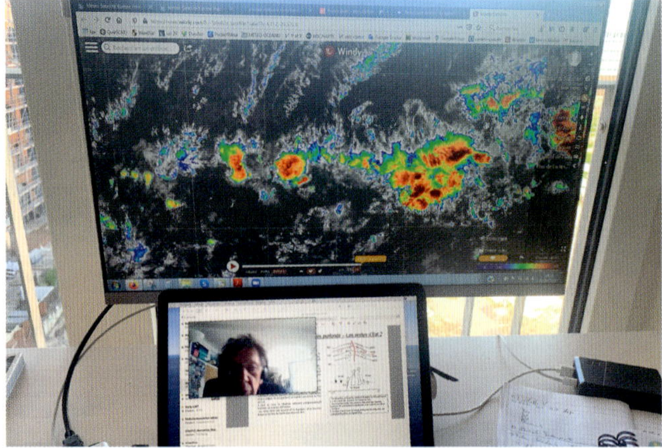
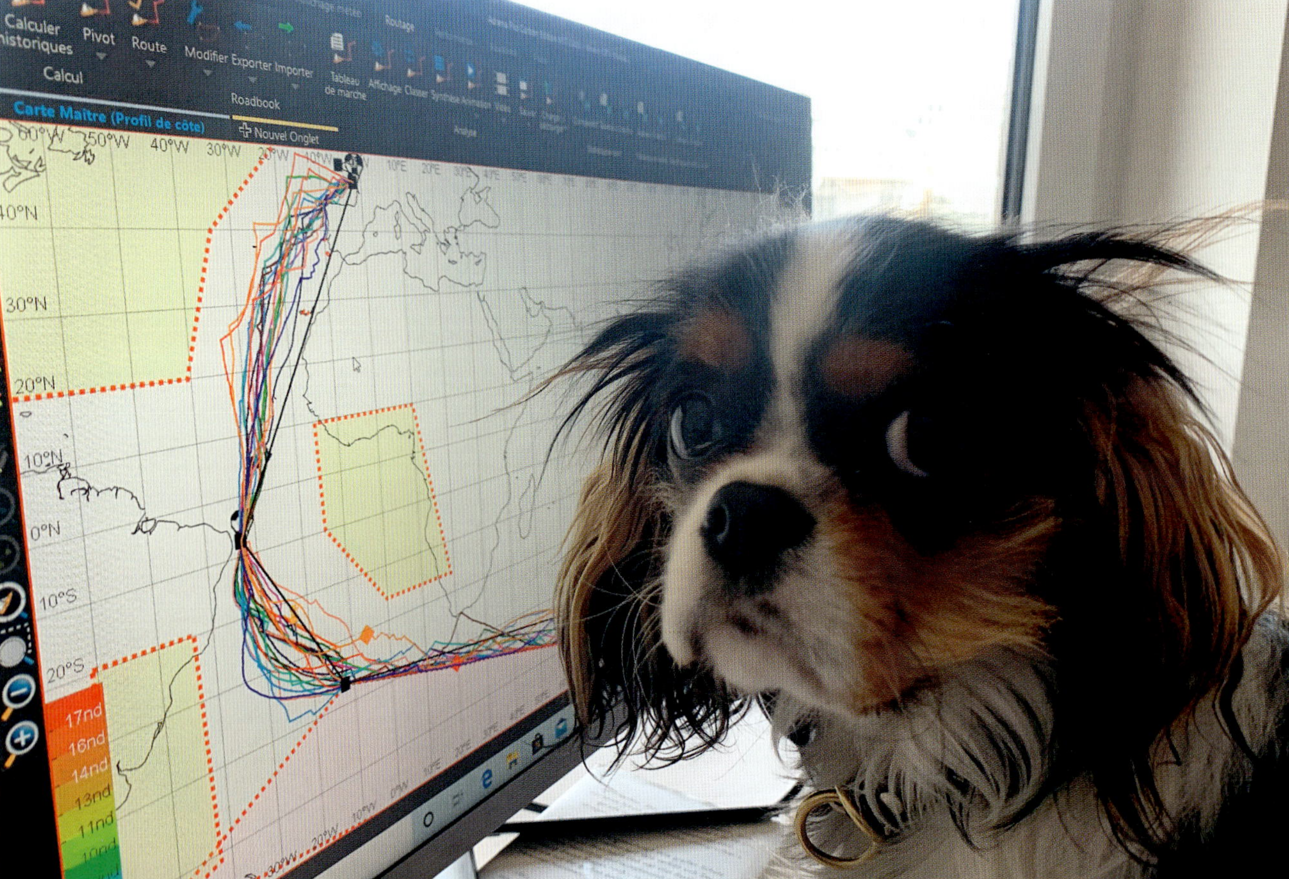

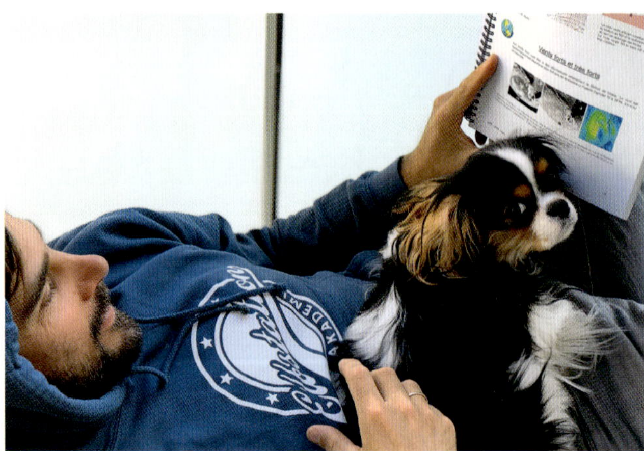
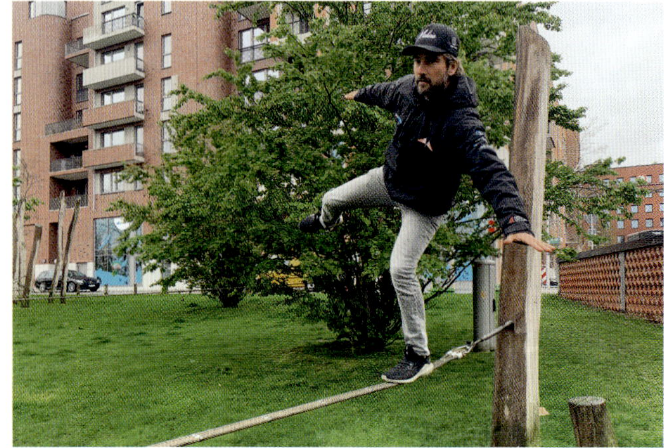
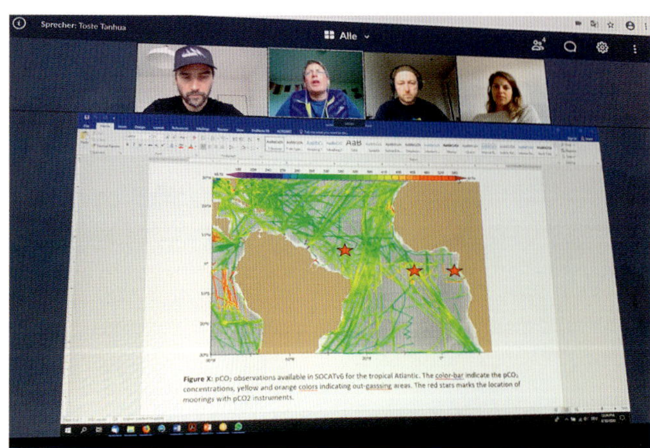

April / Mai 2020

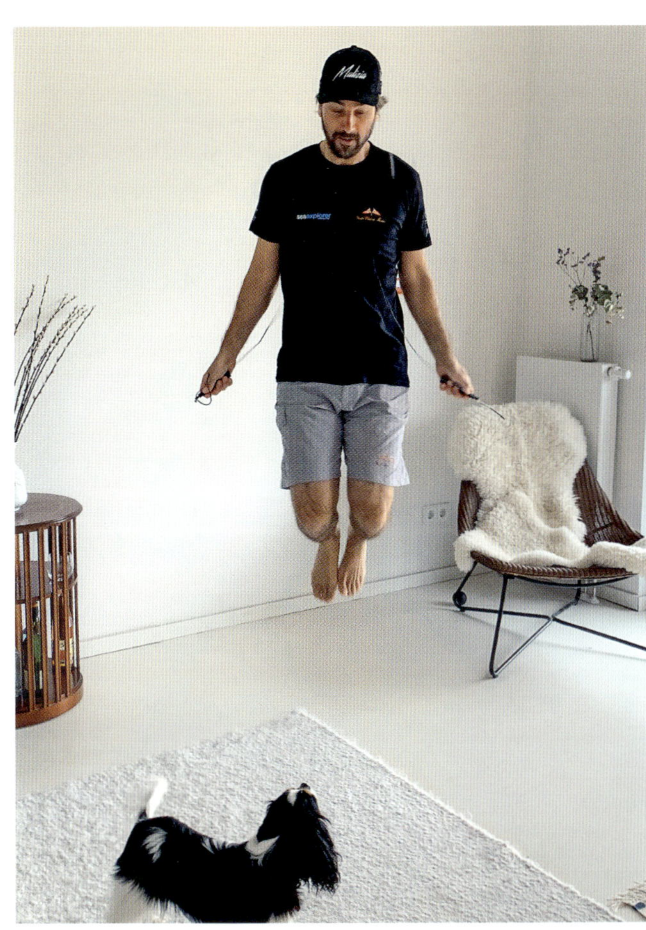

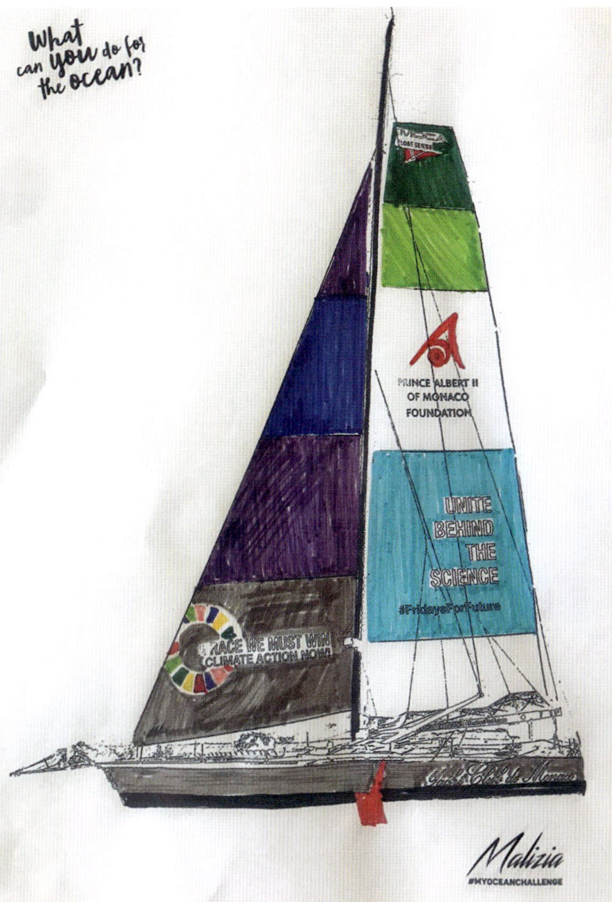

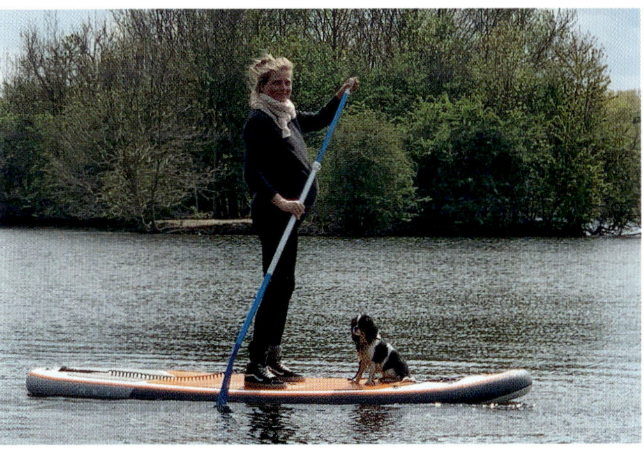

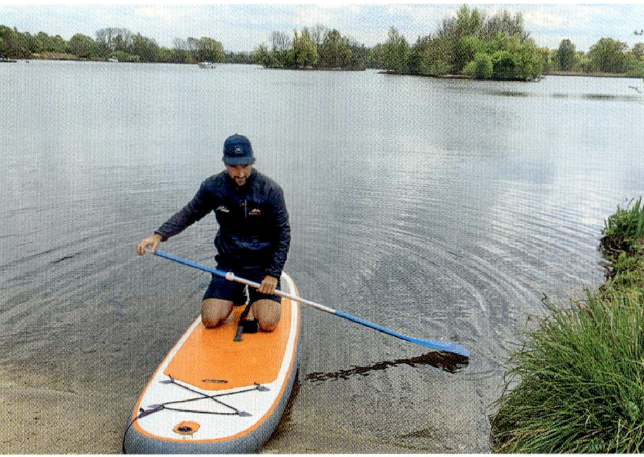

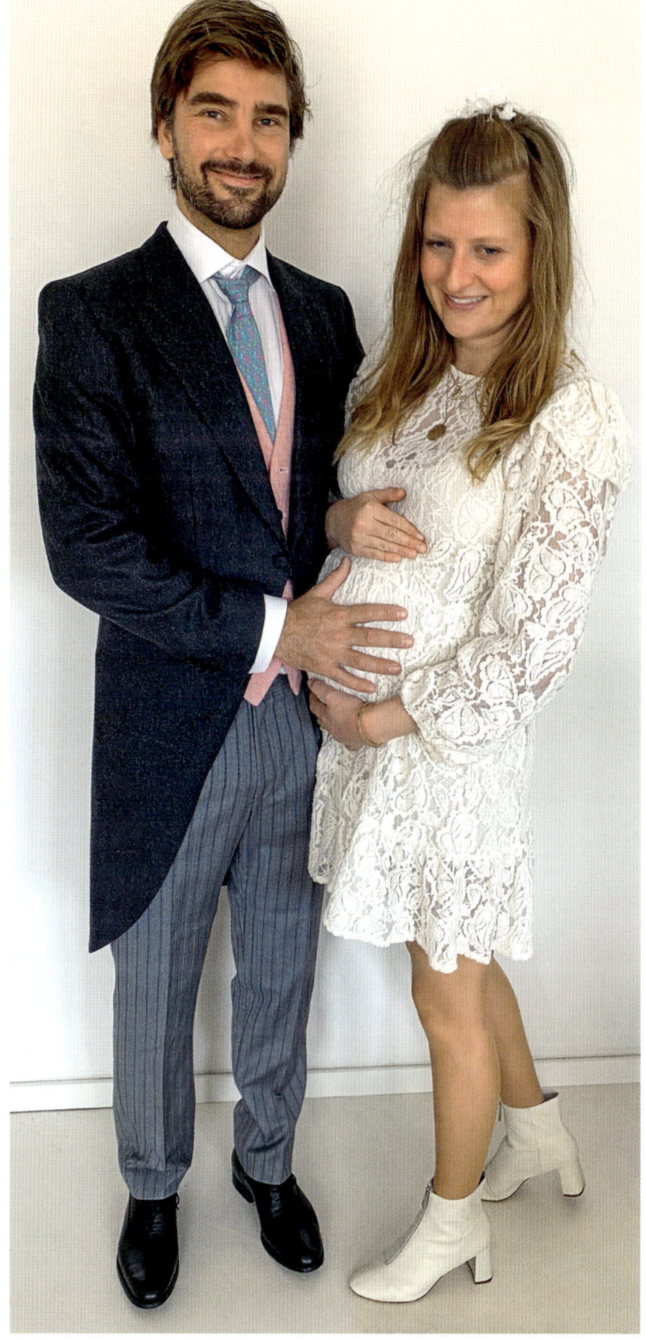

Wie bereitet sich der kommende Star im Profilager unter Coronabedingungen vor? Mit Spaß! Und mit einer Hochzeit.

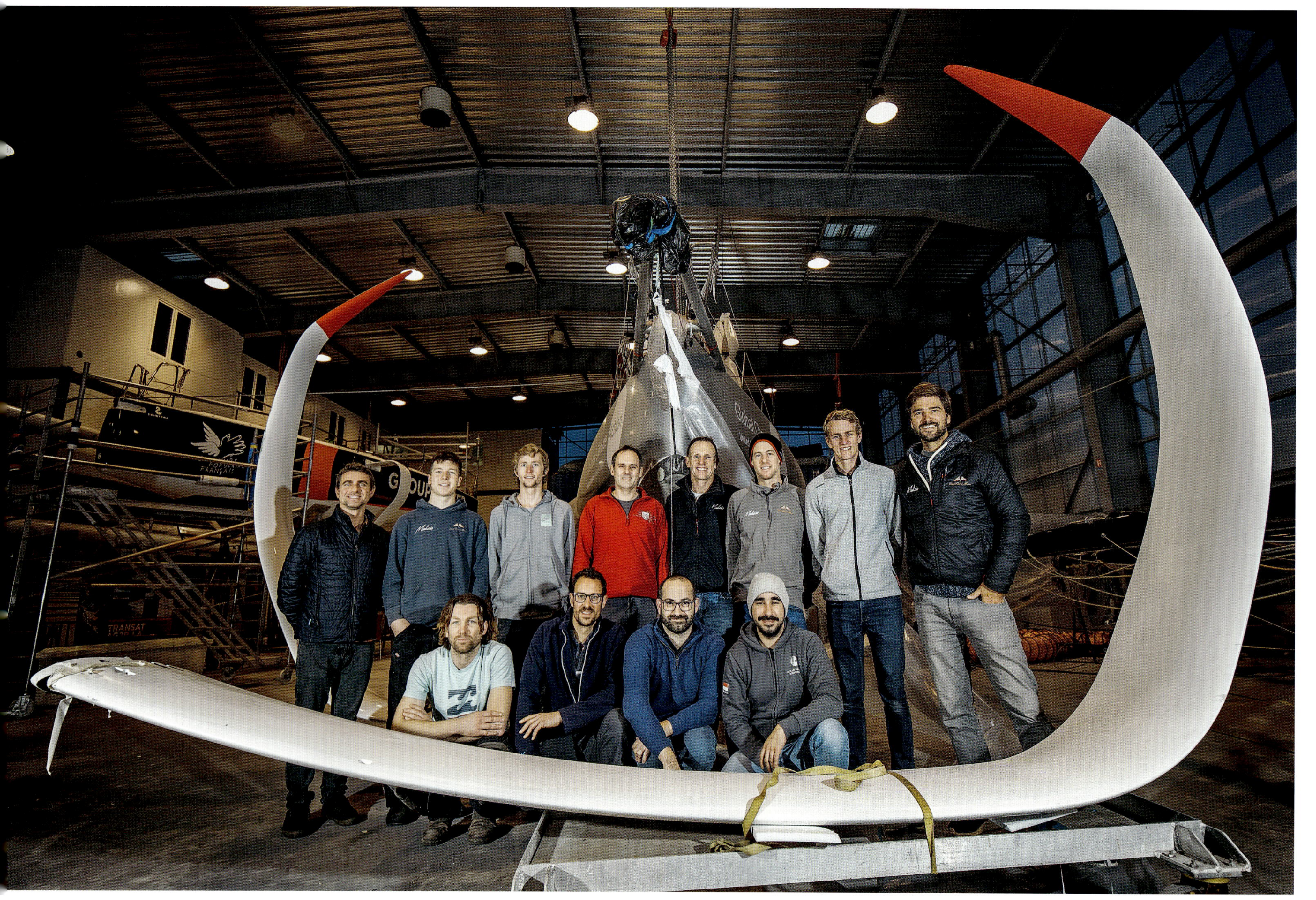

3. Februar 2020

Sie sind rot, unglaublich groß und katapultieren das Boot gemeinsam mit den neuen Segeln in bislang unerreichte Geschwindigkeitsbereiche.

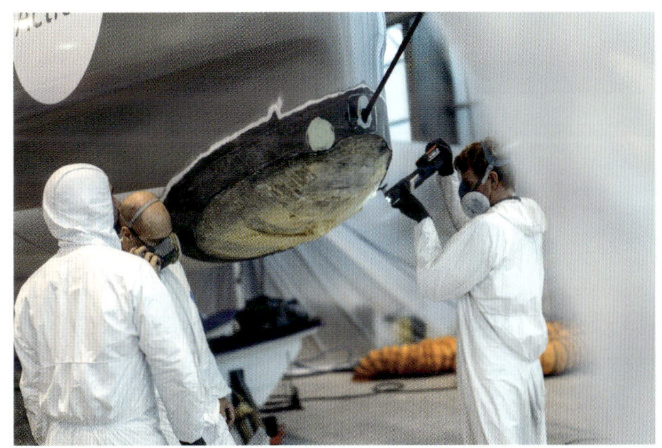

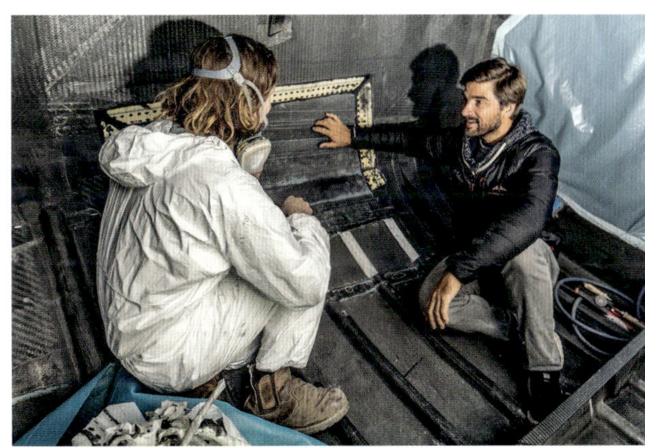

29. Januar 2020

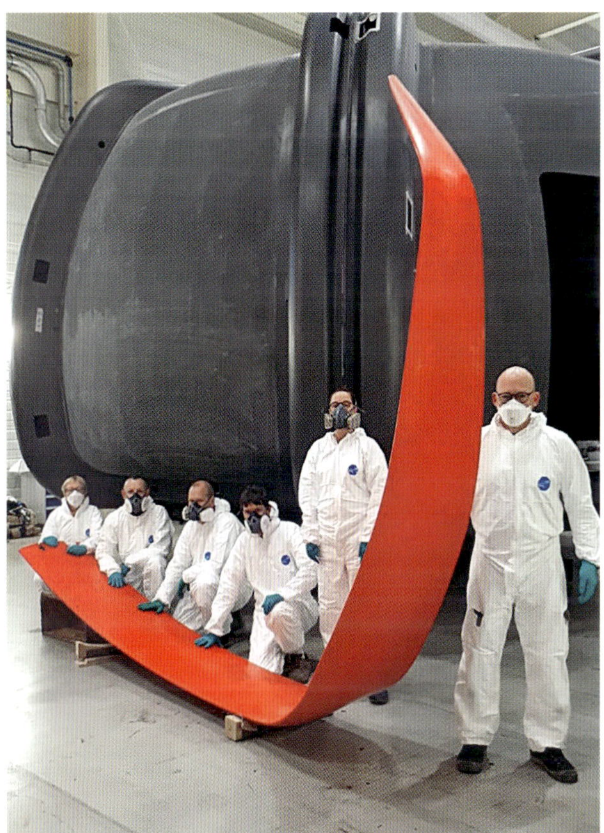

30. April 2020

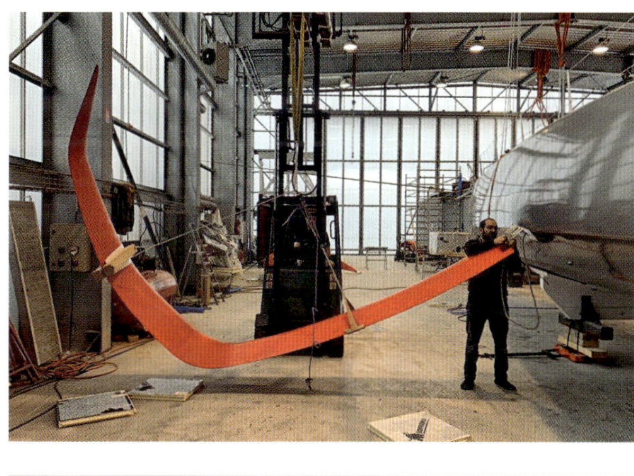

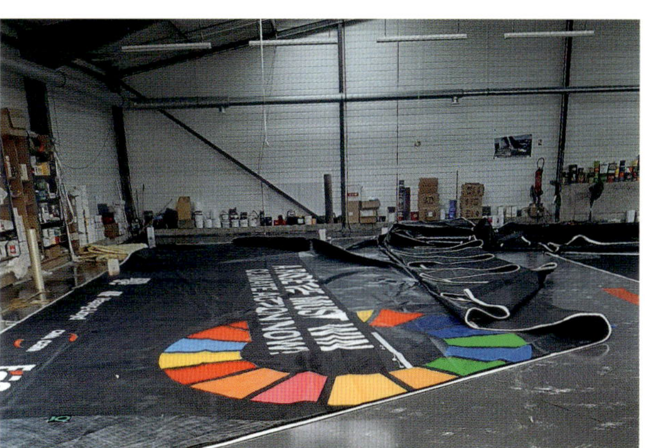

4. Mai 2020

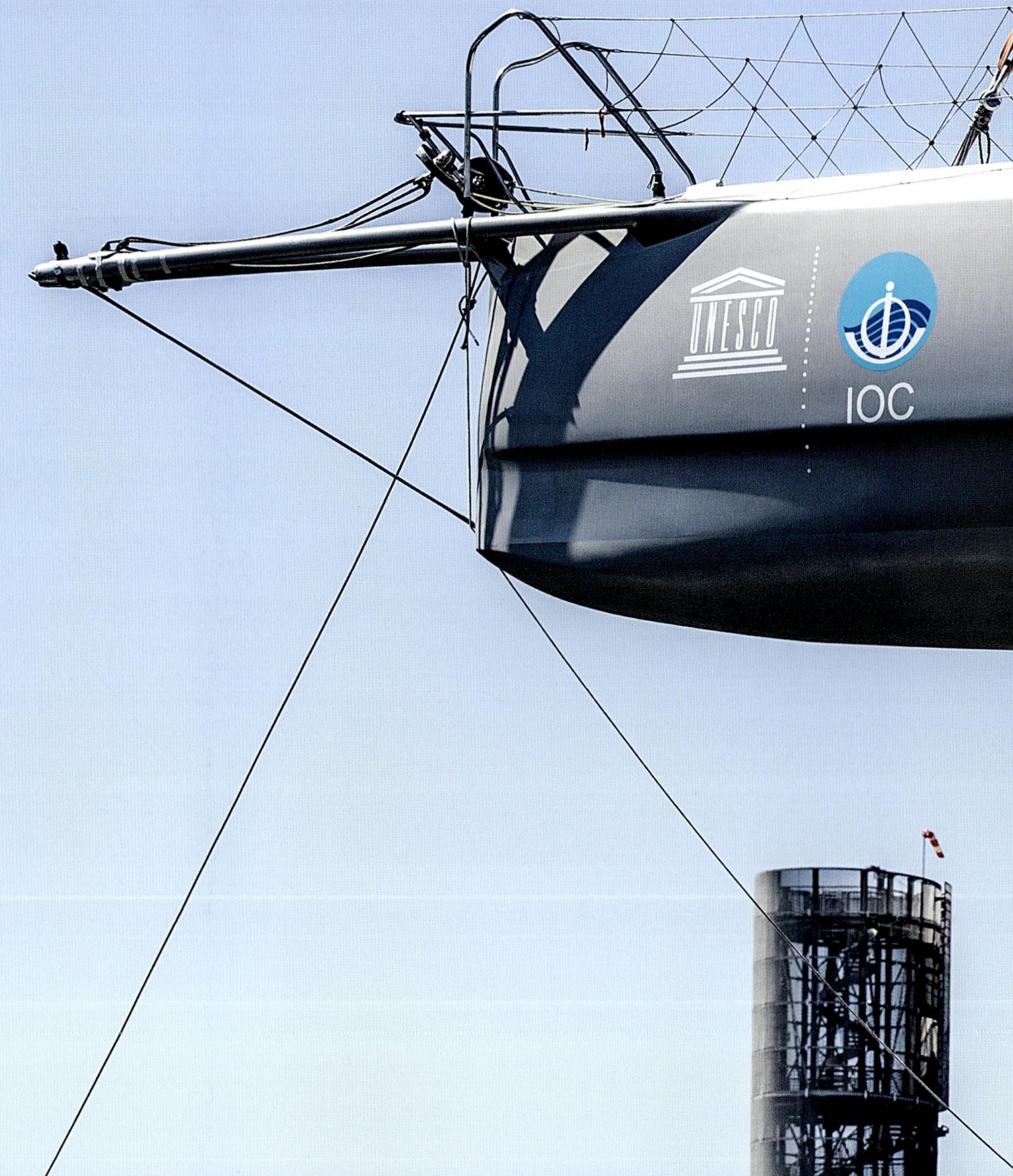

20. Mai 2020

Zuwasserlassen – immer ein besonderer Moment. Jetzt, mit neuem Namen, neuen Brandings und den neuen Foils ist es spannender denn je – werden die Tests der Arbeit der vergangenen Wochen recht geben?

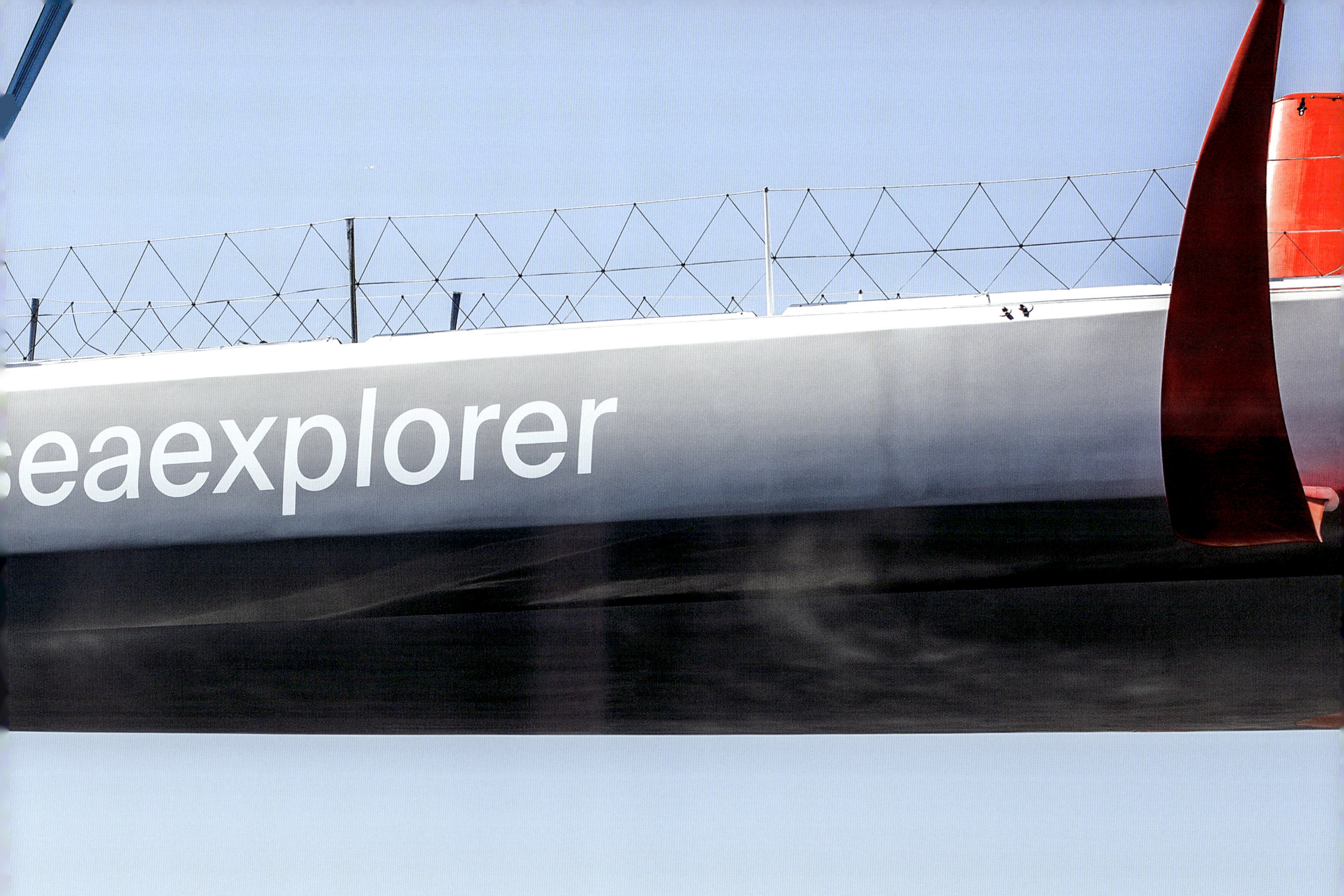
eaexplorer

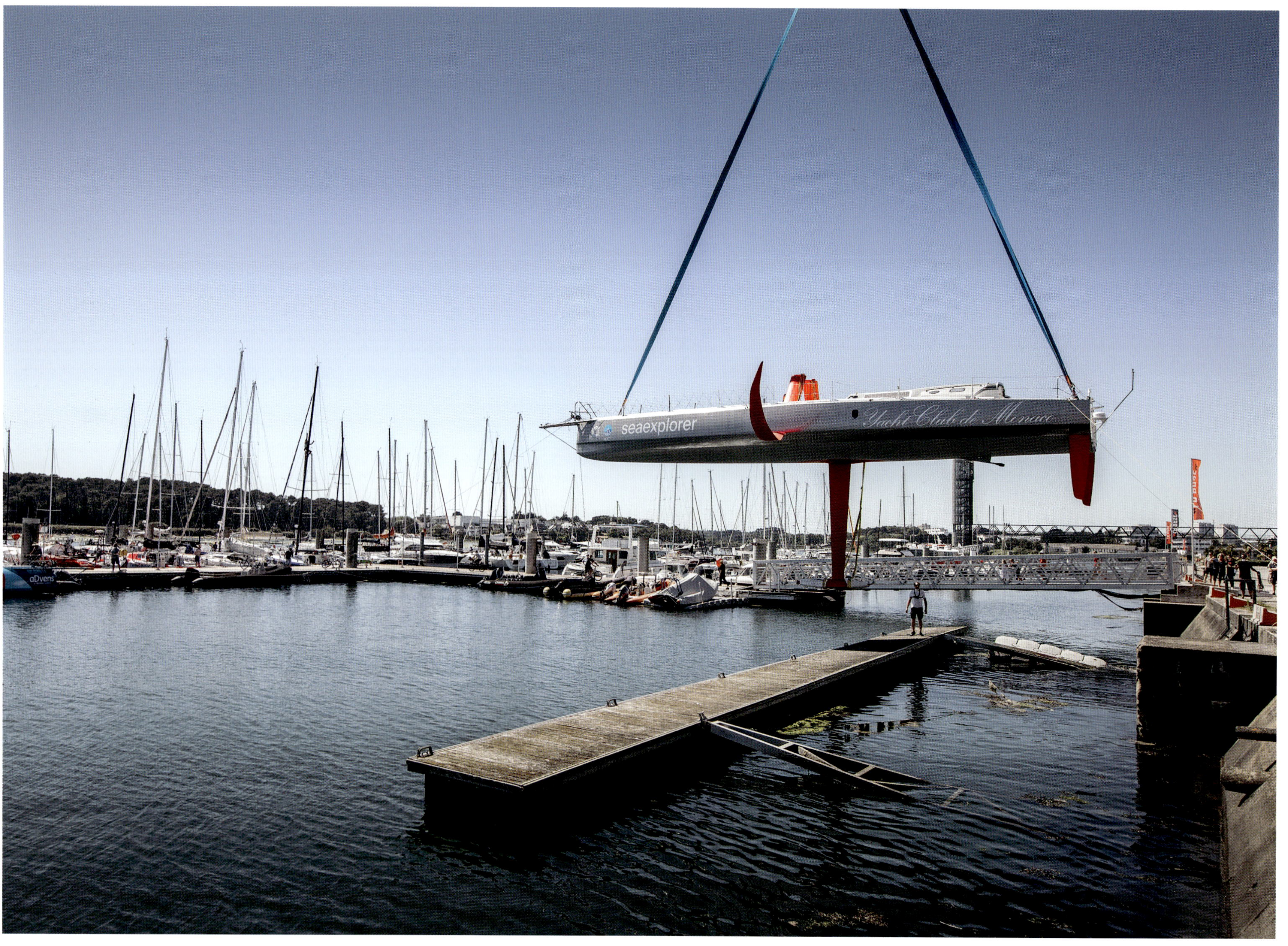
seaexplorer
Yacht Club de Monaco
aDvens

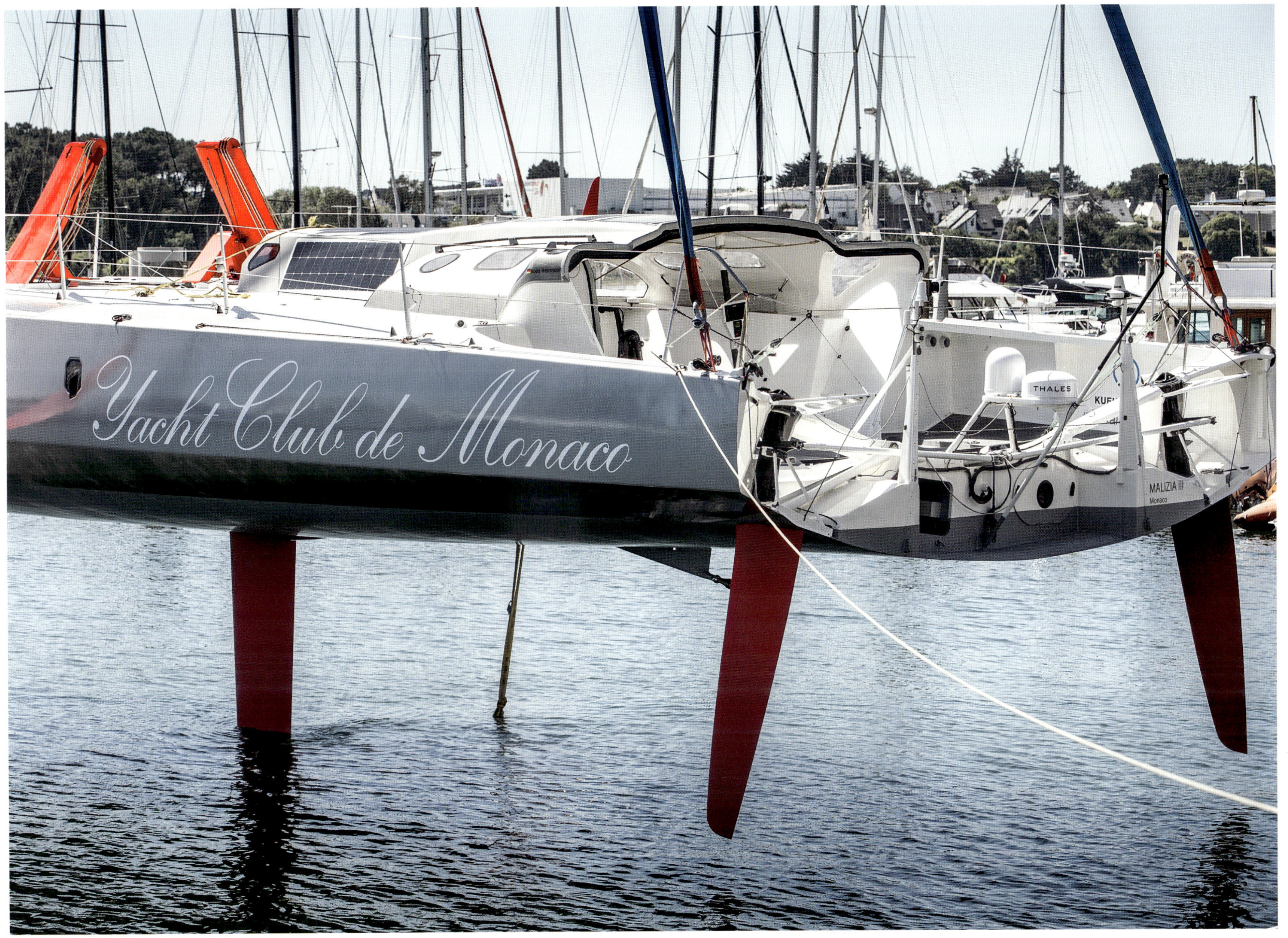
Yacht Club de Monaco
THALES
MALIZIA III
Monaco

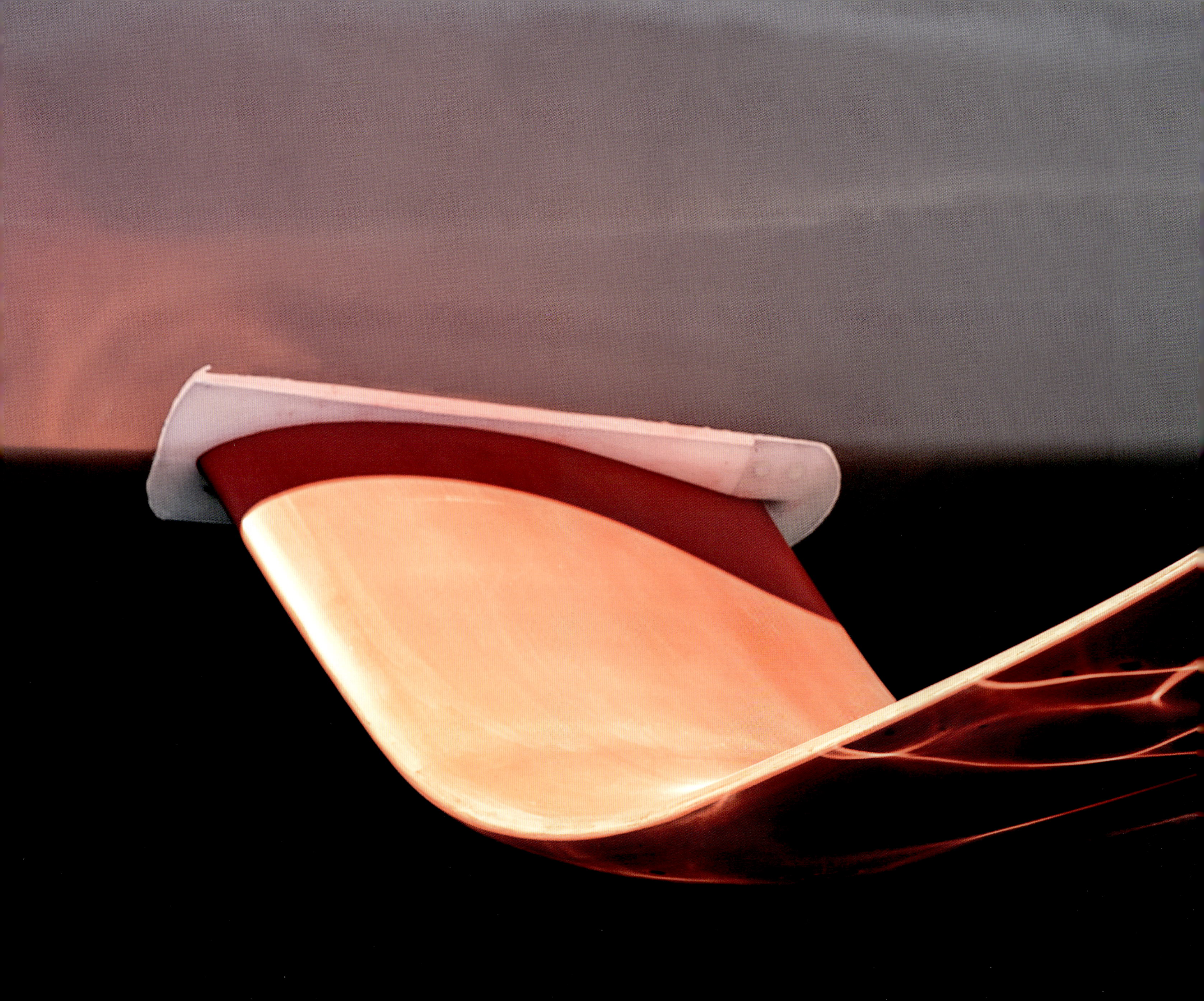

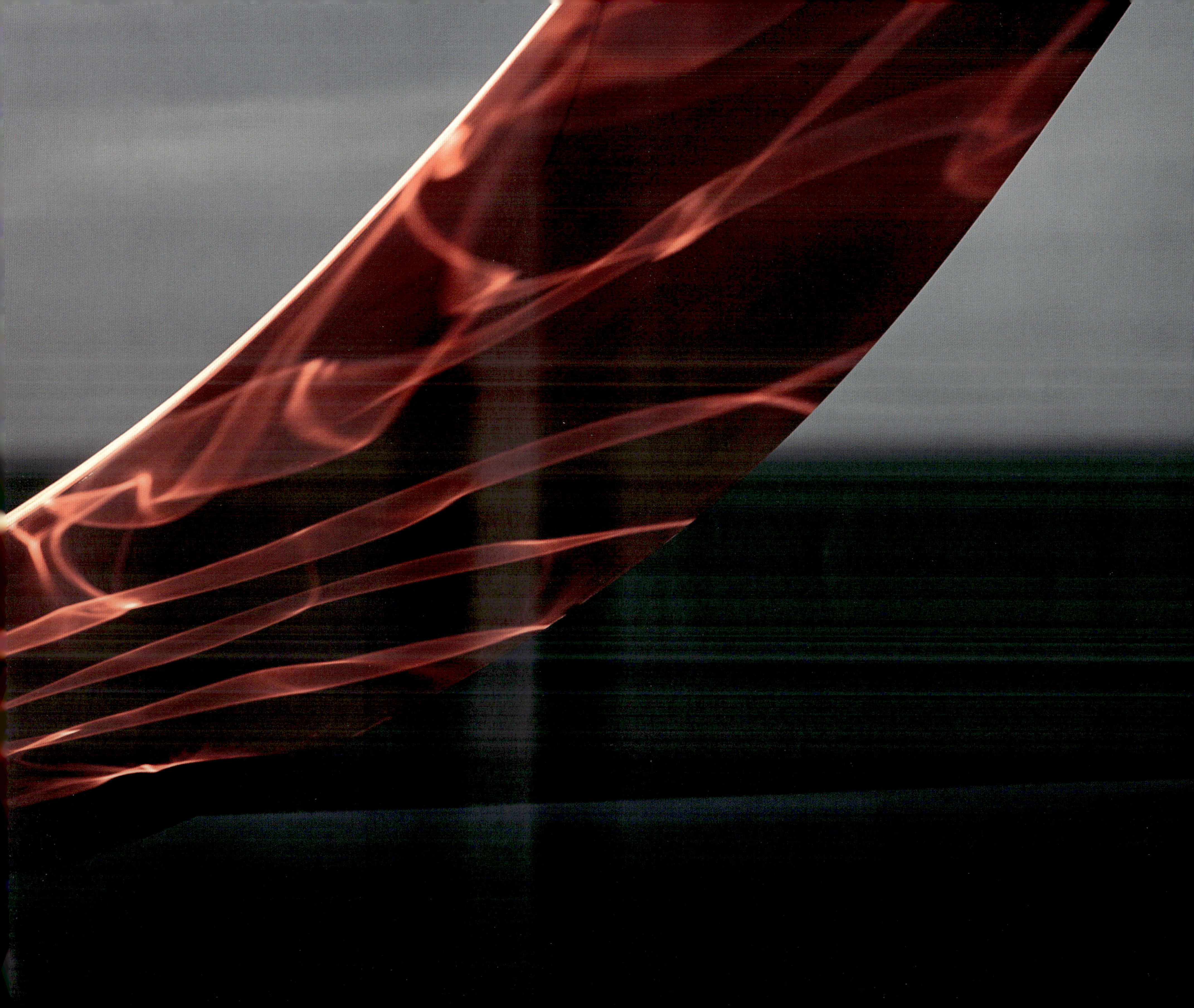

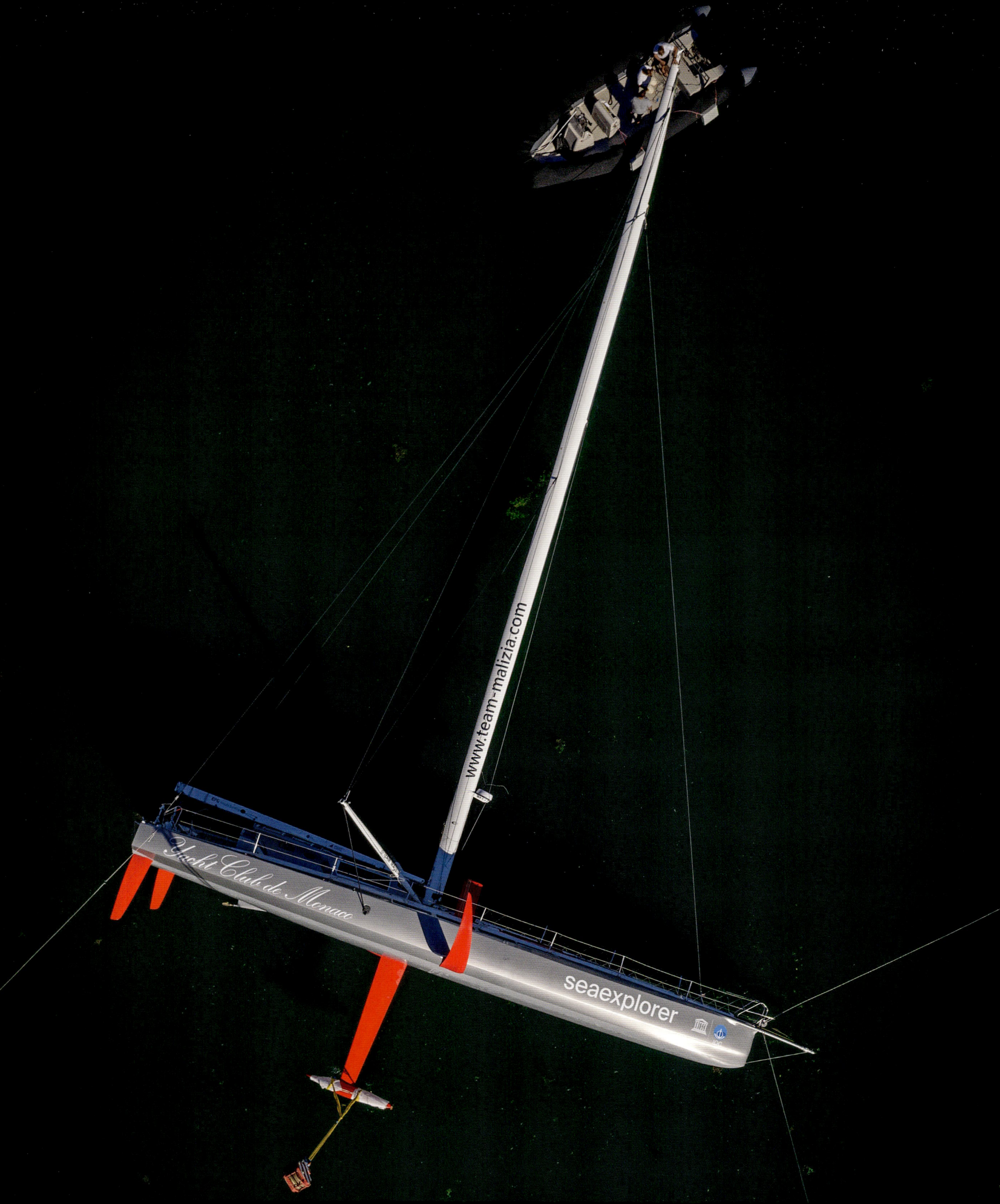

seaexplorer
Yacht Club de Monaco
www.team-malizia.com

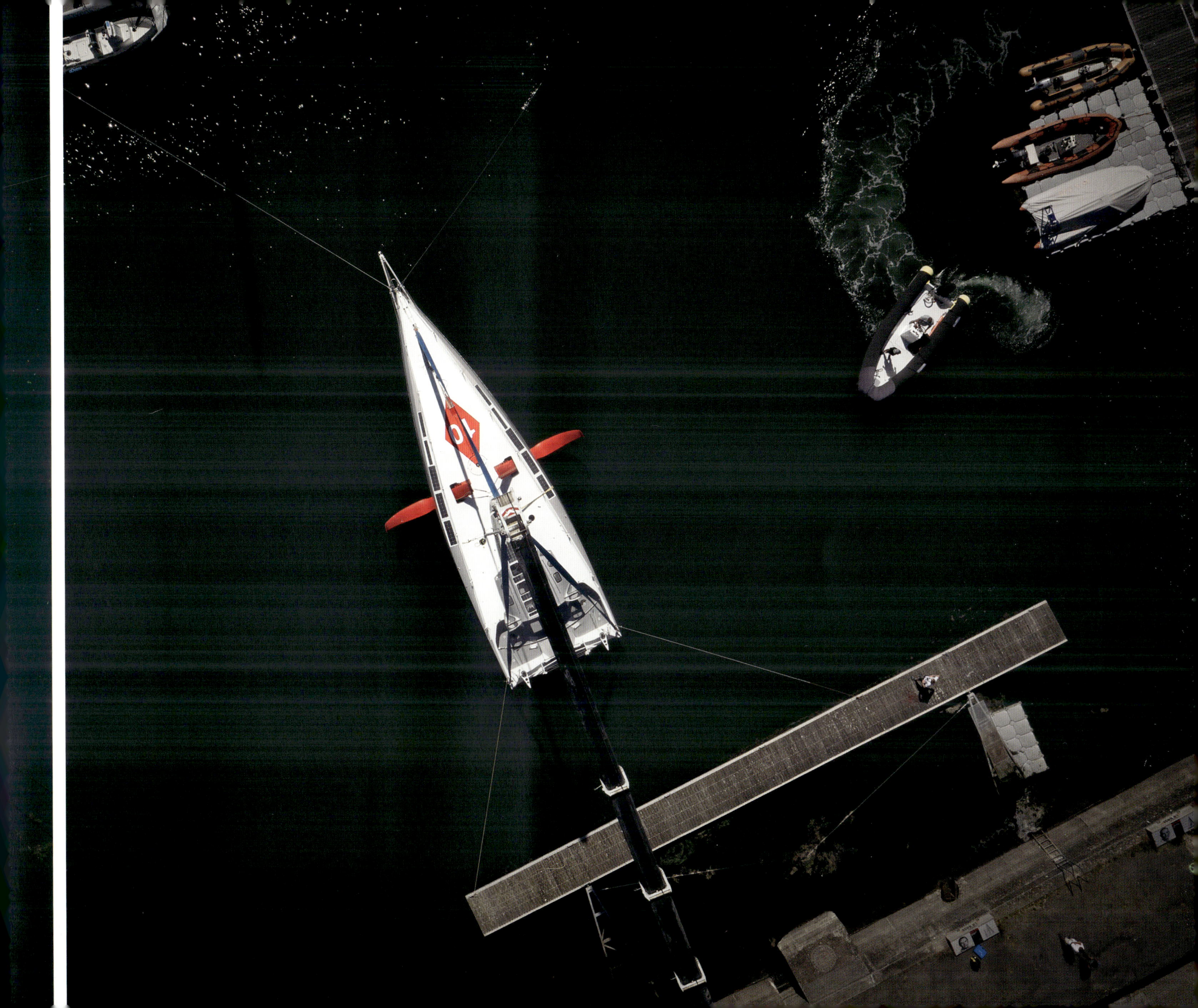

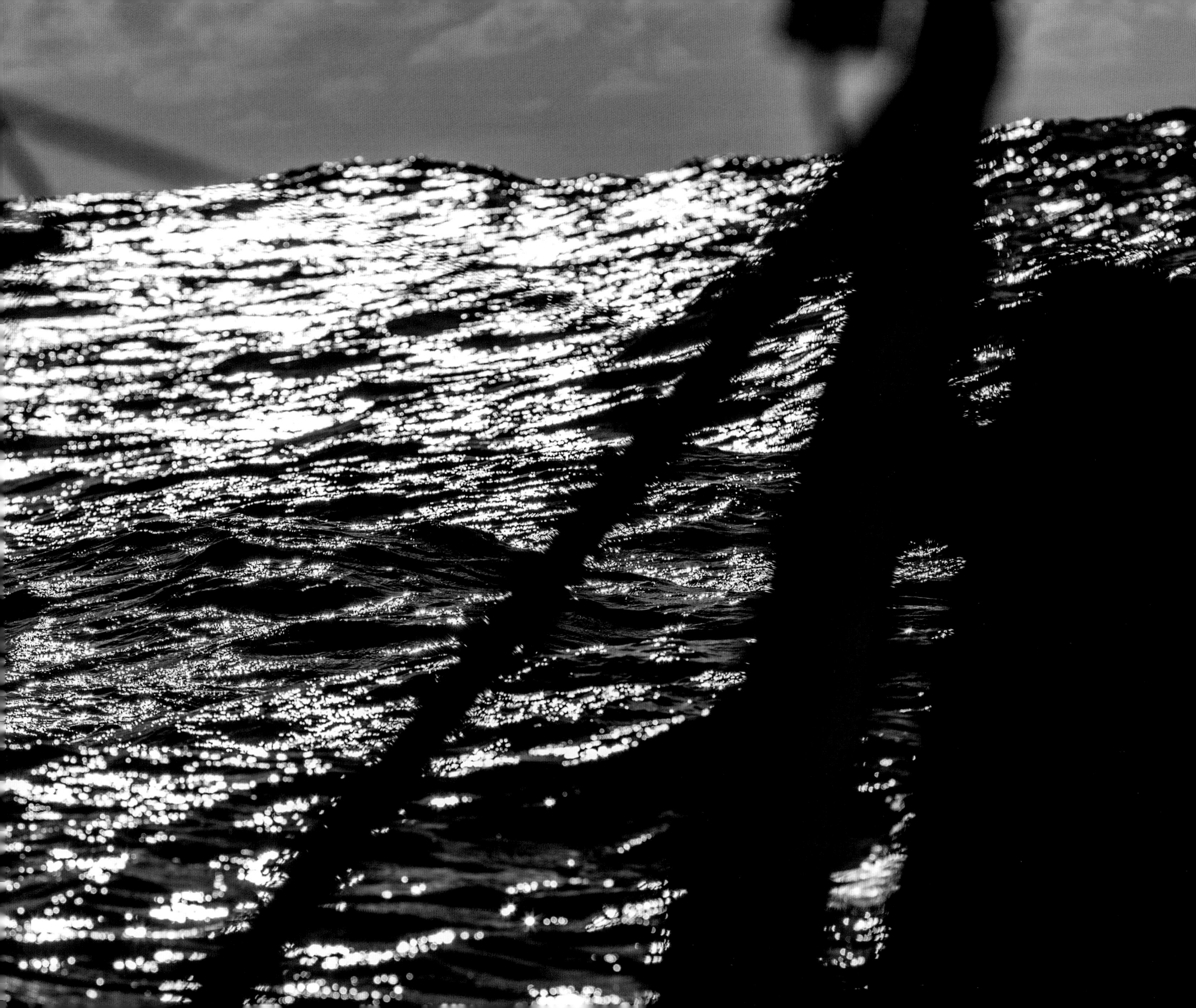

phase II – erste regatten

seaexplorer im test

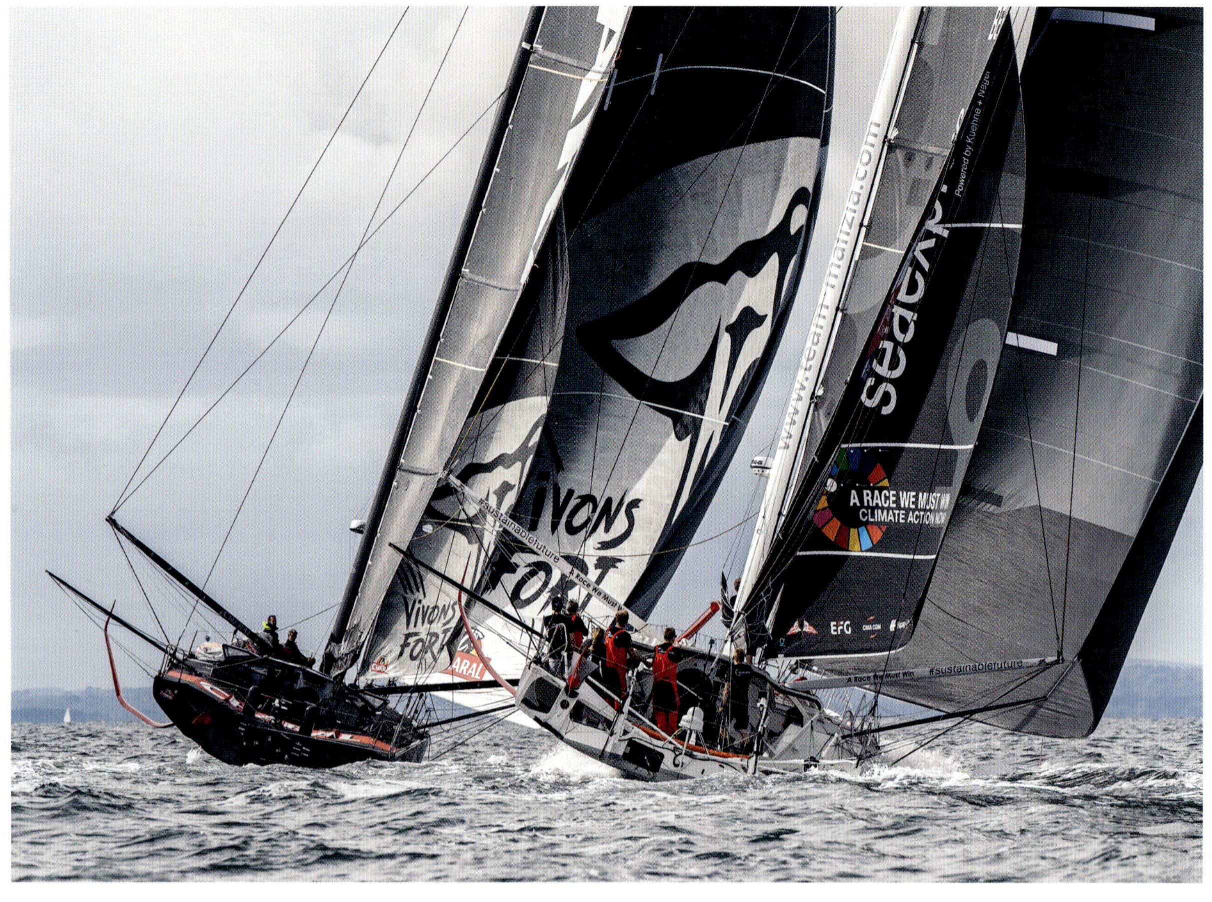

Training im Pôle Finistère, Port-la-Forêt, 19. Juni 2020

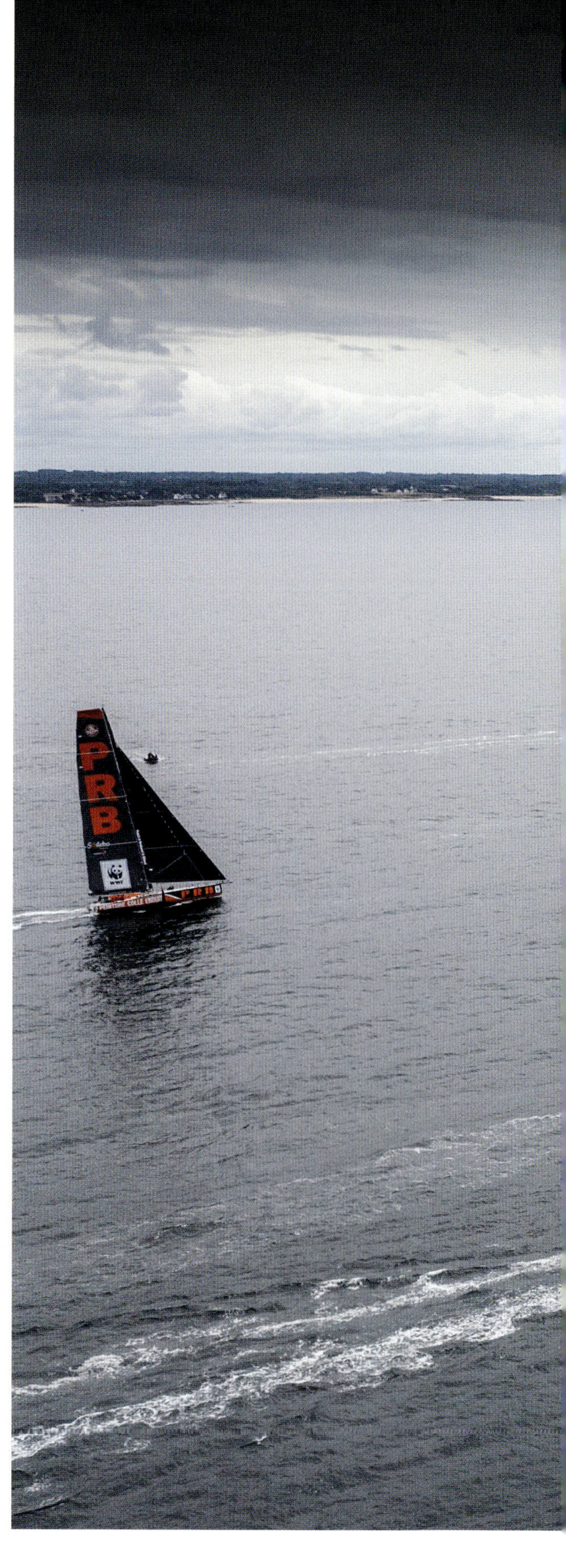

Besondere Herausforderungen schaffen besondere Ereignisse – in diesem Fall mit der kurzfristig organisierten Vendée Arctique Les Sables d'Olonne eine noch nie dagewesene Regatta als letzte Generalprobe für die Vendée Globe. Für einige im Feld bietet sie die letzte Chance, die Qualifikation zu erlangen.

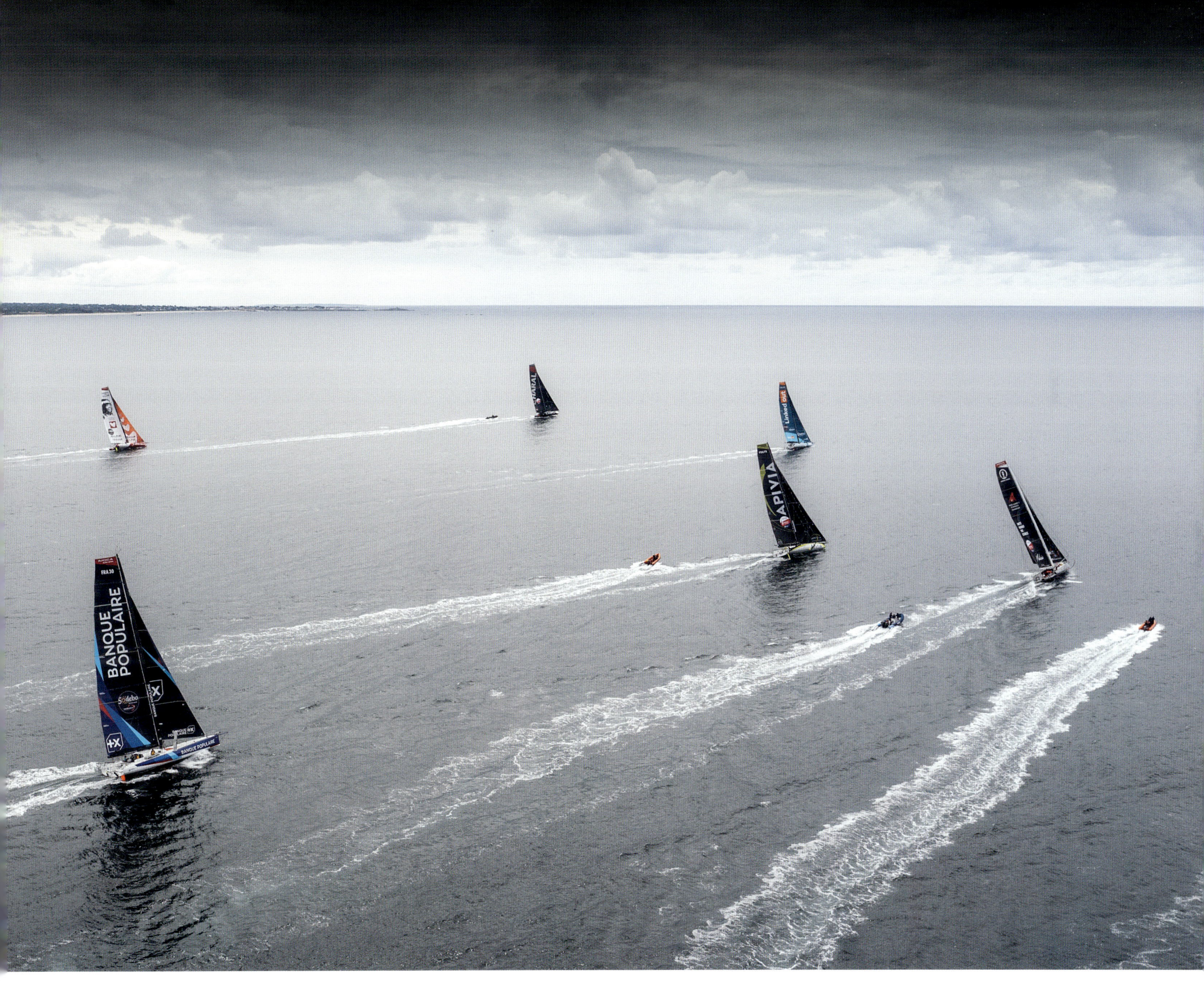

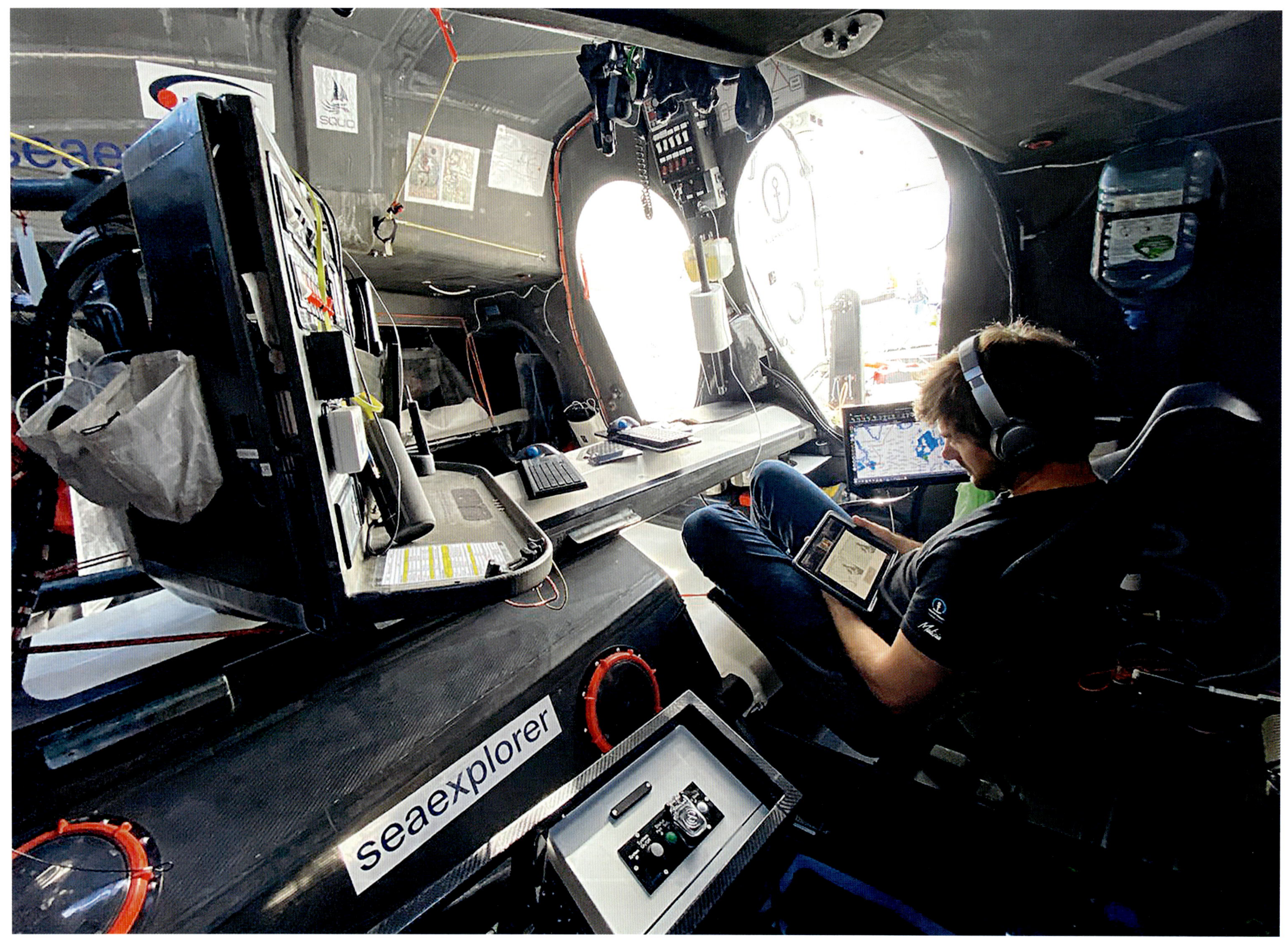

20. Juli 2020

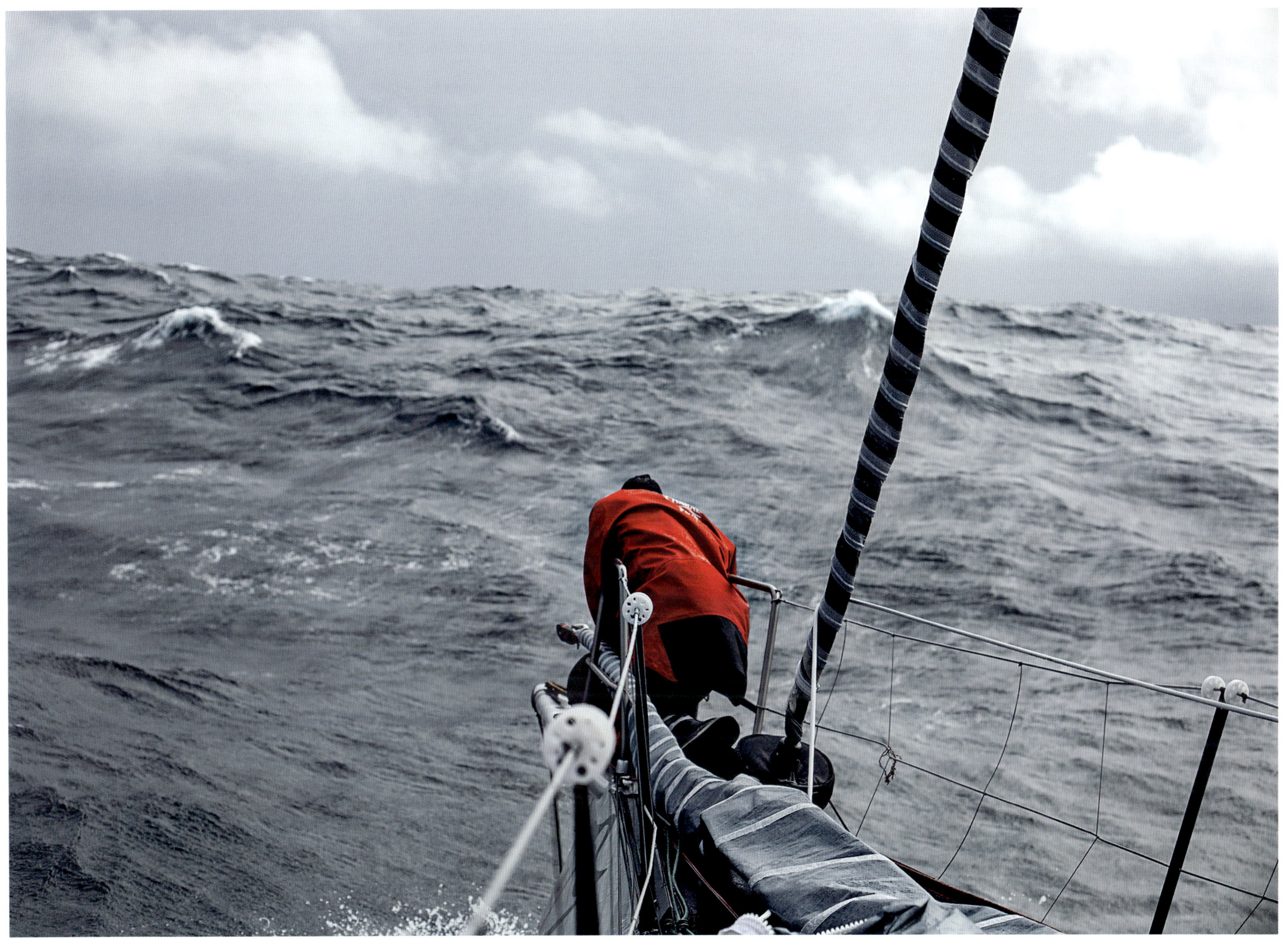

21. Juni 2020

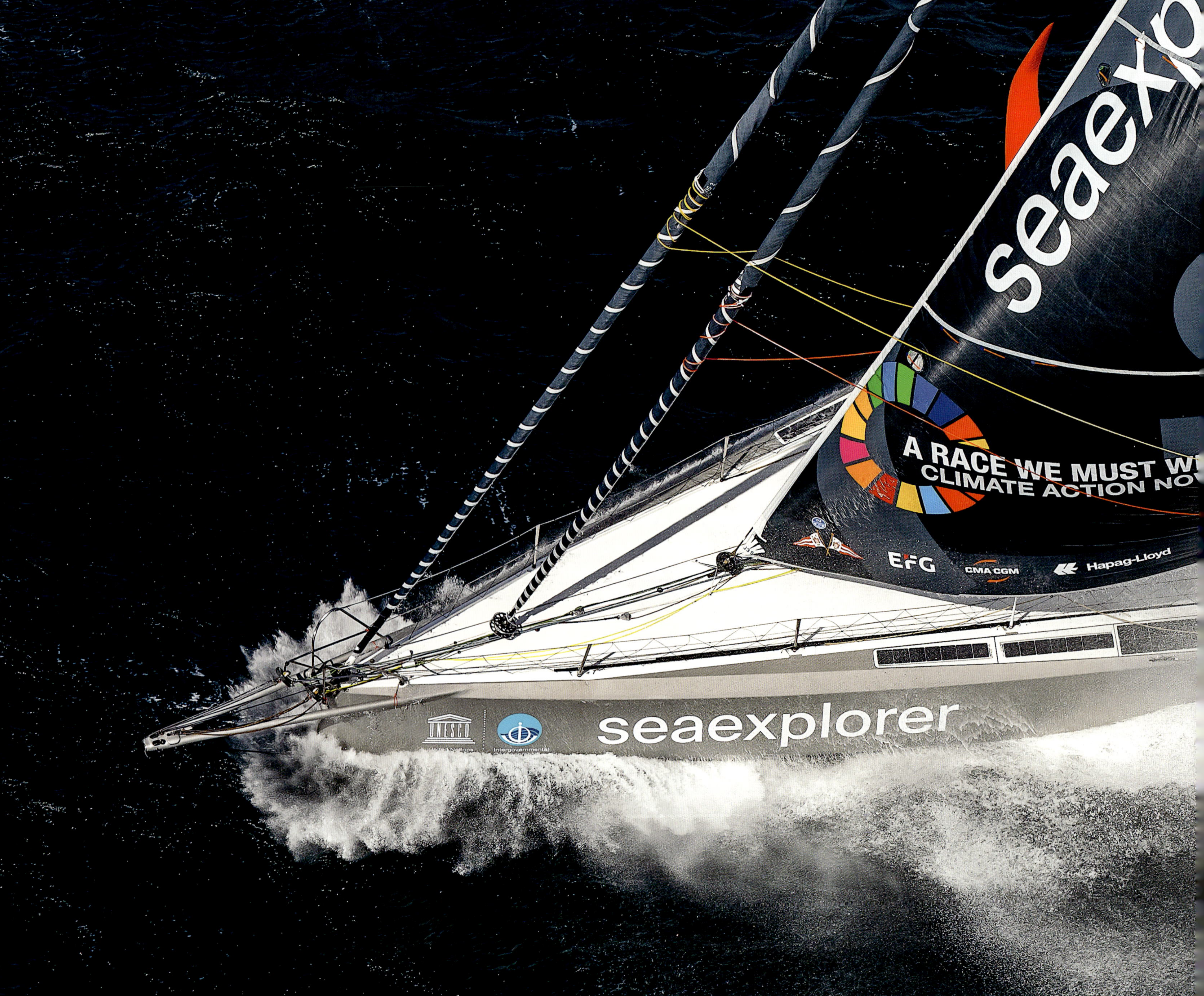

seaexplorer
A RACE WE MUST W
CLIMATE ACTION NO
EFG
CMA CGM
Hapag-Lloyd
UNESCO
seaexplorer

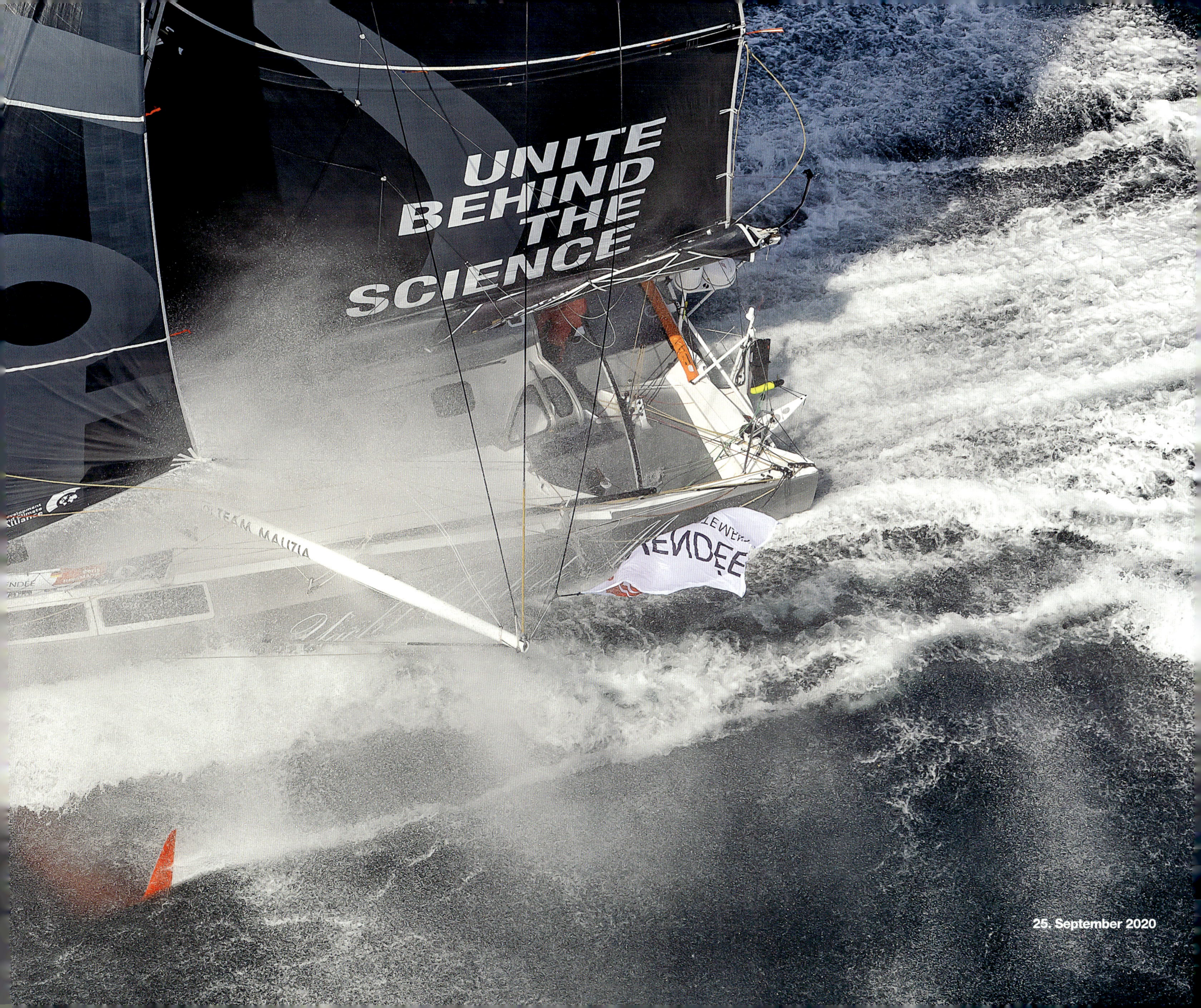

25. September 2020

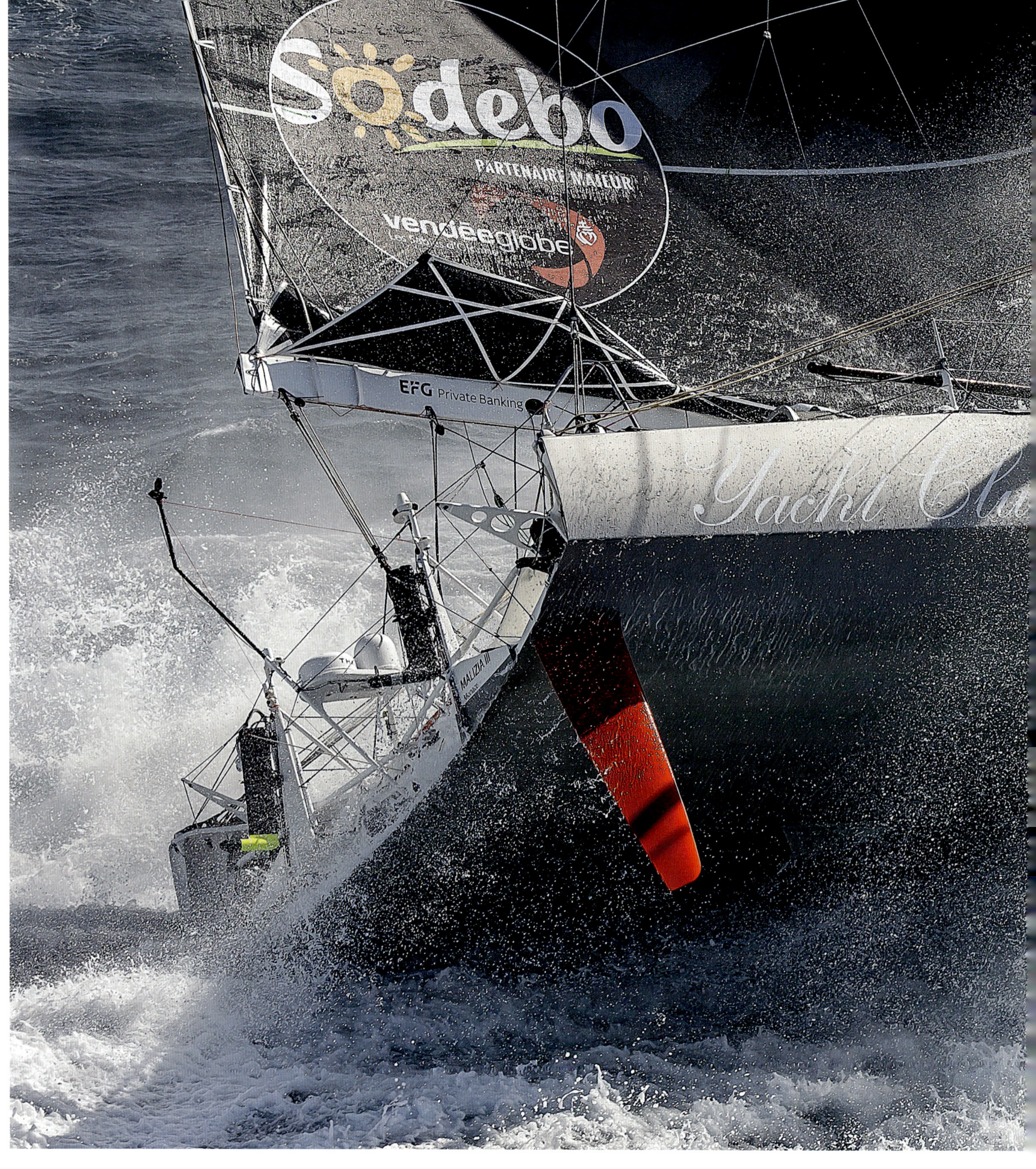
Sodebo
PARTENAIRE MALEUR
vendeeglobe
EFG Private Banking
Yacht Cl
MALIZIA III

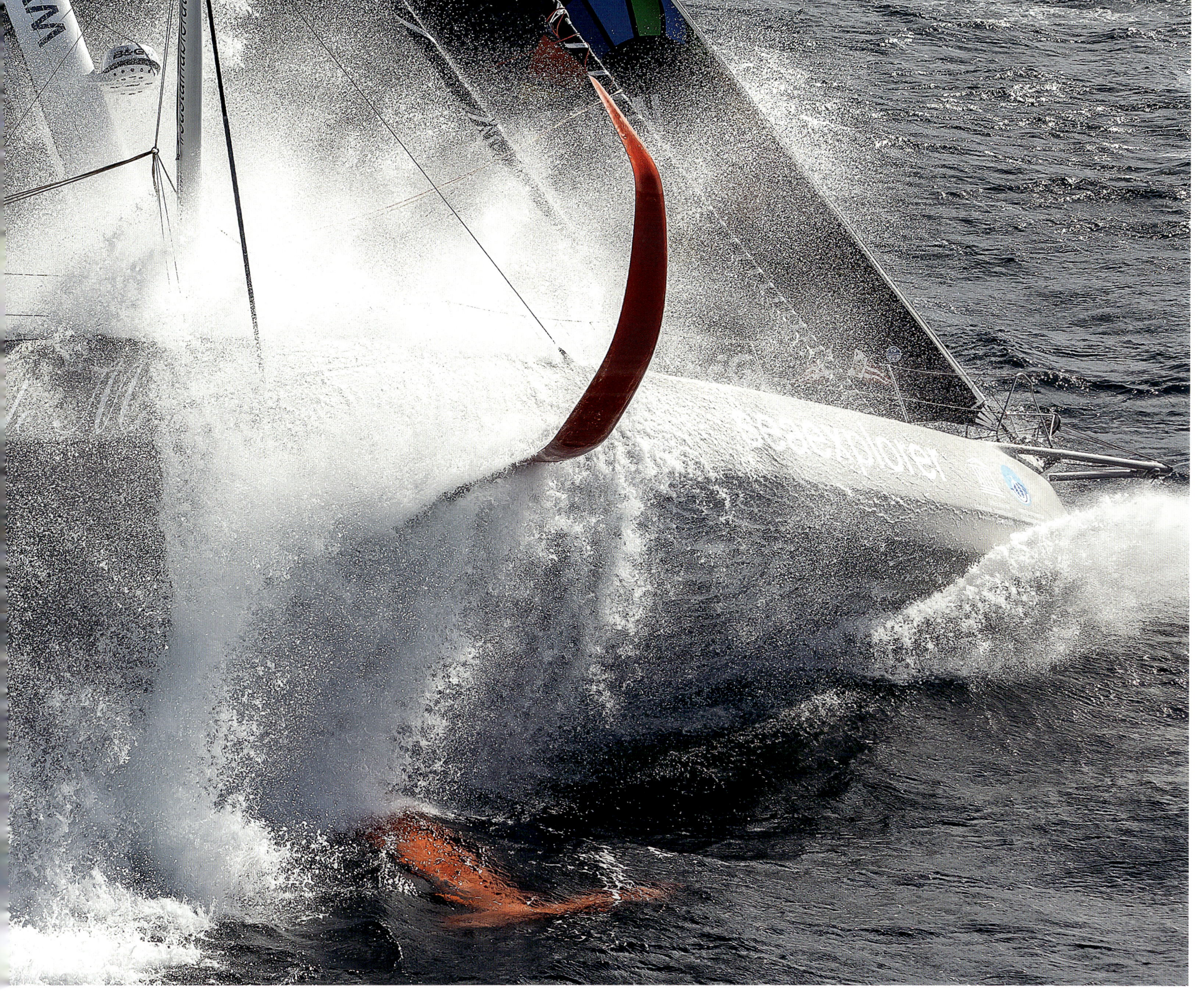

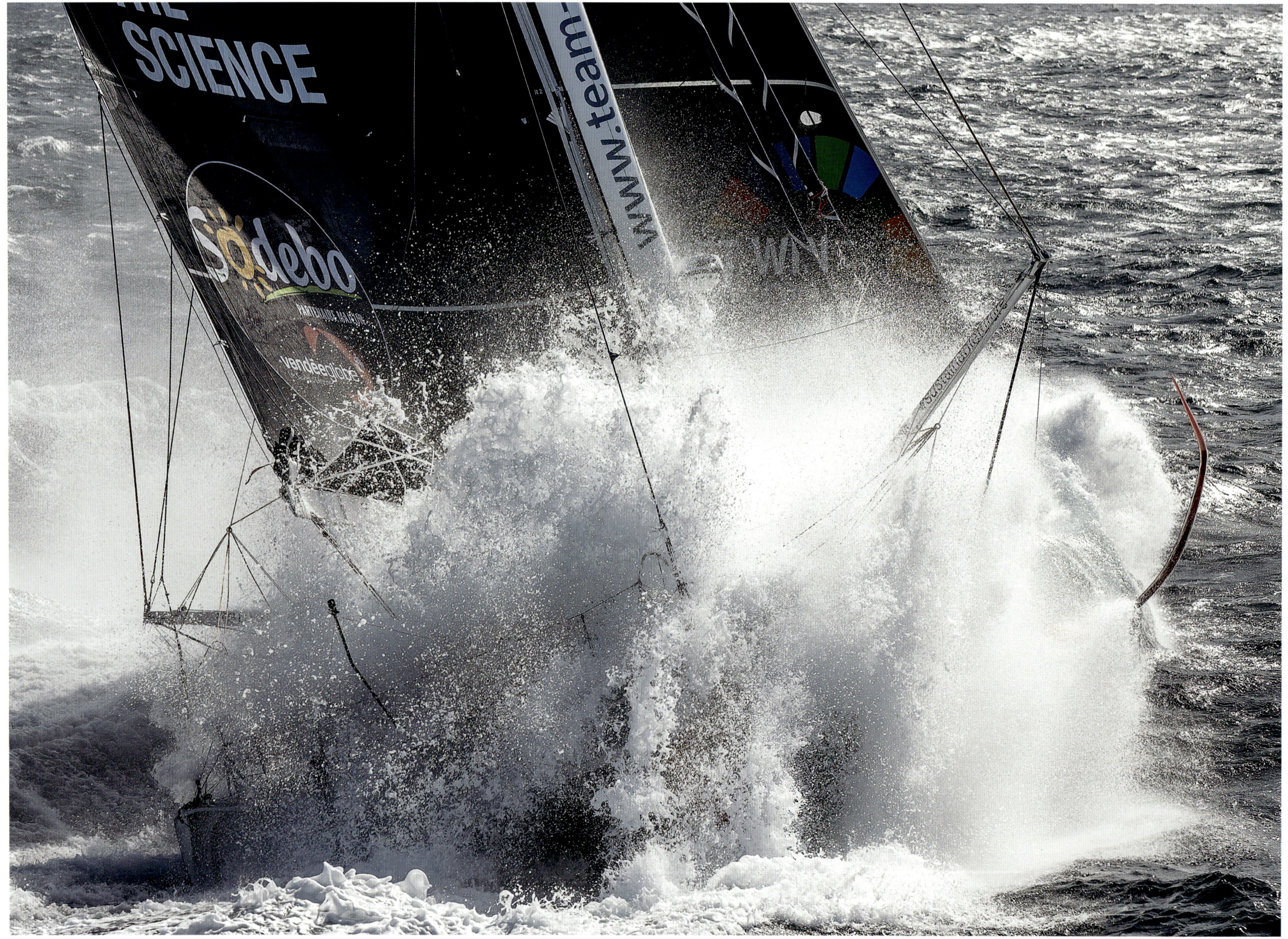

SCIENCE
www.team
Sodebo
vendeenglobe

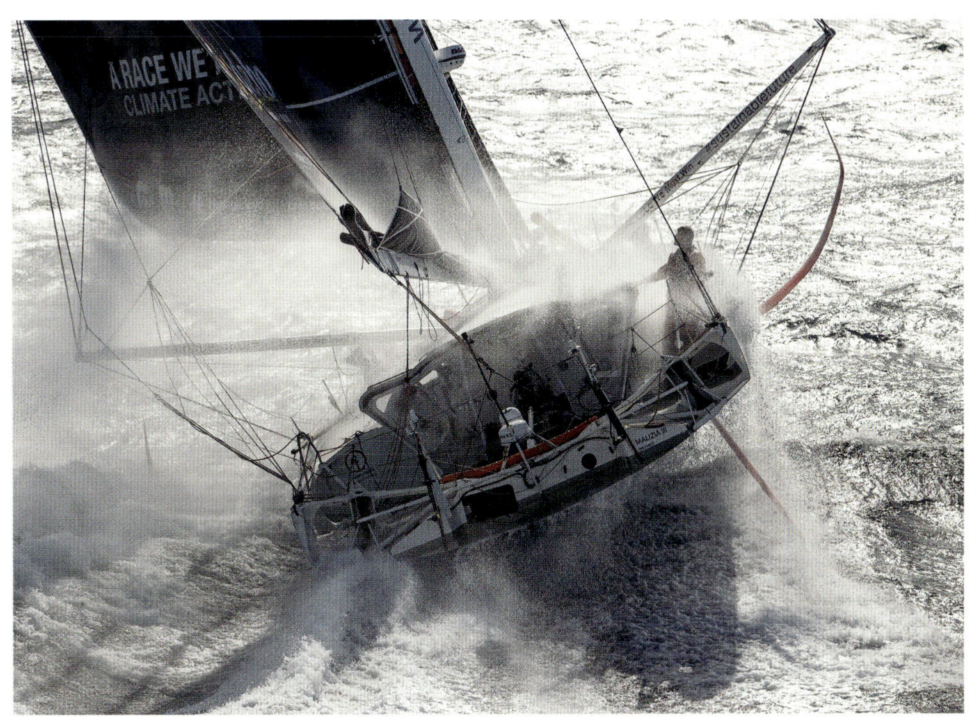 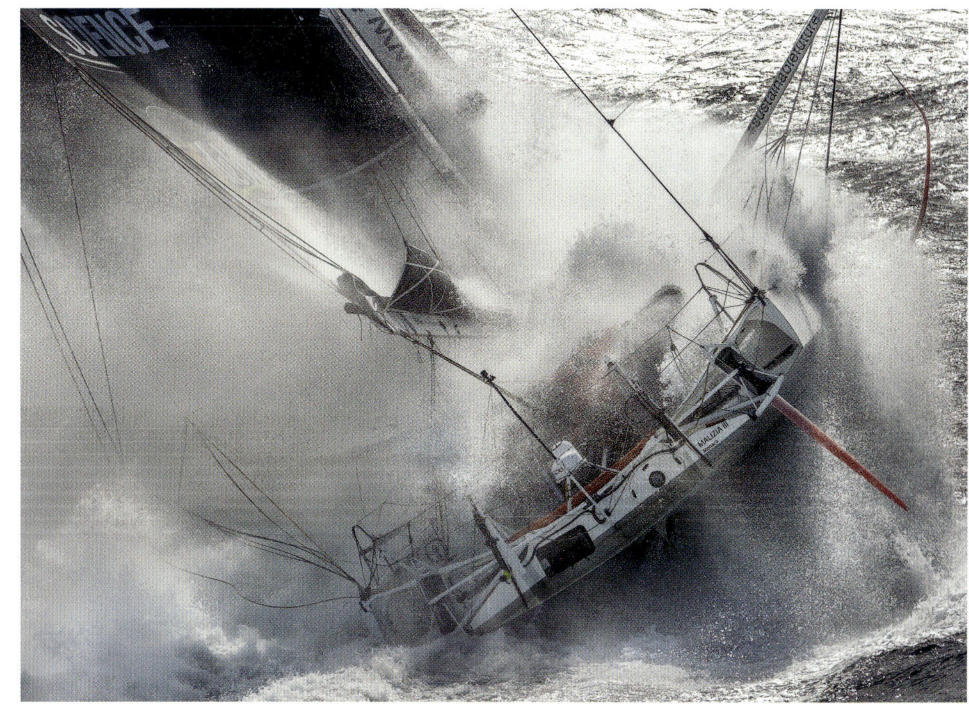

**Die Seaexplorer – Yacht Club de Monaco taucht ab.
Hunderte Liter Wasser ergießen sich über das Deck.**

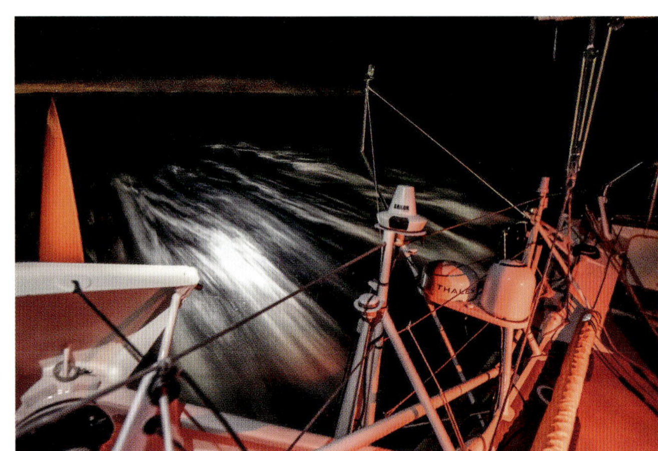

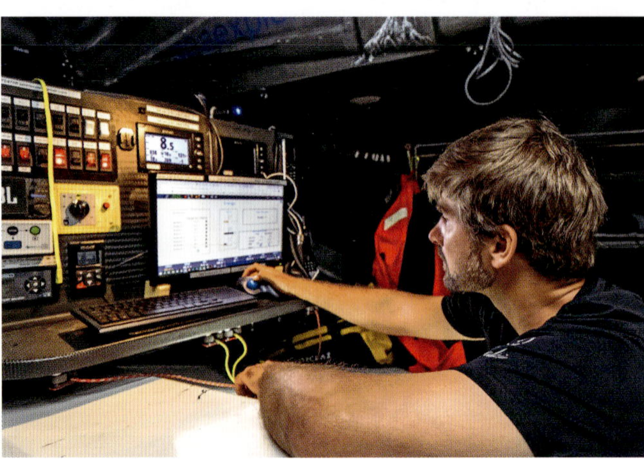

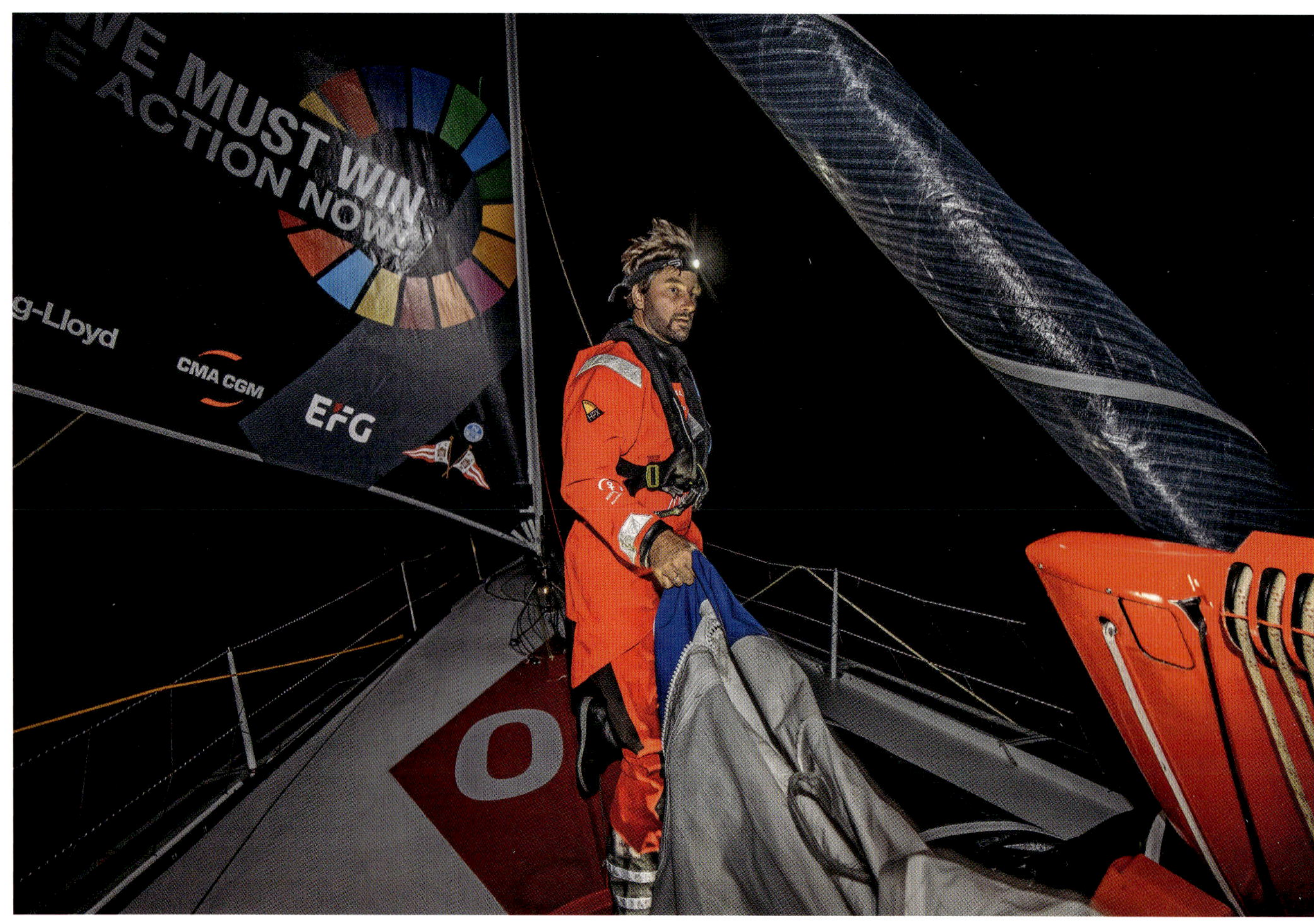
WE MUST WIN
E ACTION NOW
g-Lloyd
CMA CGM
EFG

Nicht nur während der Vendée Arctique
Les Sables d'Olonne wird das neue Material erprobt, sondern
auch auf anderen Testschlägen.

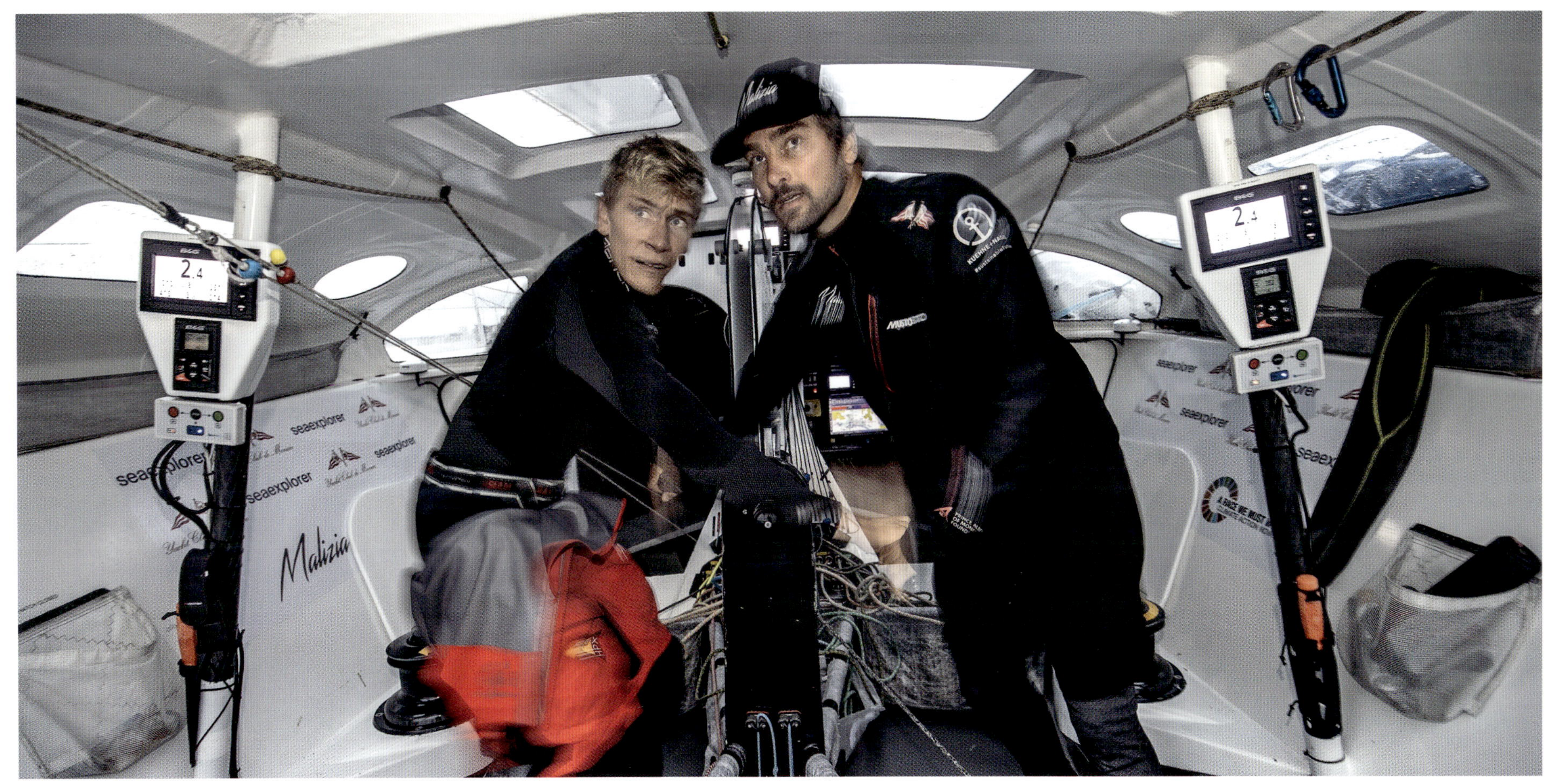

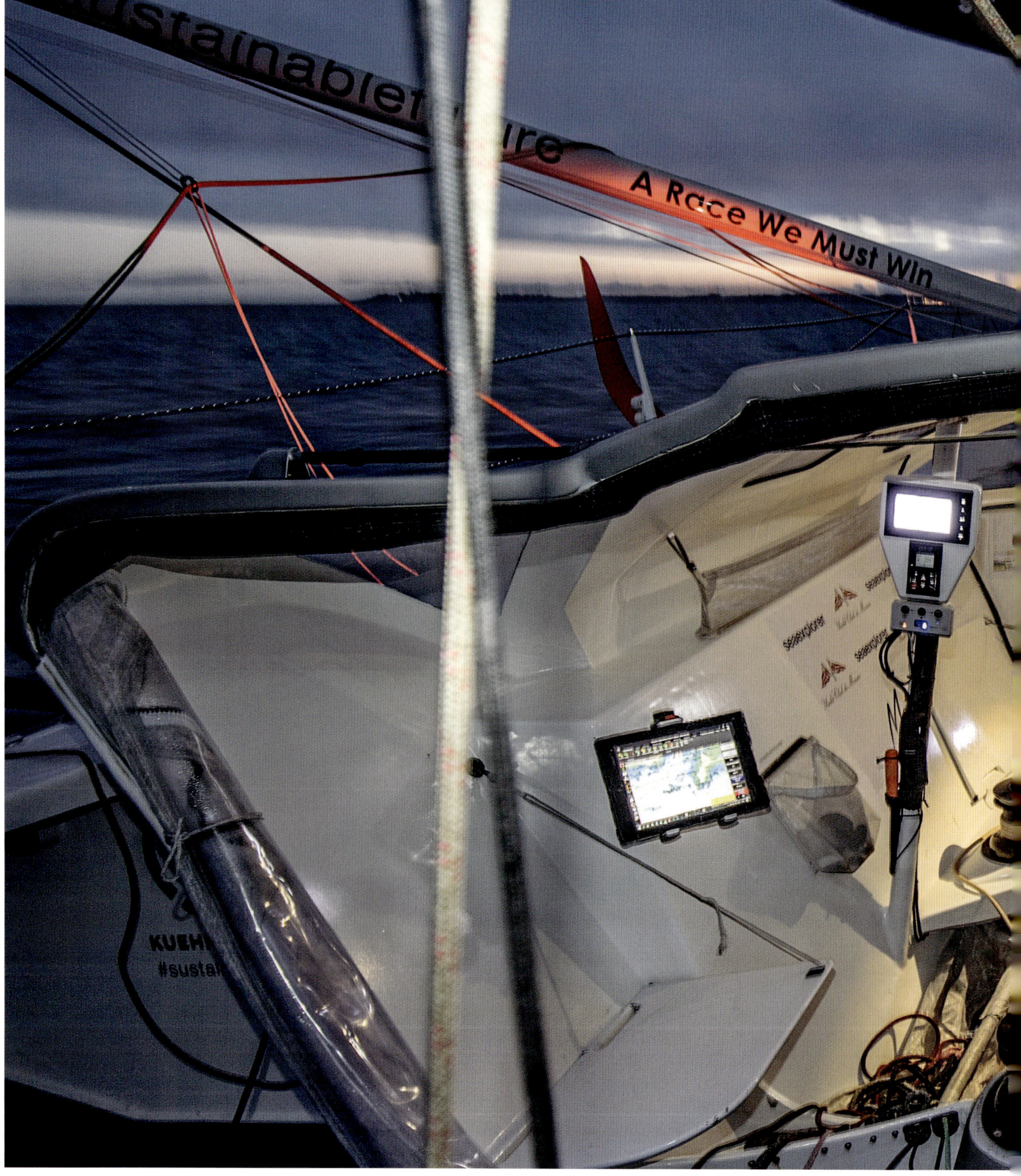

Beinahe surreal wirkt der Blick ins erleuchtete Cockpit. Die Kunst besteht darin, sich zu jeder Zeit blind zurechtzu-finden.

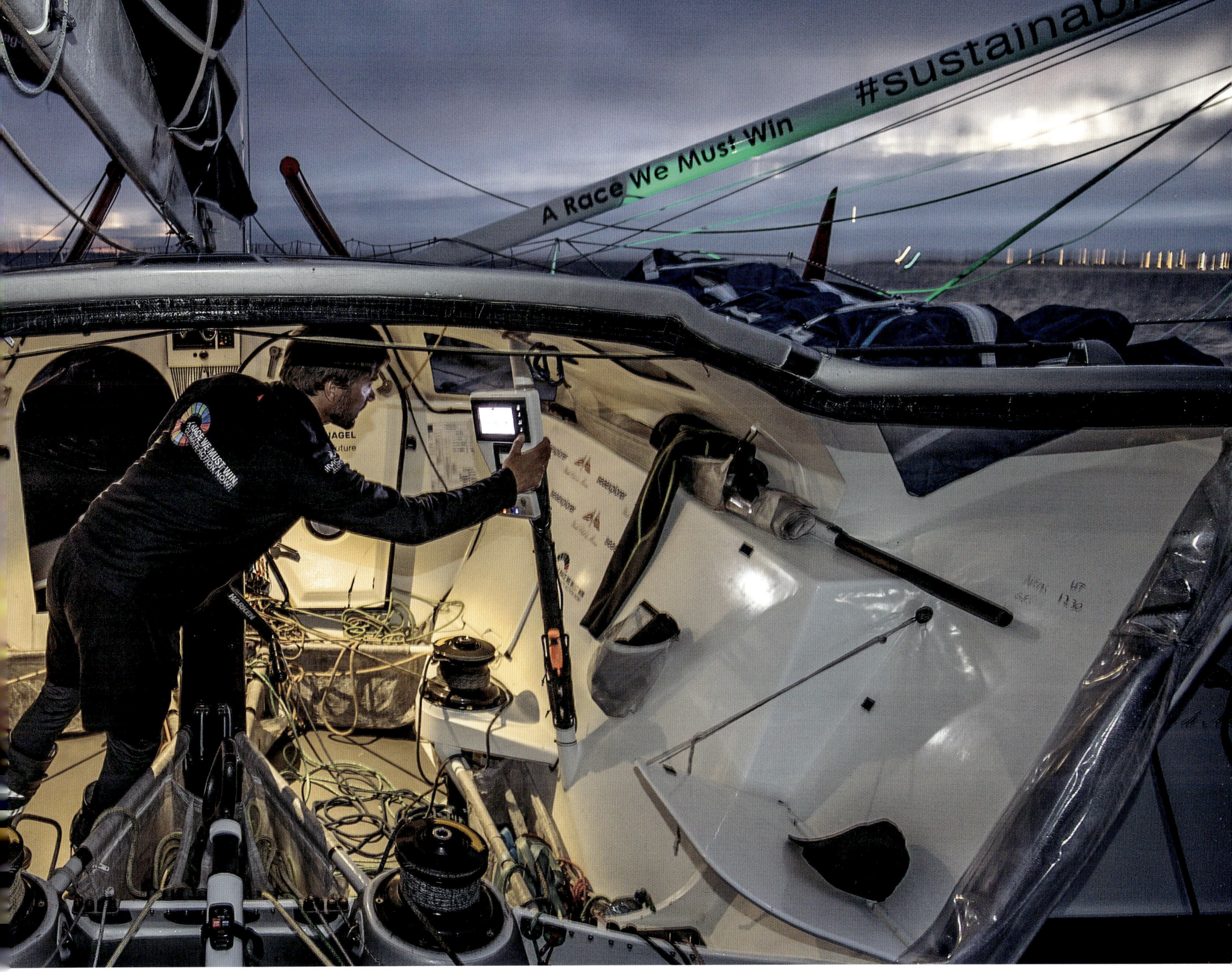

#sustainab
A Race We Must Win

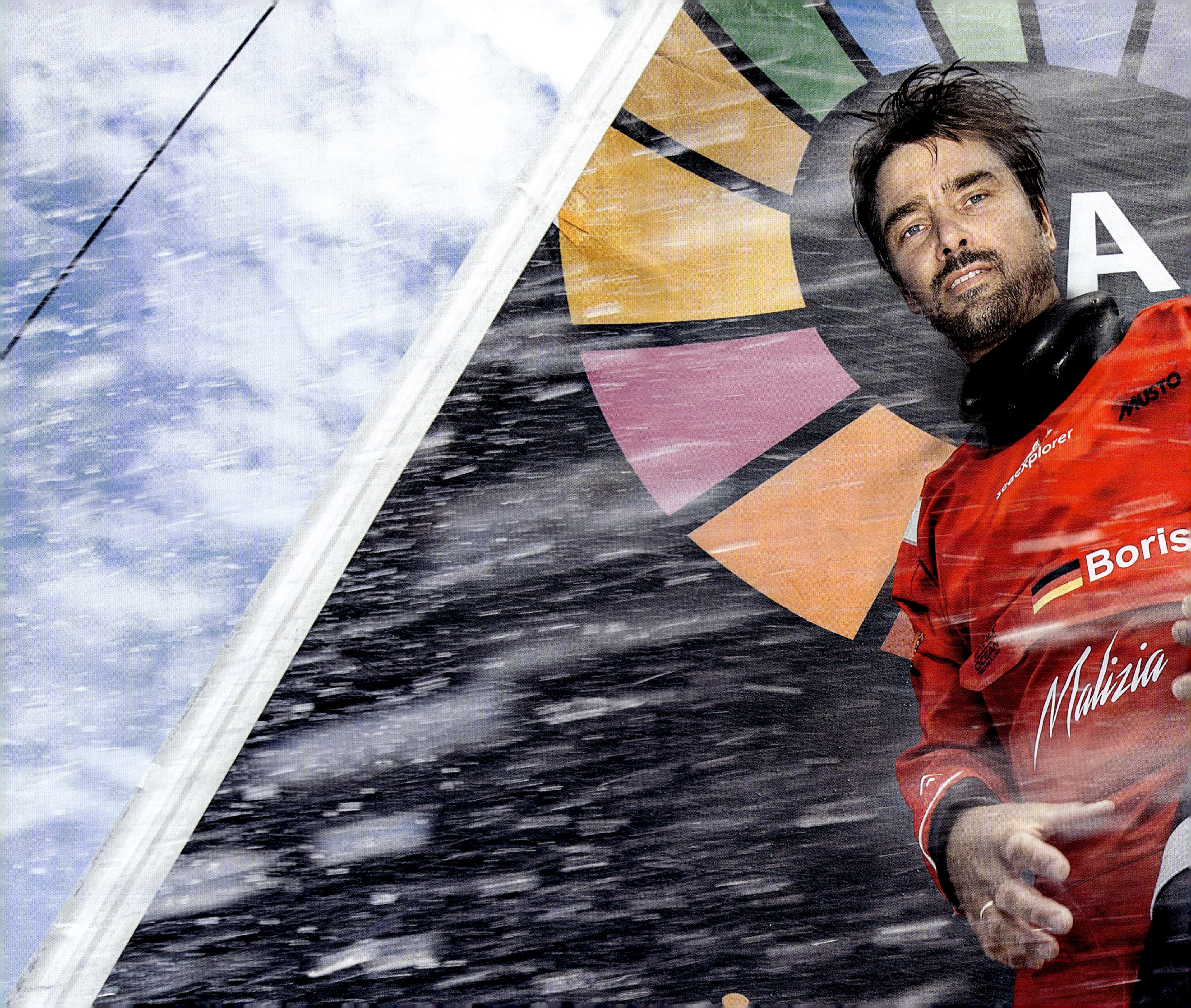

Musto
seaexplorer
Boris
Malizia

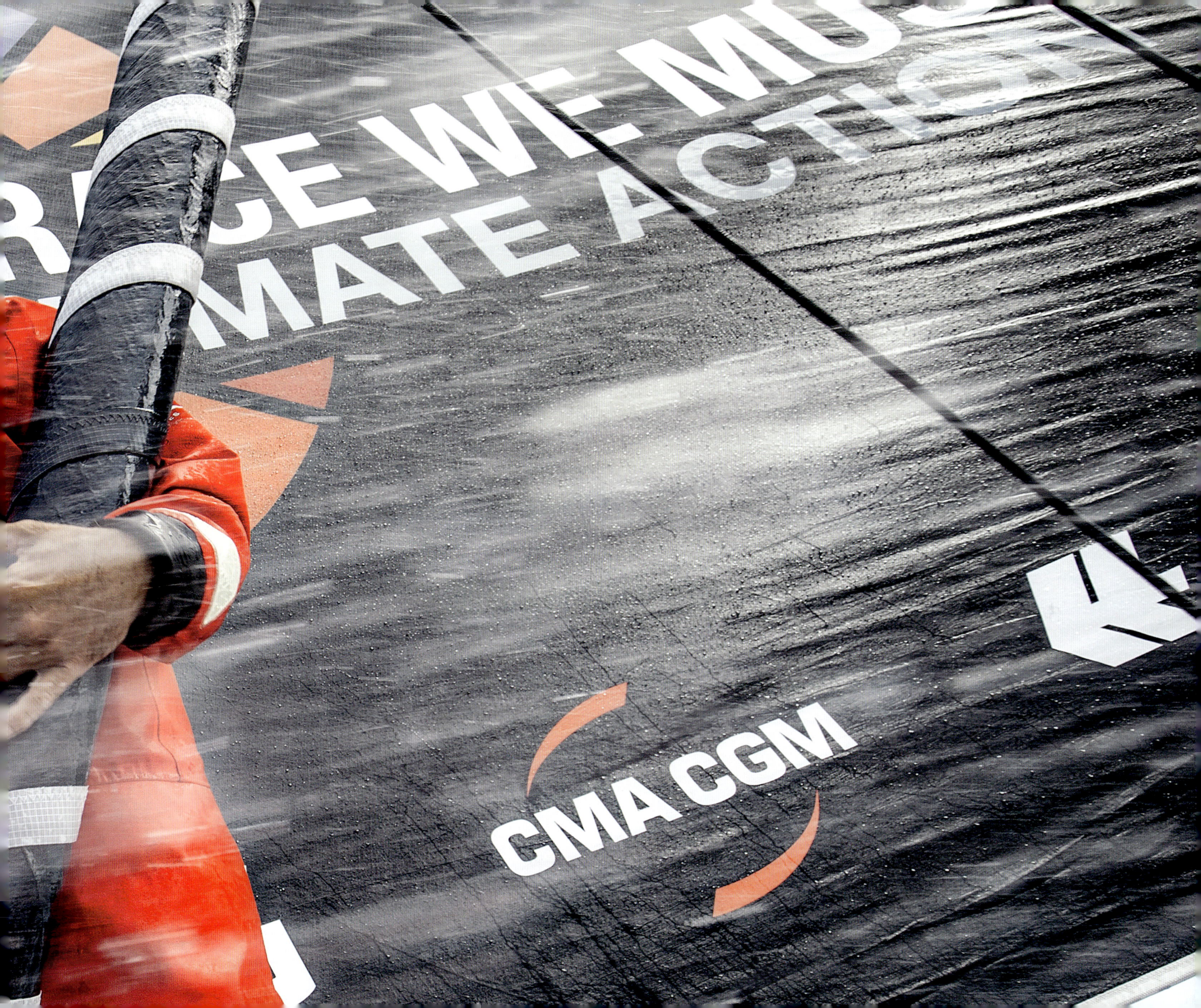
RACE WE MUST
IMATE ACTION
CMA CGM

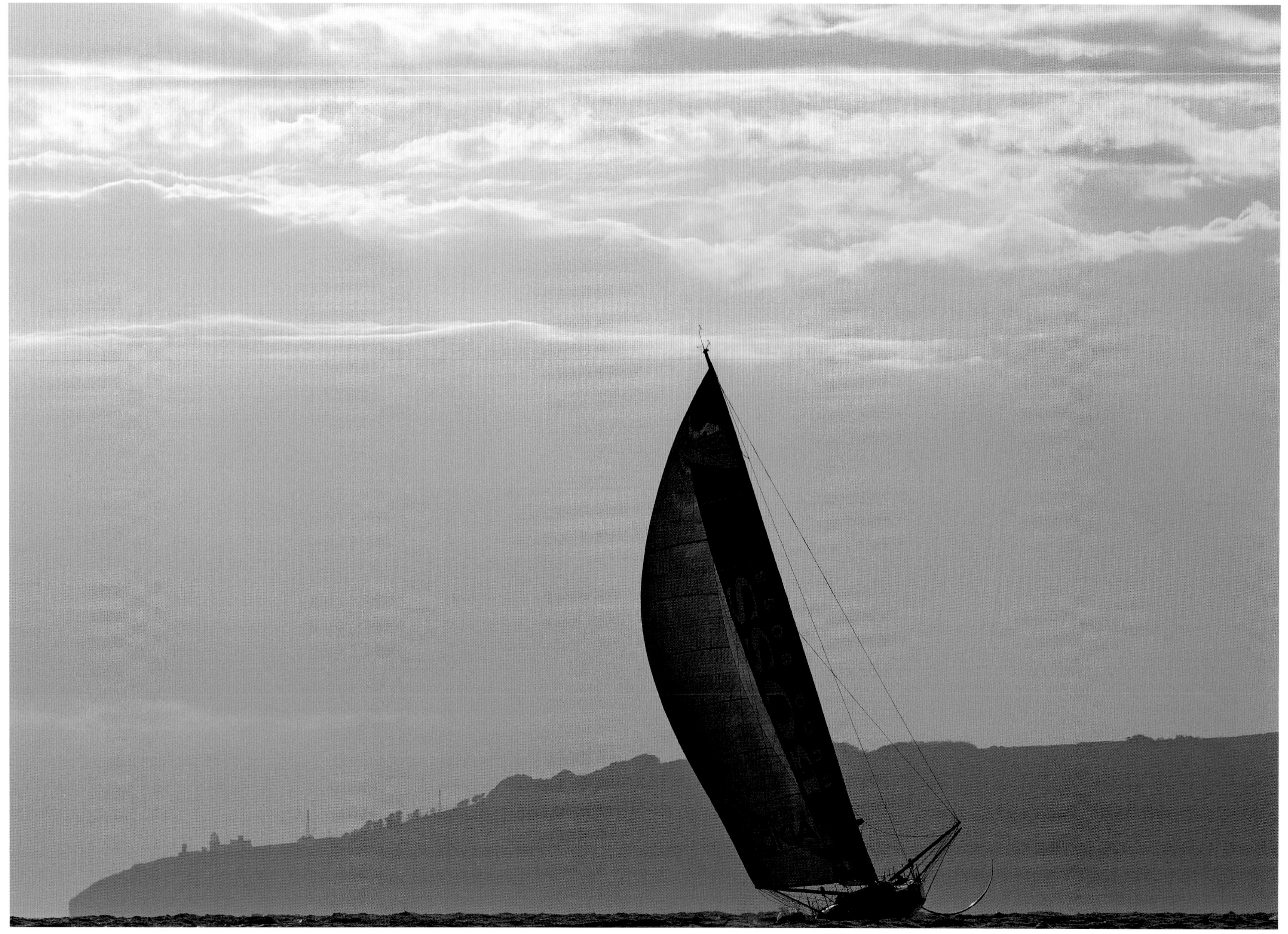

Alex Thomson, im Solent, Kurs Les Sables d'Olonne.

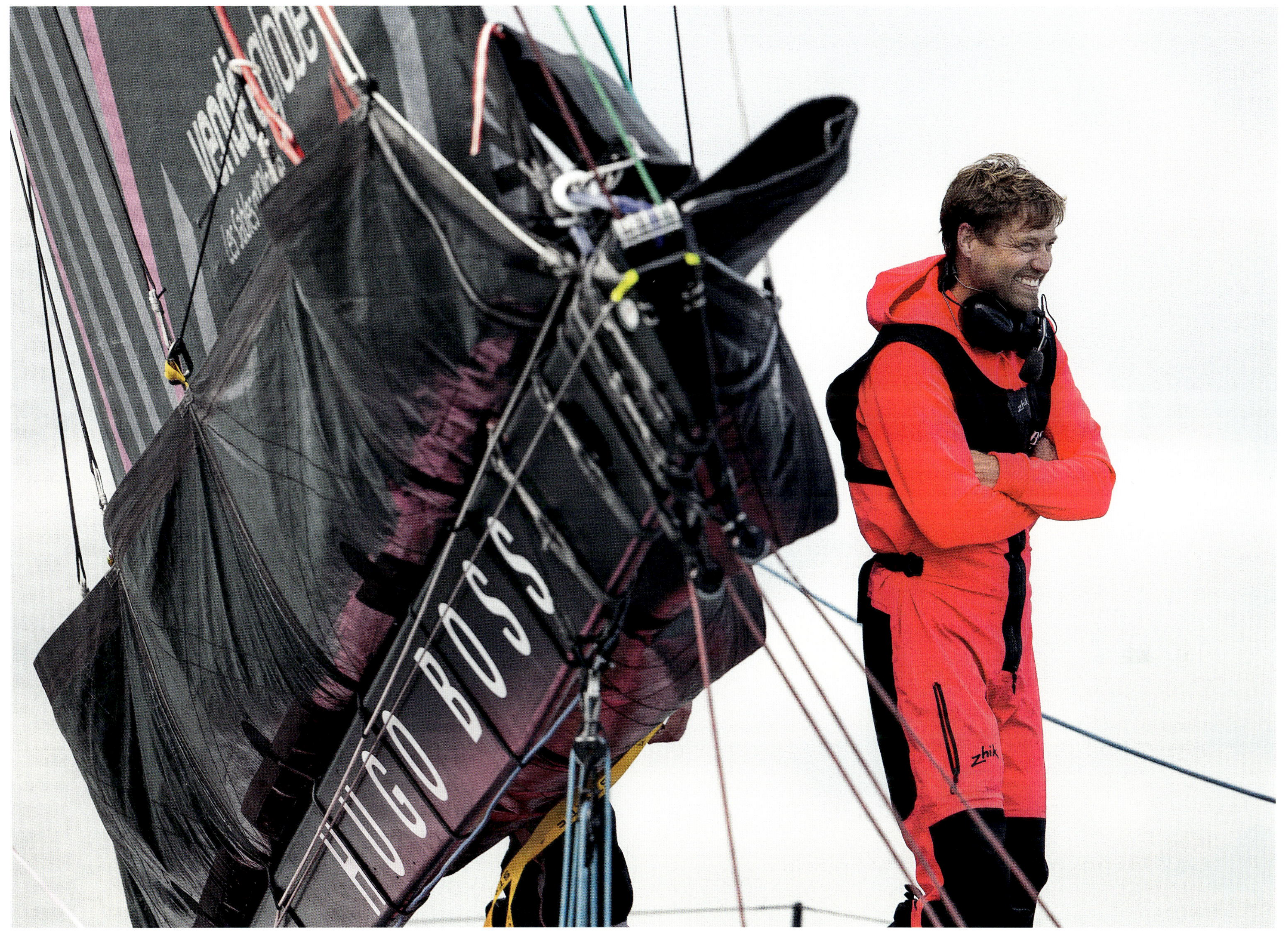

Thomson und Boris Herrmann verbindet mehr als nur die Leidenschaft für schnelles Segeln – sie sind Freunde. 14. Oktober 2020

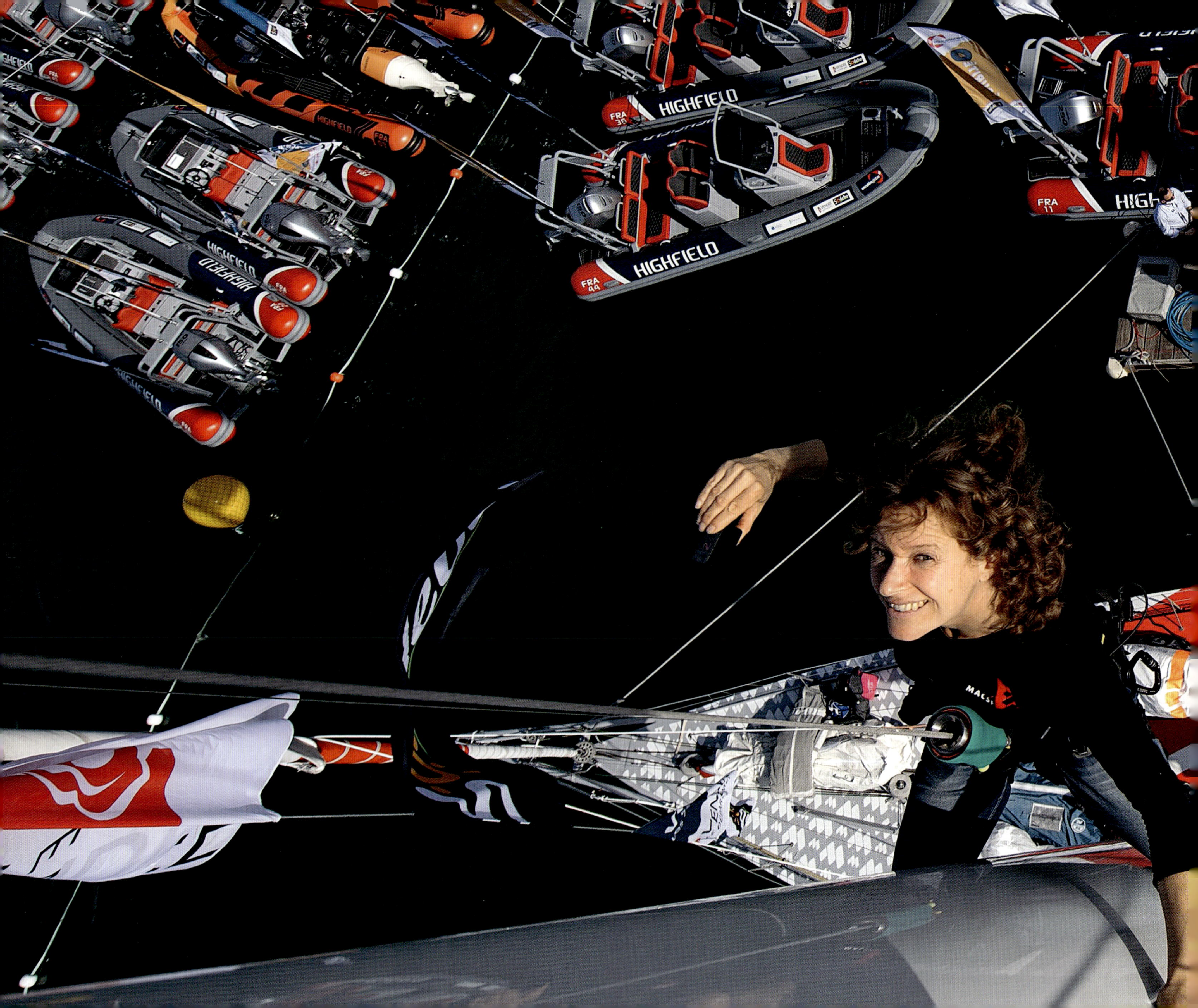

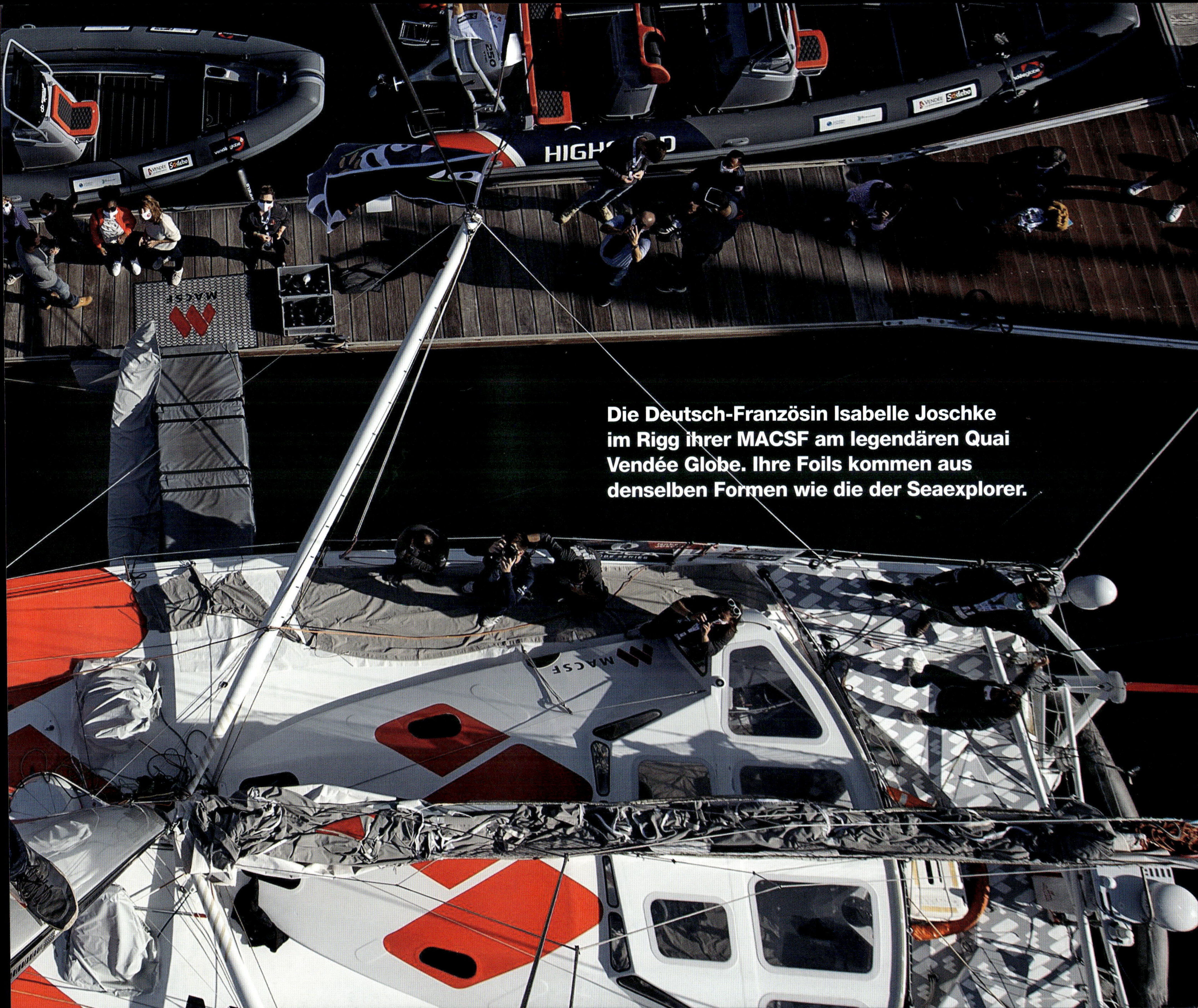

Die Deutsch-Französin Isabelle Joschke im Rigg ihrer MACSF am legendären Quai Vendée Globe. Ihre Foils kommen aus denselben Formen wie die der Seaexplorer.

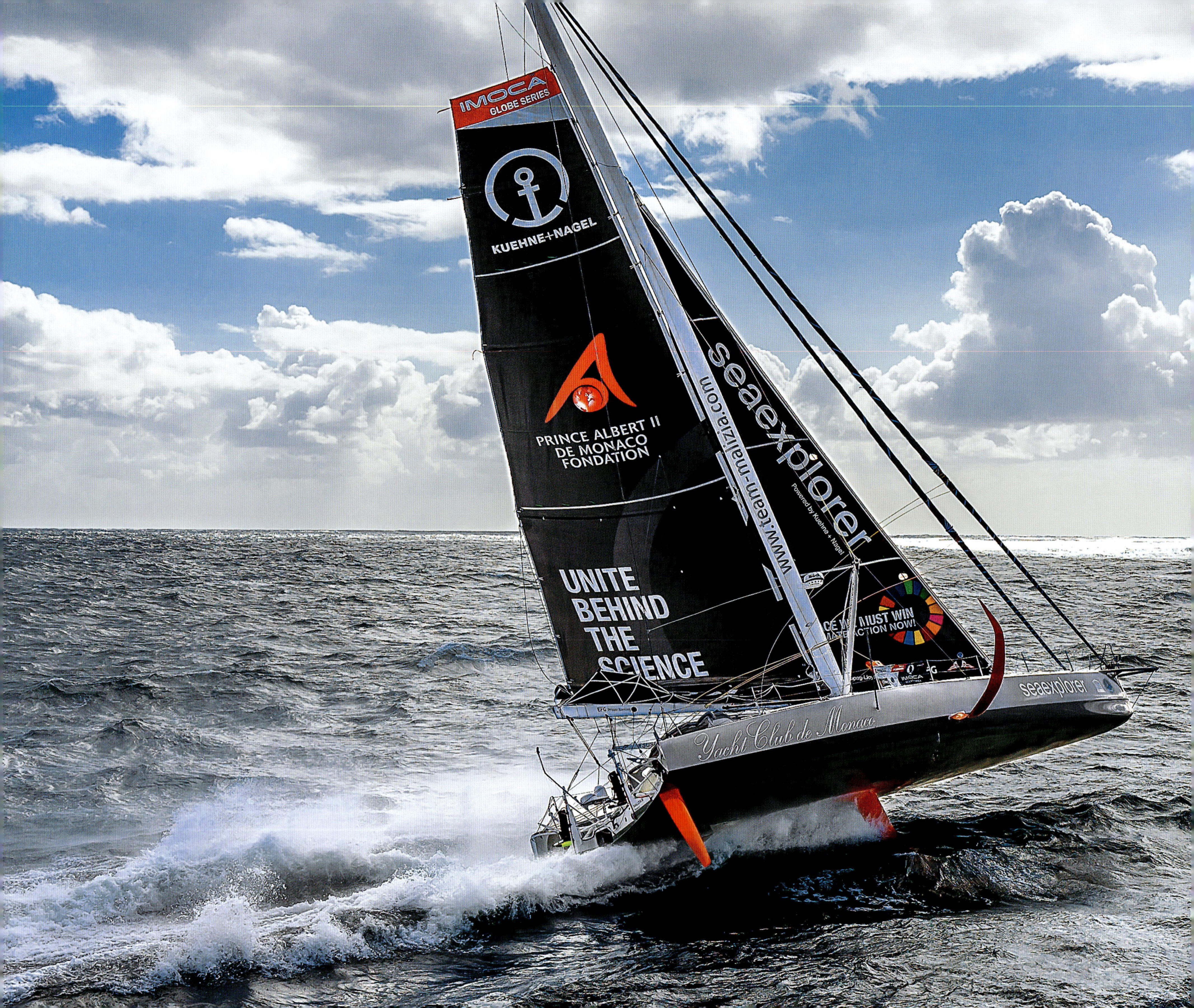

IMOCA GLOBE SERIES
KUEHNE+NAGEL
PRINCE ALBERT II DE MONACO FONDATION
UNITE BEHIND THE SCIENCE
seaexplorer
www.team-malizia.com
Powered by Kuehne + Nagel
WE MUST WIN
TAKE ACTION NOW!
seaexplorer
Yacht Club de Monaco

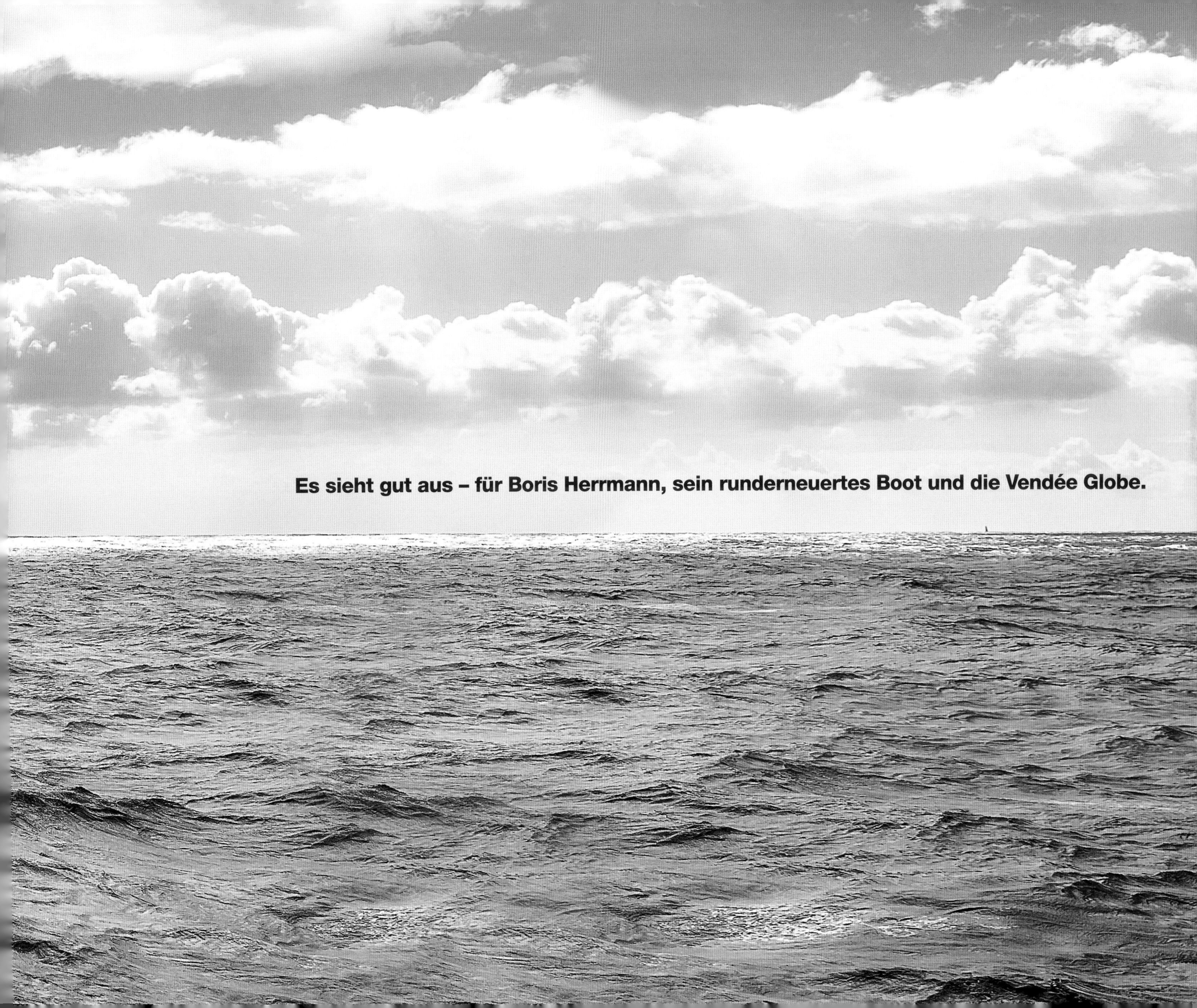

Es sieht gut aus – für Boris Herrmann, sein runderneuertes Boot und die Vendée Globe.

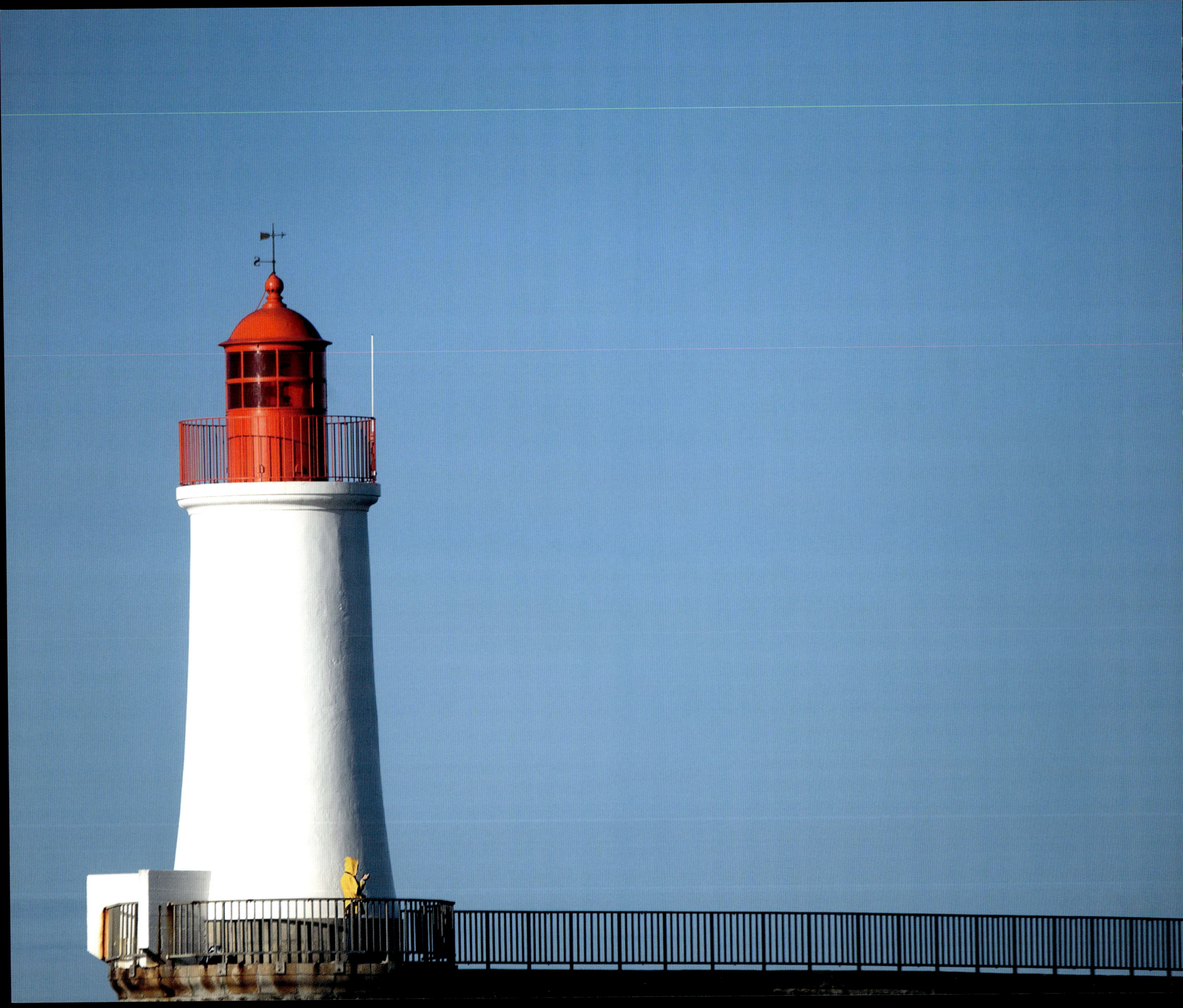

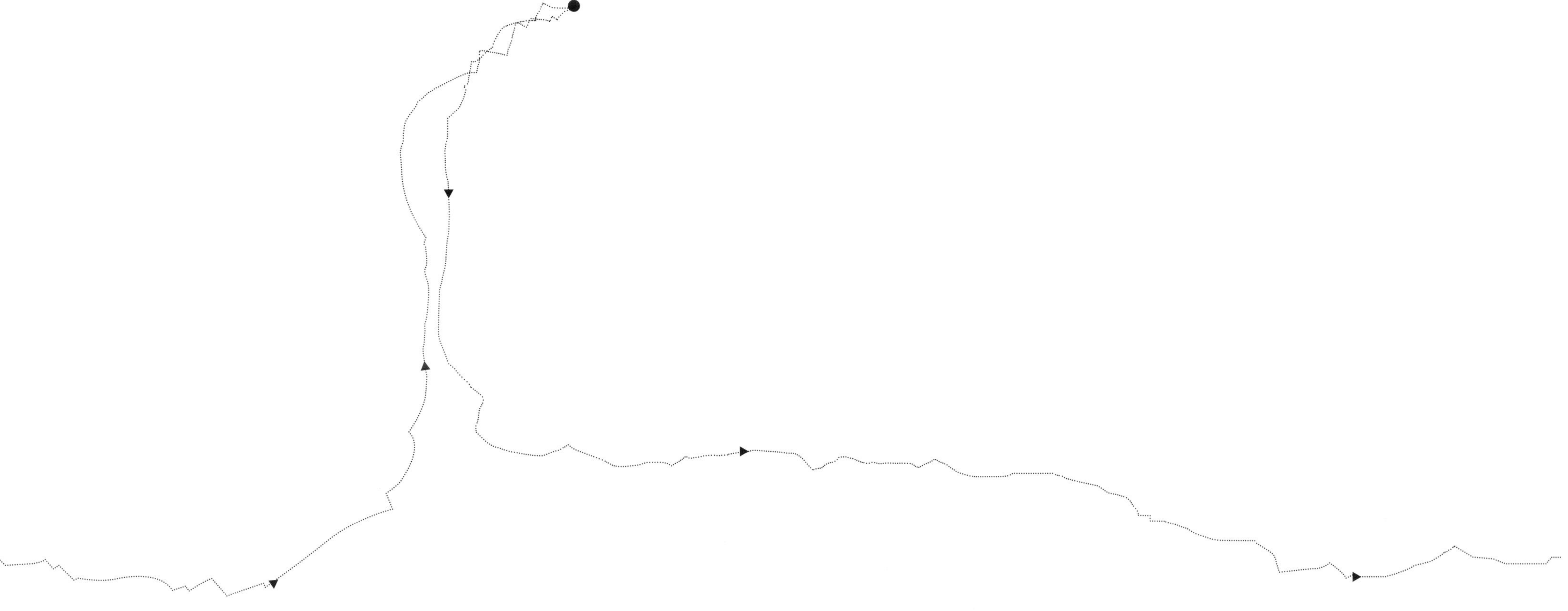

phase III

der start

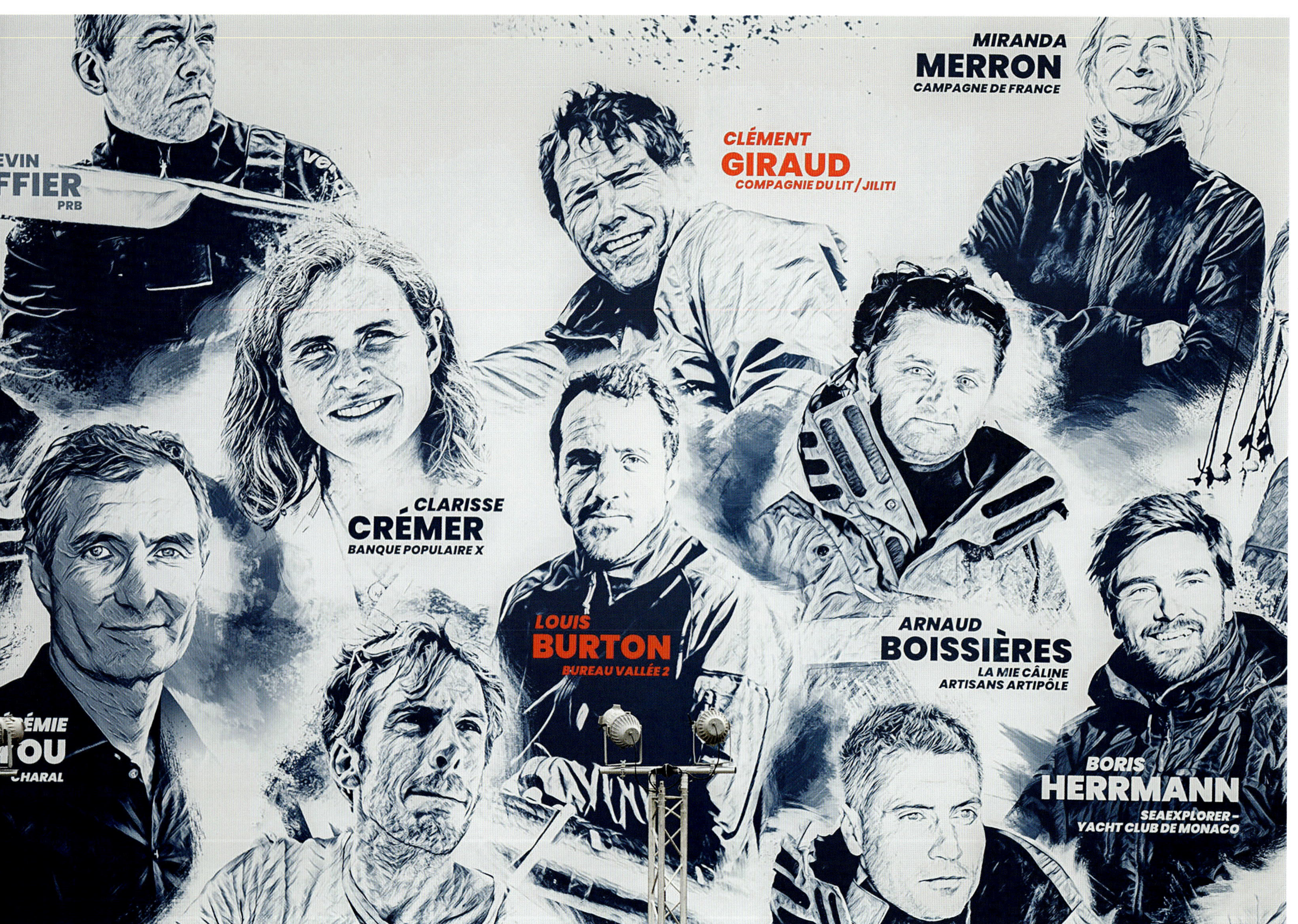

Wall of Fame in Les Sables d'Olonne.

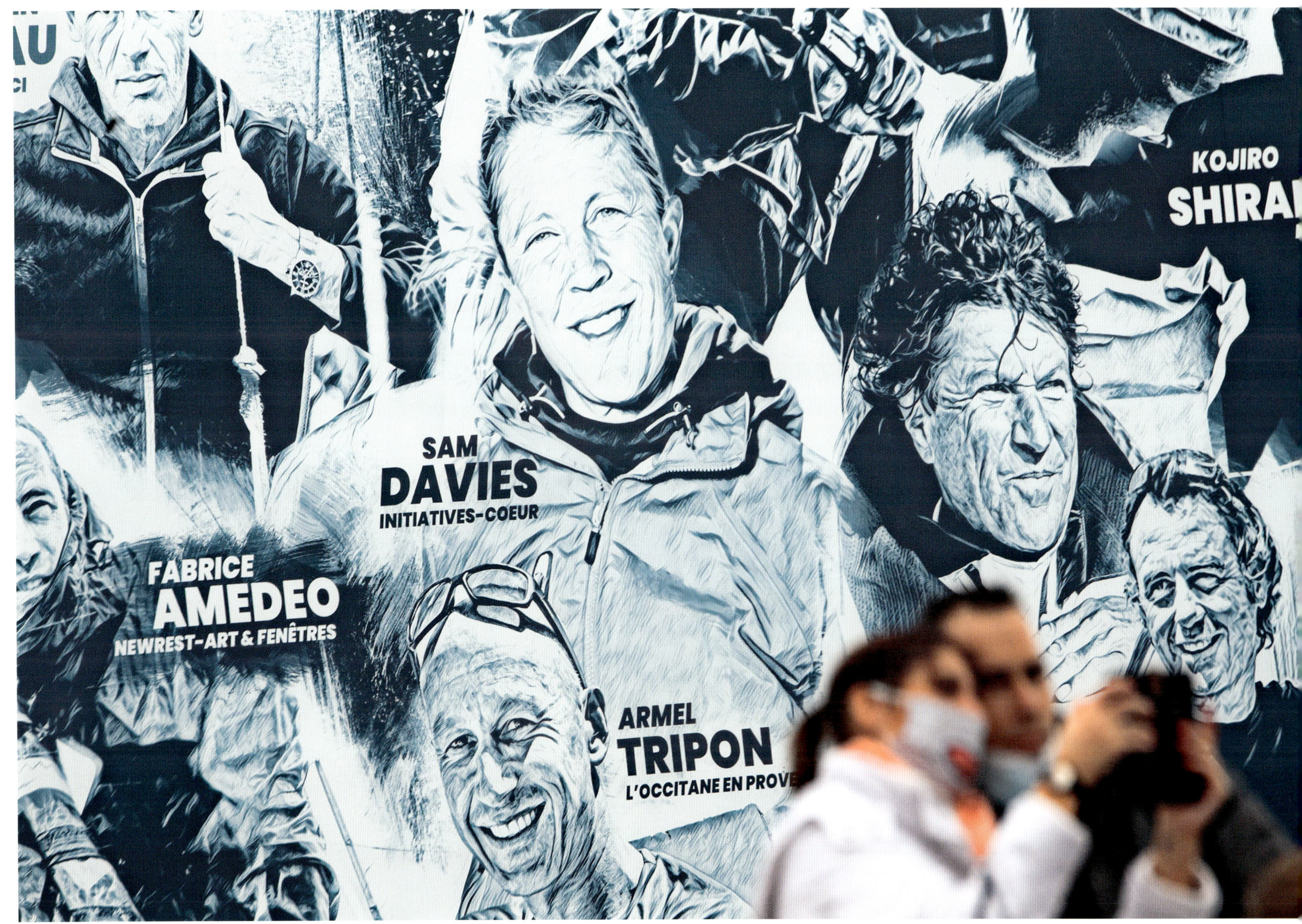
KOJIRO
SHIRA
SAM
DAVIES
INITIATIVES-COEUR
FABRICE
AMEDEO
NEWREST-ART & FENÊTRES
ARMEL
TRIPON
L'OCCITANE EN PROVE

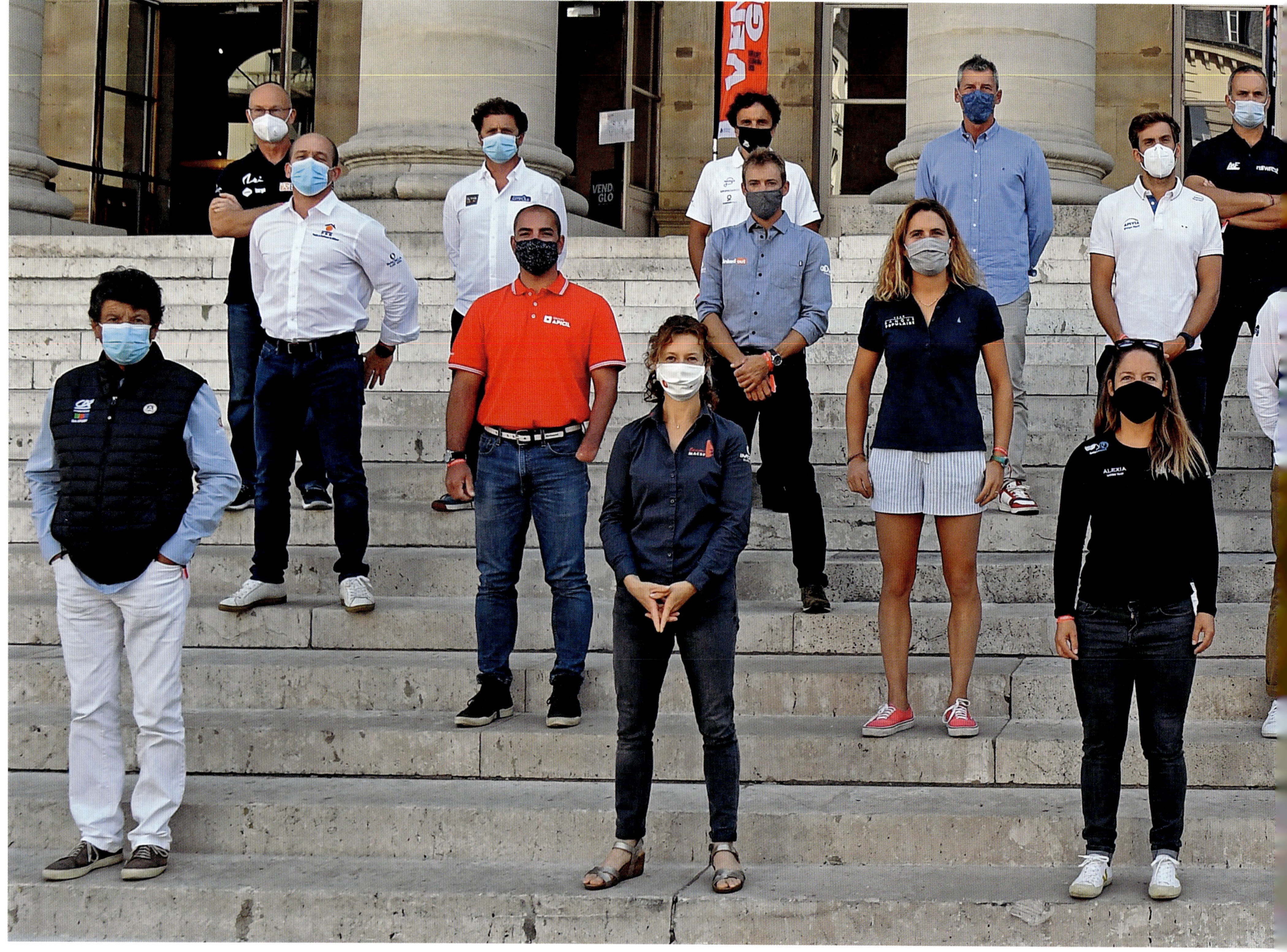

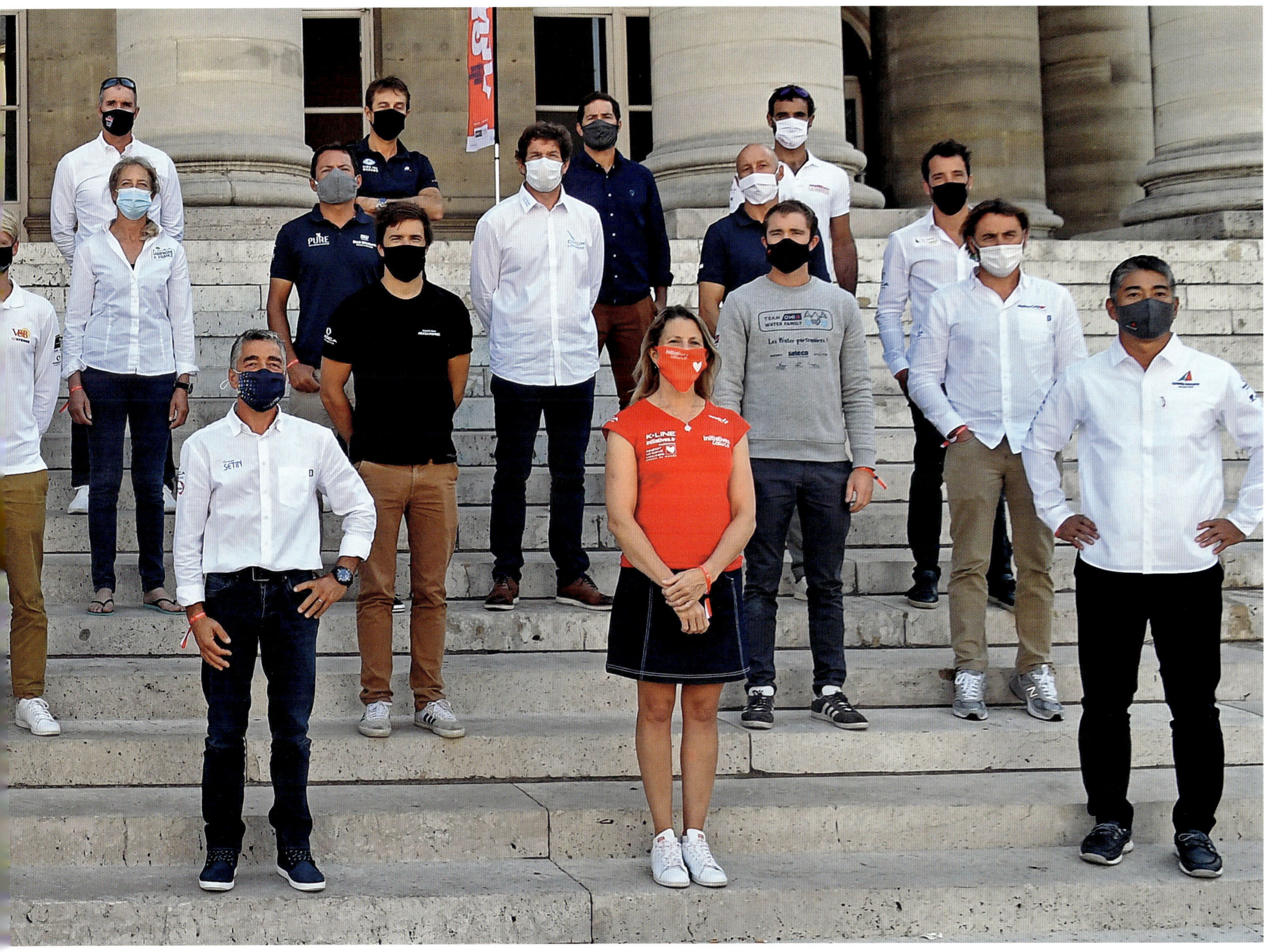

Gruppenfoto der Skipper, aber noch ohne Boris Herrmann. Auch drei weitere Soloskipper haben es nicht aufs Bild, aber an den Start geschafft.

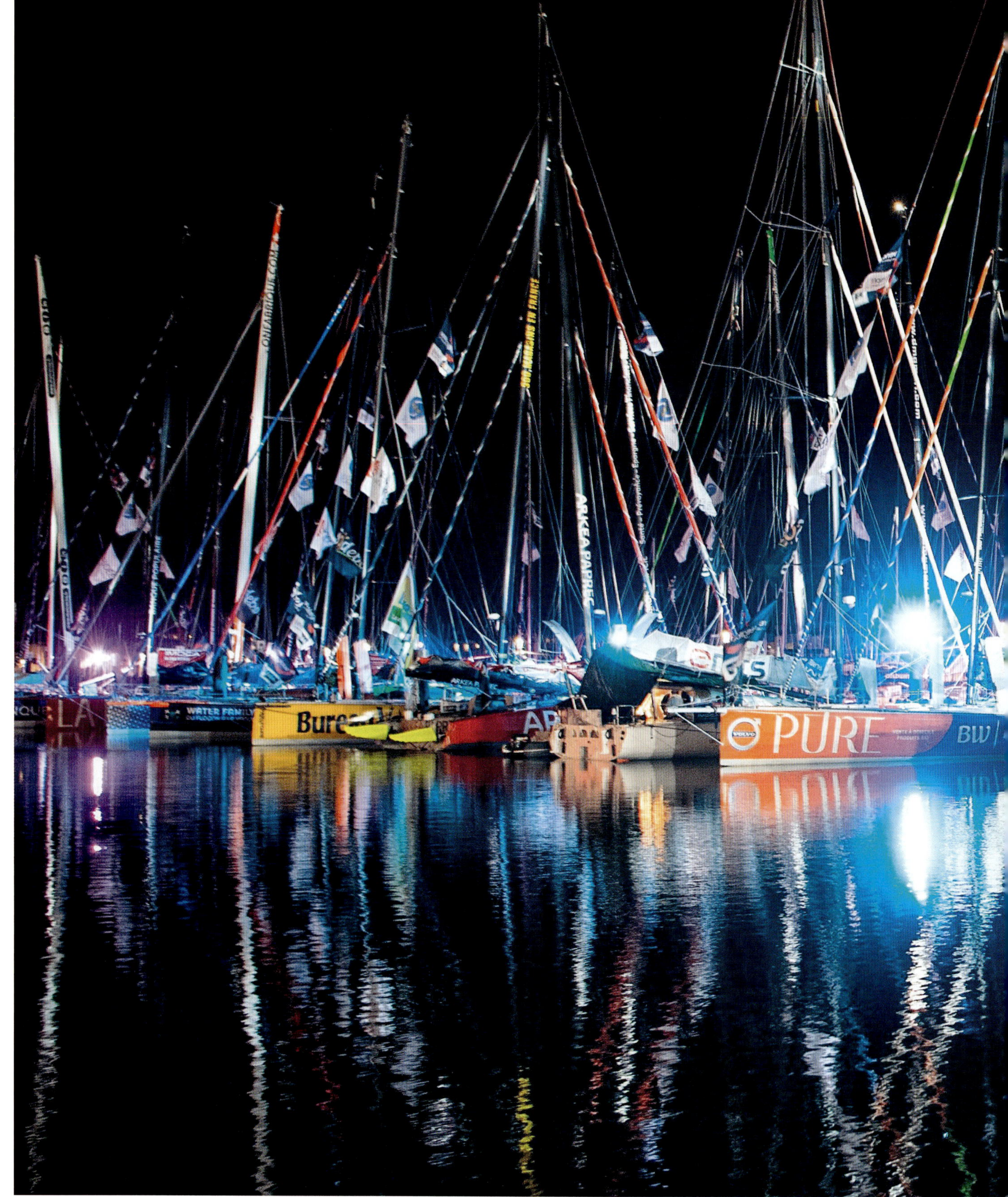

Ein Feuerwerk der Farben – nicht am Himmel wie sonst, aber auf dem Wasser des nächtlichen Hafenbeckens.

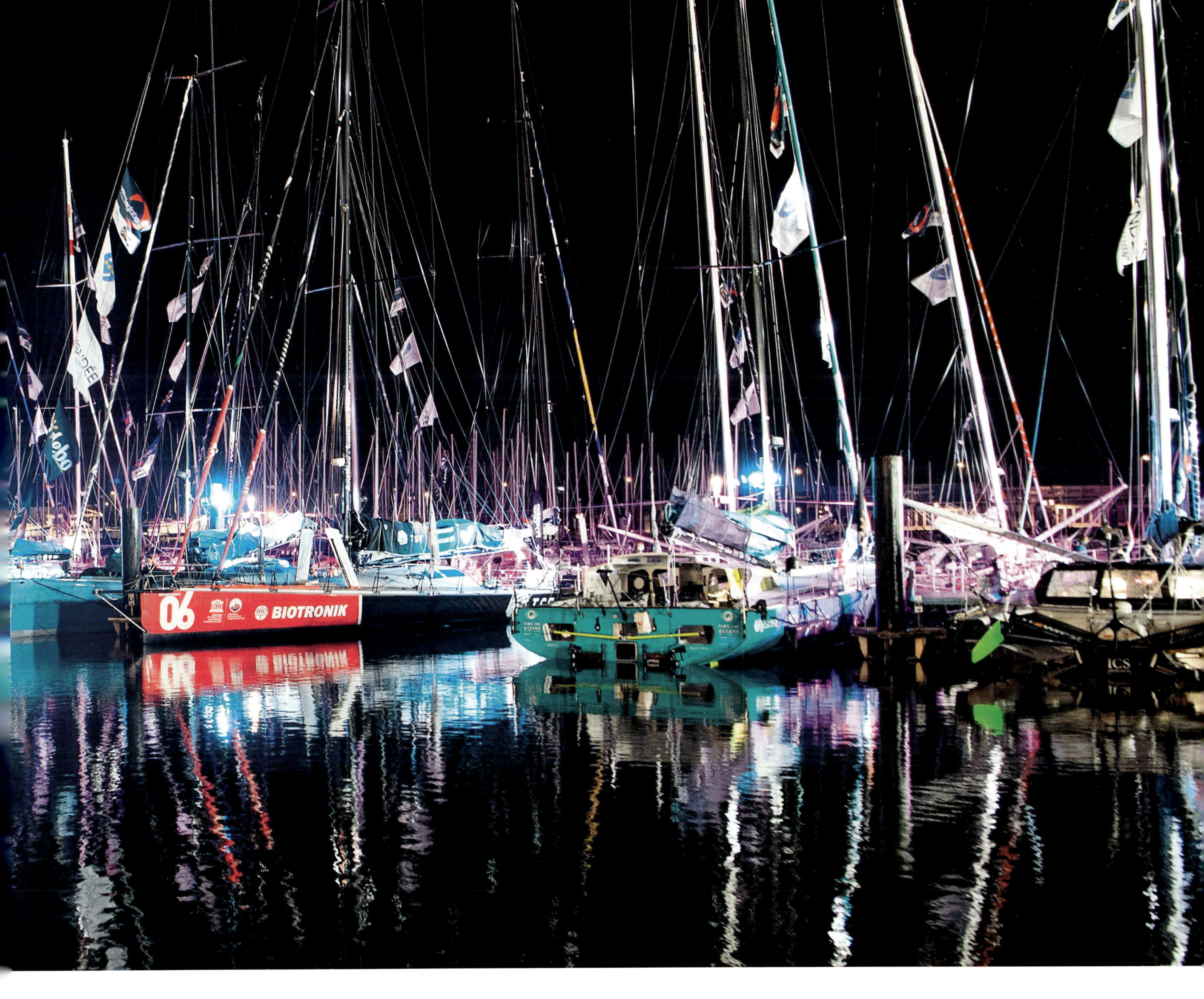

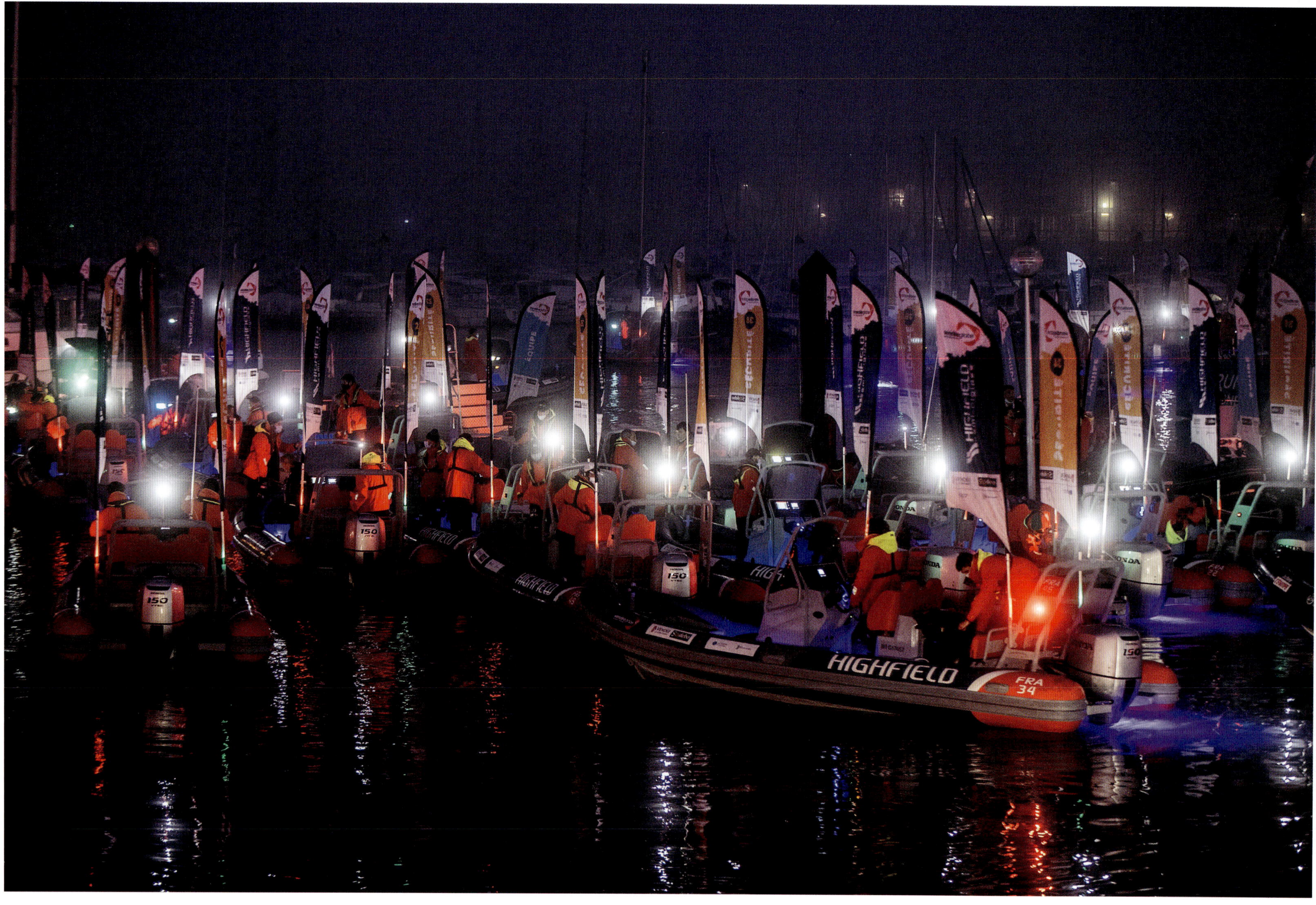

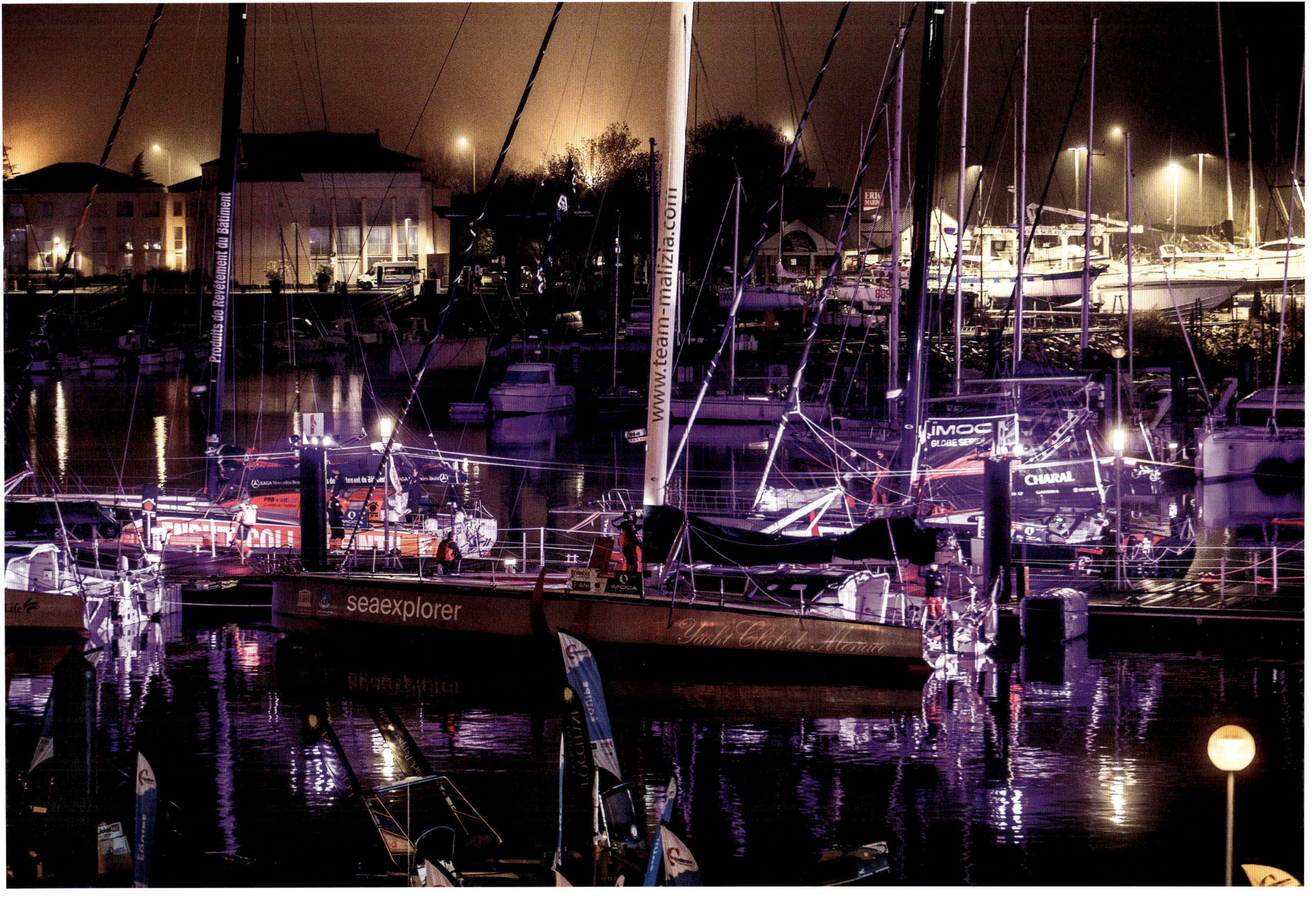

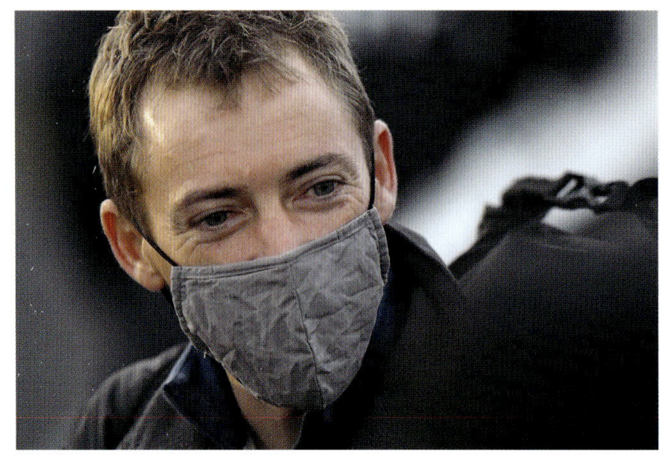
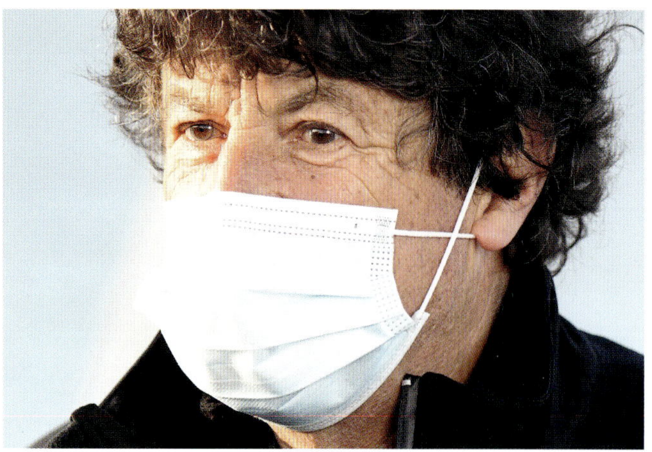
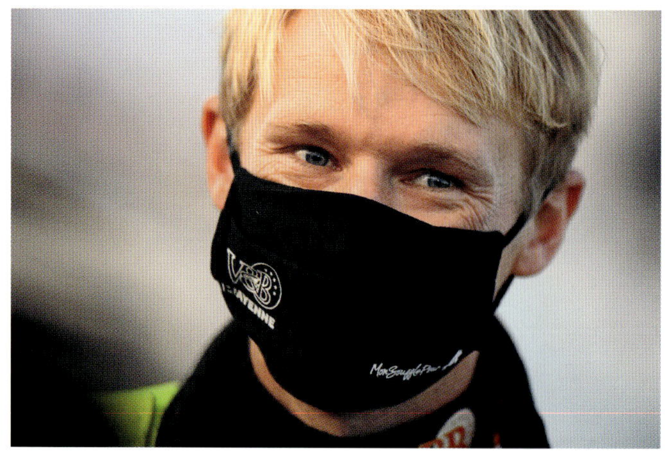
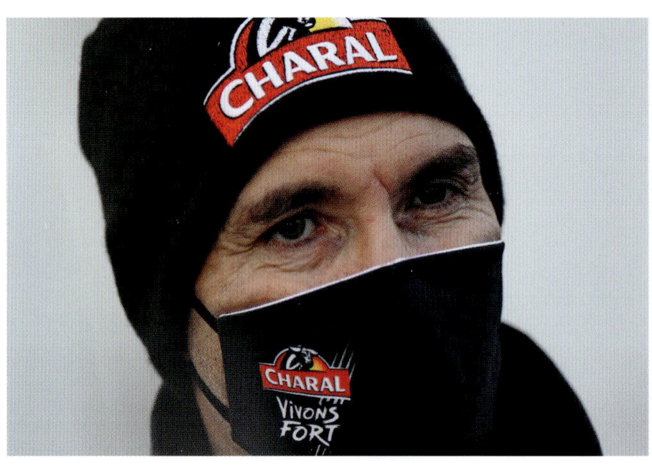
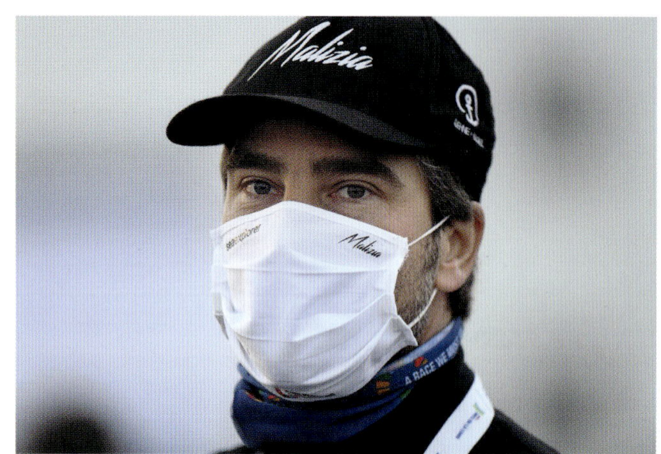
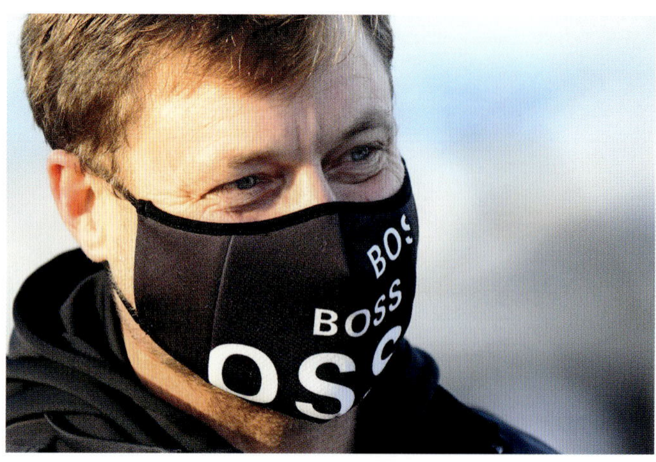
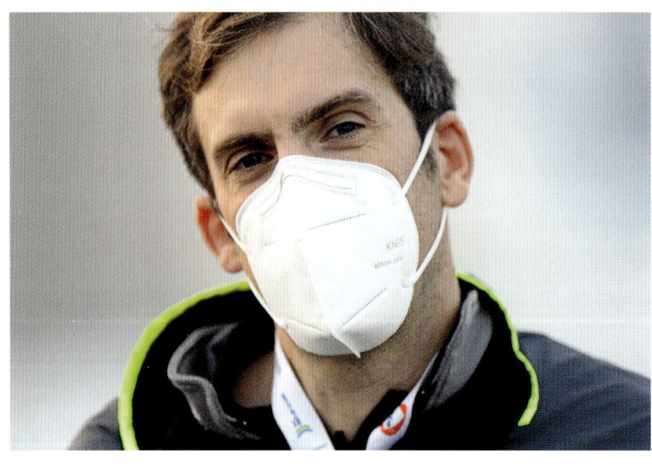
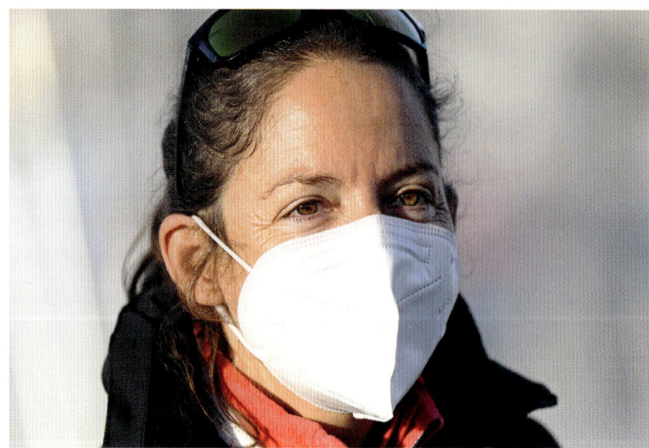
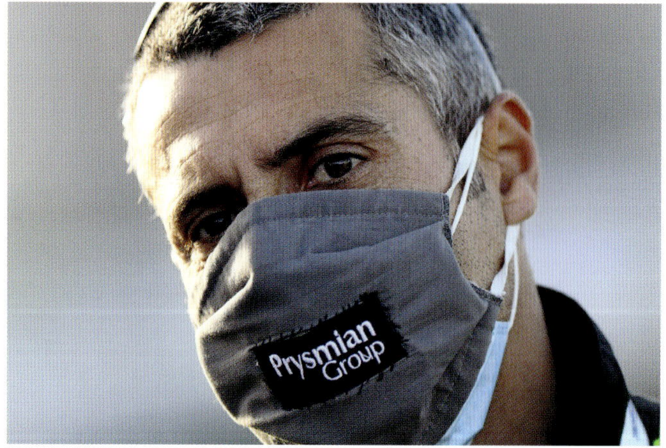

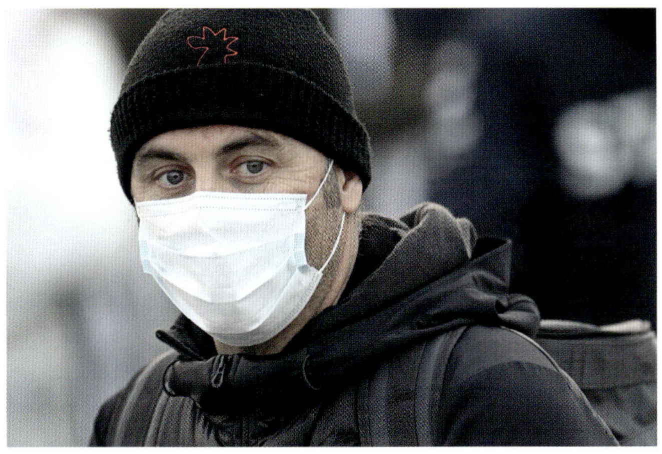

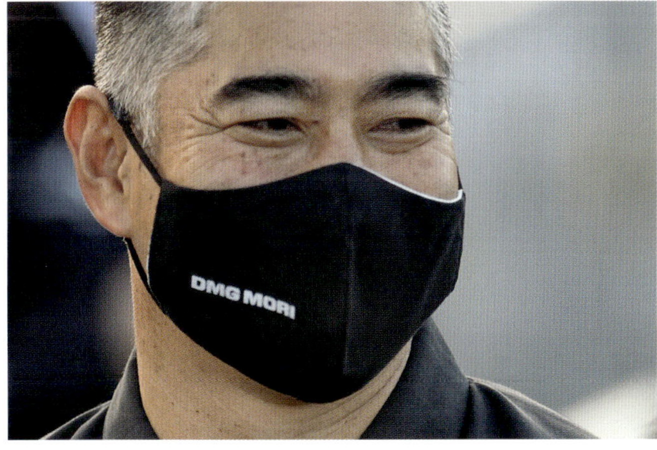

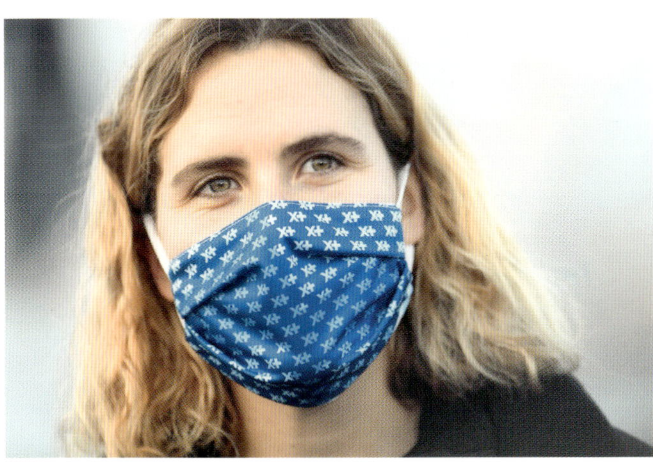

Maskenball – die Veranstalter tun alles, um die Regatta zu ermöglichen. Während die Tour de France um Monate und die Olympischen Spiele gar um ein ganzes Jahr verschoben werden, findet die Vendée Globe trotz Corona wie geplant statt.

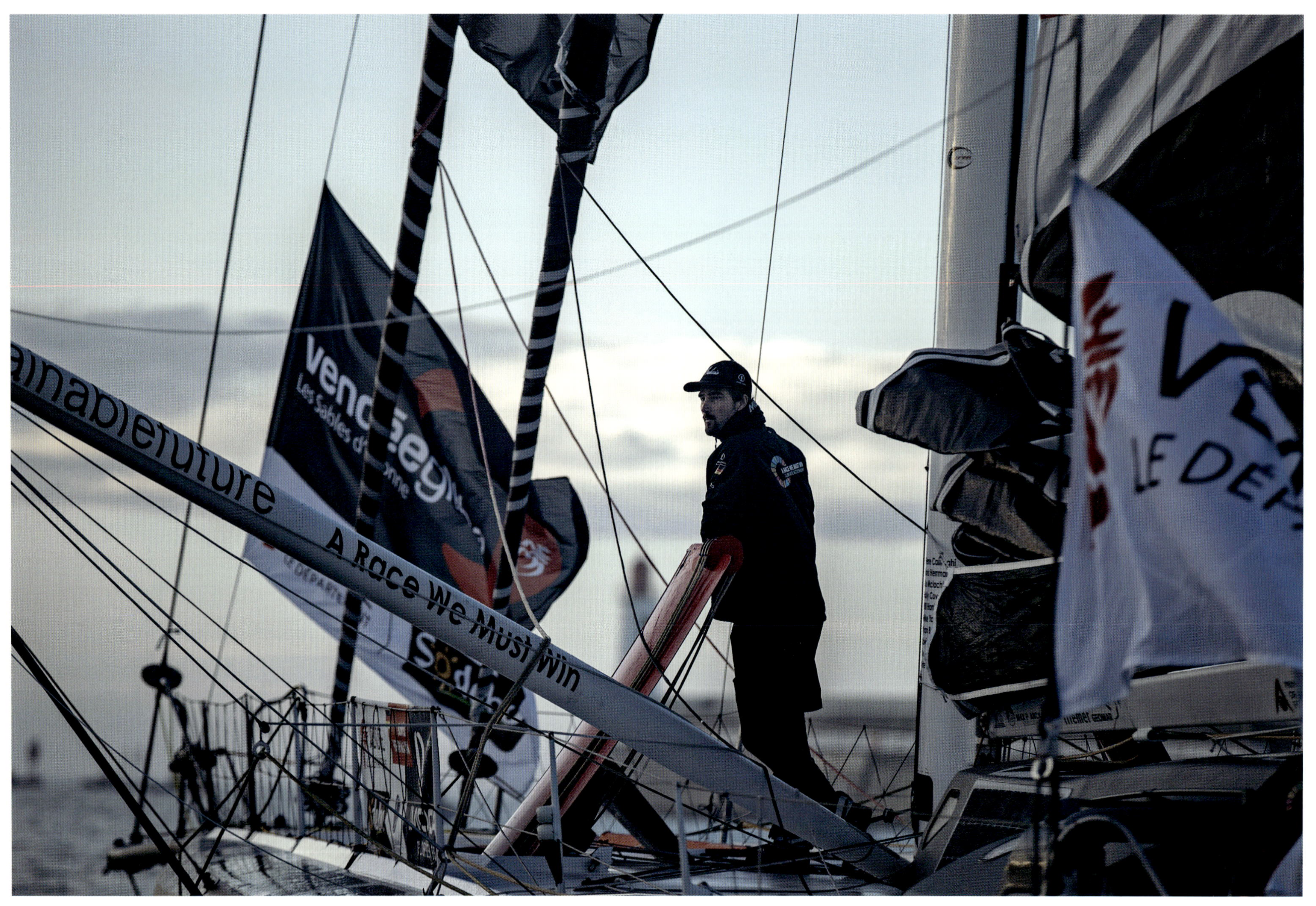

Ausfahrt aus dem Kanal, den sonst Hunderttausende säumen. 8. November 2020

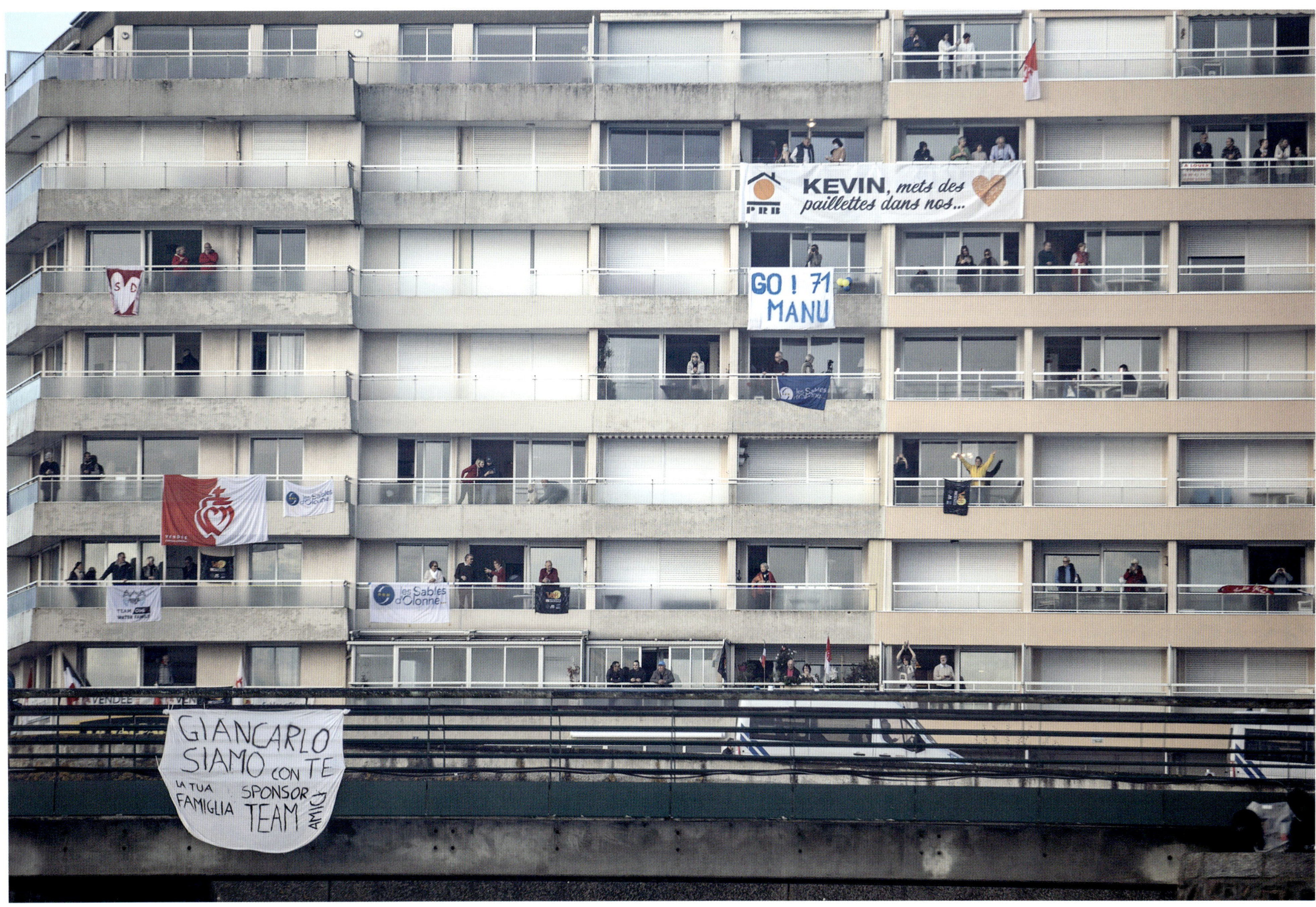

PRB
KEVIN, mets des paillettes dans nos...
GO ! 71 MANU
les Sables d'Olonne
les Sables d'Olonne
GIANCARLO SIAMO CON TE
LA TUA FAMIGLIA SPONSOR TEAM AMICI

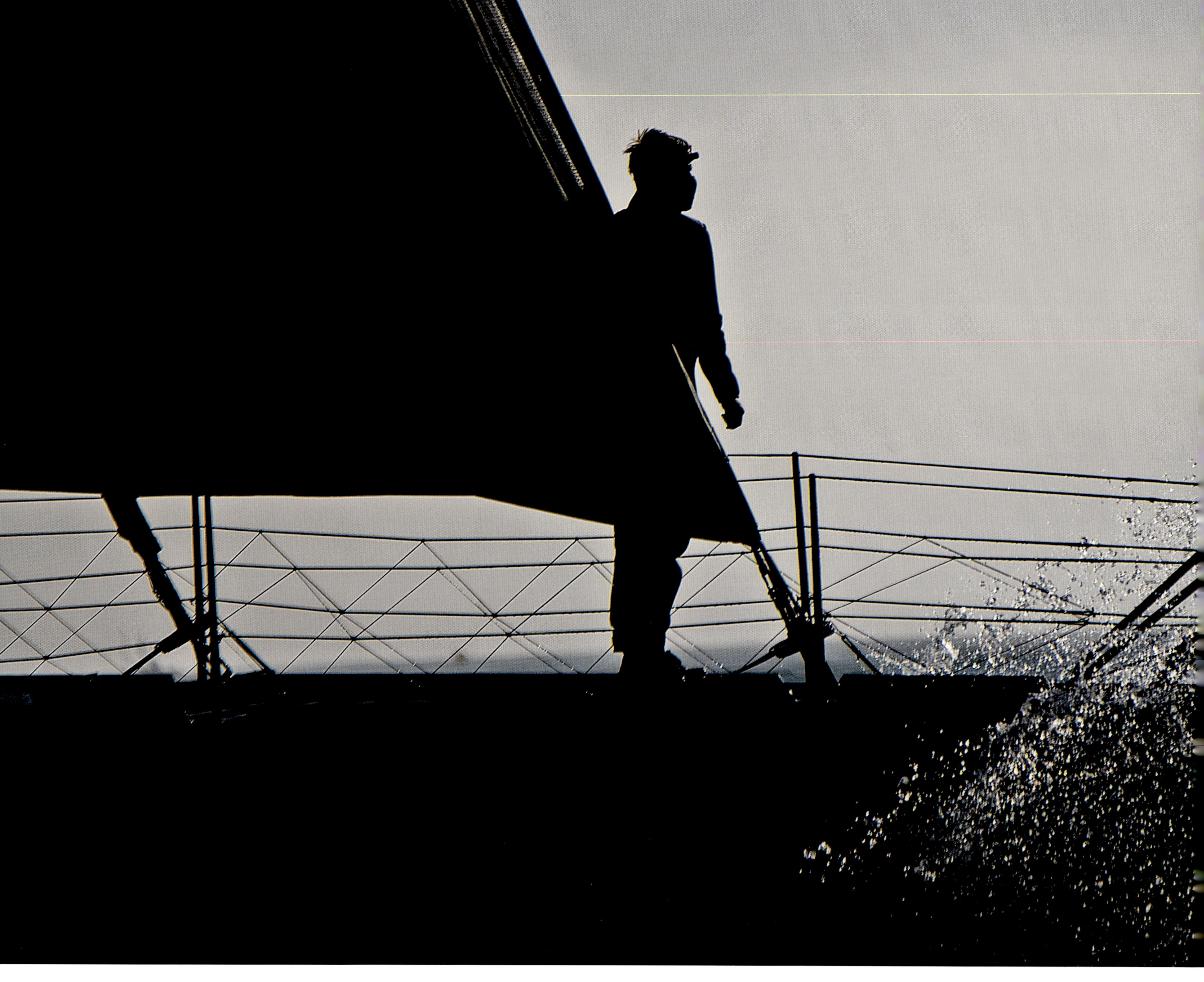

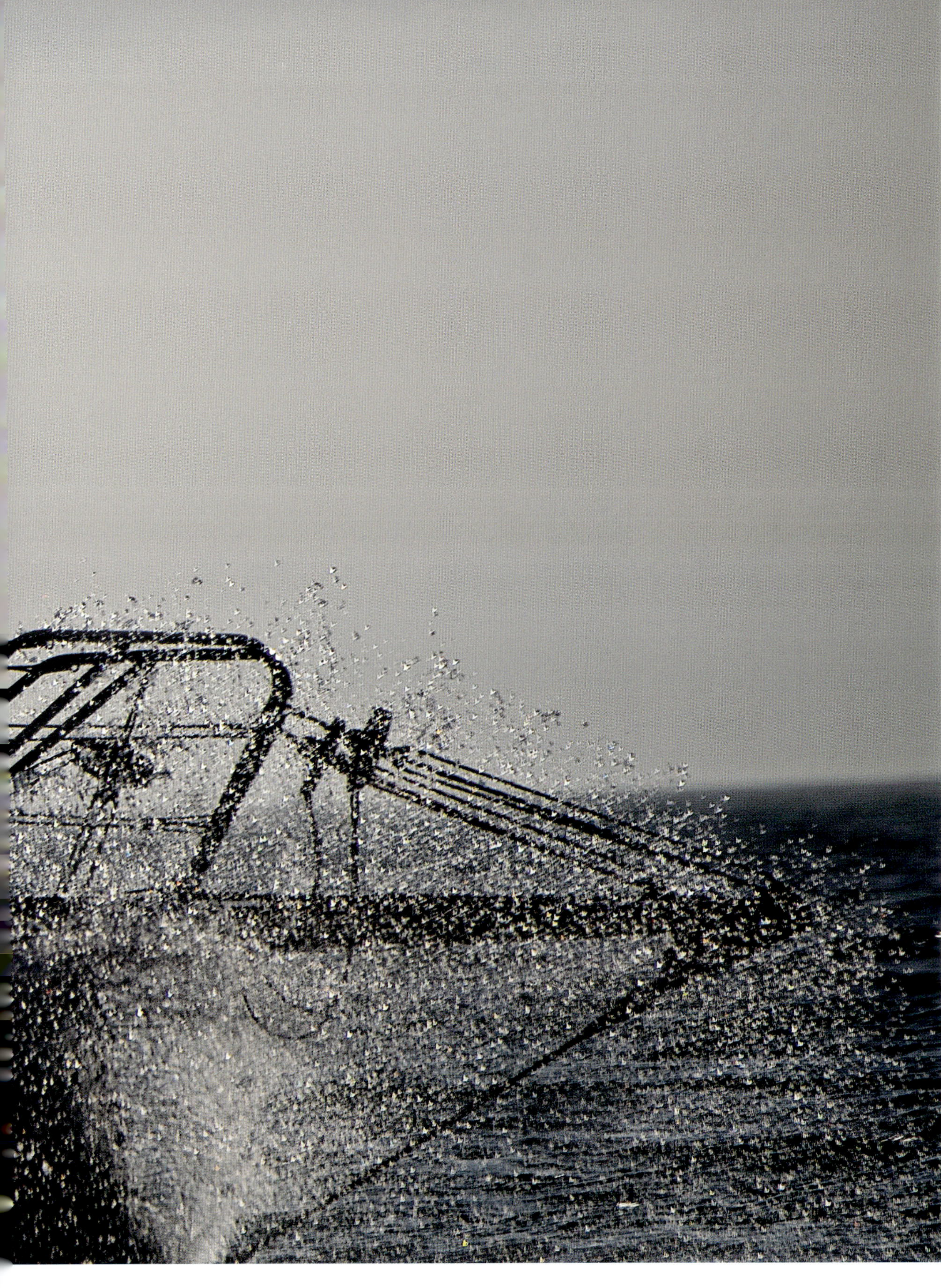

Beim Segelsetzen vor dem Start haben die 33 Teilnehmer noch ihr Team um sich. Dann beginnt der Kampf – nicht nur mit den Elementen, sondern auch mit der Einsamkeit.

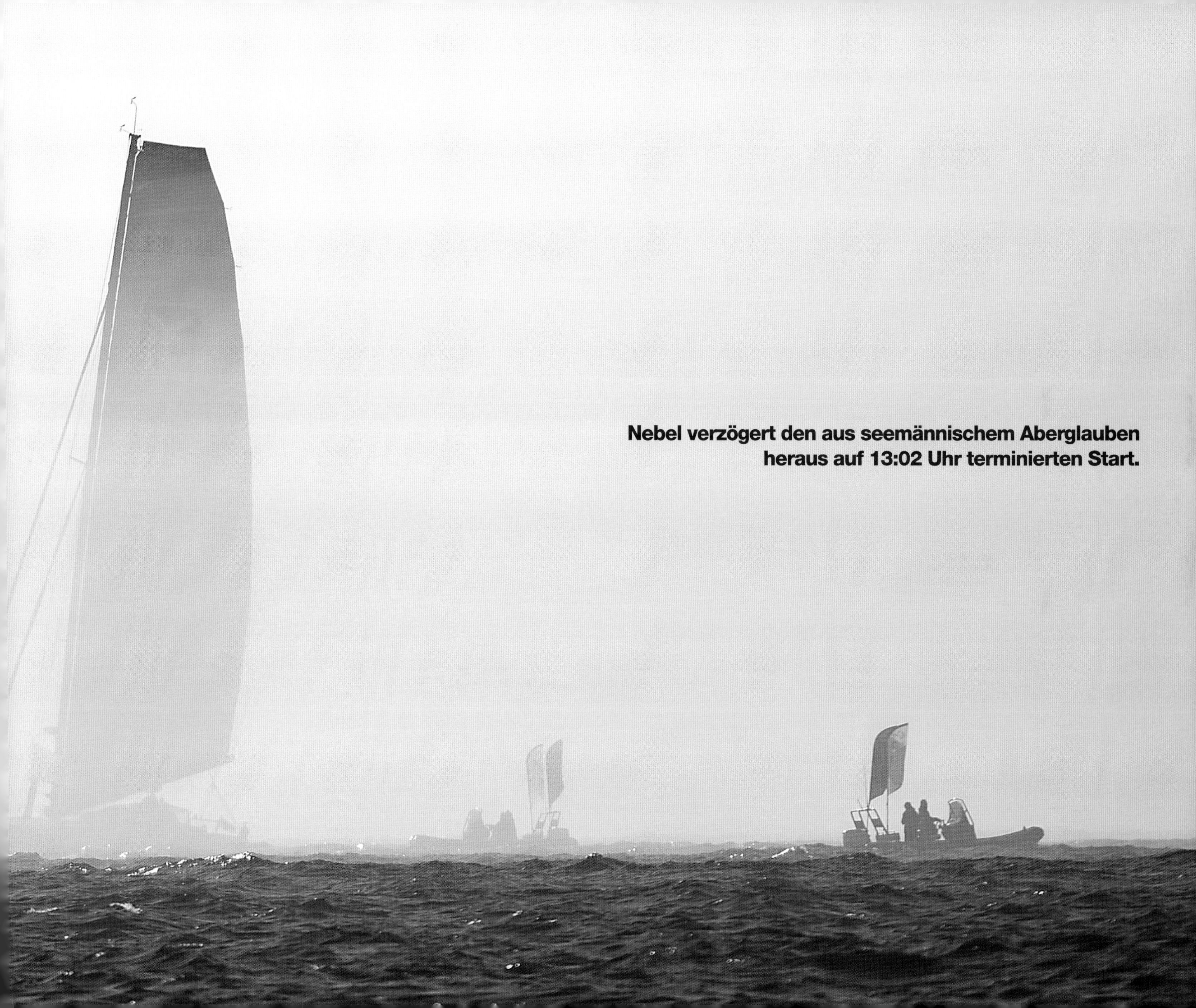

Nebel verzögert den aus seemännischem Aberglauben
heraus auf 13:02 Uhr terminierten Start.

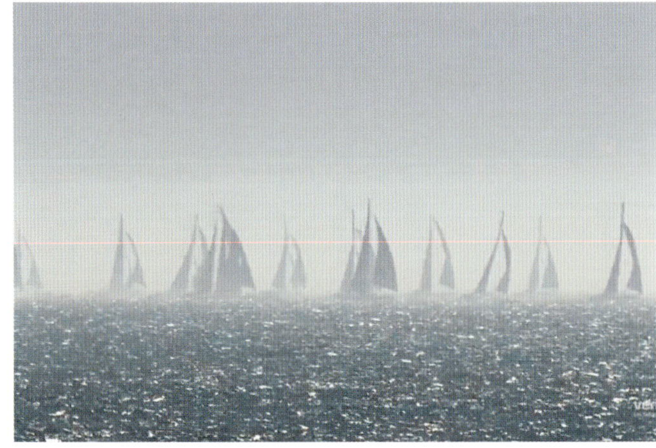

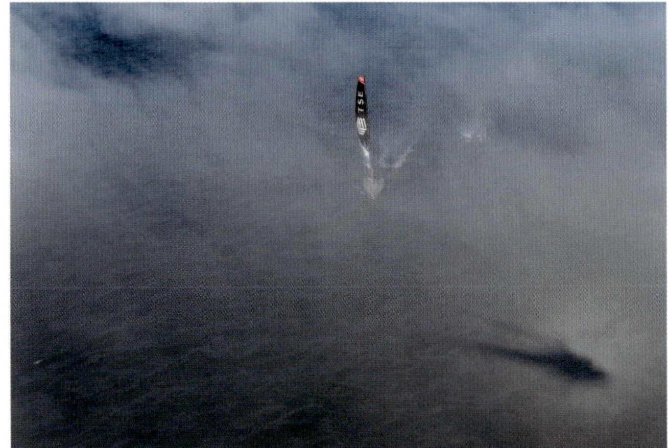

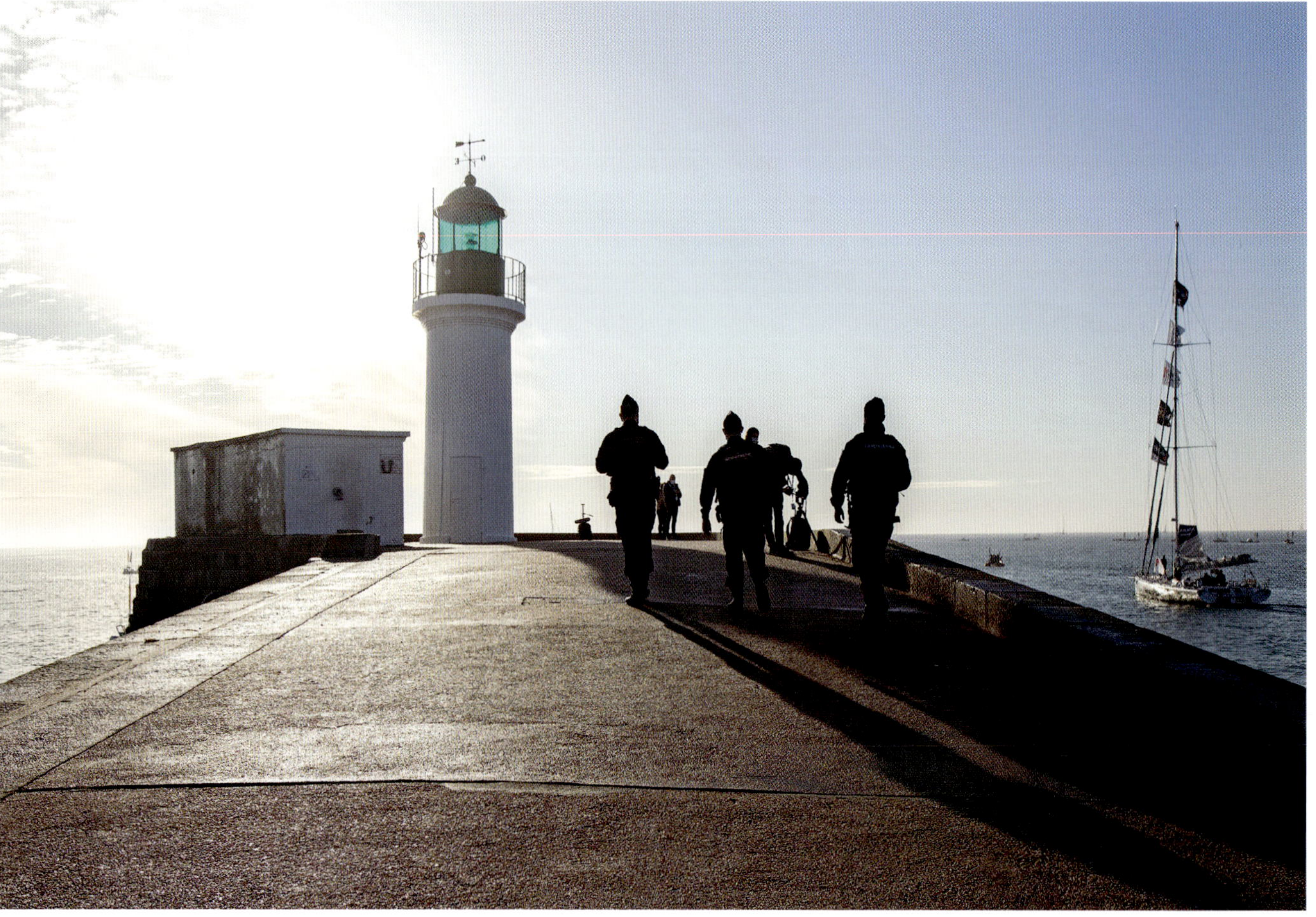

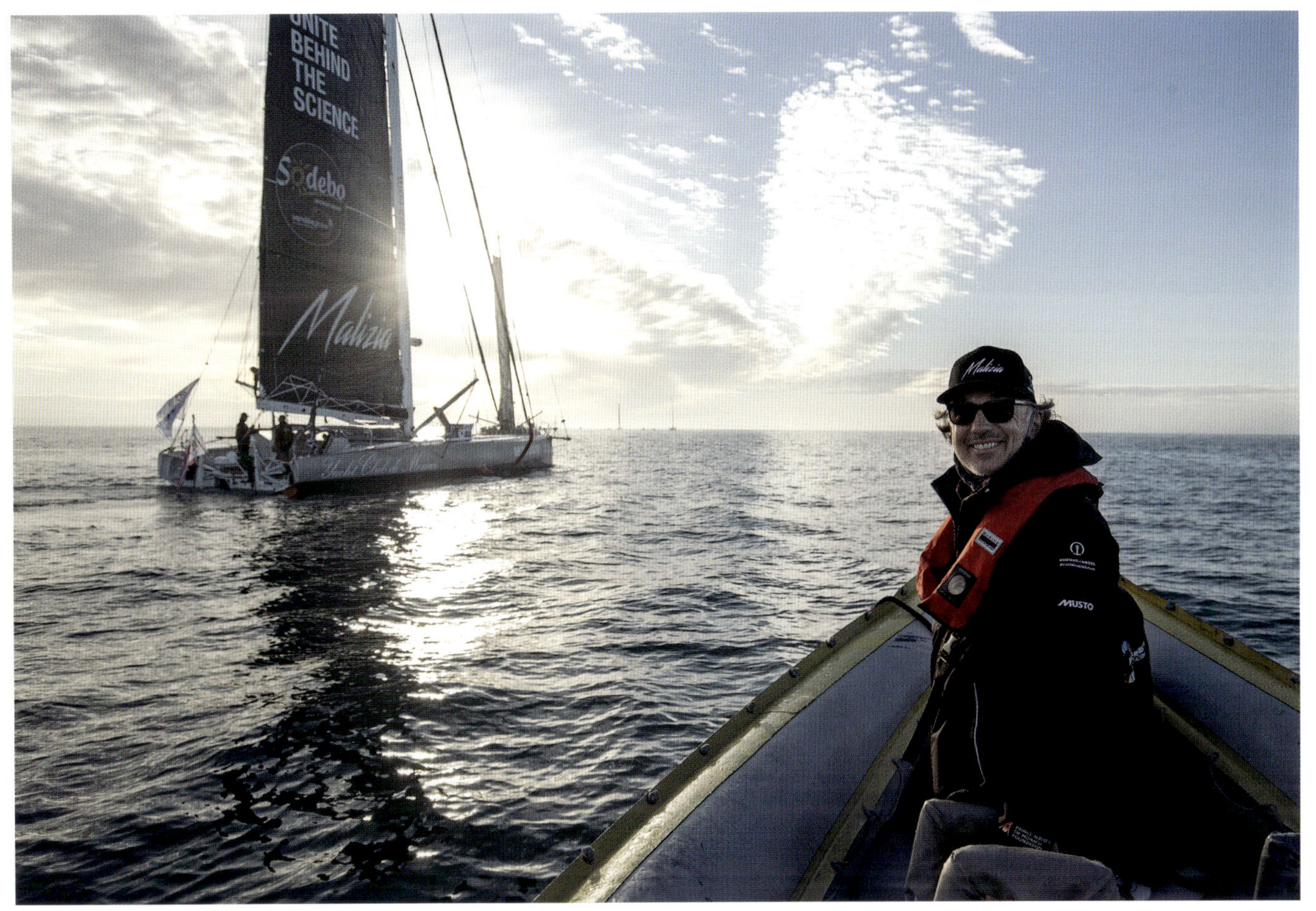

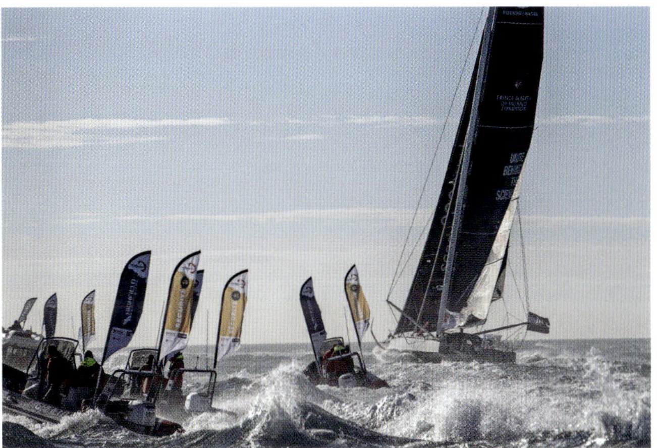

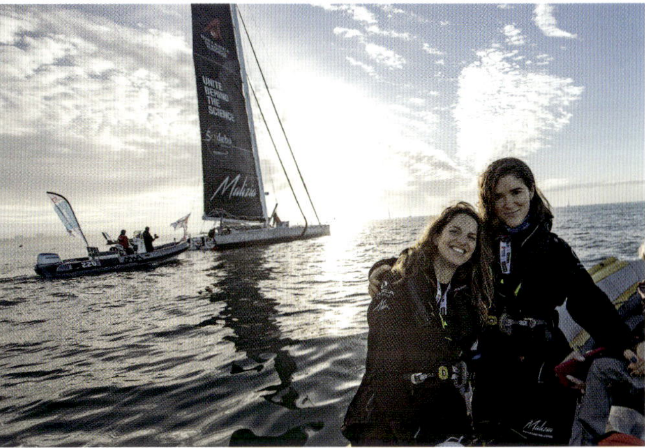

Kurz vor dem Start: das Team einmal mehr als Wegbegleiter.

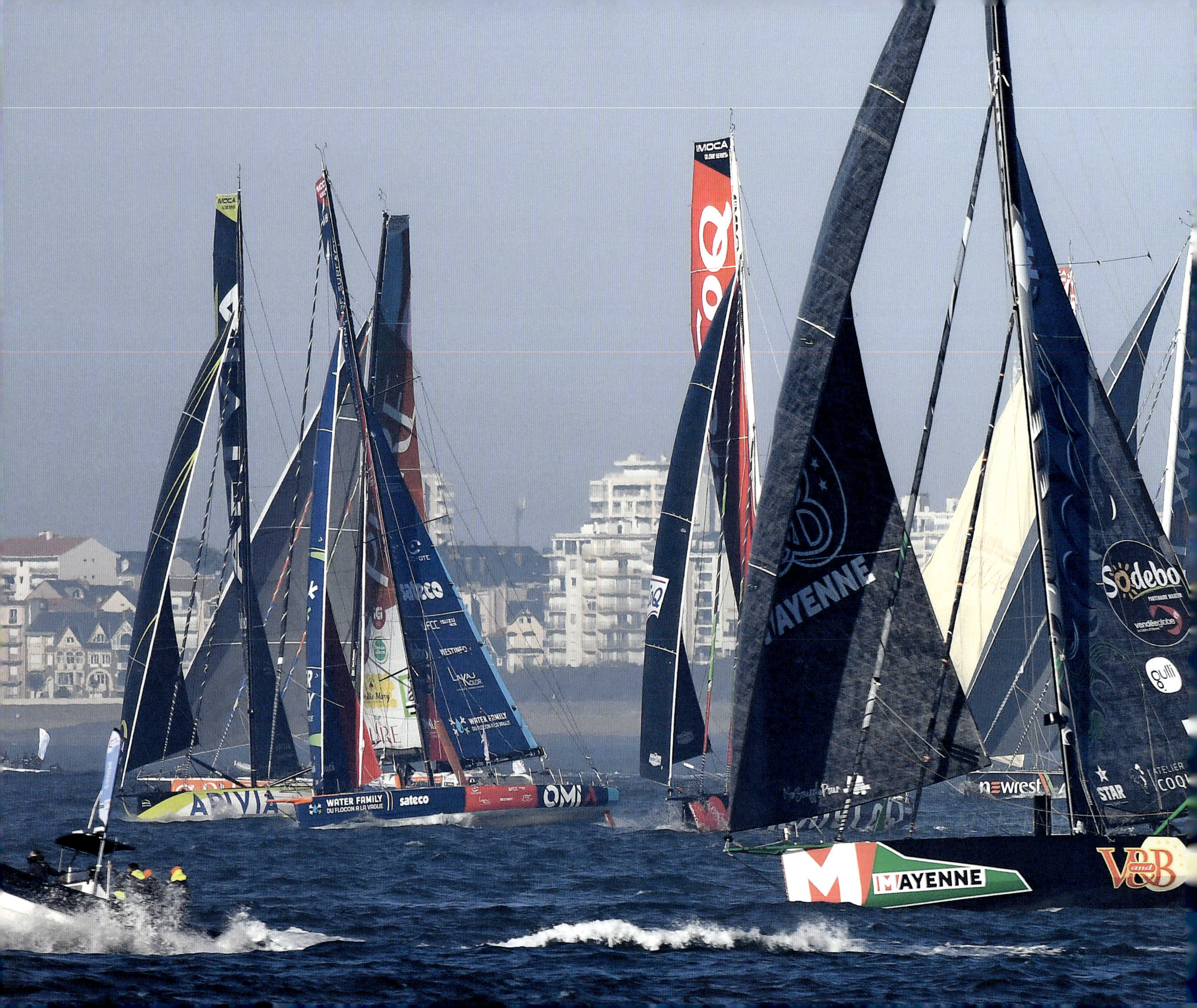

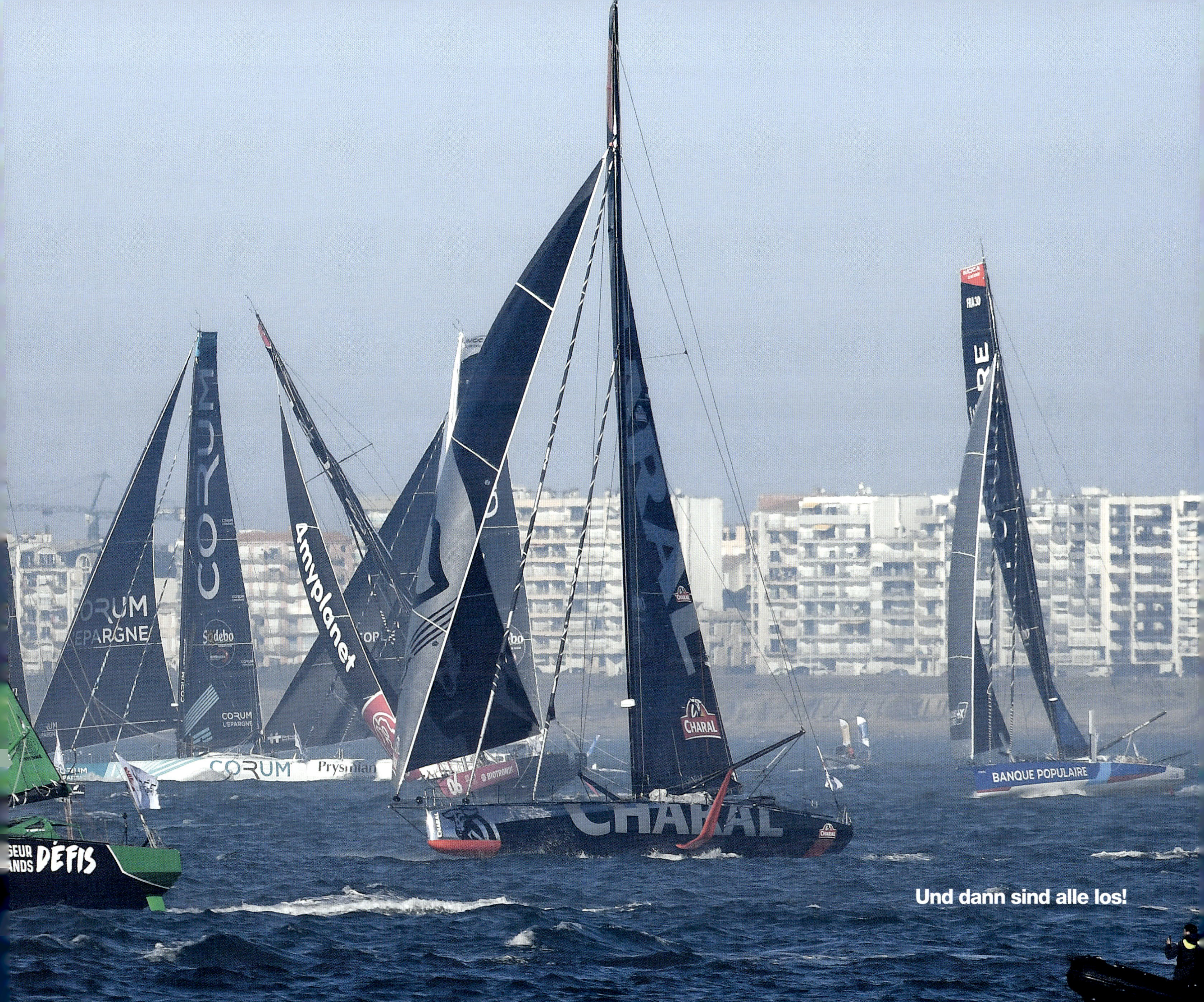

Und dann sind alle los!

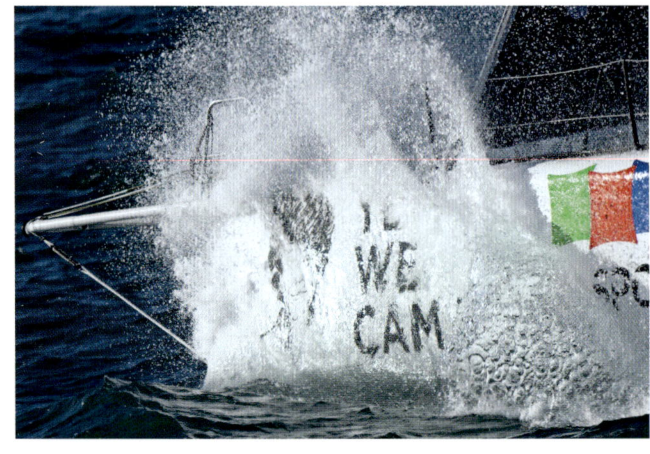
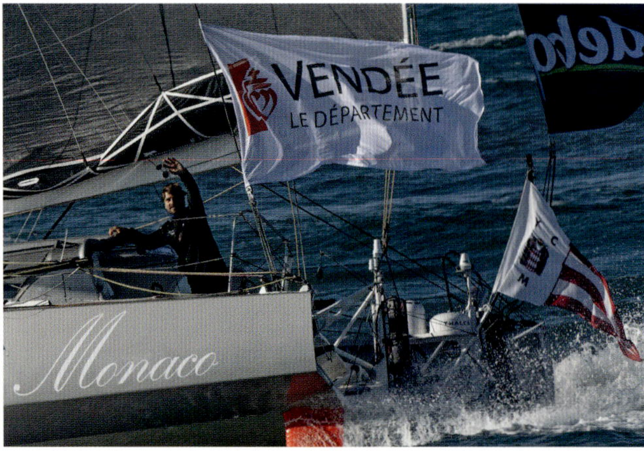
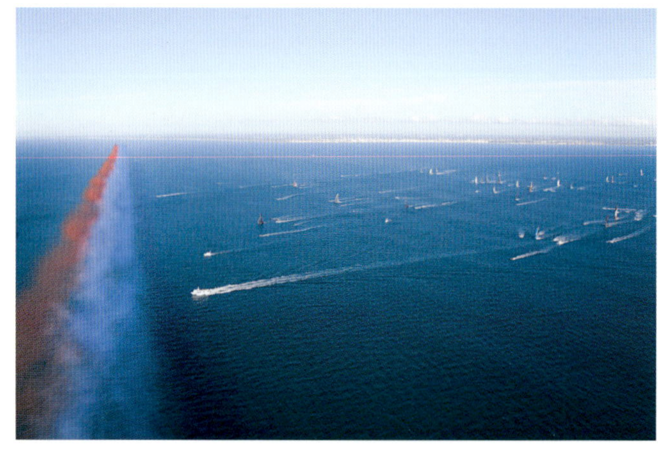
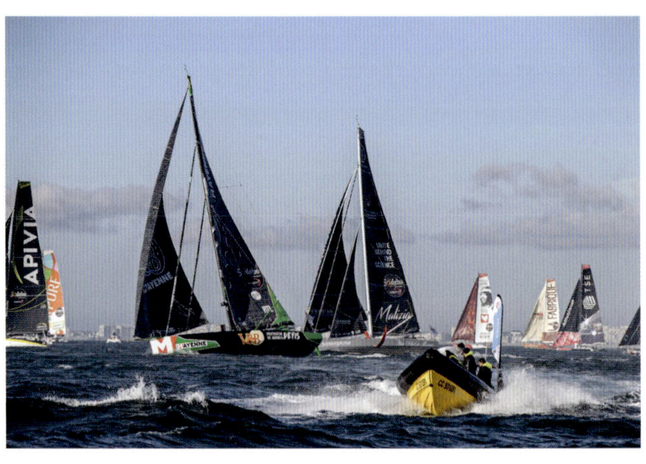
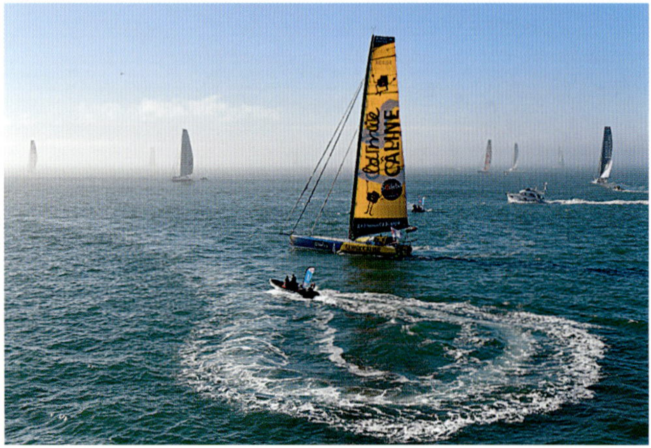
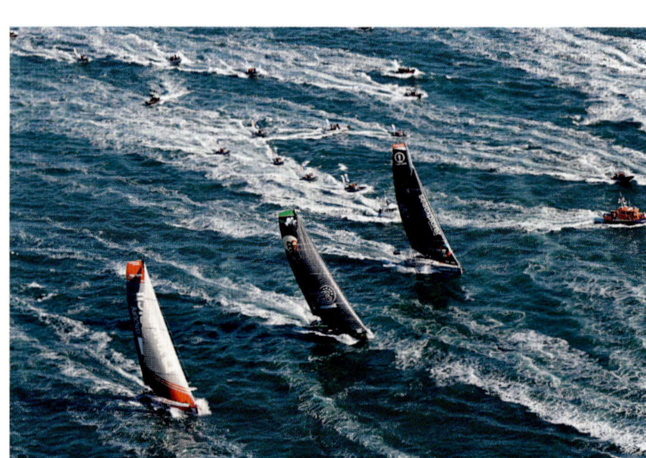

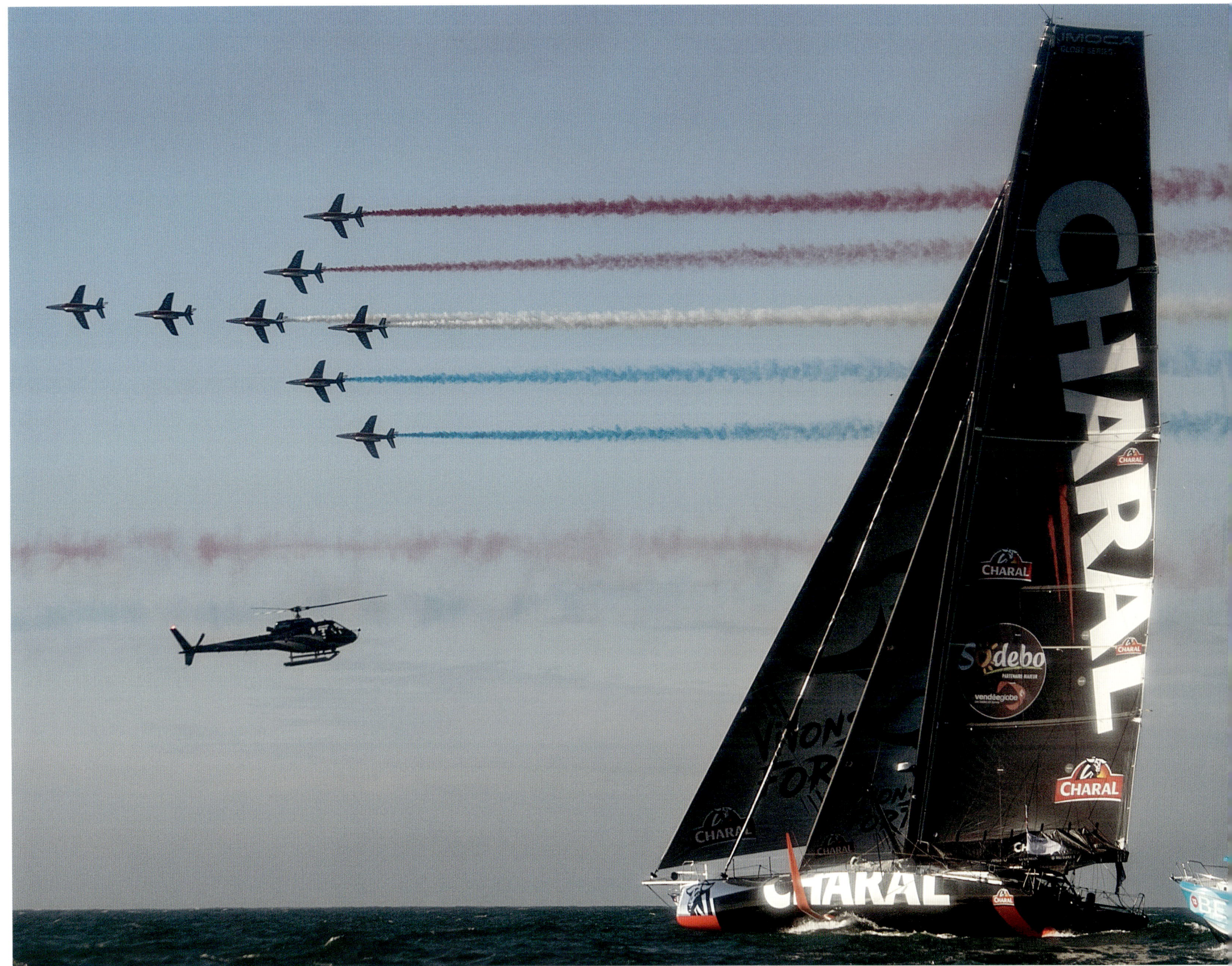

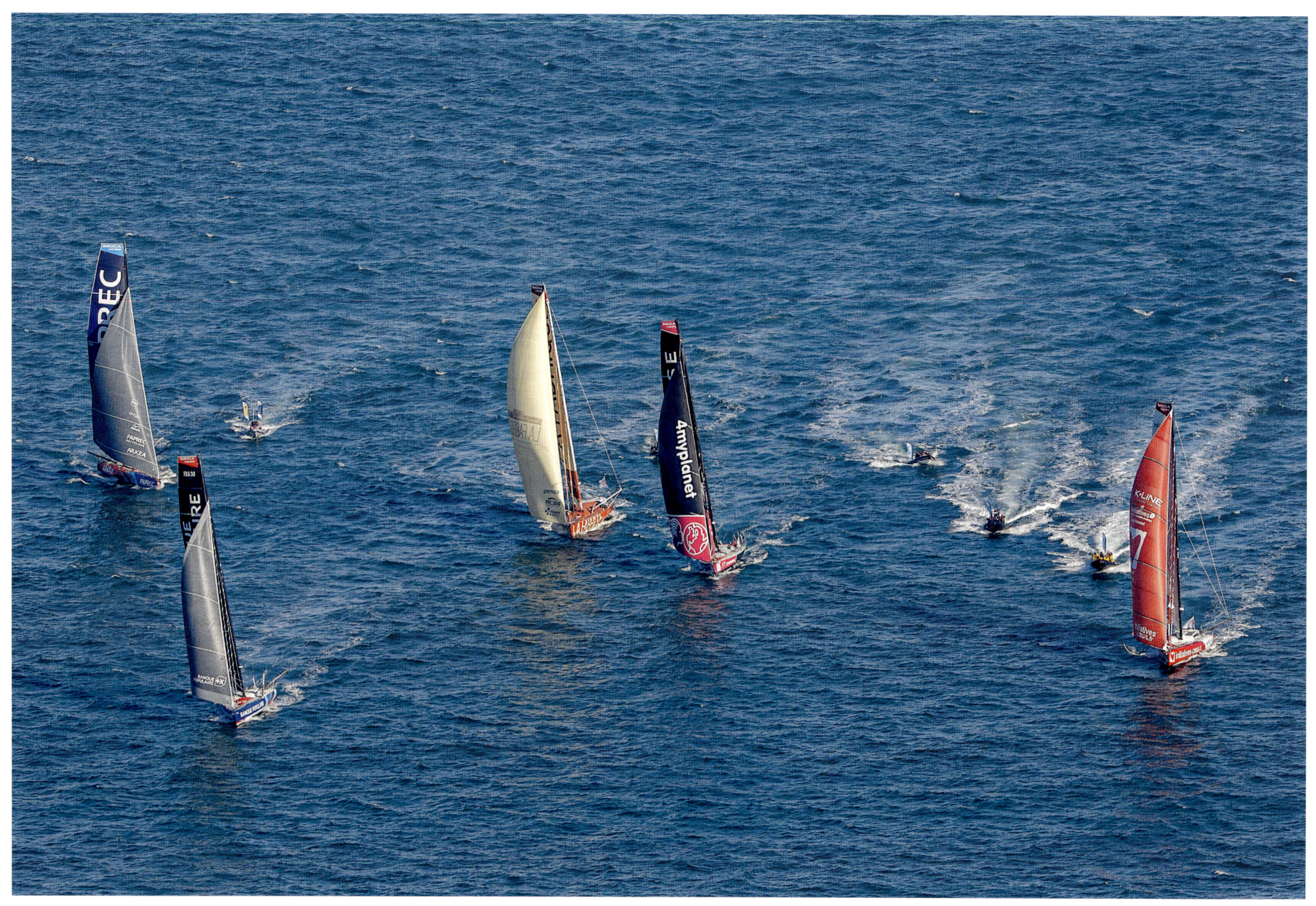

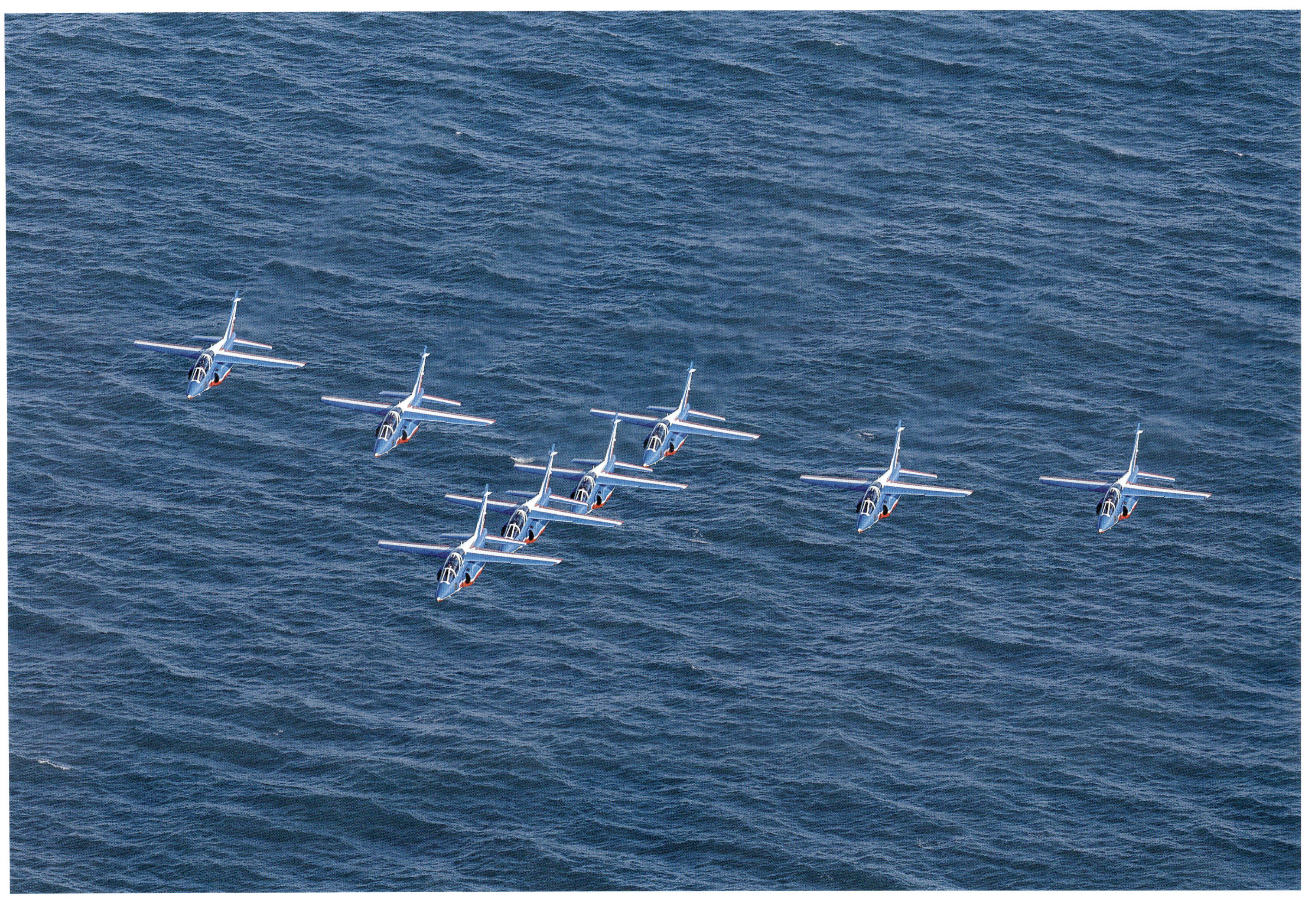

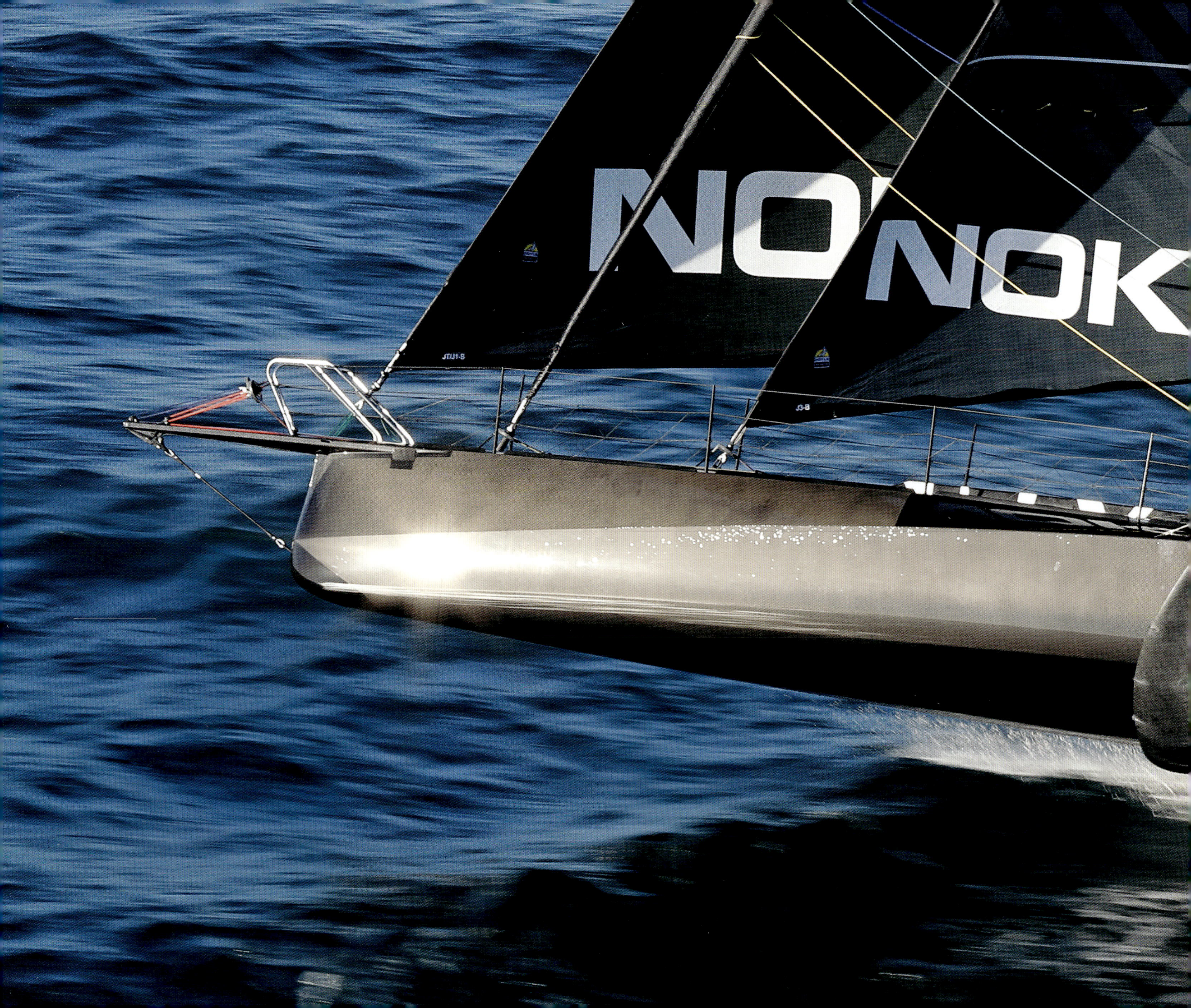

NO NO NOK
JT/J1-S
J3-B

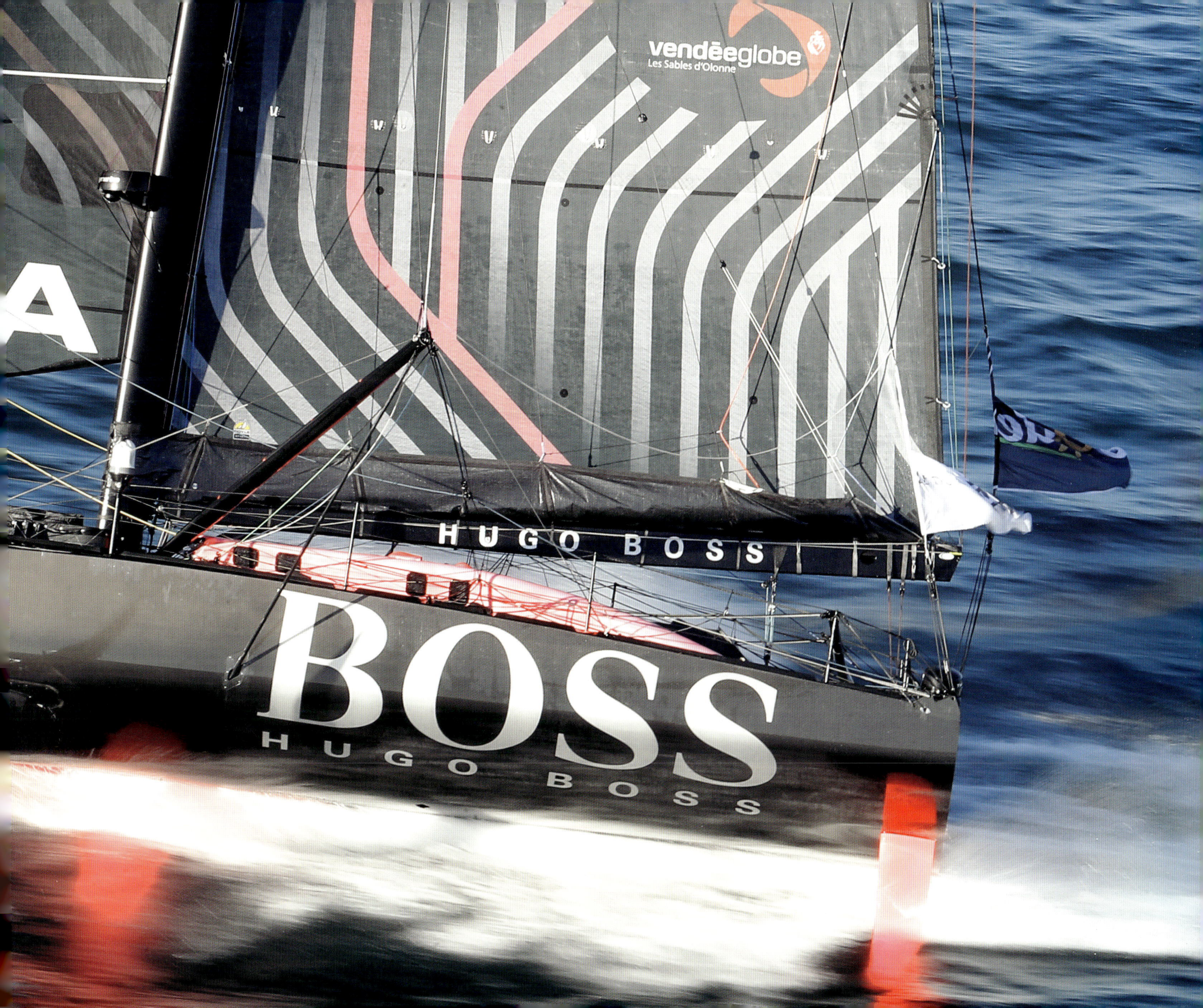
vendéeglobe
Les Sables d'Olonne
HUGO BOSS
BOSS
HUGO BOSS

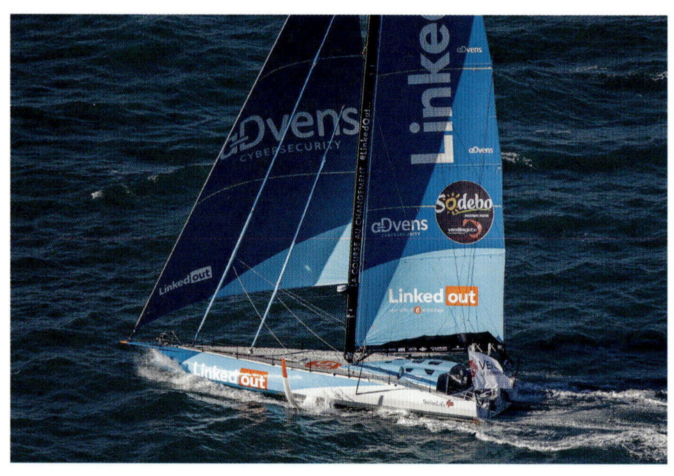
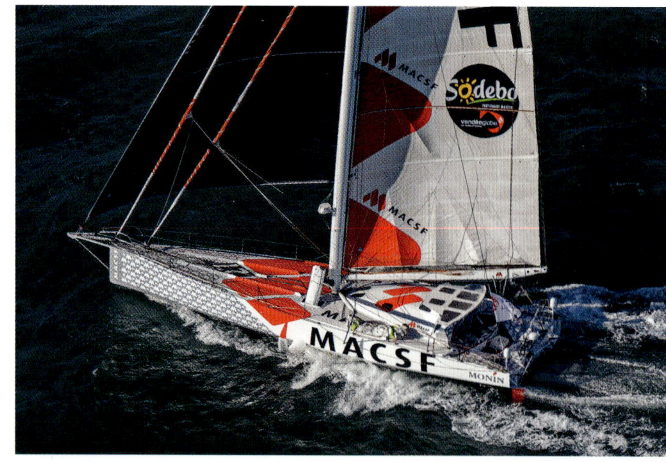
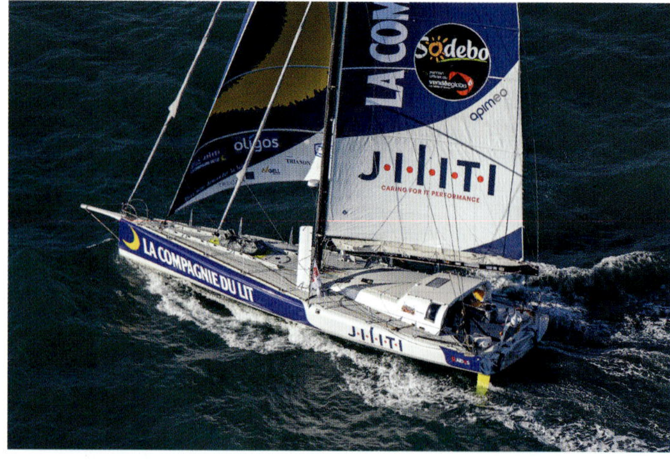
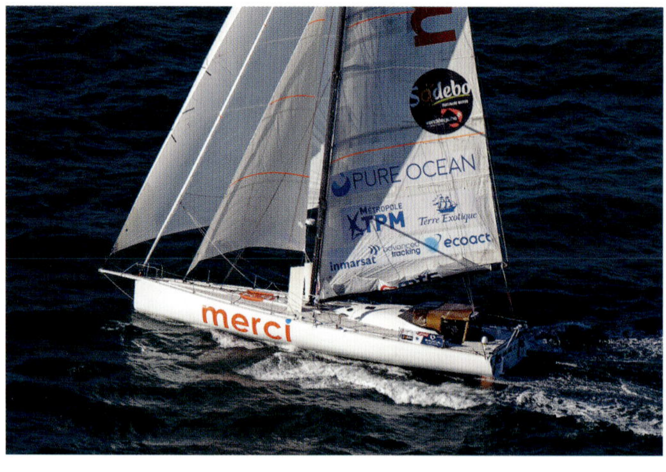
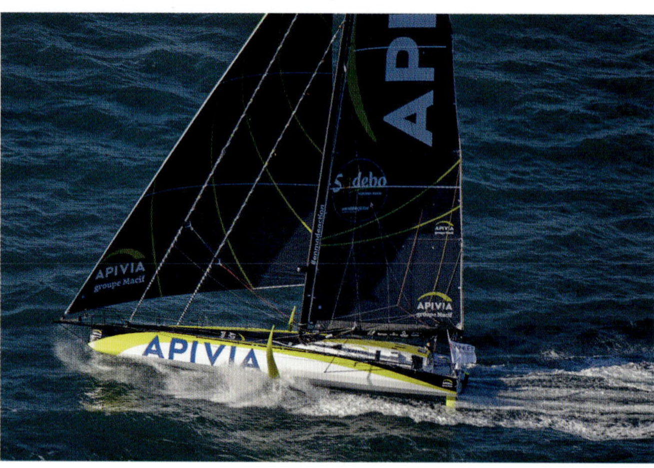
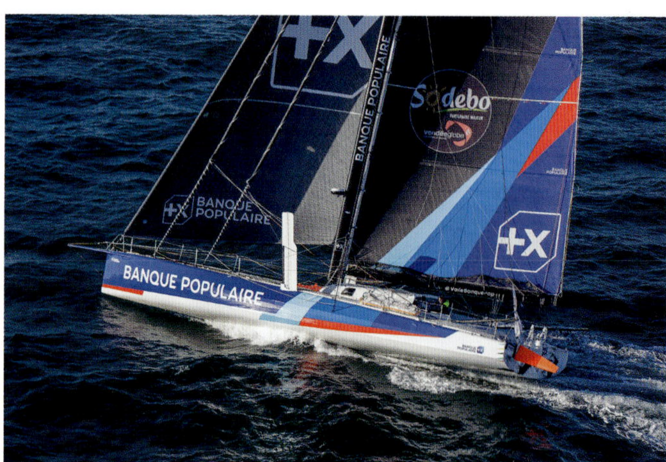

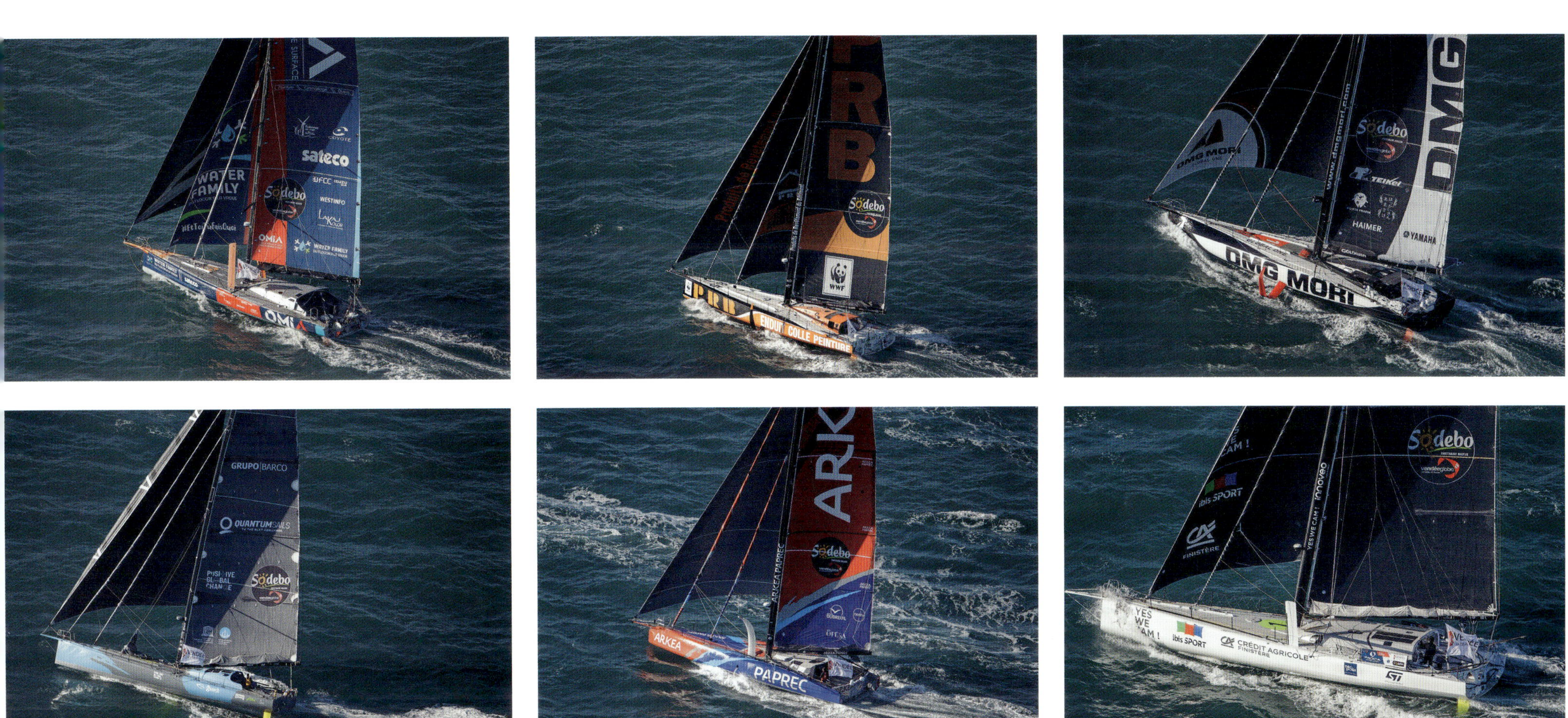

12 von 33. Einer wird siegen, einer sinken.

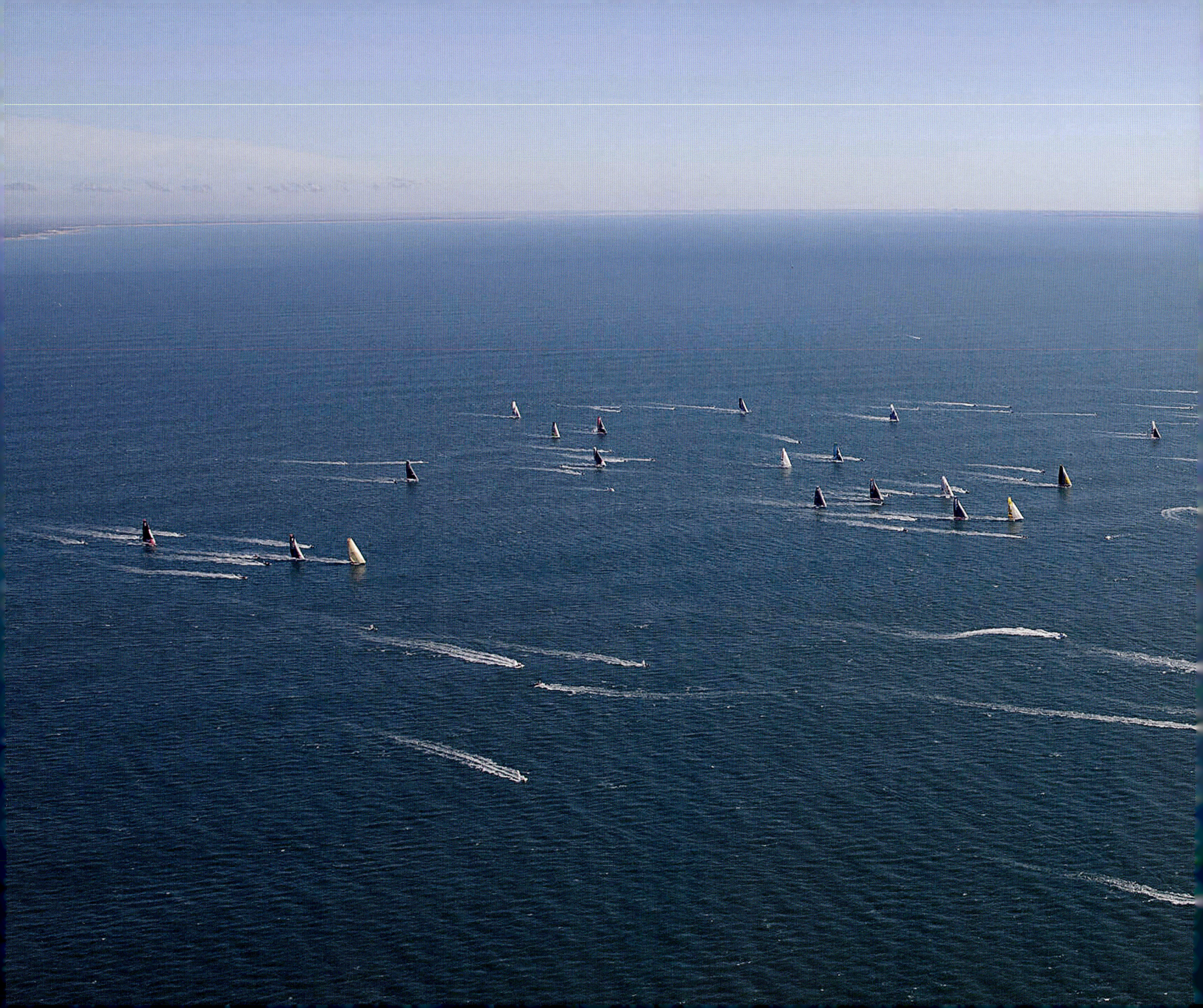

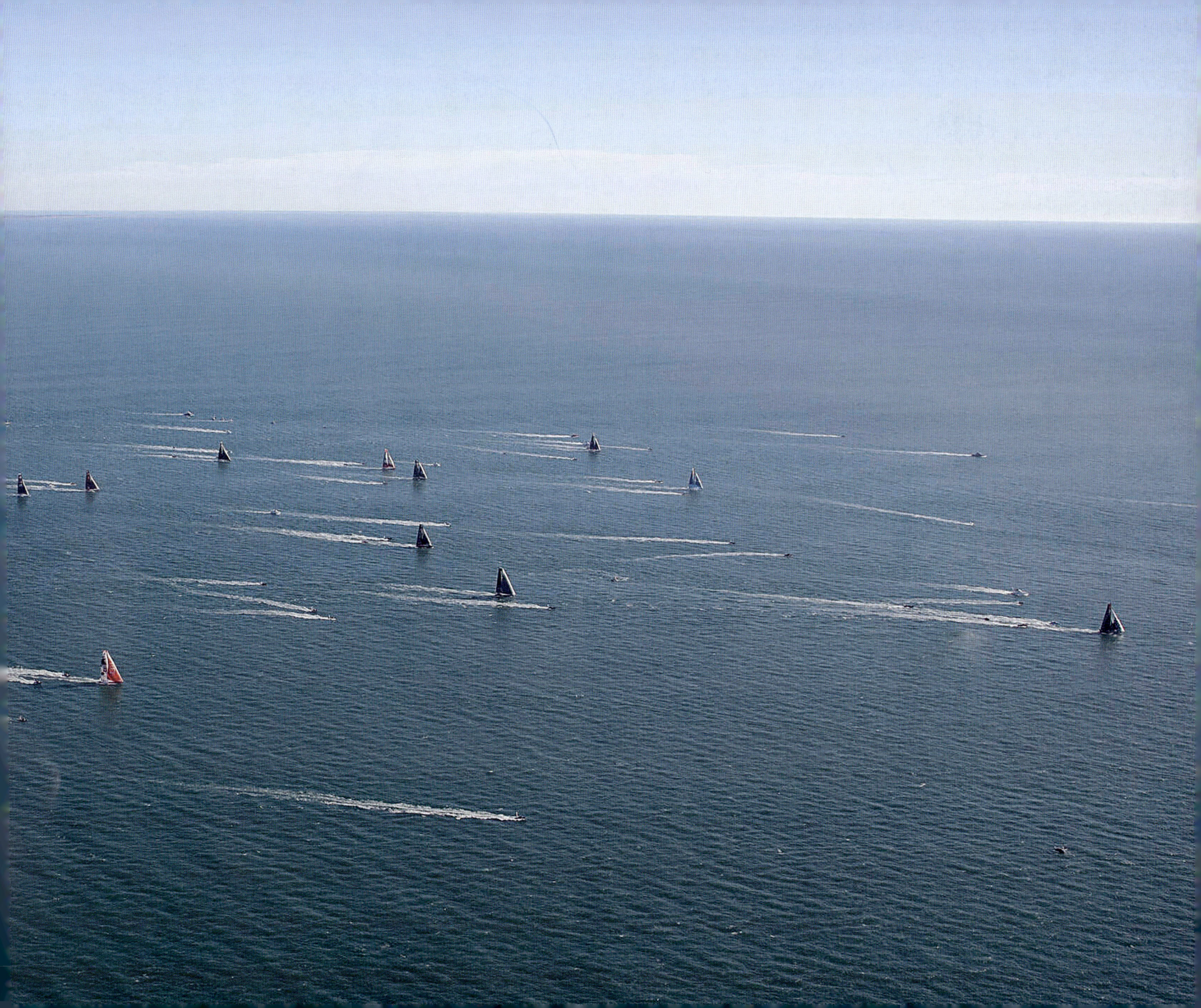

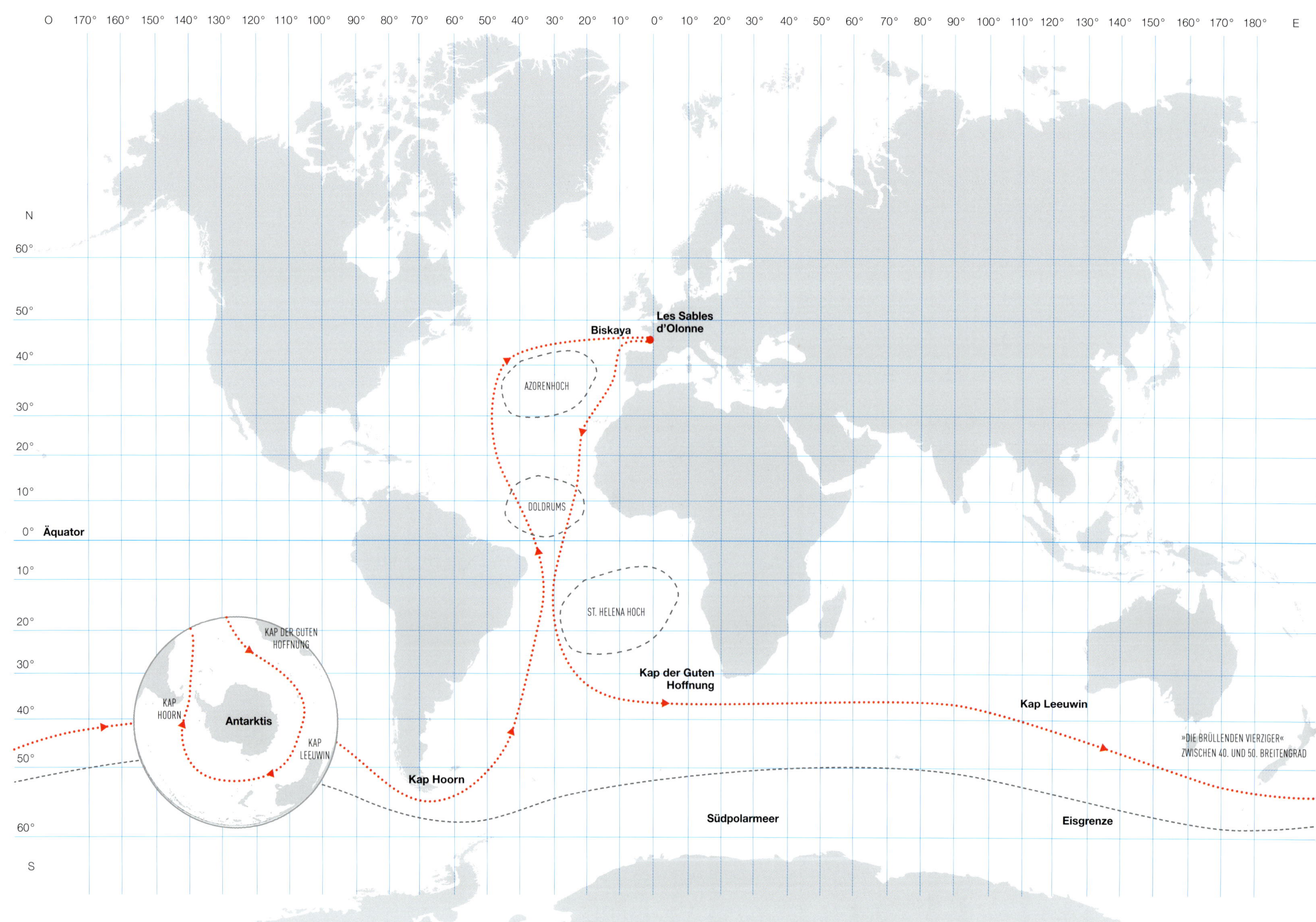

O
170° 160° 150° 140° 130° 120° 110° 100° 90° 80° 70° 60° 50° 40° 30° 20° 10° 0° 10° 20° 30° 40° 50° 60° 70° 80° 90° 100° 110° 120° 130° 140° 150° 160° 170° 180°
E
N
60°
50°
40°
30°
20°
10°
0° Äquator
10°
20°
30°
40°
50°
60°
S
Les Sables d'Olonne
Biskaya
AZORENHOCH
DOLDRUMS
ST. HELENA HOCH
Kap der Guten Hoffnung
Kap Leeuwin
»DIE BRÜLLENDEN VIERZIGER« ZWISCHEN 40. UND 50. BREITENGRAD
Kap Hoorn
Südpolarmeer
Eisgrenze
KAP DER GUTEN HOFFNUNG
KAP HOORN
Antarktis
KAP LEEUWIN

phase IV

höher als der everest*

* Everest, Mount | Höchster Berg der Welt | Bislang von mehr als 8.500 Menschen bestiegen | Durchschnittliche Expeditionsdauer: 40 Tage

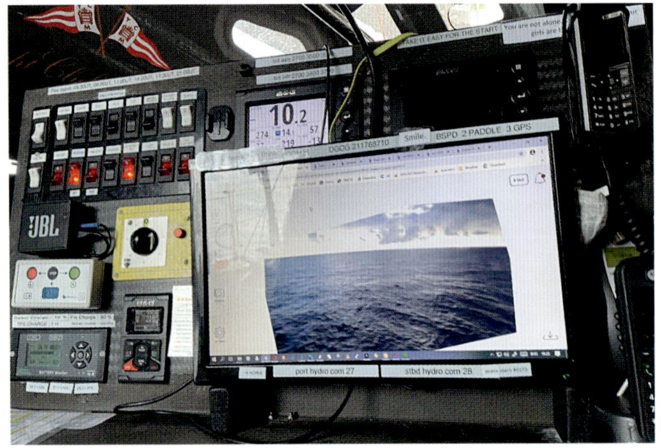

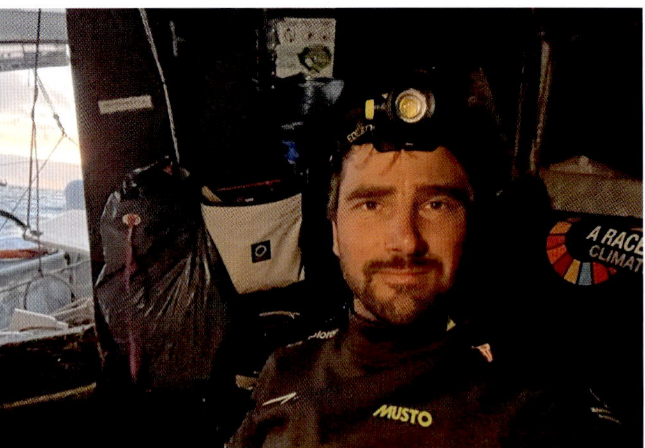

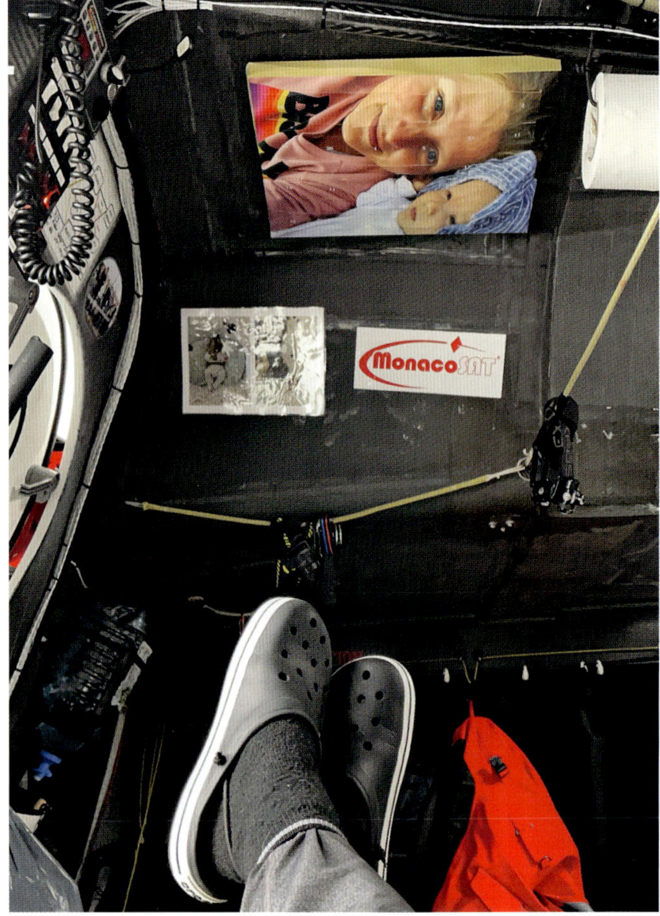

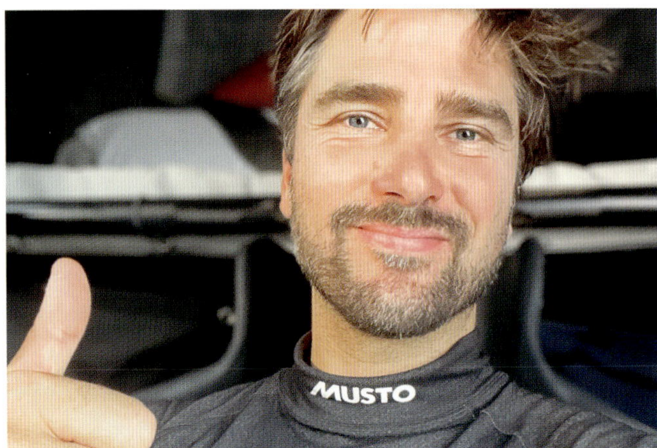

Tag 1

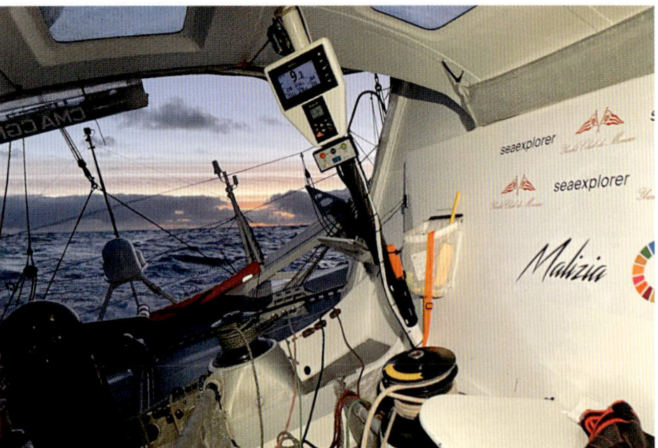

Tag 2

Tag 2

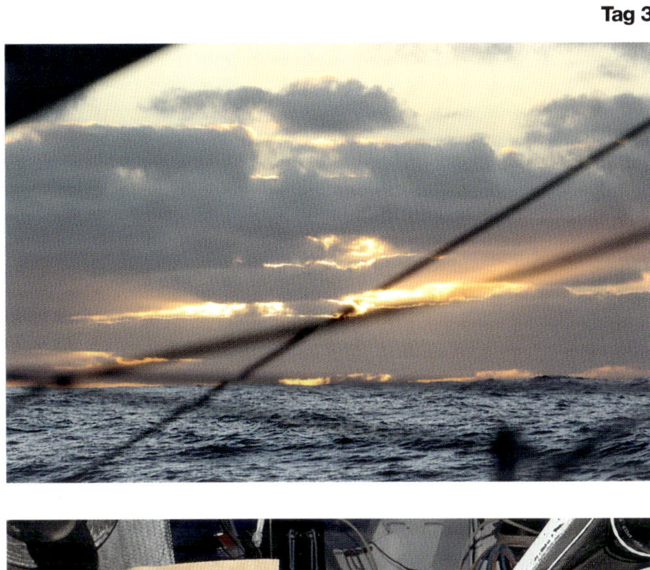

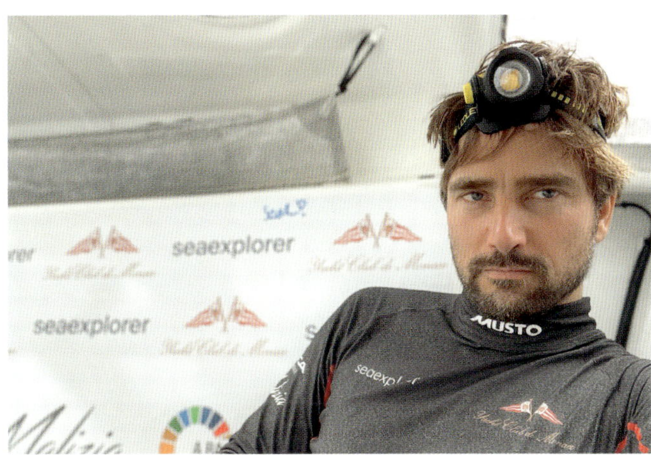

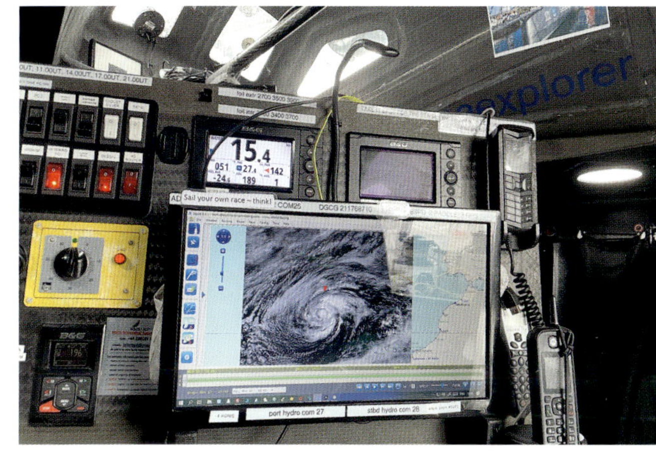

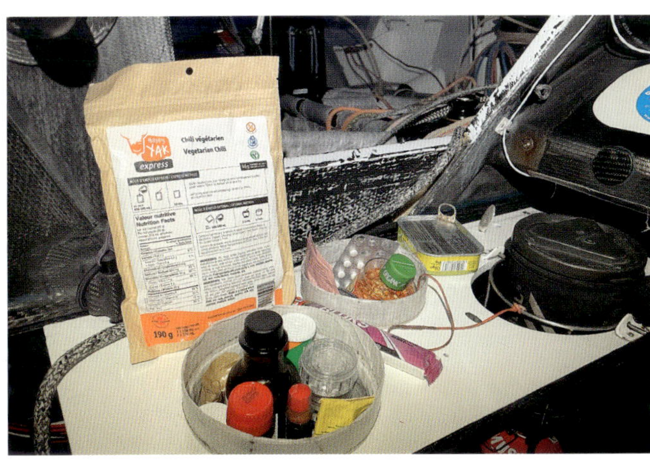

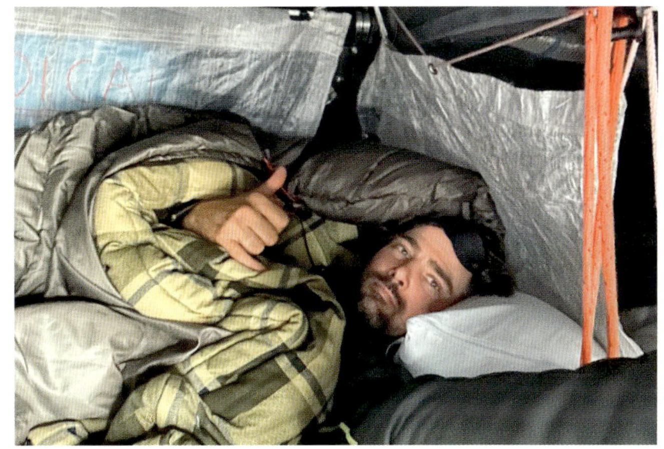

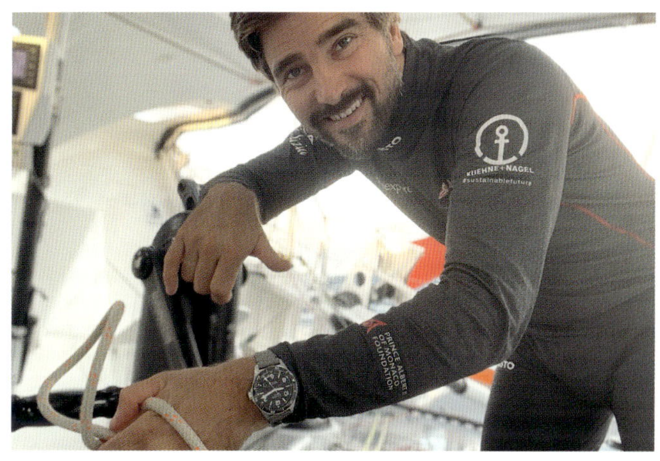

Woche eins – Zwei Sturmtiefs. Ein knüppelharter Auftakt. Favorit Jérémie Beyou / Charal muss zurück nach Les Sables, Kojiro Shiraishi / DMG Mori zerreißt das Groß.

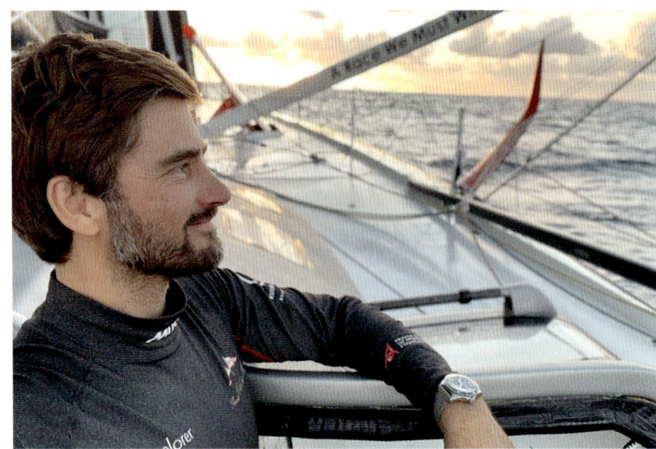

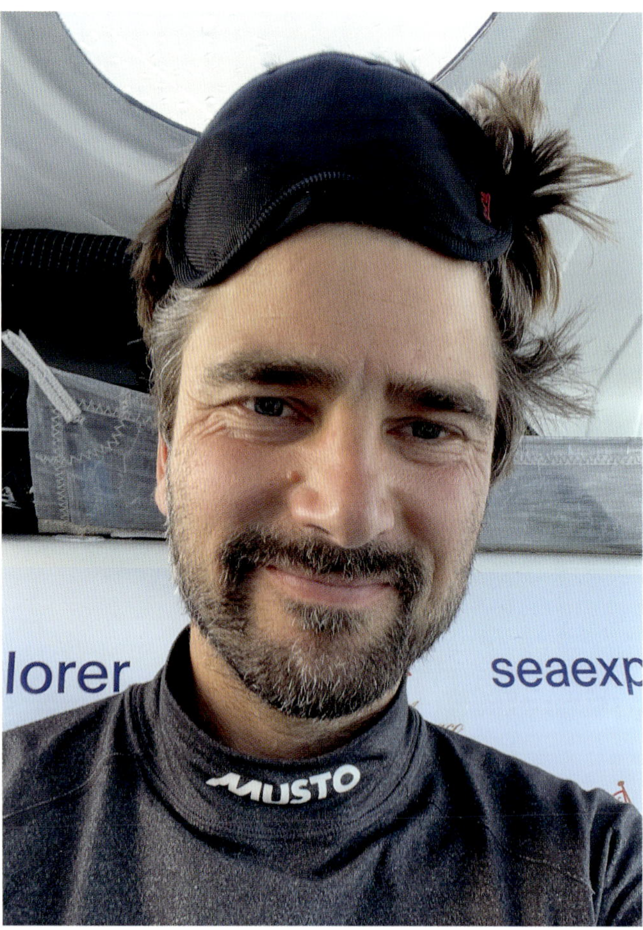

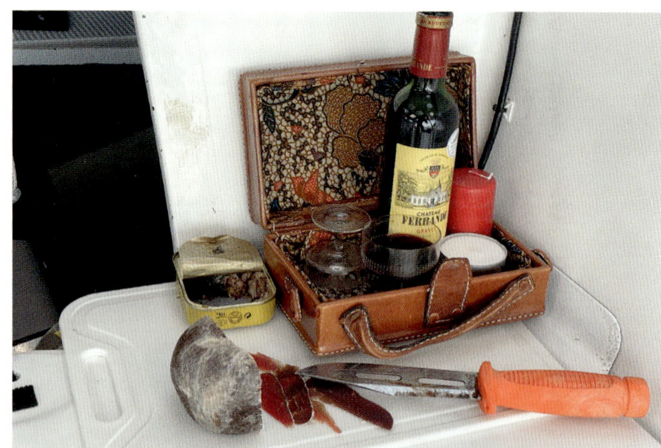

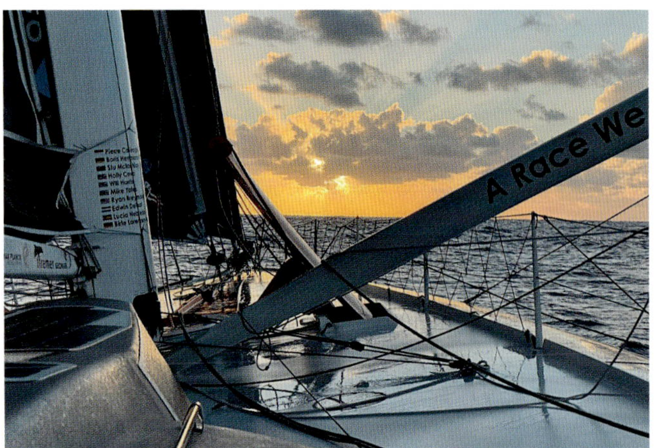

Tag 6

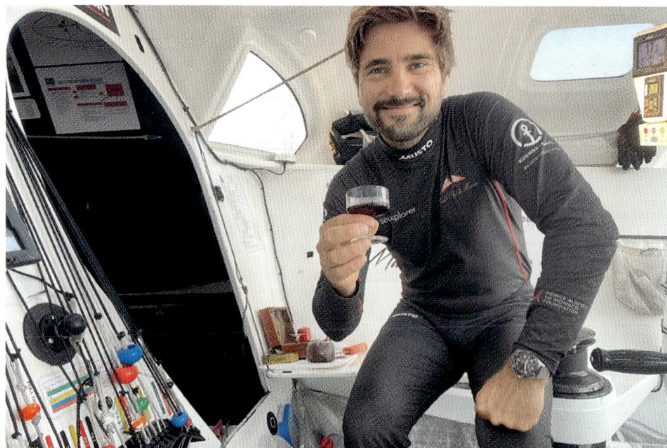

Noch kein Rhythmus, kein Flow – aber wenigstens wird's wärmer.

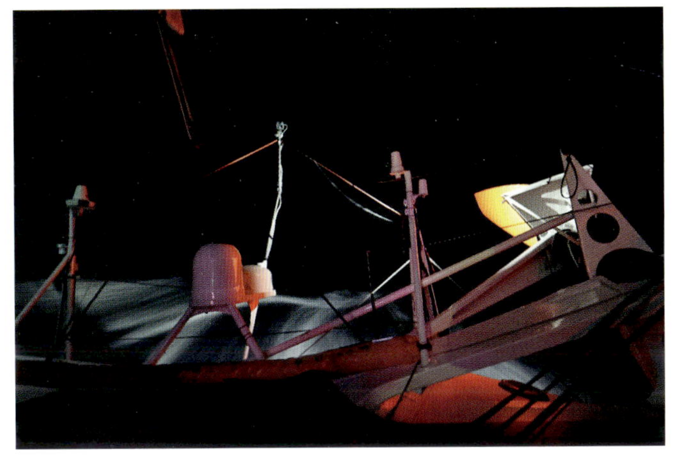
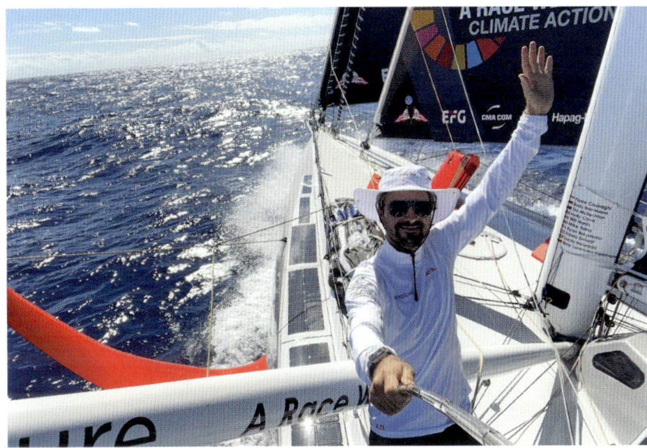
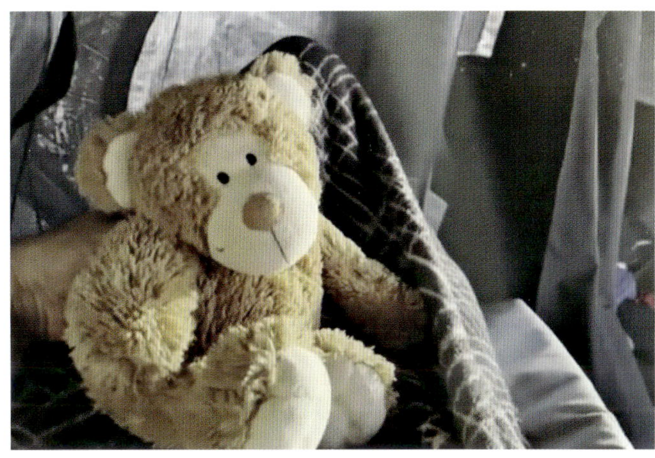
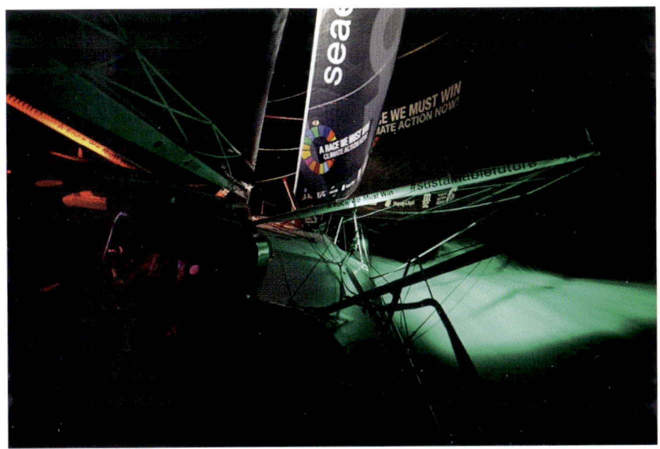
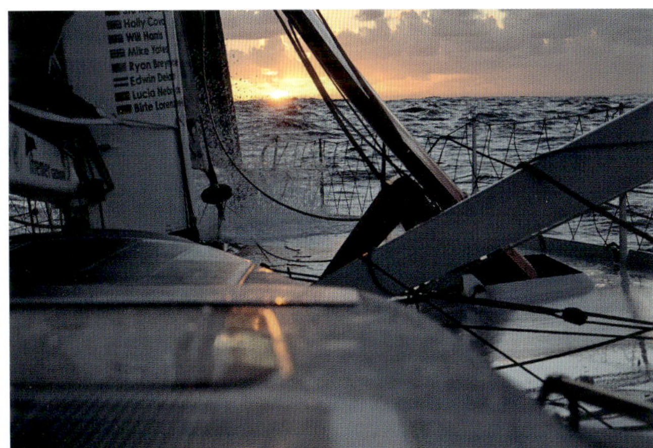
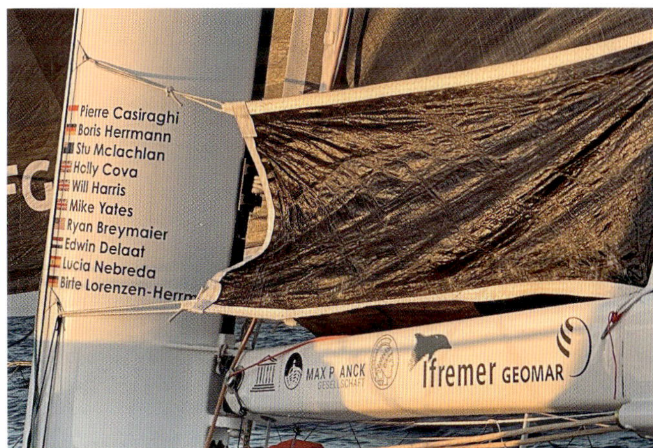

Tag 7

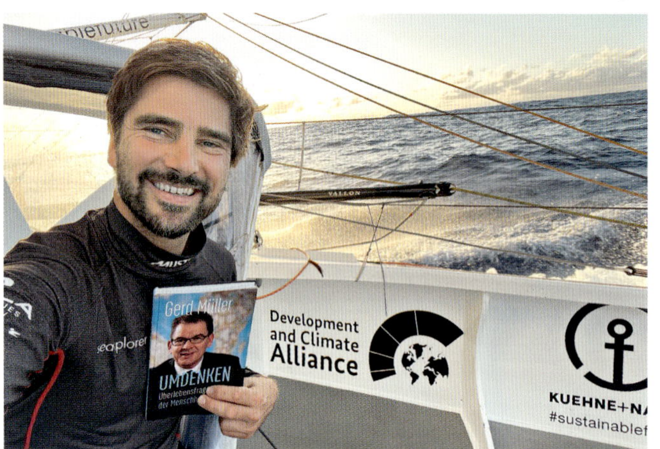

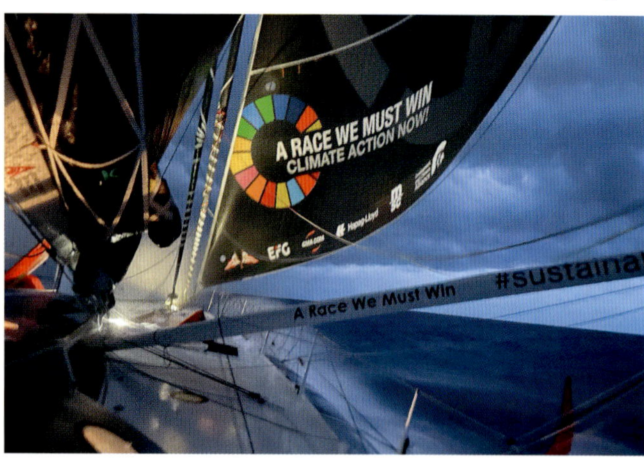
A RACE WE MUST WIN
CLIMATE ACTION NOW!
A Race We Must Win   #sustaina

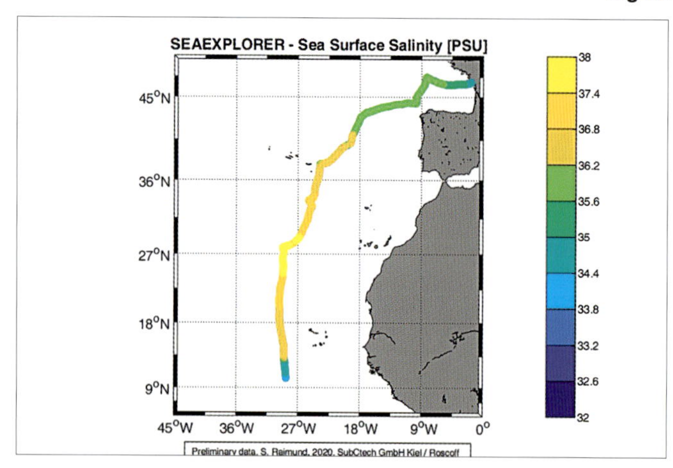
SEAEXPLORER - Sea Surface Salinity [PSU]
45°N
36°N
27°N
18°N
9°N
45°W   36°W   27°W   18°W   9°W   0°
38
37.4
36.8
36.2
35.6
35
34.4
33.8
33.2
32.6
32
Preliminary data, S. Raimund, 2020, SubCtech GmbH Kiel / Roscoff

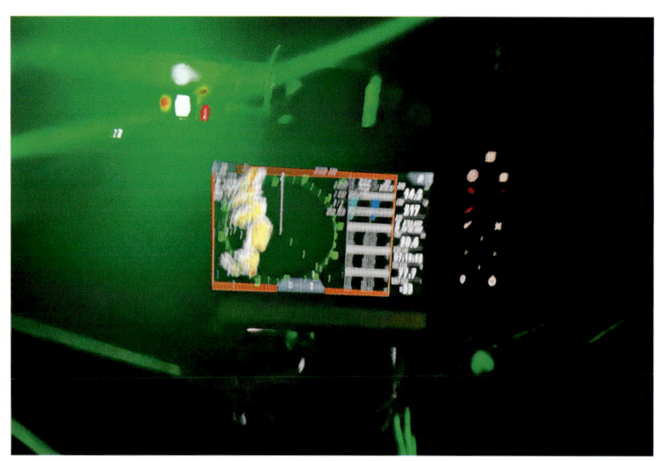

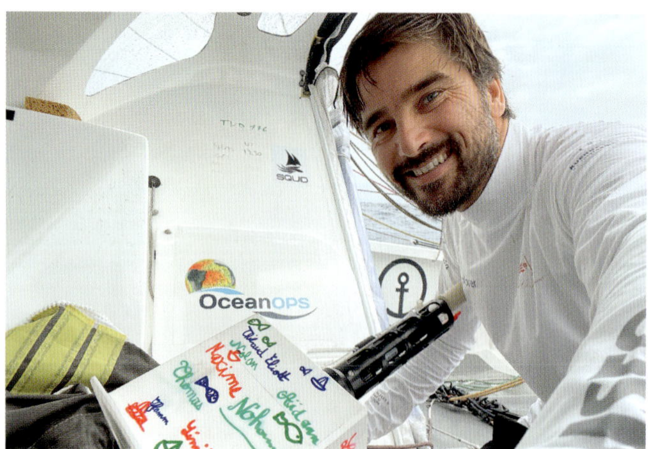

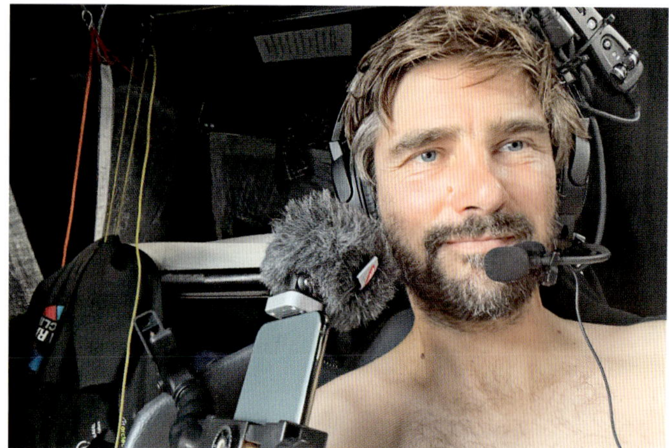

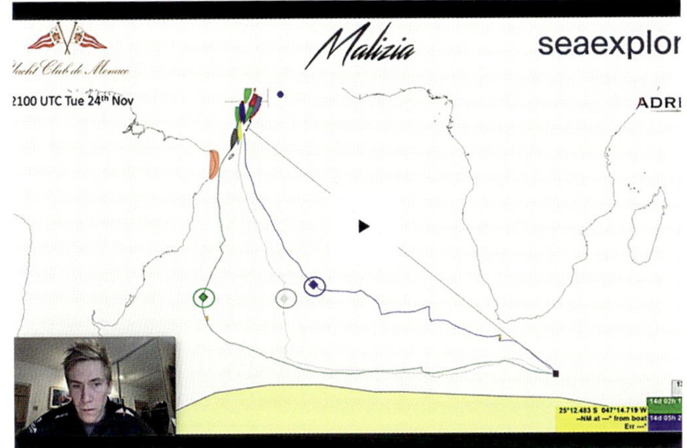

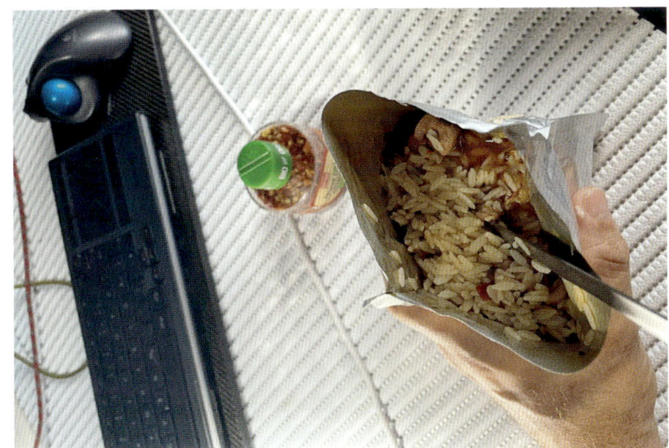

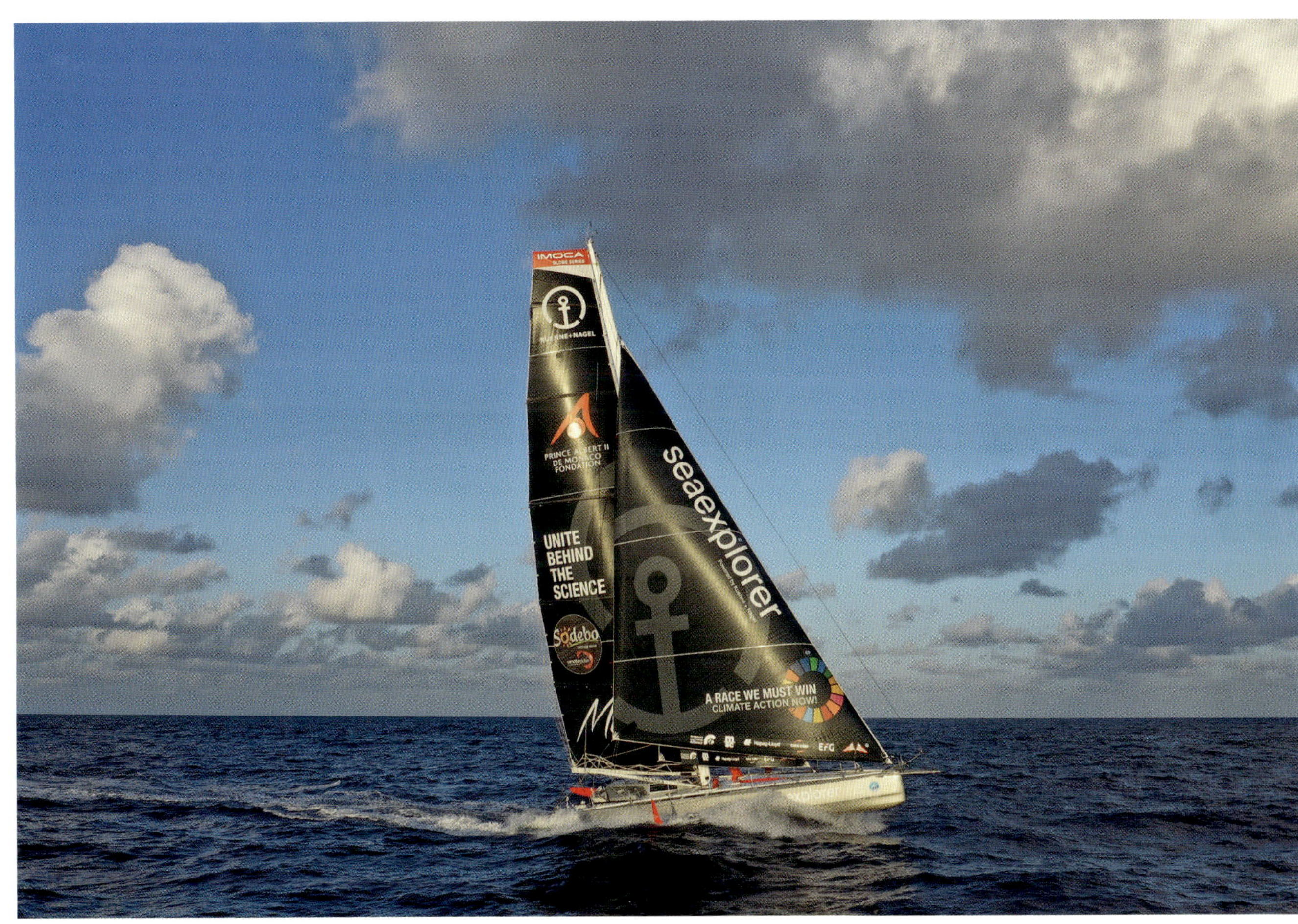

Woche zwei – Ernsthafte Schäden auf vielen Booten. Nicolas Troussel / Corum L'Epargne verliert den Mast, Isabelle Joschke / MACSF den Heckkorb, bei Alex Thomson / Hugo Boss zerbröselt die Struktur im Vorschiff. Und Boris Herrmann? Bringt die erste Forschungsboje aus …

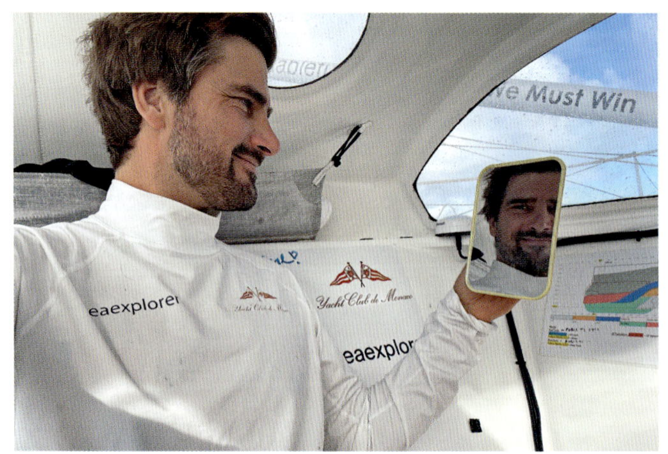

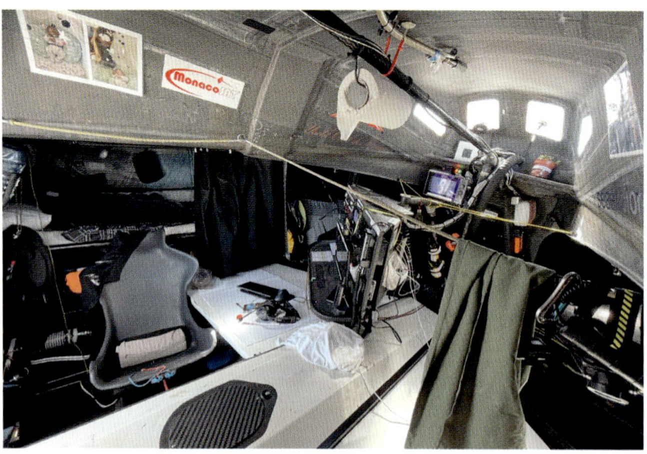

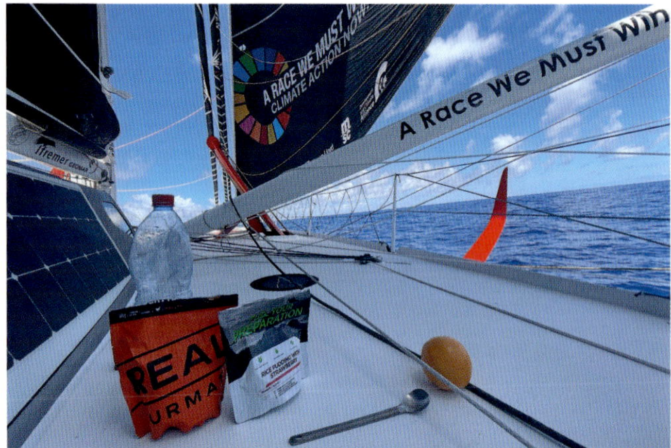

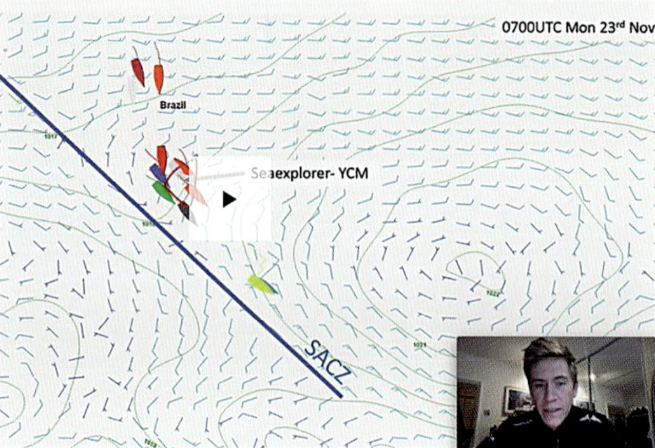

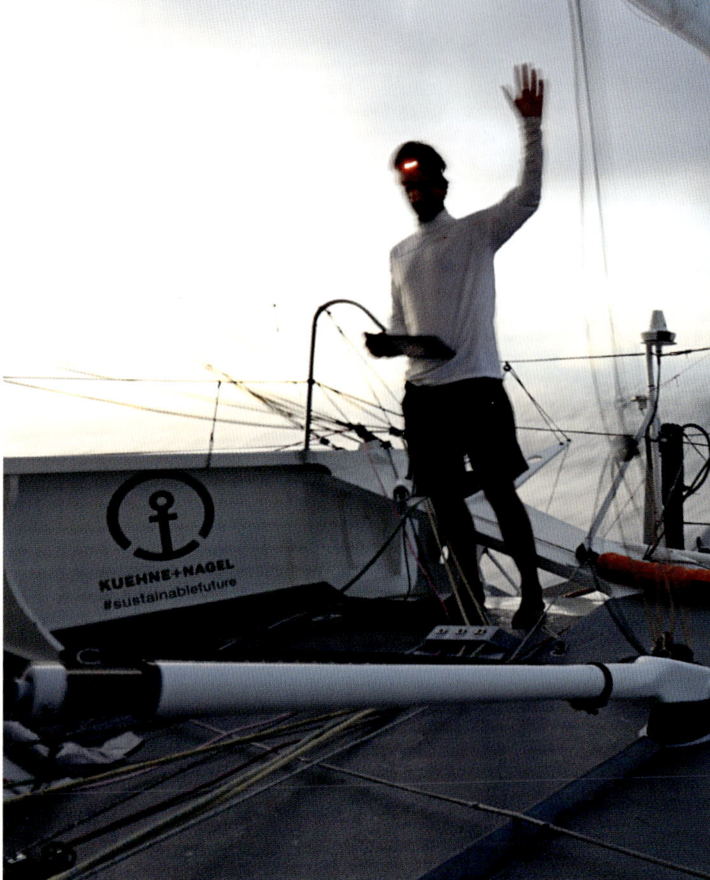

Tag 15   Tag 15

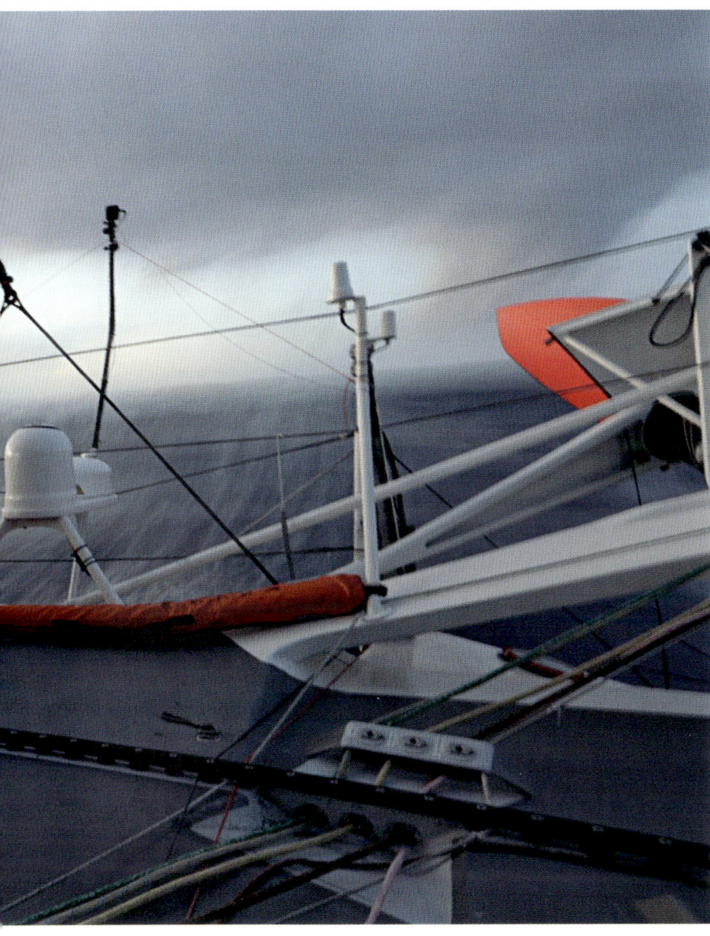
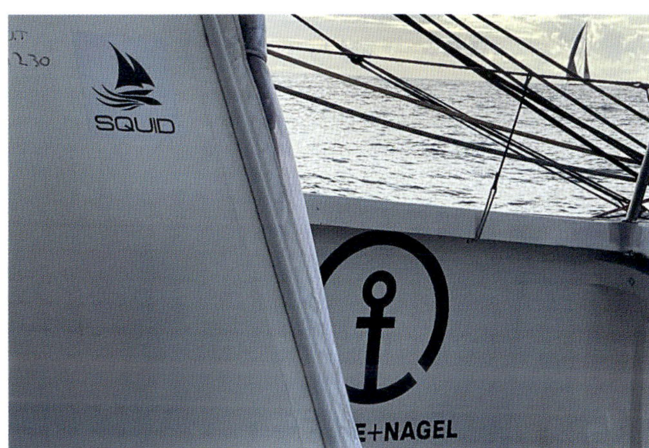

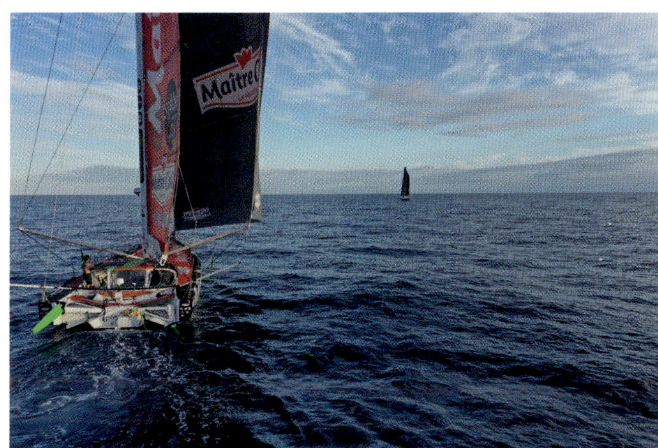
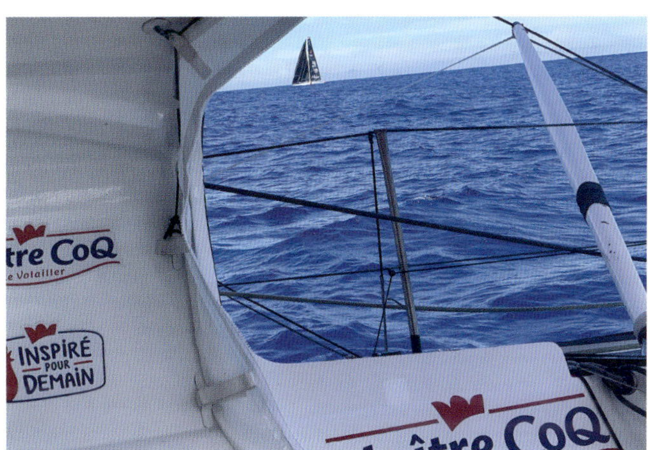

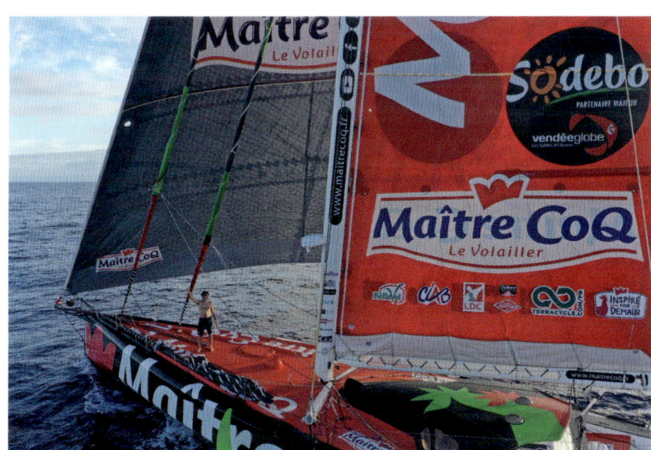

Tag 16

Woche drei – Wiedersehen auf dem Südatlantik mit Yannick Bestaven / Maître CoQ IV, dem späteren Sieger. Als auf der Seaexplorer das Fallenschloss klemmt, muss Boris in den Mast. Ein traumatisches Erlebnis. Aber: Der Einsatz lohnt. Alex Thomson hat weniger Glück. Nach Laminier-Workshop im Bug ist er wieder im Rennen, als er Ruderbruch erleidet. Aus der Traum vom Sieg.

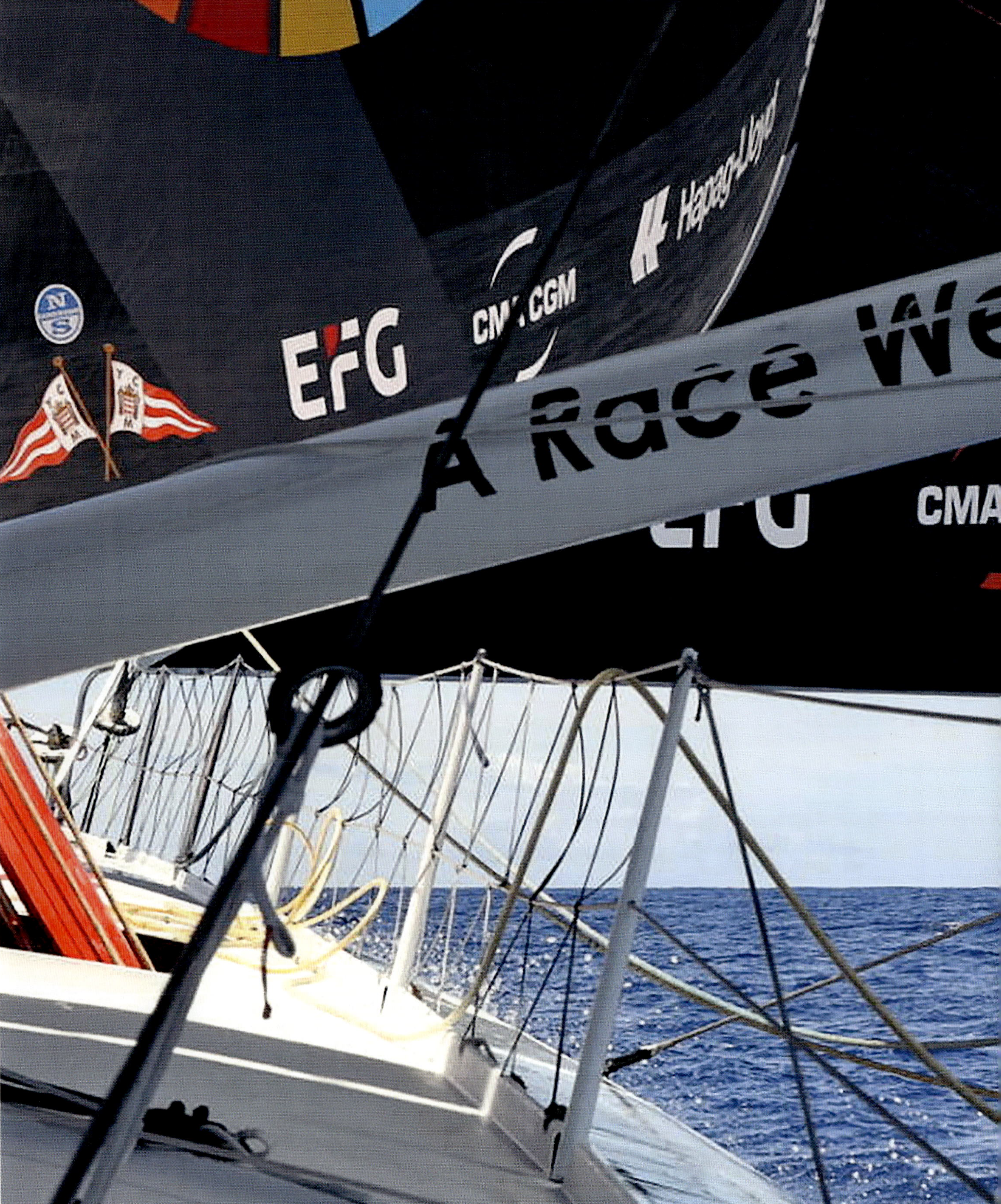

Tag 16

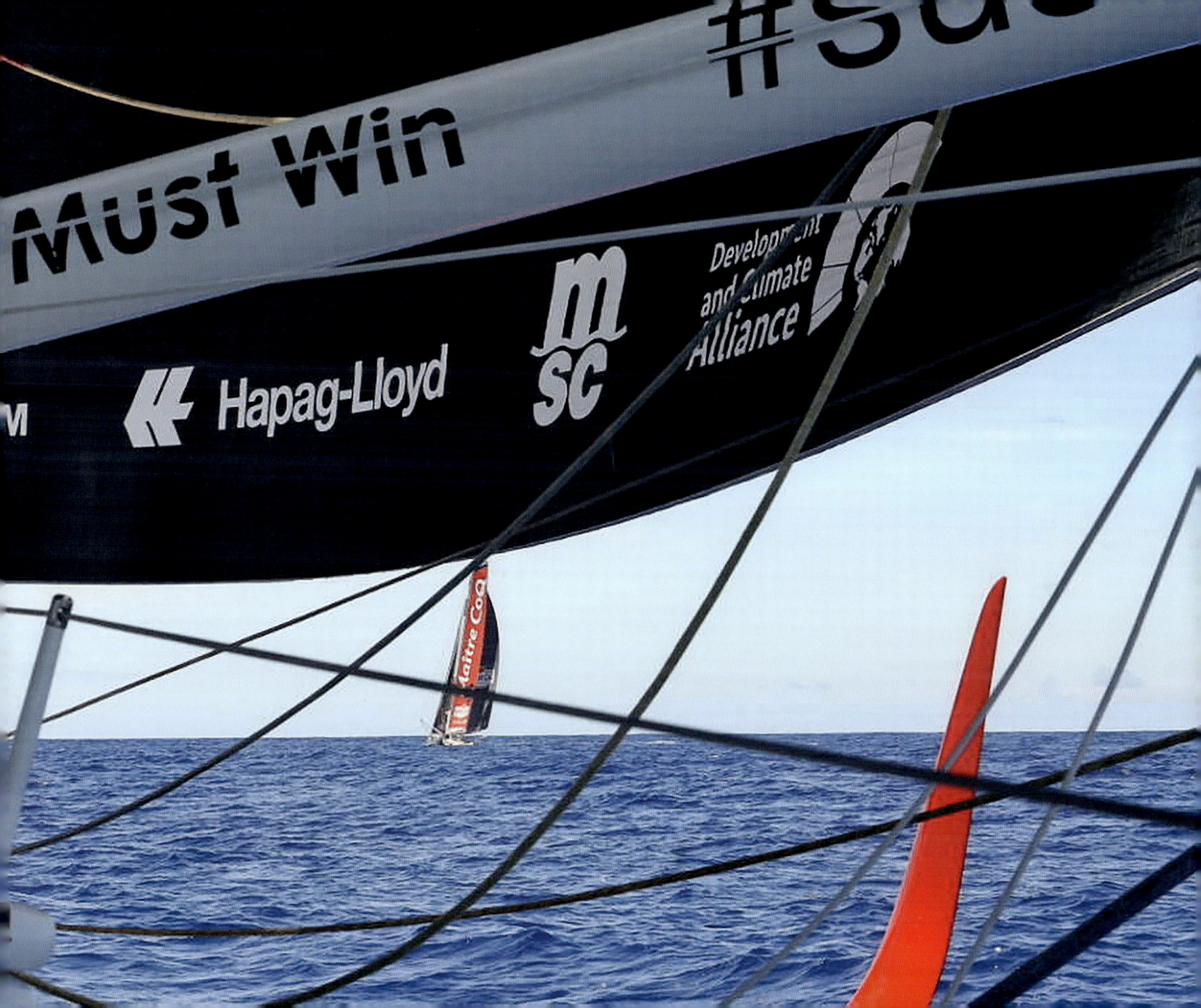
Must Win
#Su
Hapag-Lloyd
msc
Development
and Climate
Alliance
Maitre Coq

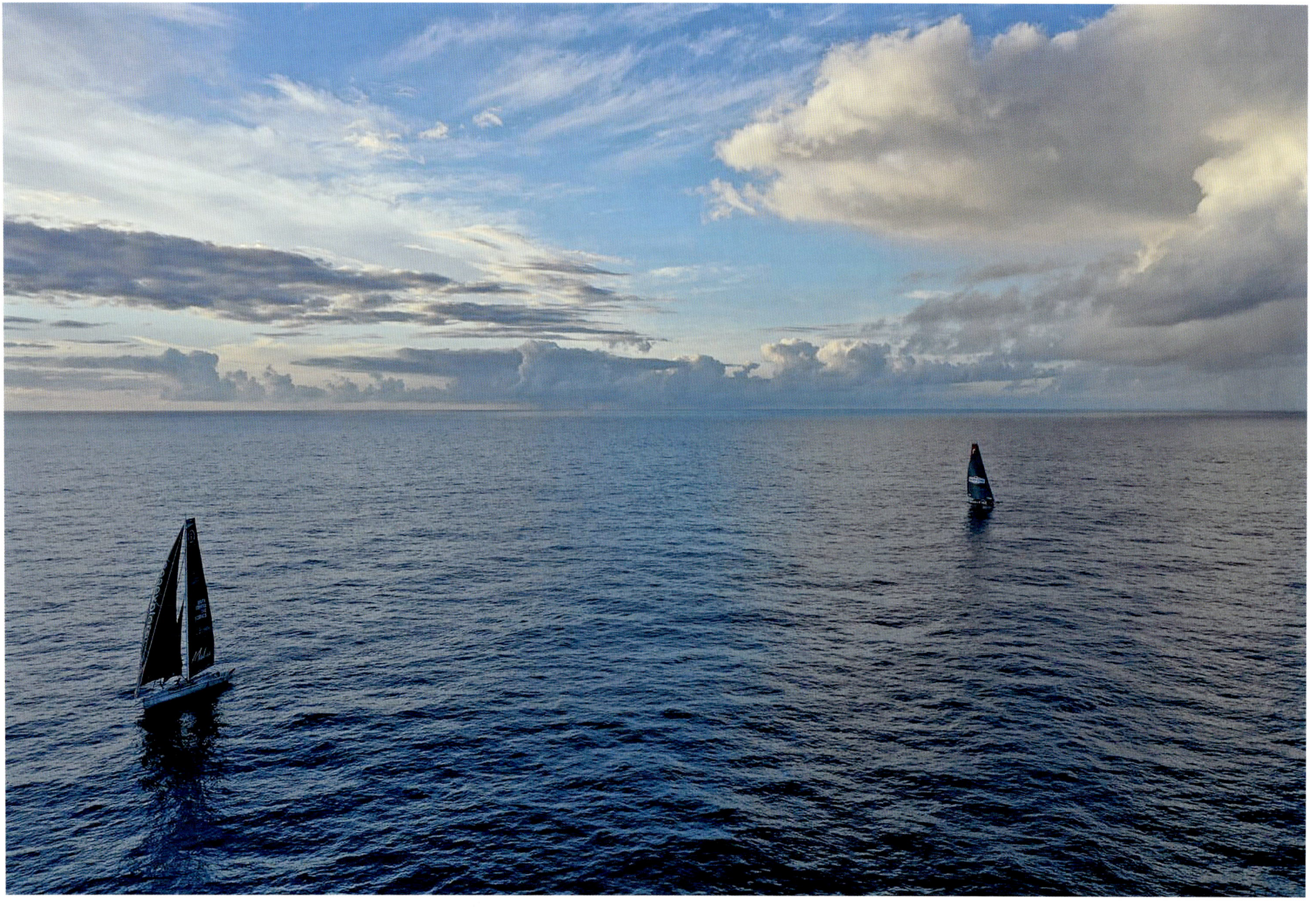

Tag 16

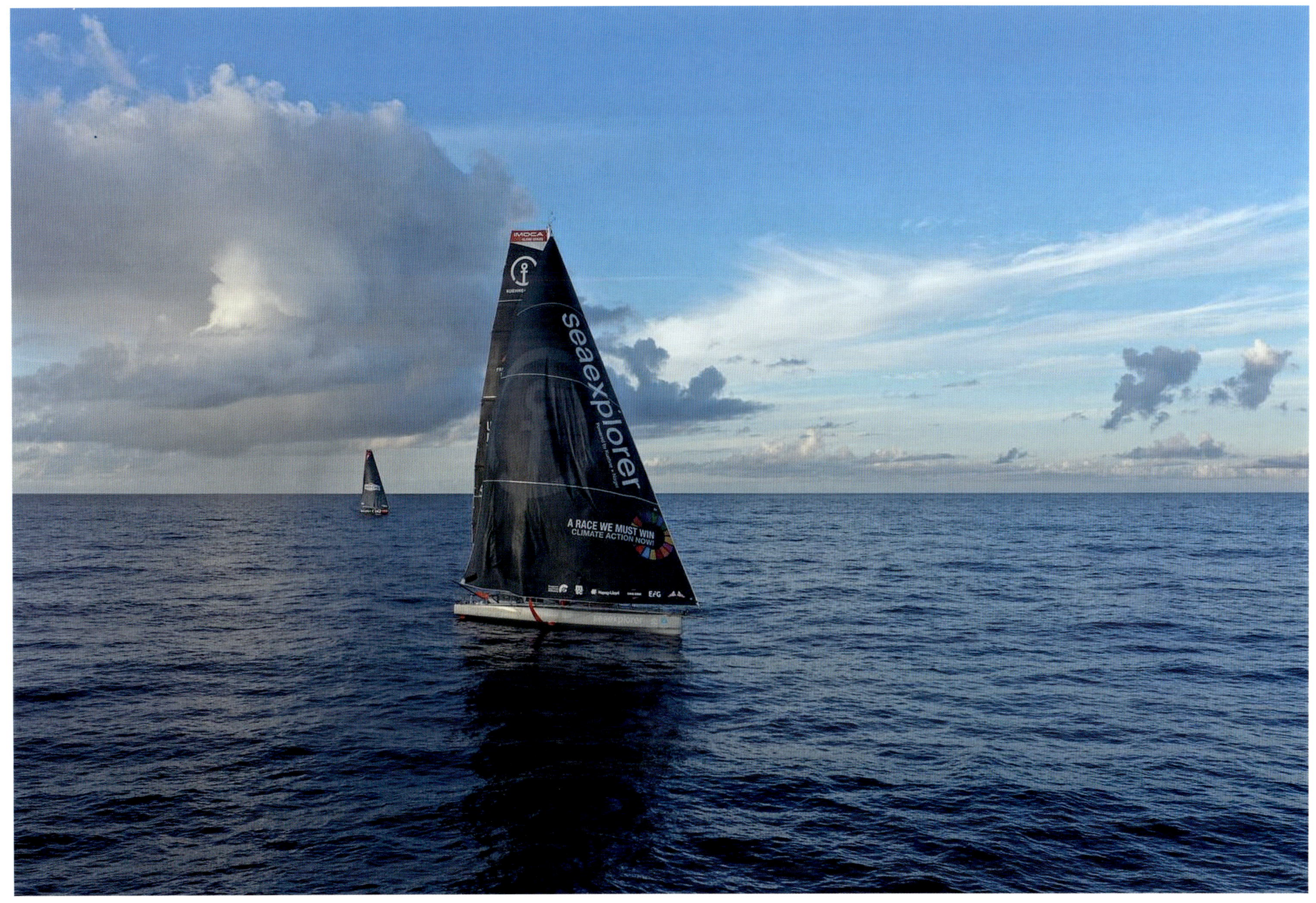

Tag 16

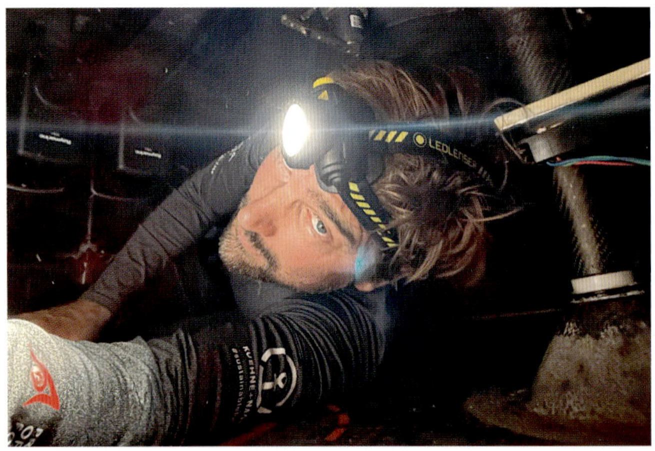

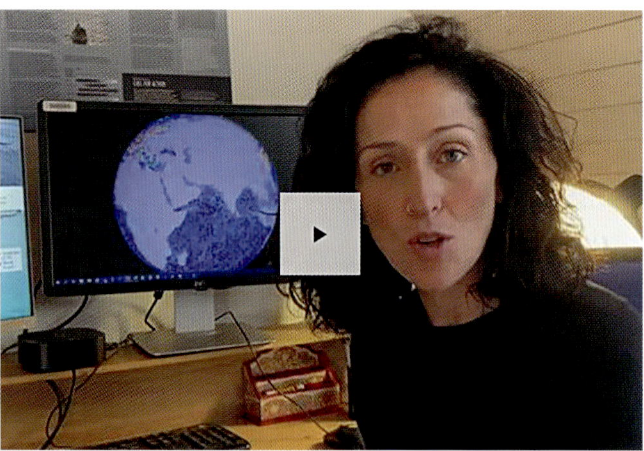

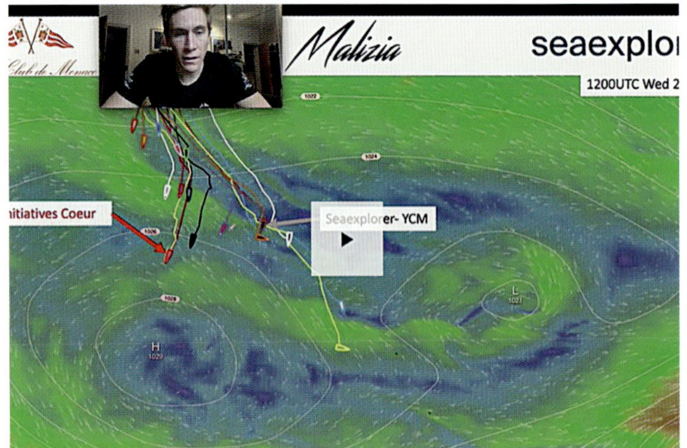

Tag 17

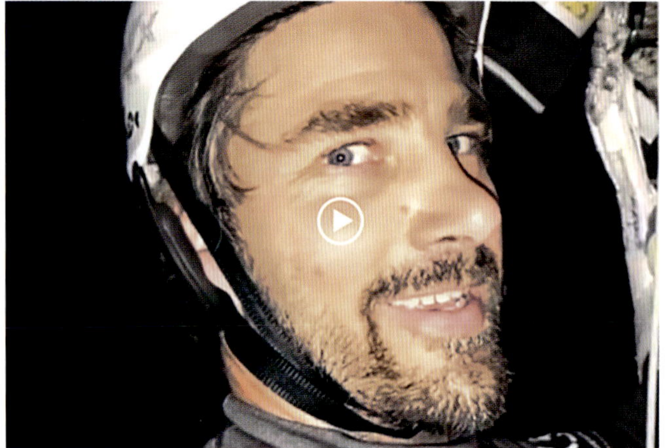

Tag 19

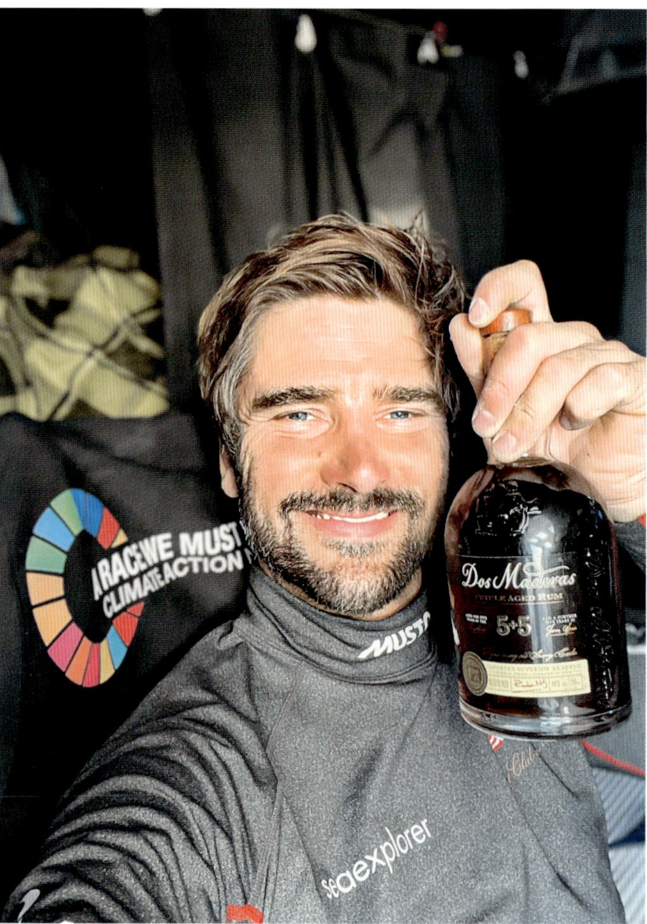

Tag 20

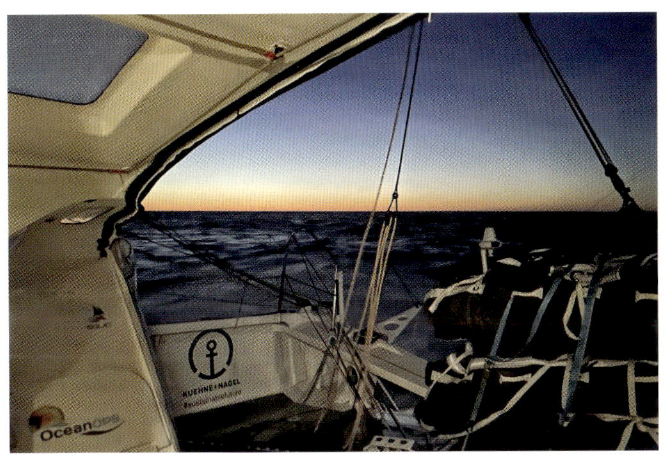

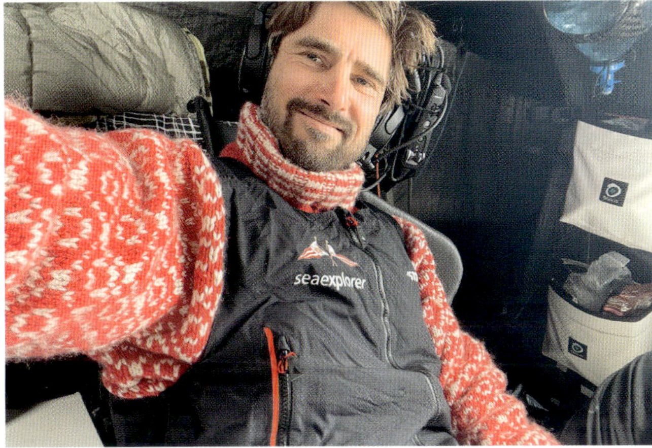

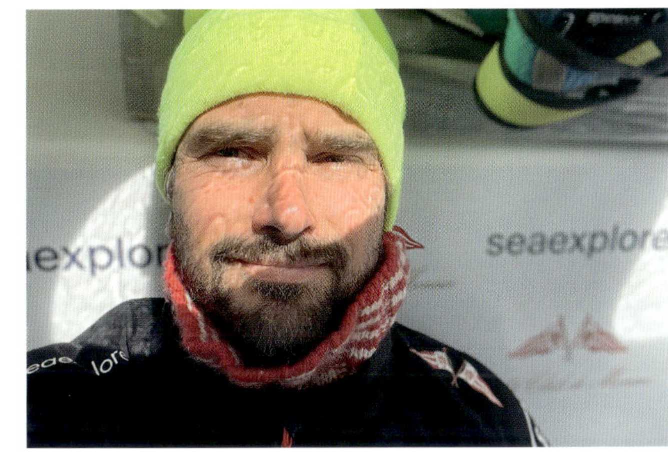

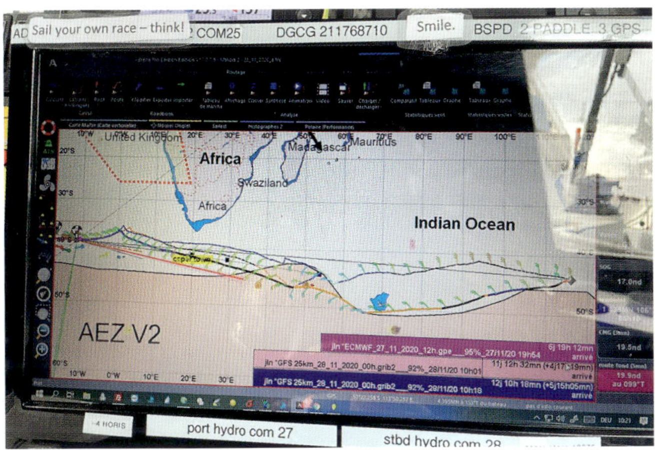

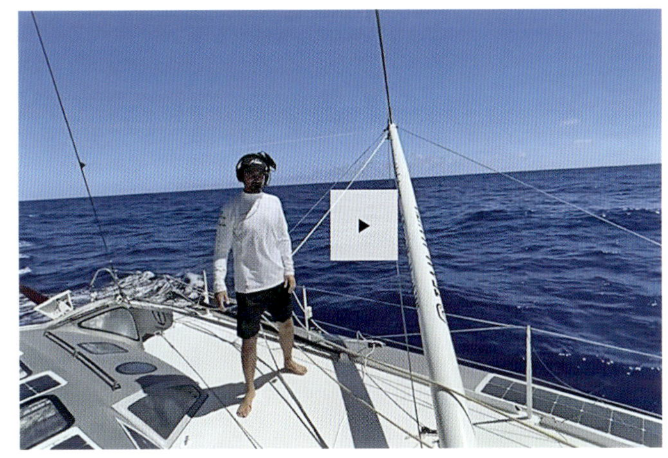

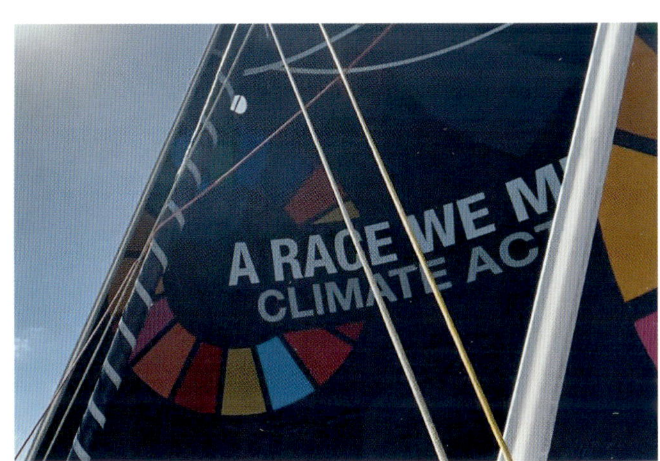

Woche vier – Der Südatlantik ist tricky. Das Südmeer kalt und rau und furchteinflößend.

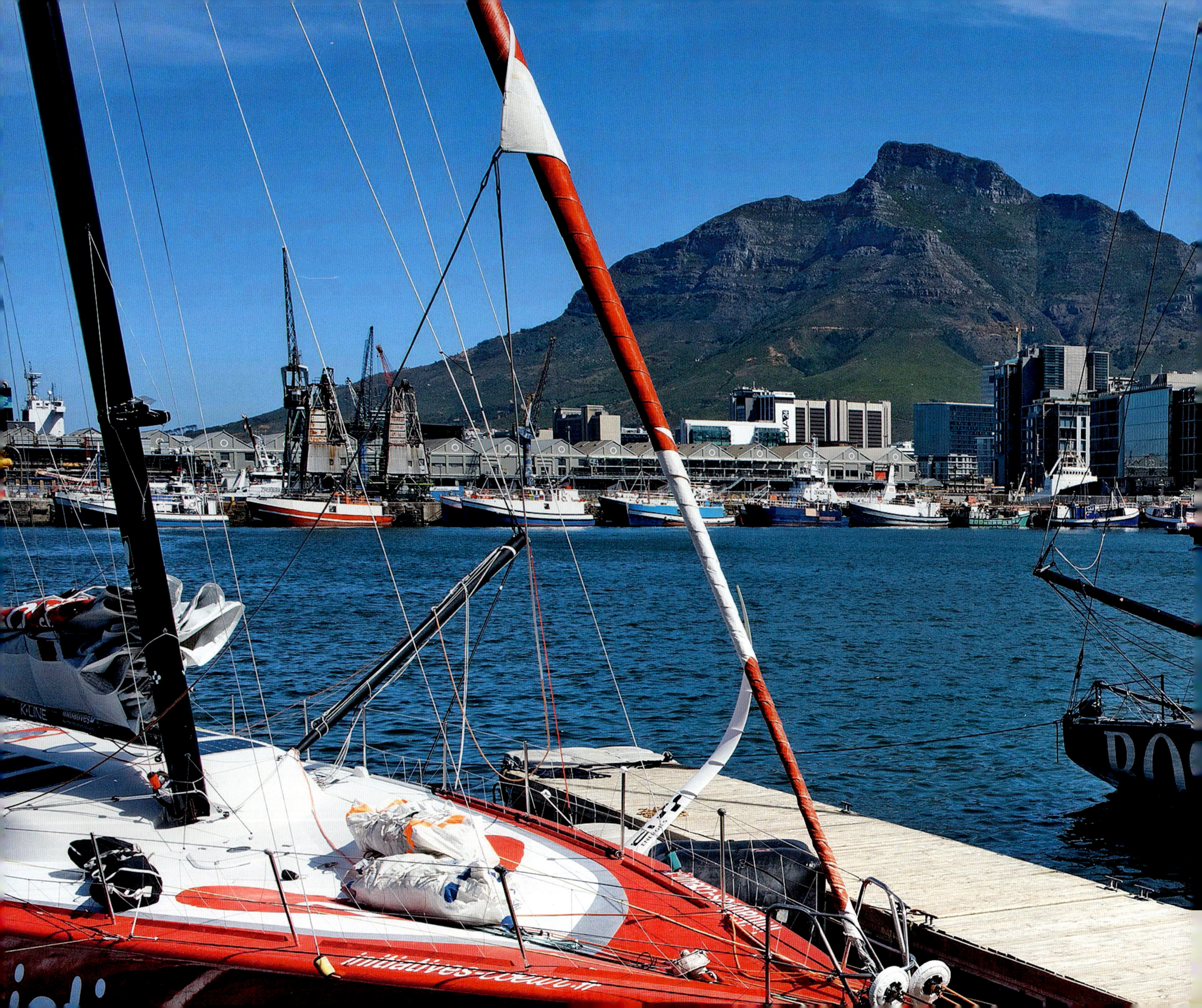

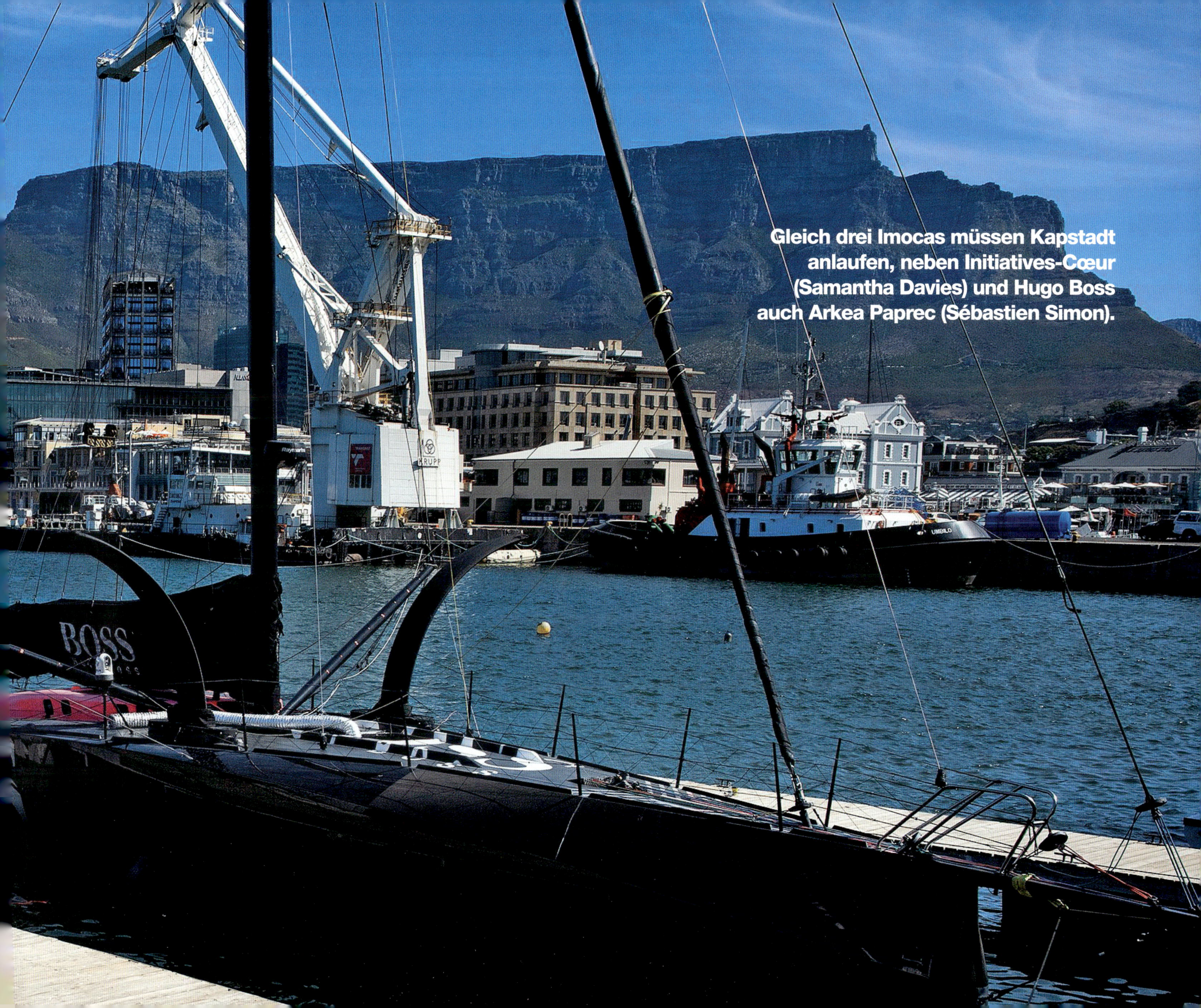
Gleich drei Imocas müssen Kapstadt anlaufen, neben Initiatives-Cœur (Samantha Davies) und Hugo Boss auch Arkea Paprec (Sébastien Simon).

Tag 25

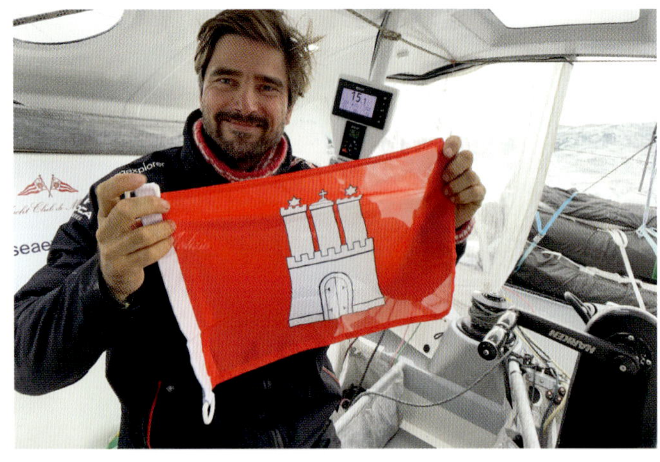

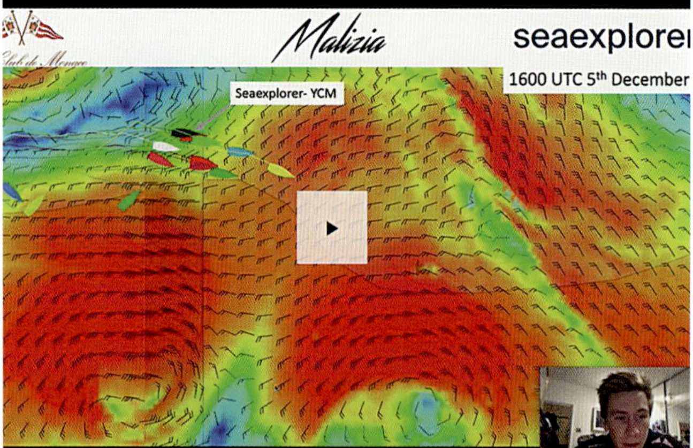
Malizia
seaexplorer
Seaexplorer- YCM
1600 UTC 5th December
Tag 27

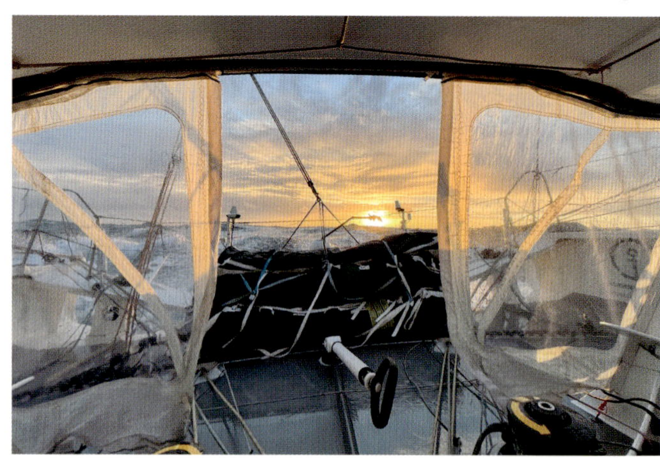
Tag 28

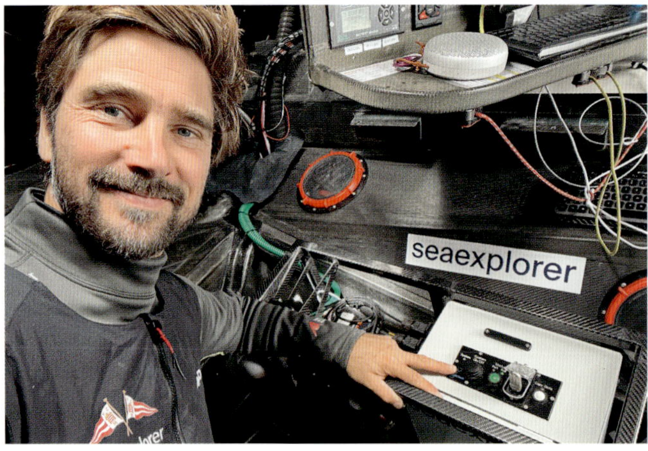
seaexplorer
Tag 26

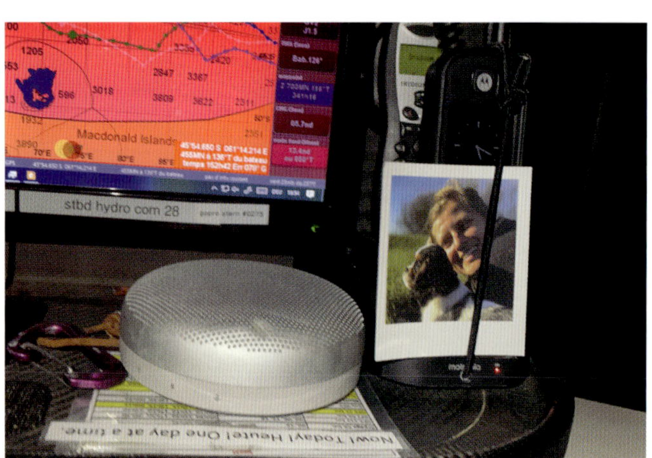
Macdonald Islands
stbd hydro com 28
Now! Today! Heute! One day at a time.
Tag 28

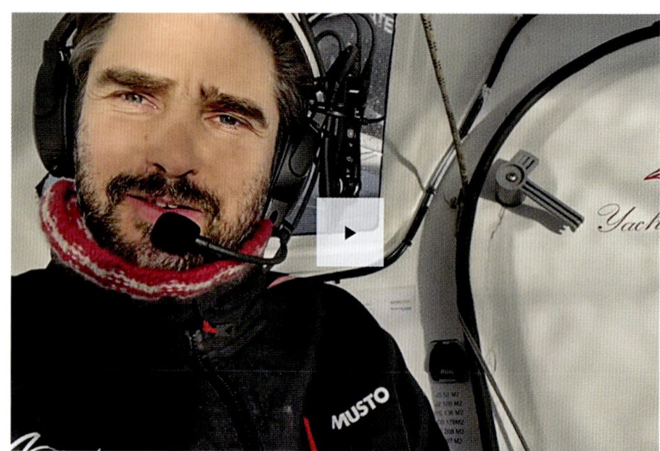
MUSTO
Tag 29

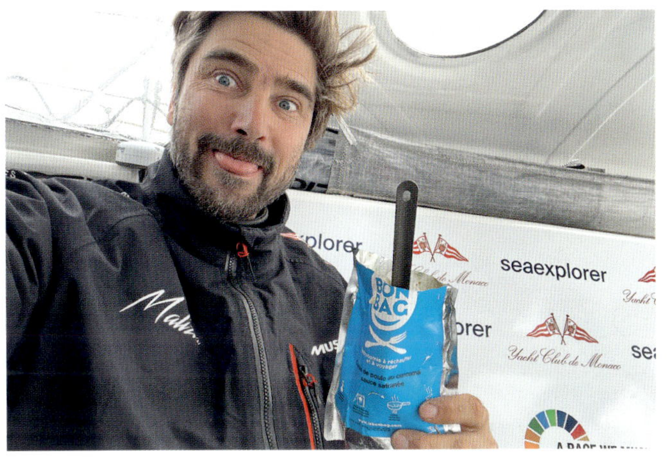
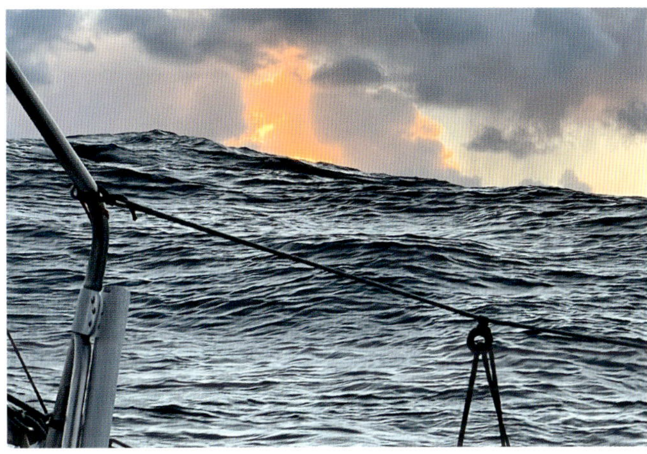
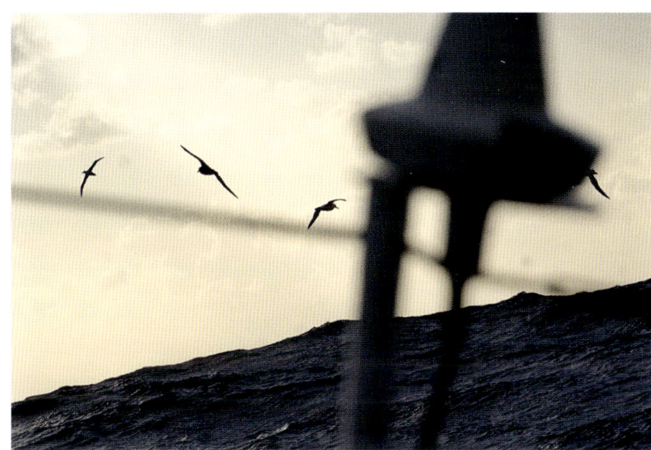
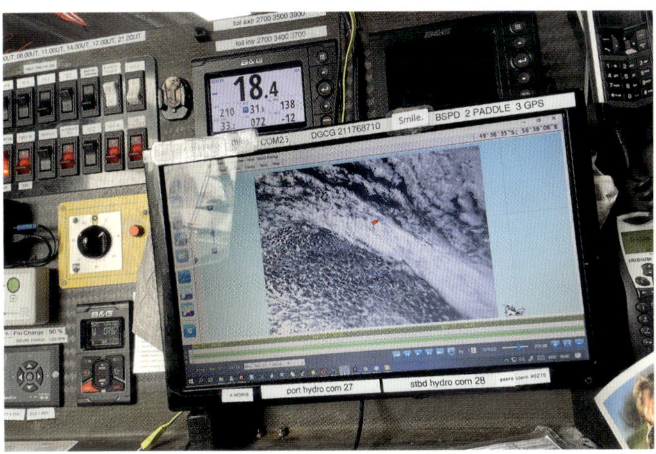
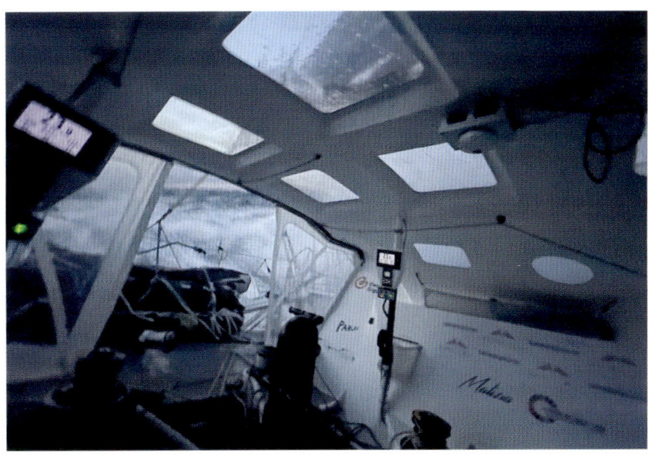
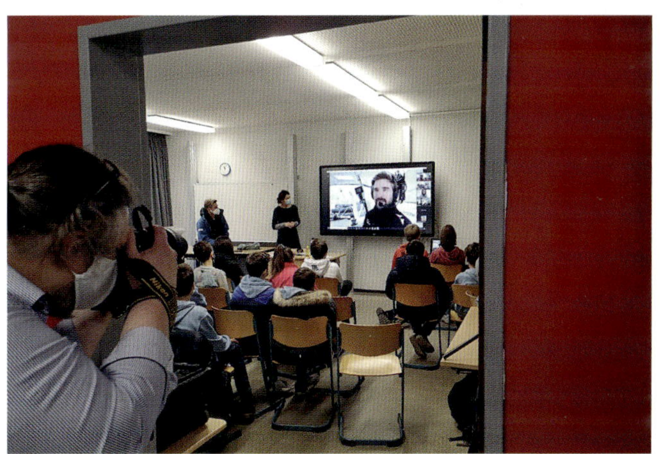

Tag 30

Tag 31

Es ist die Woche der Demut. Auf der Seaexplorer öffnet sich der Reißverschluss der J2. Aber das ist nichts im Vergleich zur Havarie der PRB. Sie bricht auseinander, Kevin Escoffier treibt im Rettungsfloß auf dem Meer. Vier Skipper suchen nach ihm, auch Boris Herrmann. Wie durch ein Wunder findet ihn Jean Le Cam schließlich.

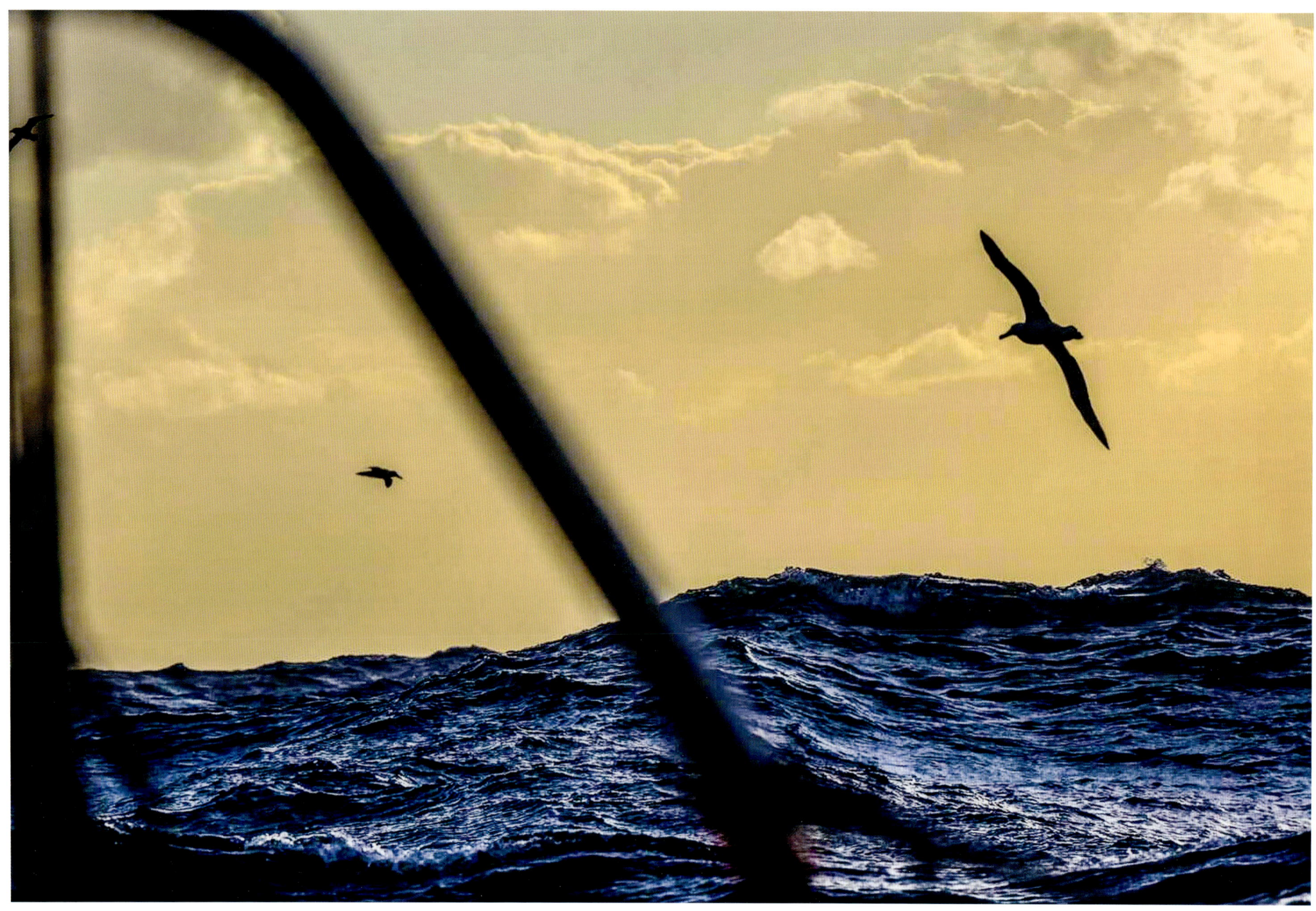

Treffen der Solisten: Albatrosse waren im Southern Ocean mit seinen riesigen Wellenbergen ständige Begleiter.

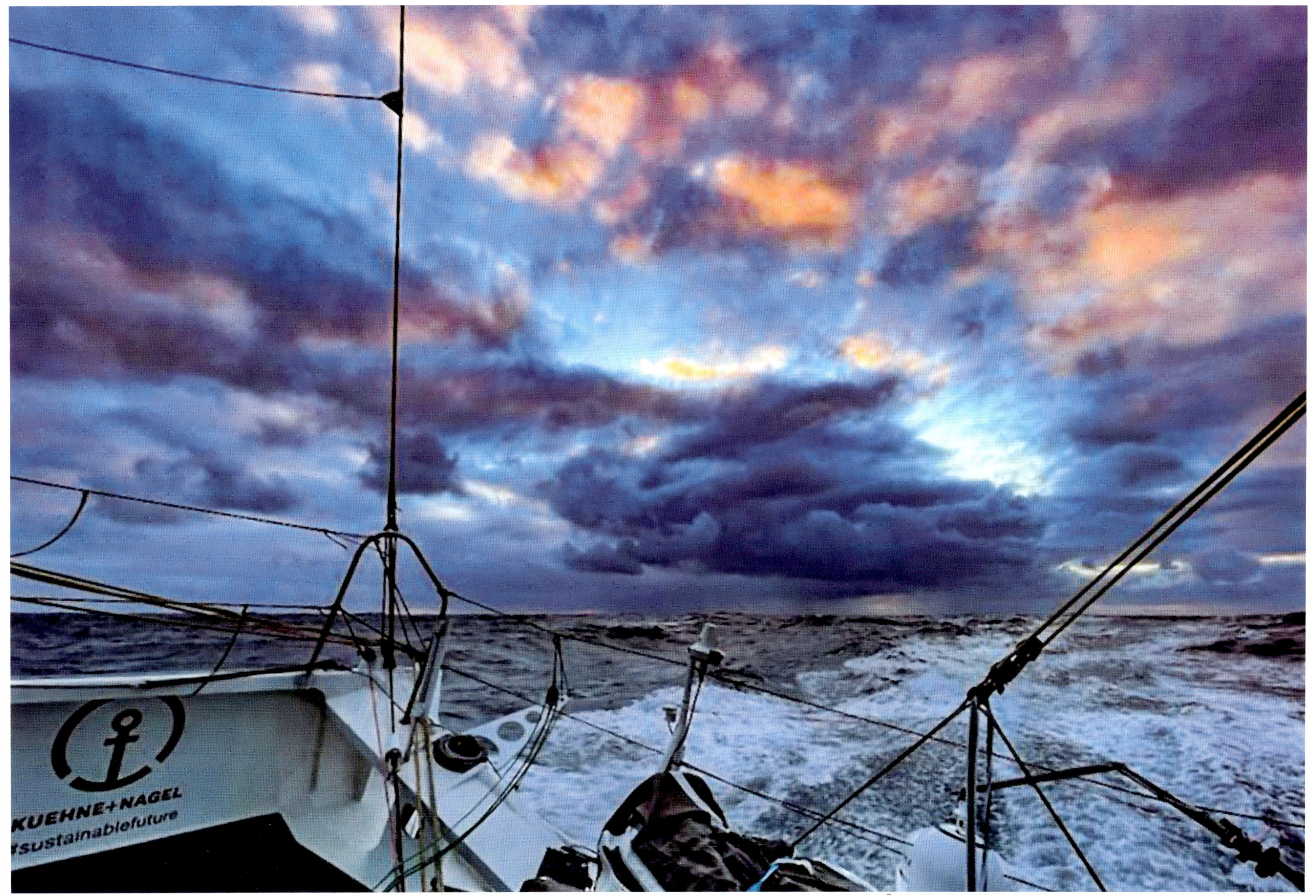

Tag 33

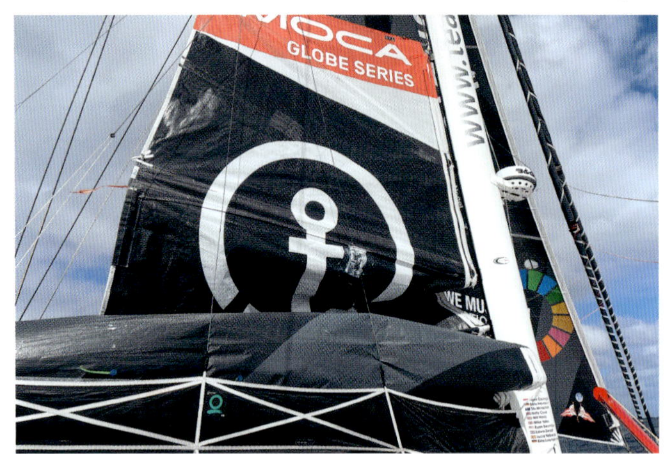

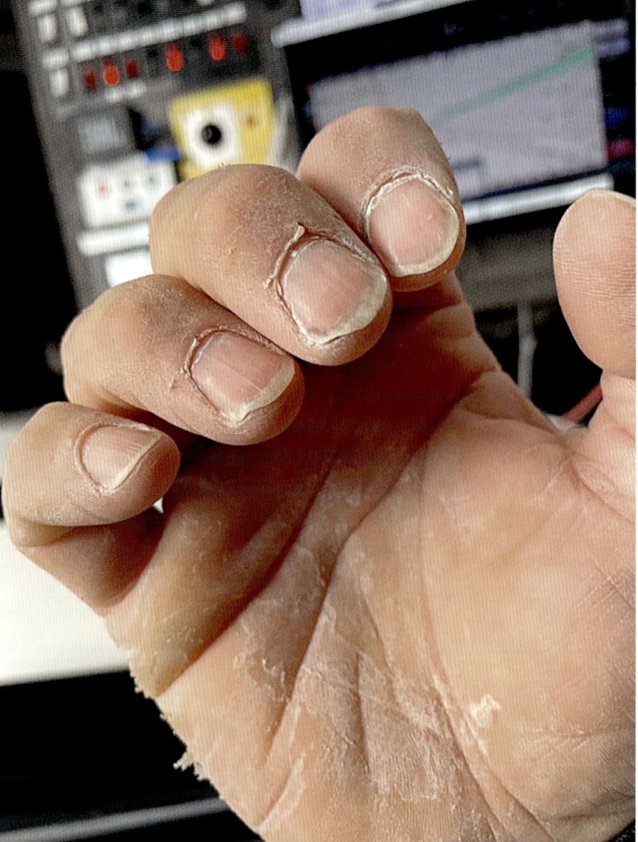

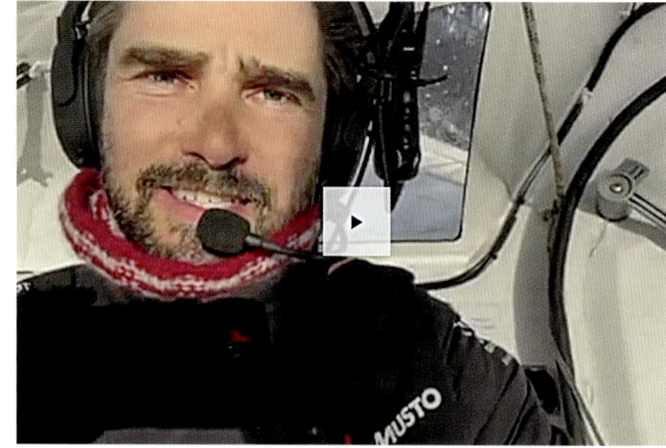

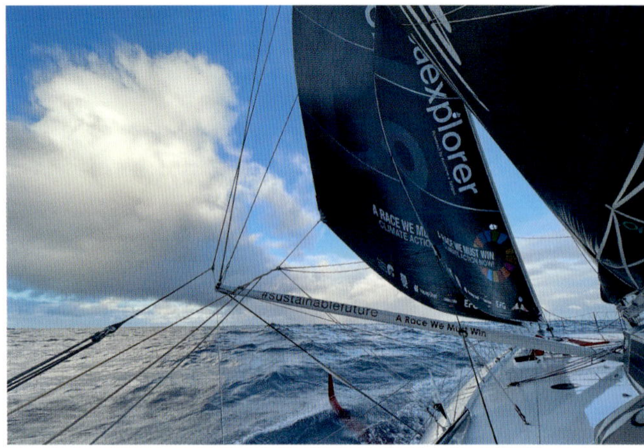

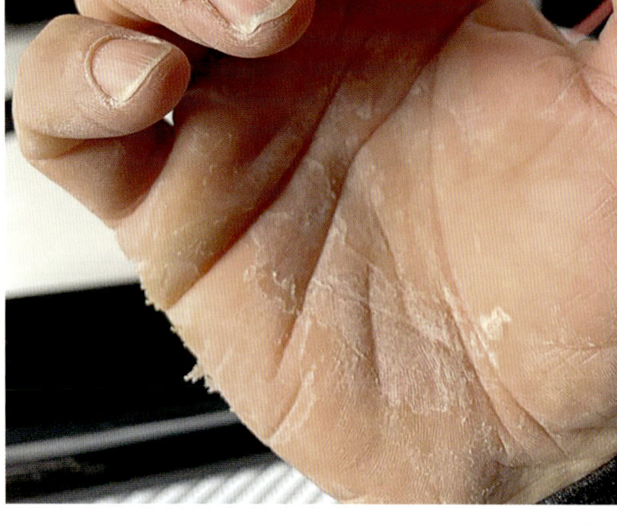

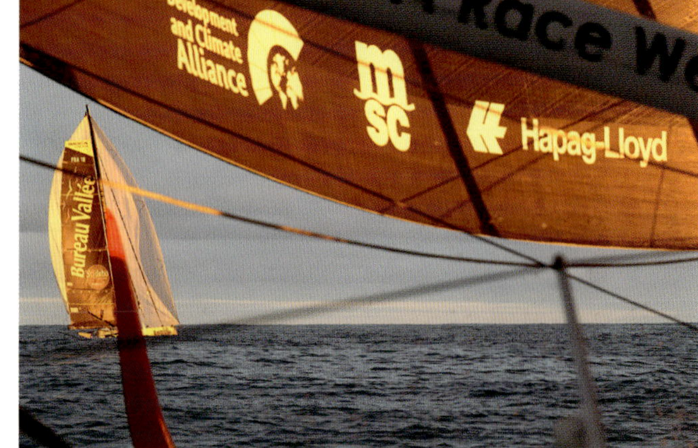

Tag 35

Tag 35

Tag 37

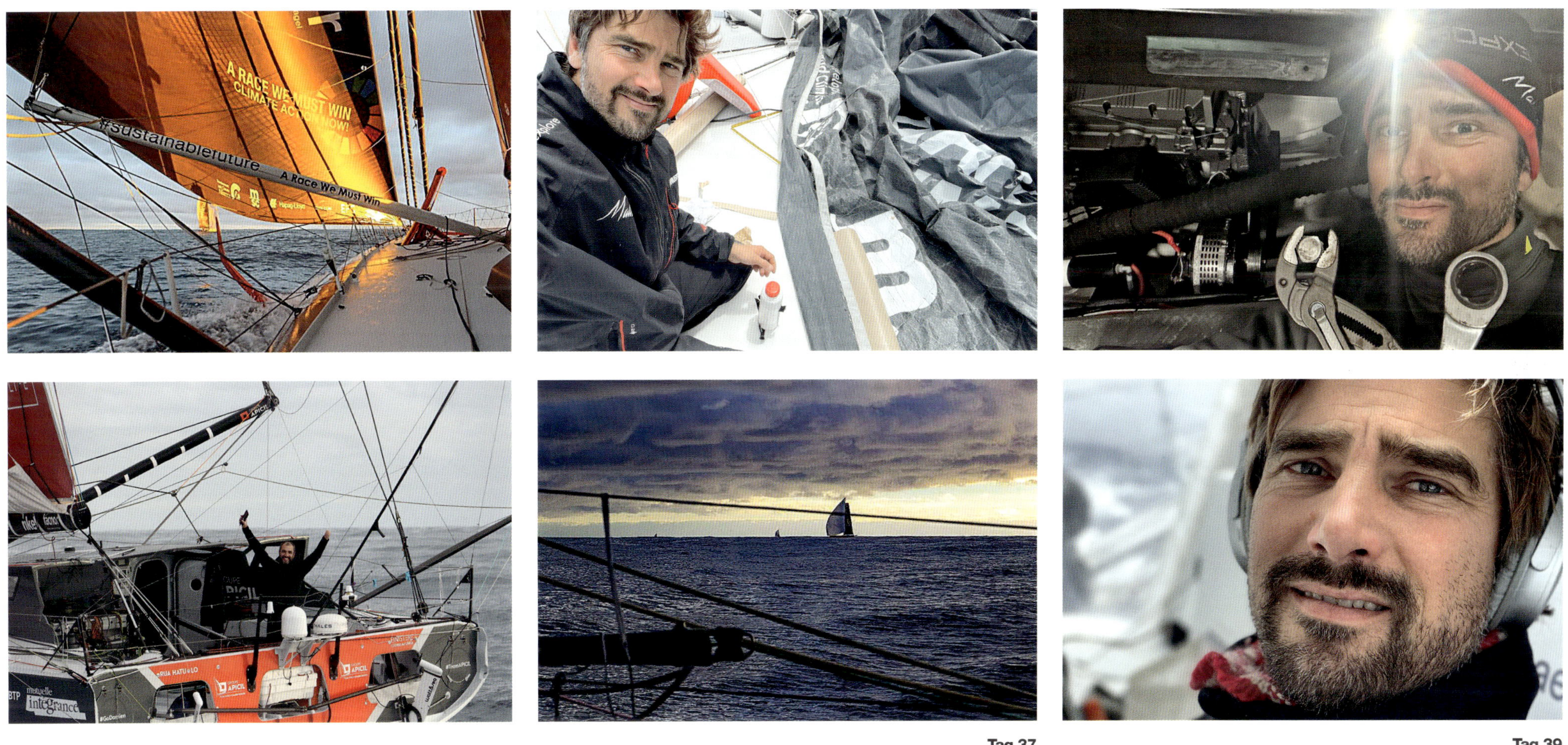

Tag 37

Tag 39

Woche fünf – Fiese Seen und hammerharte Böen machen den Indischen Ozean zur bisher schwersten Prüfung. Boris Herrmann leidet mit seinem Schiff, fährt auf langfristige Sicherheit und und drosselt das Tempo, hält aber Anschluss; Isabelle Joschke legt eine Turbowoche hin; Fabrice Amedeo / Newrest – Art & Fenêtres gibt auf.

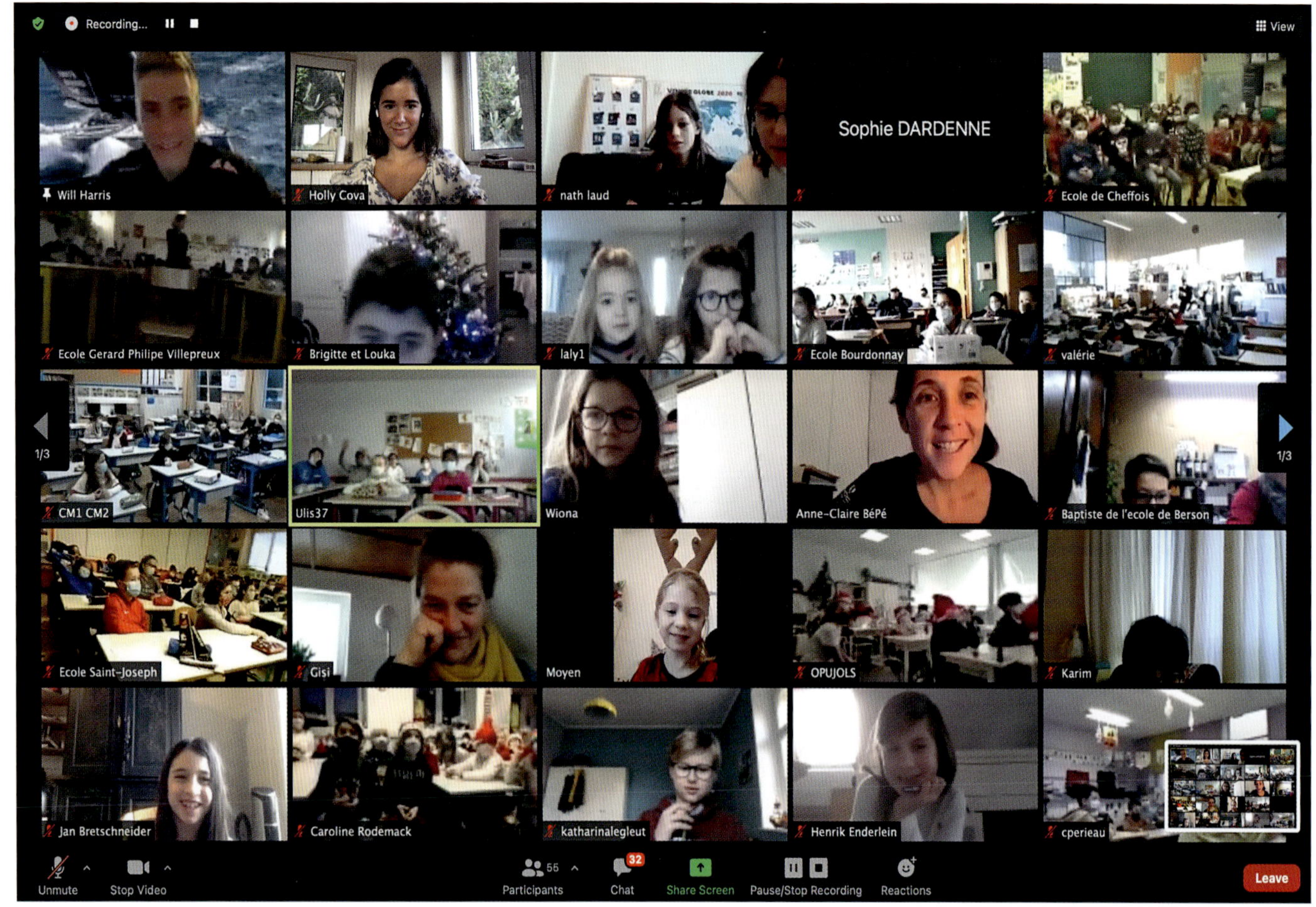

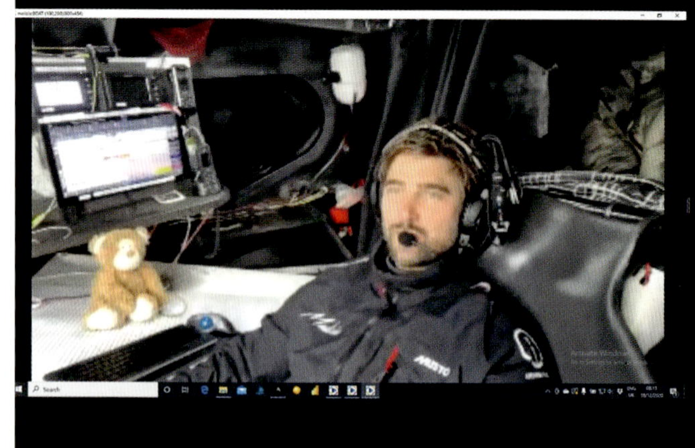

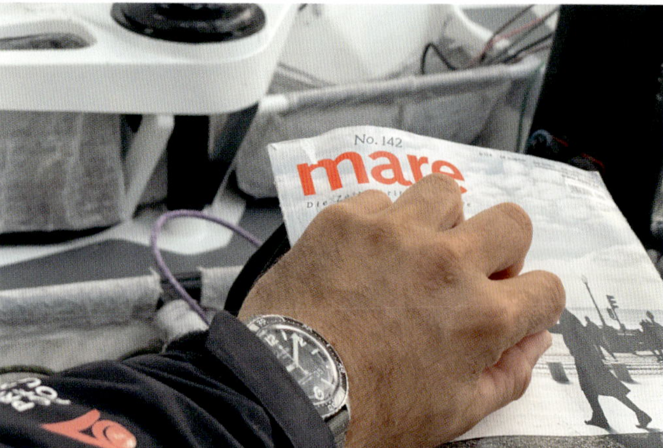

Tag 40

Tag 41

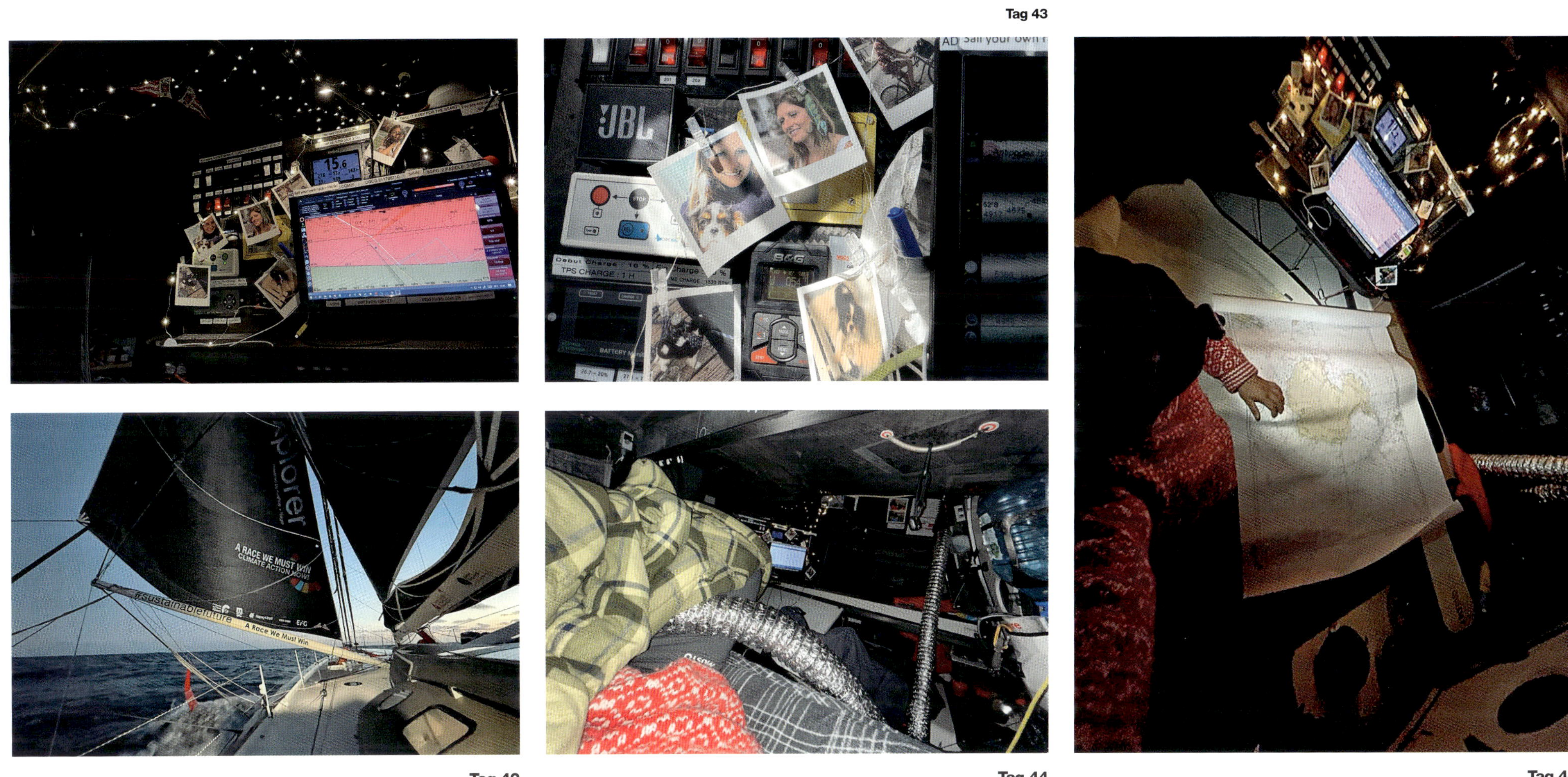

Woche sechs – Die Hälfte der Distanz ist geschafft! Yannick Bestaven hat sich an die Spitze gesetzt, Thomas Ruyant / LinkedOut lenzt kubikmeterweise Wasser aus seiner Segellast im Bug. Was noch? Ach ja – bald ist Weihnachten! Und alle kommen zu Besuch … zumindest auf dem Bildschirm.

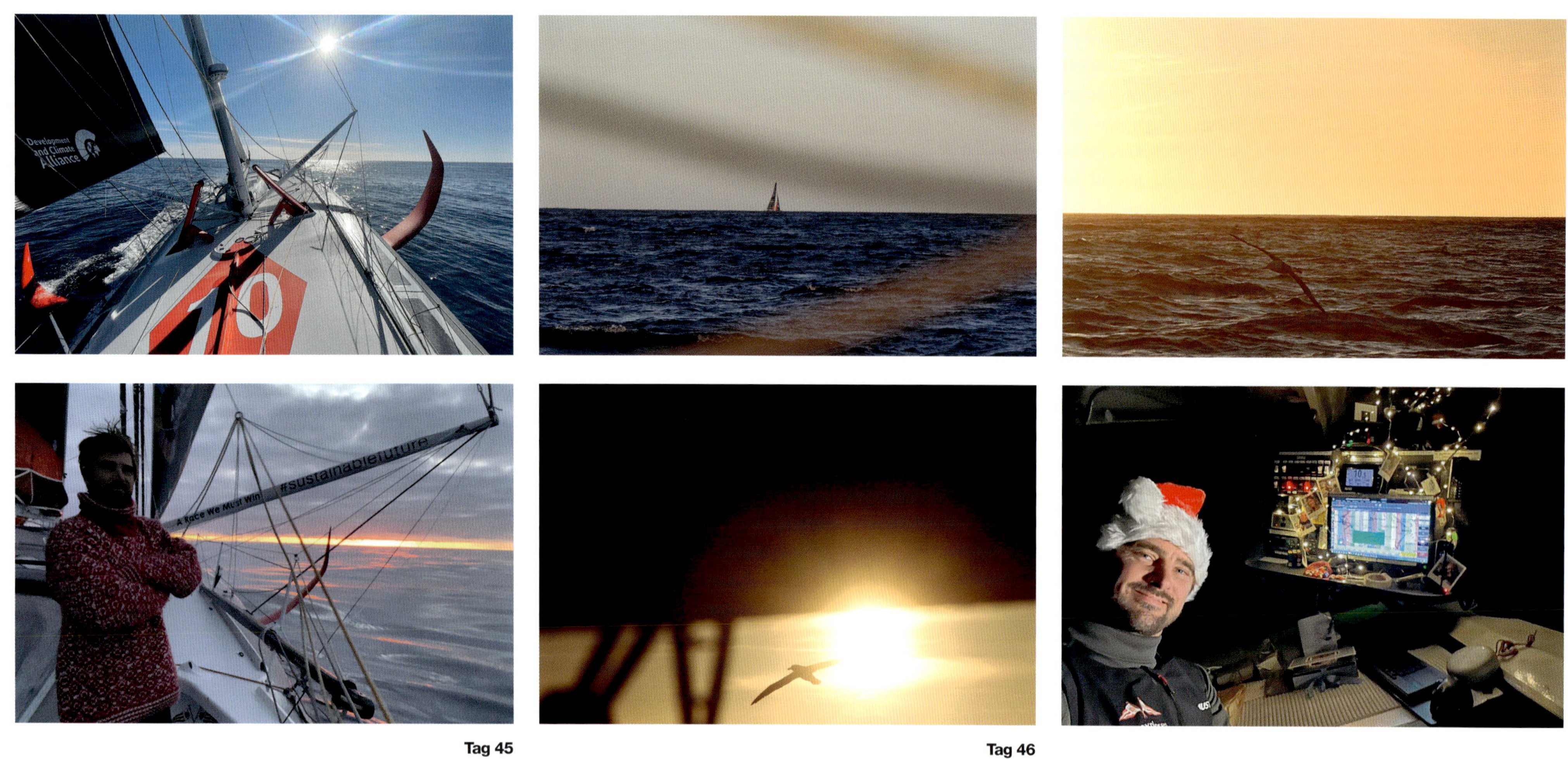

Tag 45

Tag 46

Fünf Boote in Sichtweite! Ein Hochdruckgebiet mit Hochgefühl.

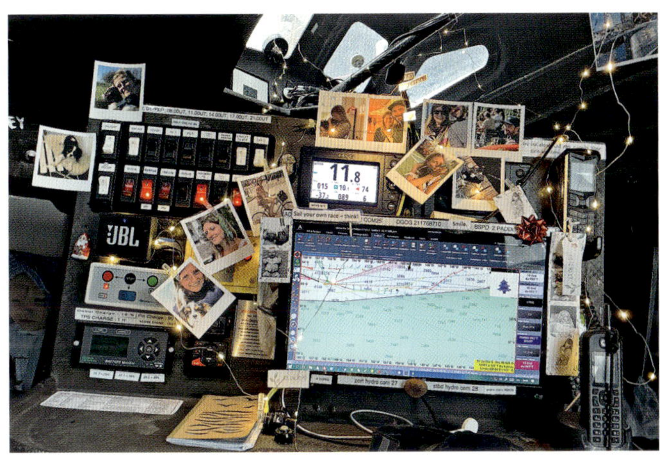

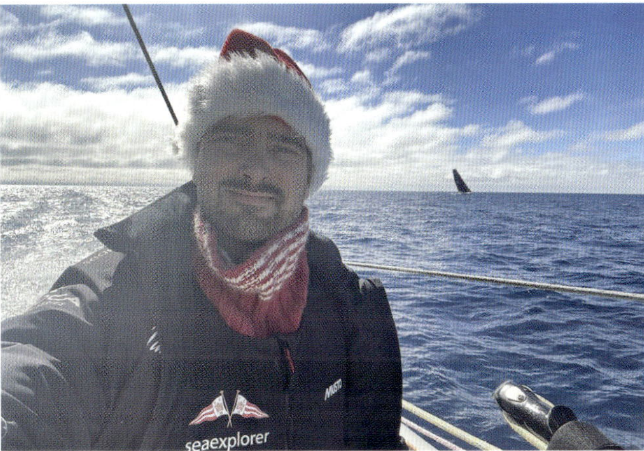

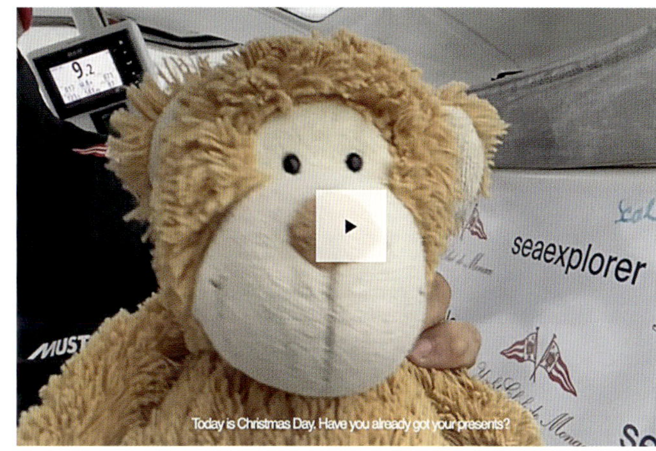

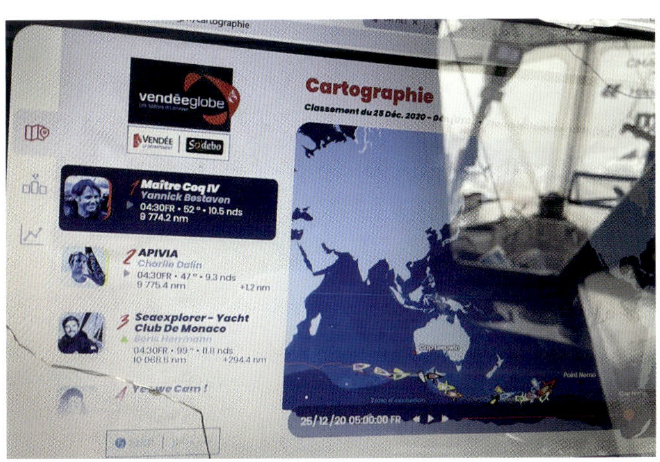

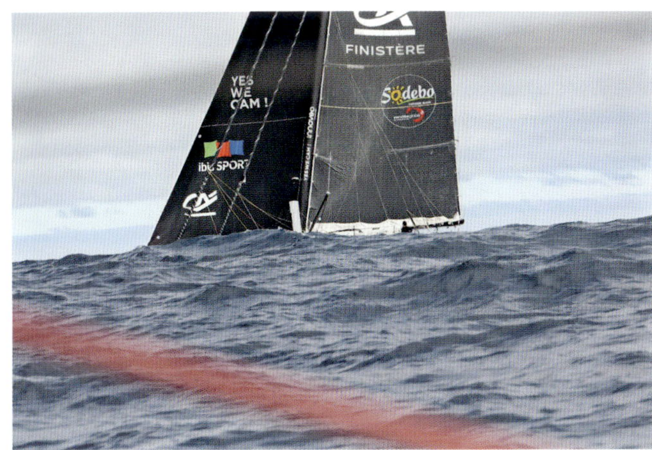

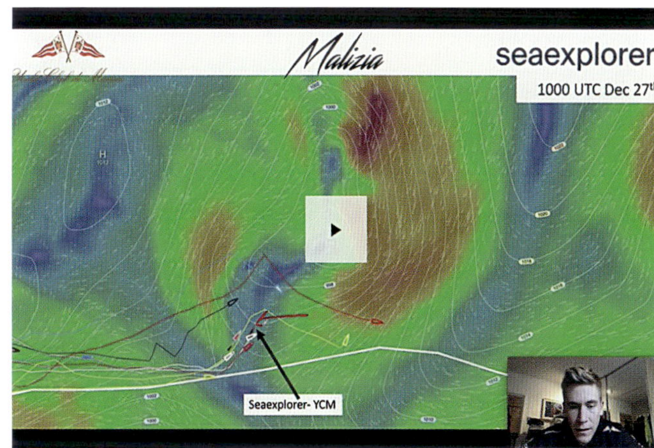

Woche sieben – Einsam an Point Nemo. Yannick Bestaven führt weiterhin und ist als Erster am Kap Hoorn.

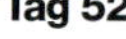

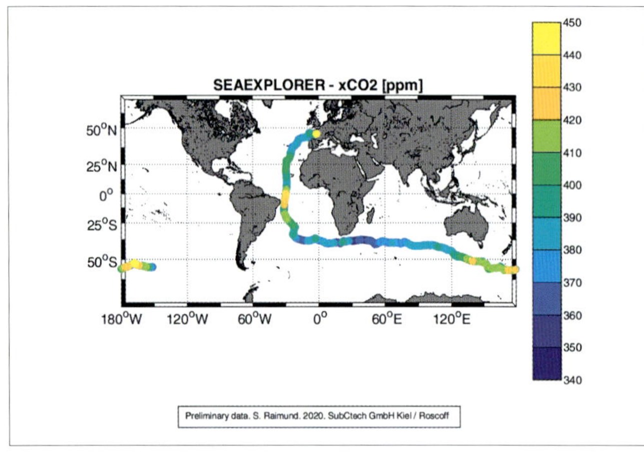

SEAEXPLORER - xCO2 [ppm]
50°N
25°N
0°
25°S
50°S
180°W 120°W 60°W 0° 60°E 120°E
450
440
430
420
410
400
390
380
370
360
350
340
Preliminary data. S. Raimund. 2020. SubCtech GmbH Kiel / Roscoff

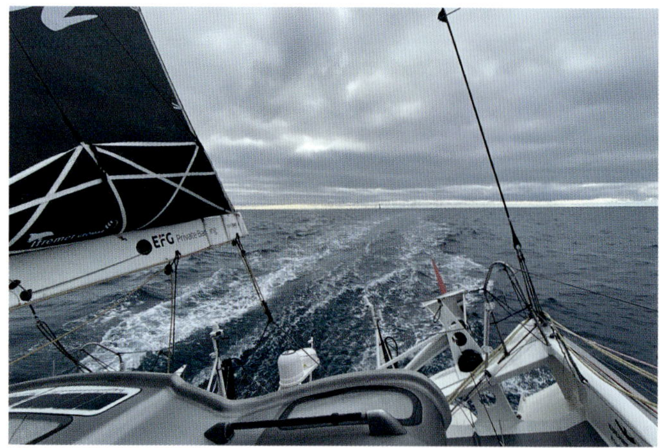

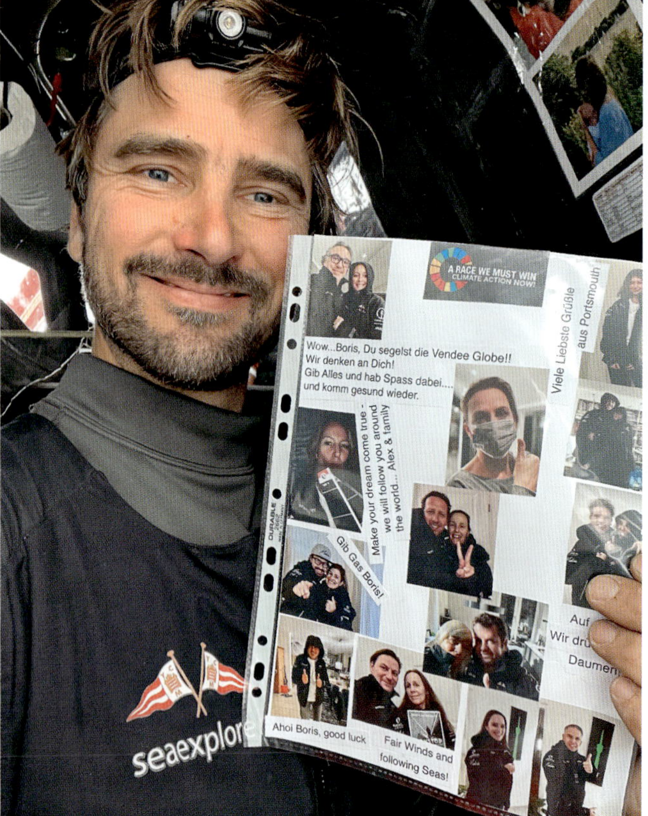

A RACE WE MUST WIN
CLIMATE ACTION NOW!
Wow...Boris, Du segelst die Vendee Globe!!
Wir denken an Dich!
Gib Alles und hab Spass dabei....
und komm gesund wieder.
Viele Liebste Grüßle aus Portsmouth
Make your dream come true -
we will follow you around
the world... Alex & family
Gib Gas Boris!
Auf
Wir drü
Daumen!
Ahoi Boris, good luck
Fair Winds and
following Seas!

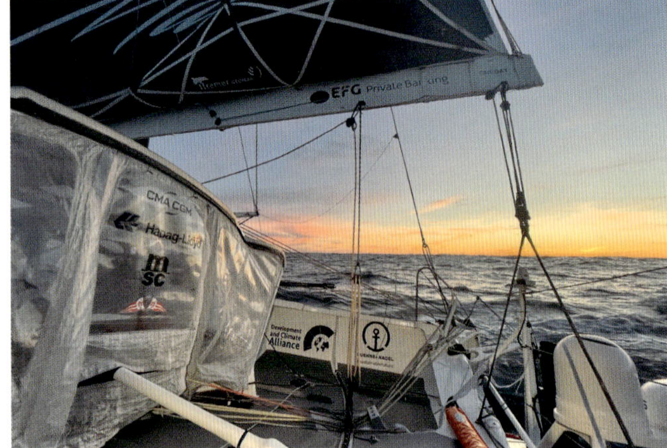

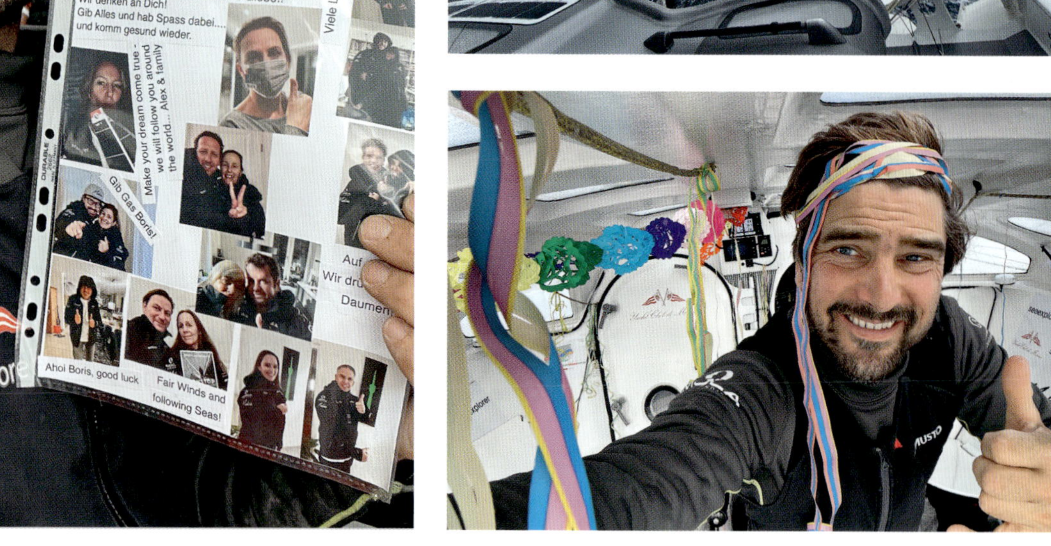

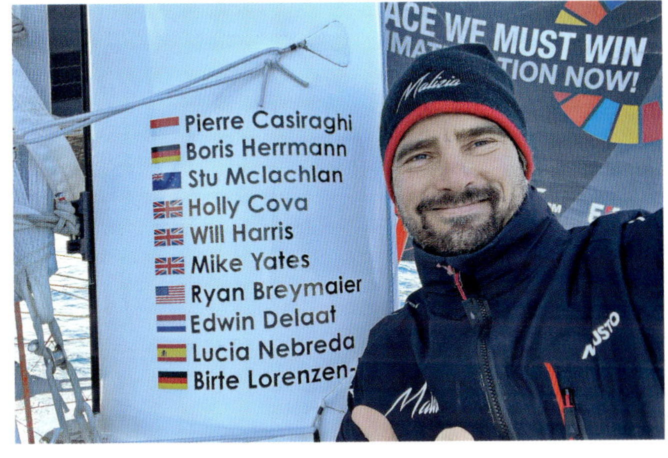

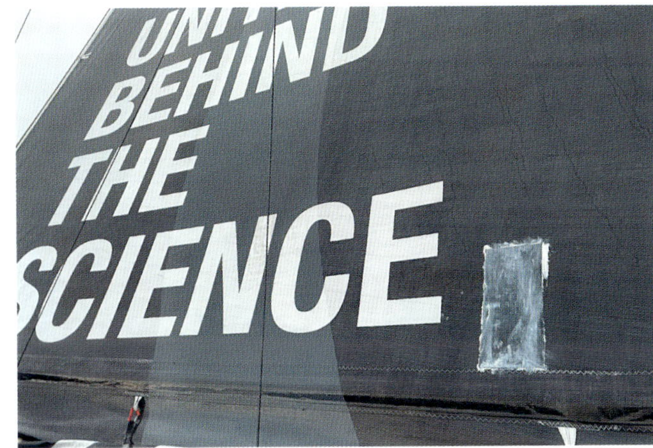

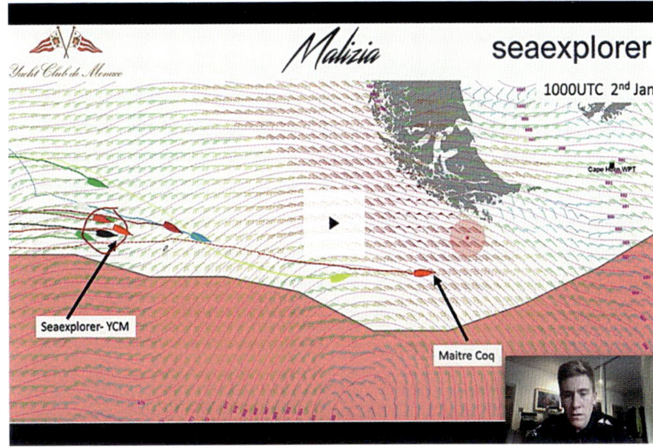

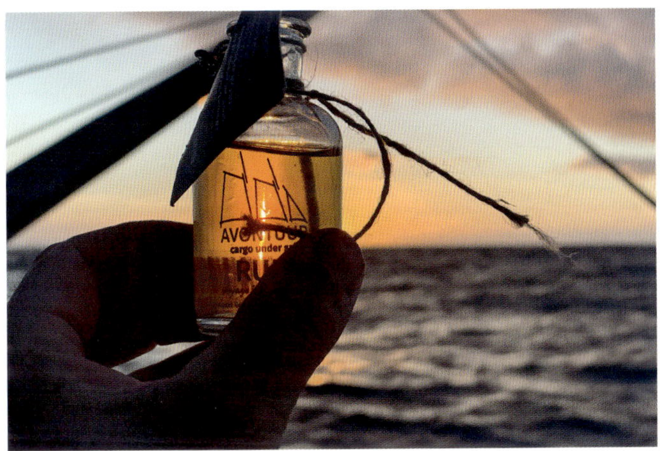

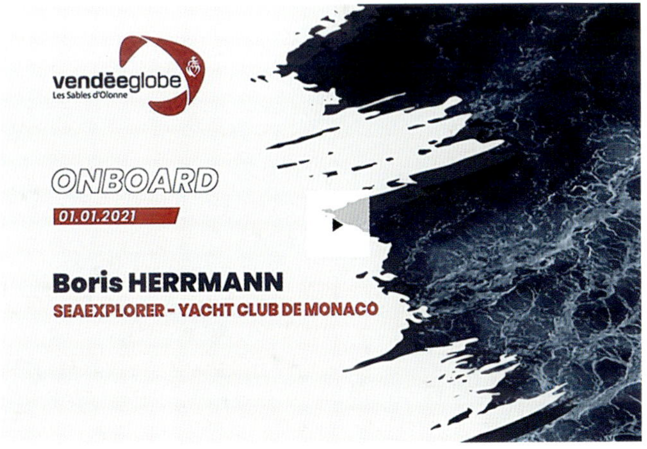

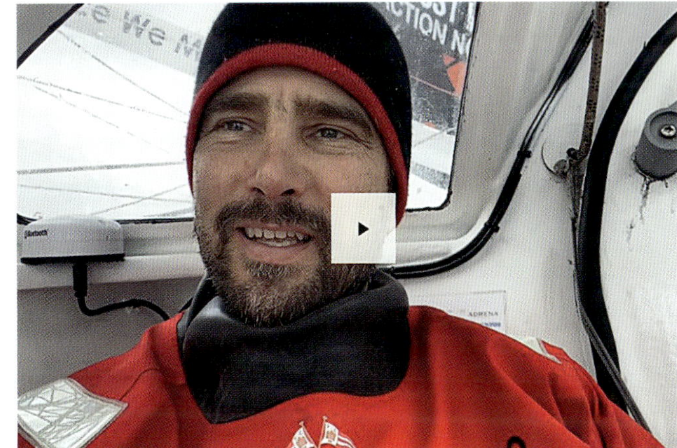

Tag 53   Tag 54   Tag 55

Woche acht – Bald ist Boris Herrmann fertig mit dem Südmeer. Doch der letzte Abschnitt im Pazifik, dem sogenannten Stillen Ozean, fordert noch mal alles ab. Schweres Wetter, Schäden an der Kielhydraulik und an der Lichtmaschine …

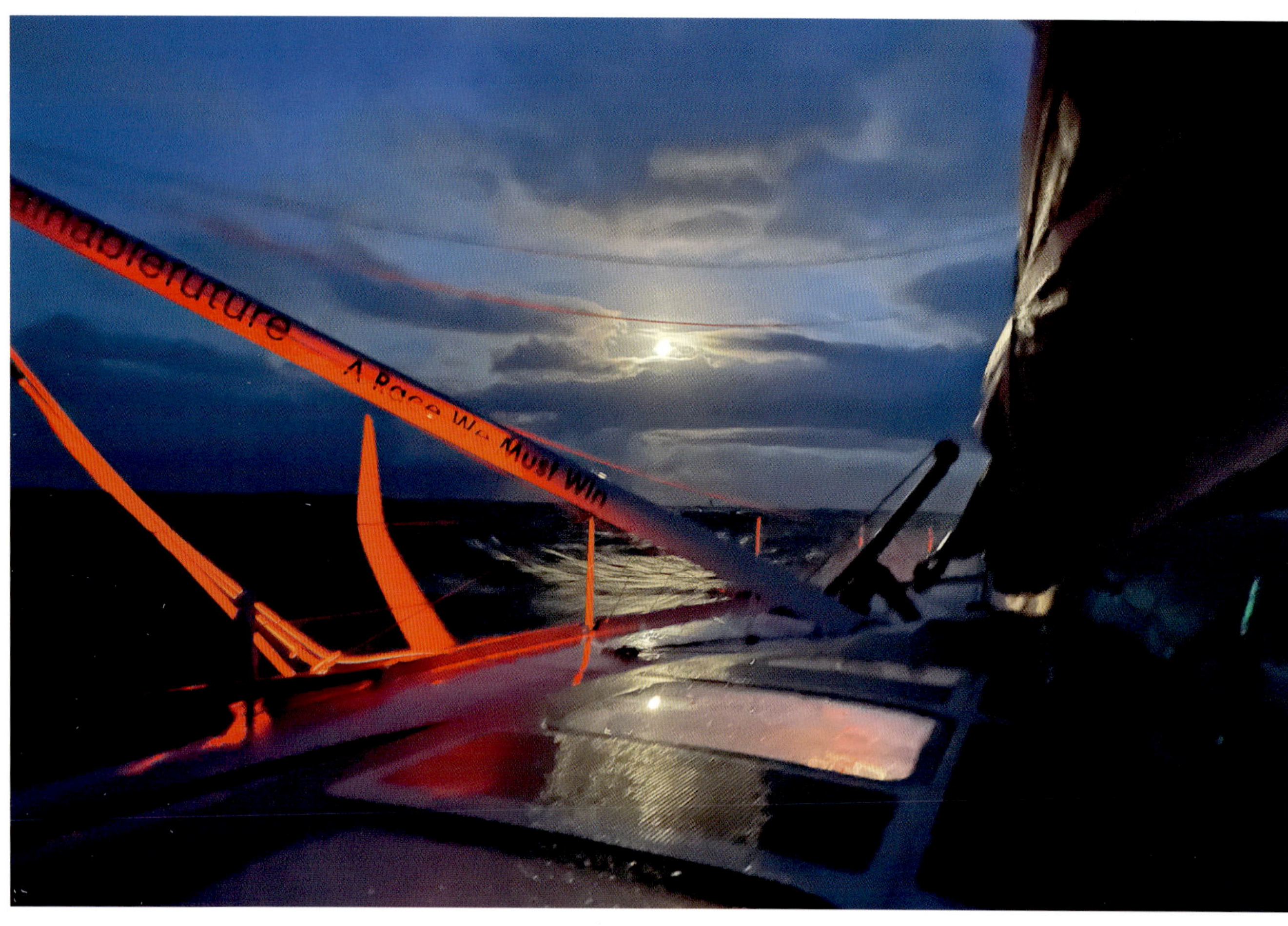

Tag 56

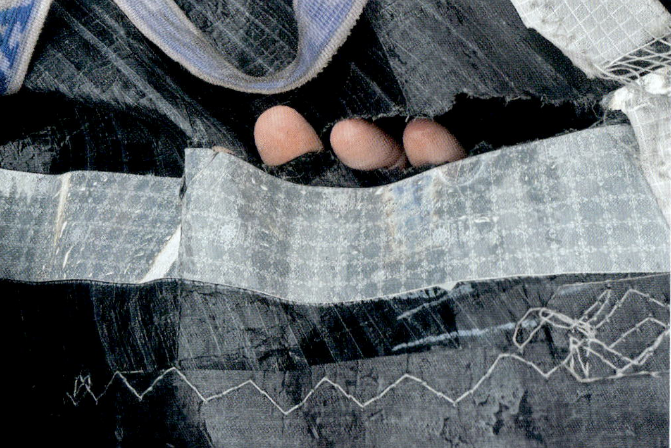

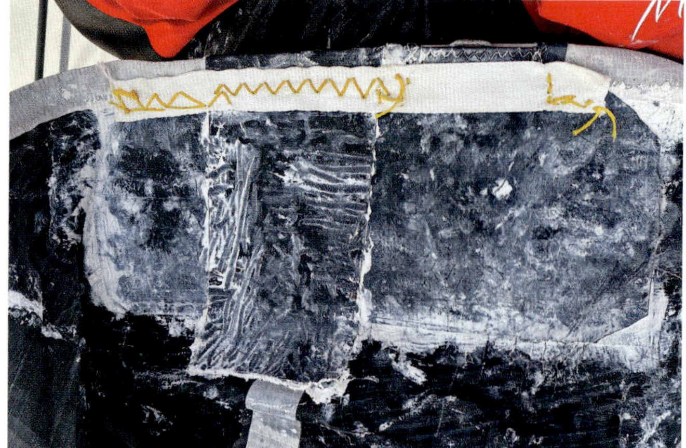

Tag 58

... was nicht halb so schlimm ist wie der Riss am Achterliek des Großsegels. Nah dran an »Game over«. Die Reparatur kostet viele Plätze und die letzten Reserven.

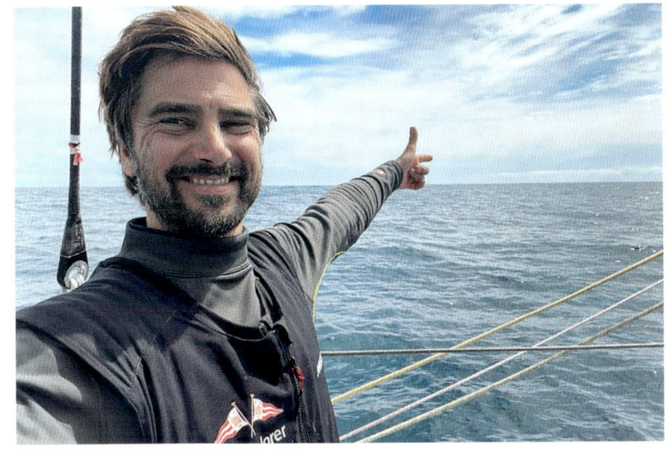
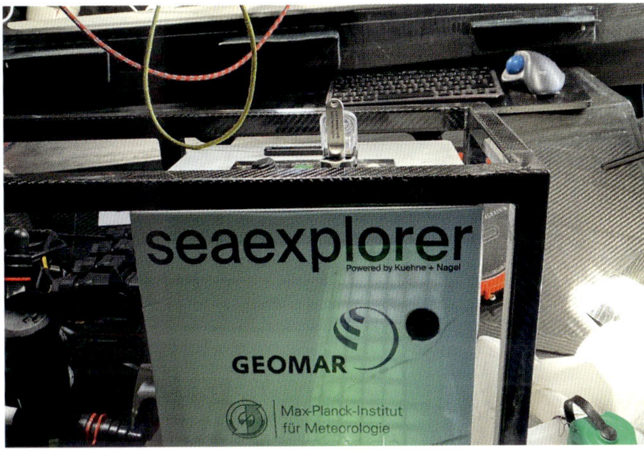

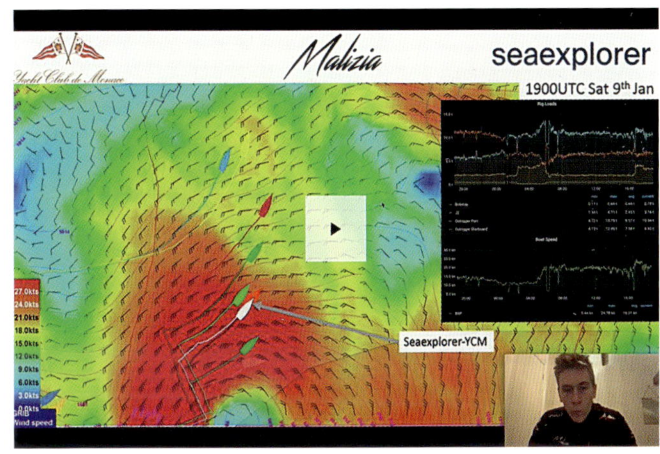

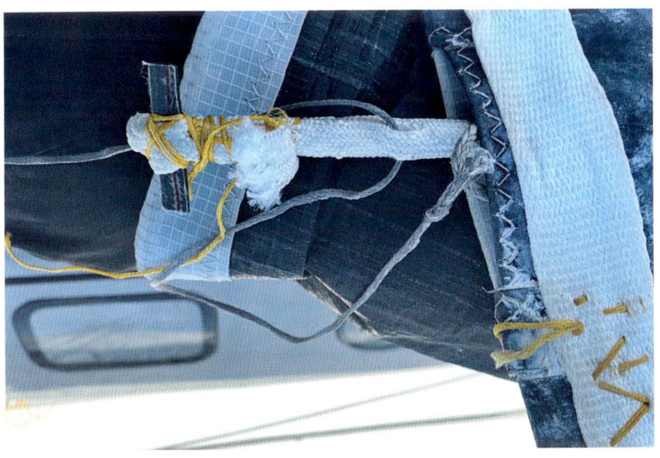
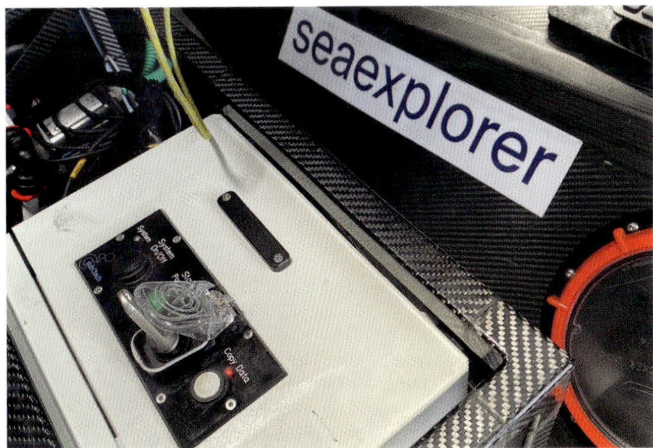

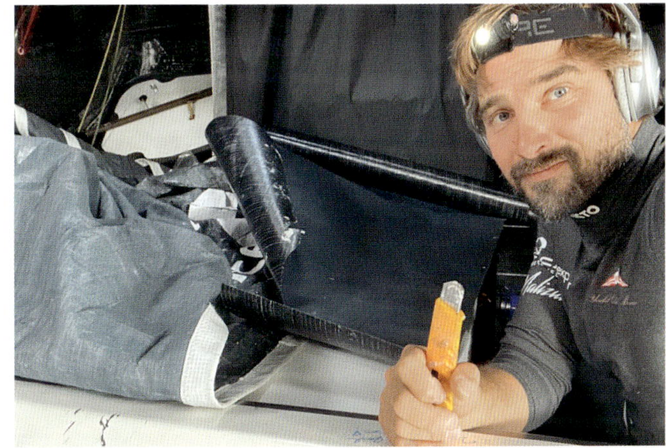

Tag 58   **Tag 60**   **Tag 62**

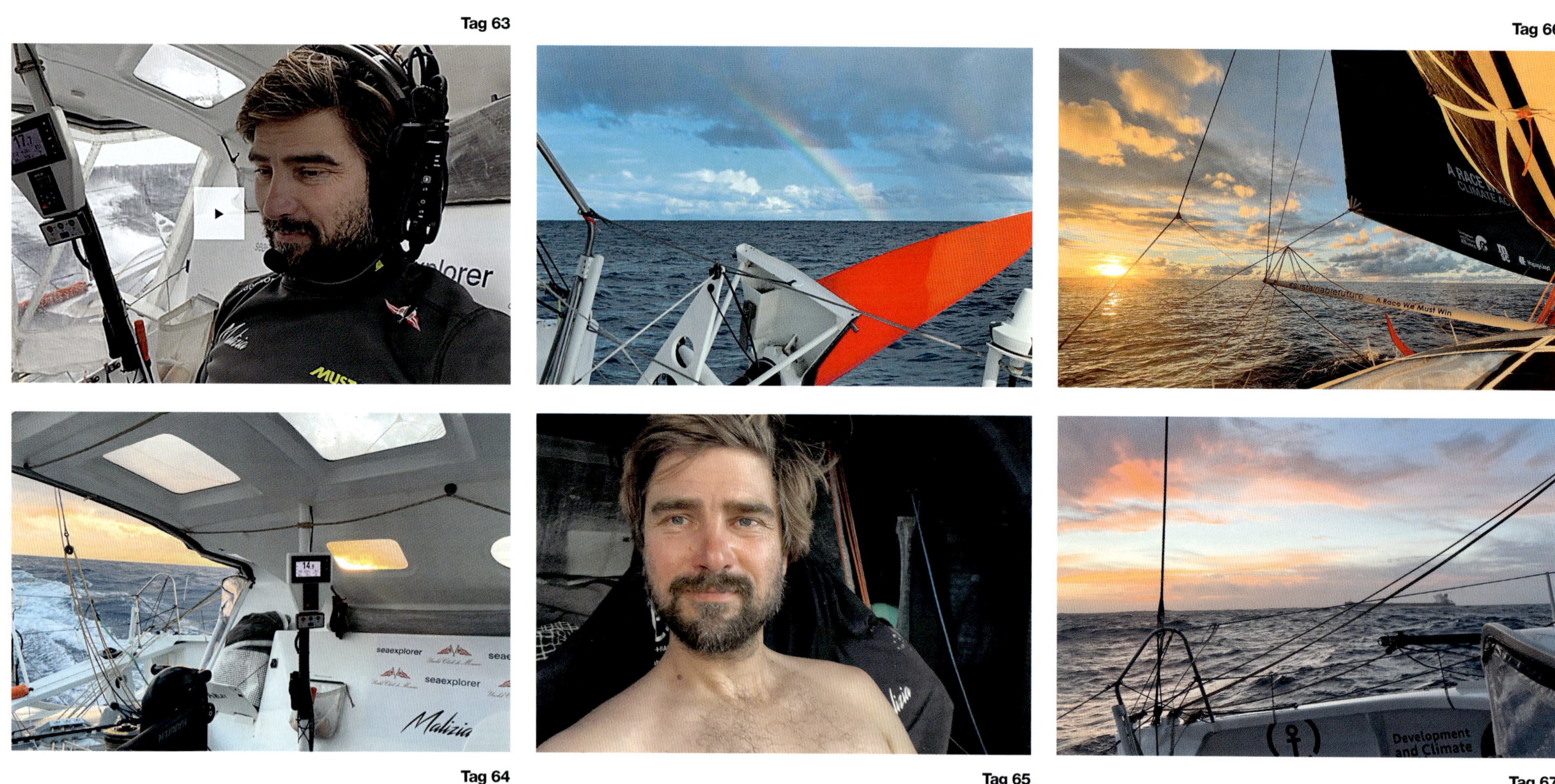

»Dieses Rennen ist so eng, dass es sich nicht nach Vendée Globe anfühlt!«

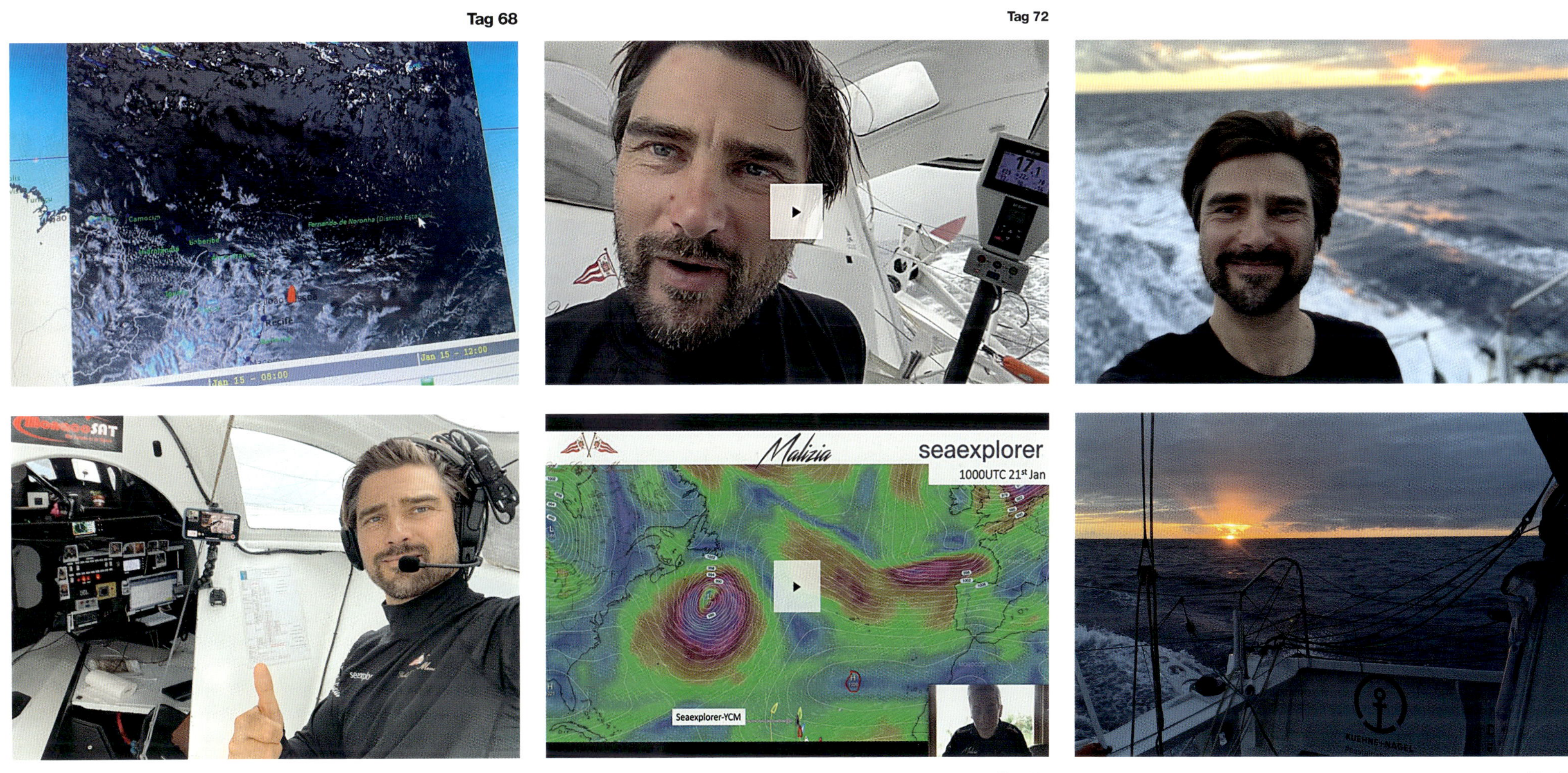

Woche neun – Heimwärts. In vertrauterem Revier. Die Seaexplorer schaltet um in den Attacke-Modus. Yannick Bestaven scheint unerreichbar, segelt schon in Shorts, bleibt aber im Leichtwind kleben, während Isabelle Joschke aufgeben und Kurs auf Brasilien setzen muss.

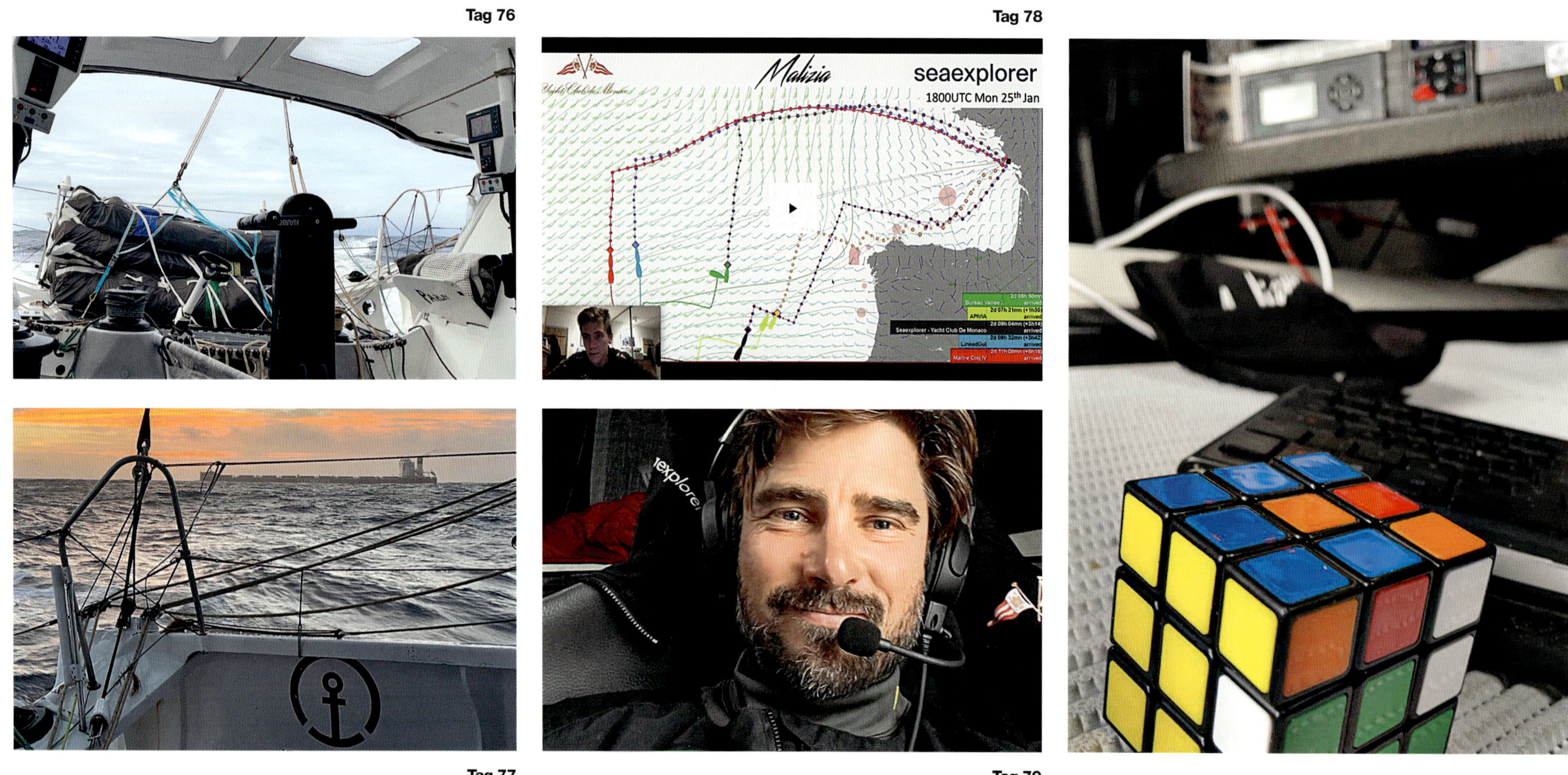

Tag 76

Tag 78

Tag 77

Tag 79

**Woche zehn – Neustart vor Rio. Neun Schiffe dicht auf, das gab's hier noch nie.
Seaexplorer von Platz 8 auf 3, erstmals wieder auf Tuchfühlung zur Spitze.**

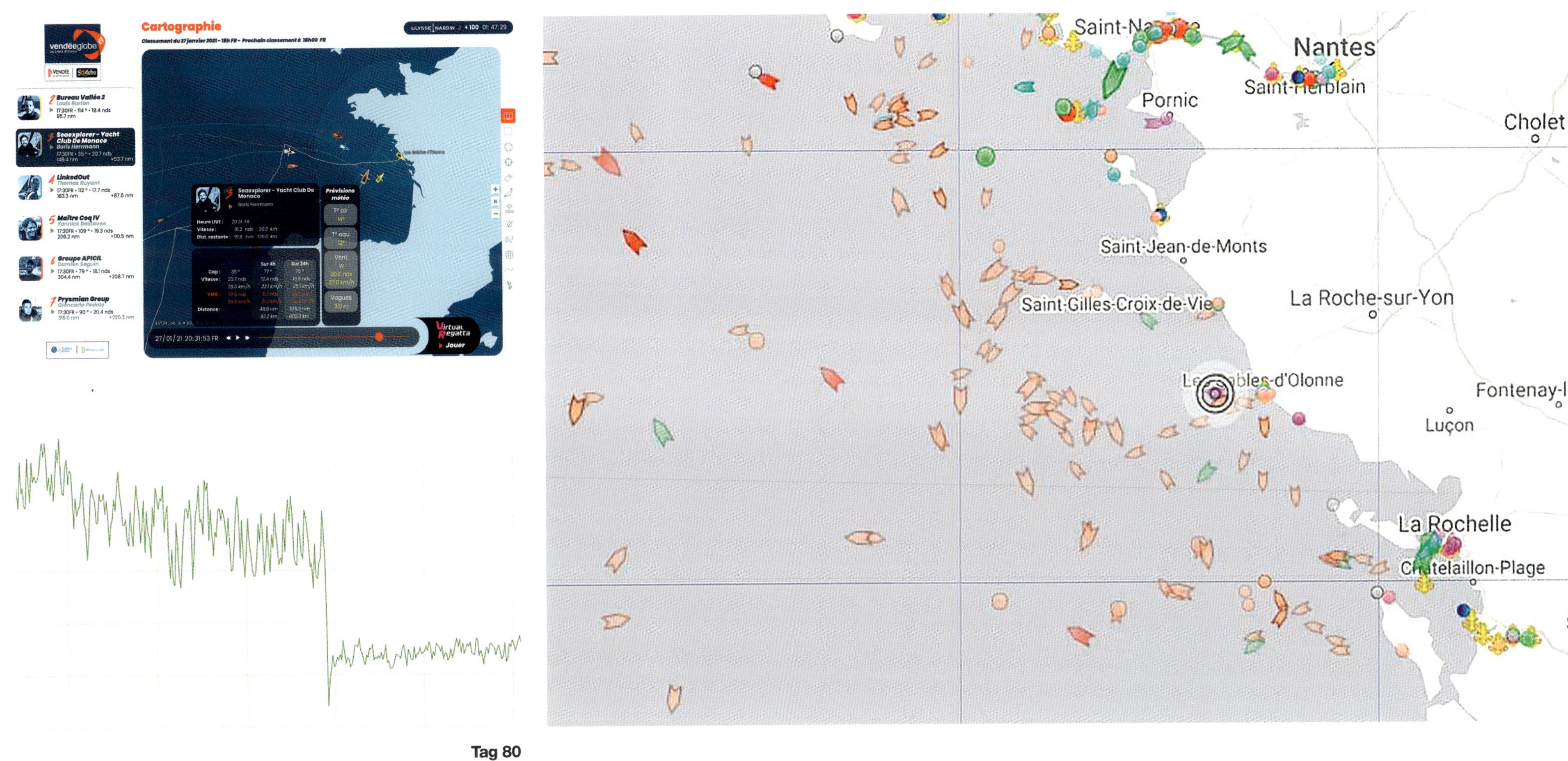

Tag 80

Woche elf – Der Segel-Thriller. Die Ausnahme-Vendée. Wer siegen wird? Niemand mag sich festlegen. Boris Herrmann liegt dank seiner Zeitgutschrift wegen des Rettungseinsatzes für Kevin Escoffier berechnet mehrmals vorn, nutzt das volle Potenzial perfekt. Die anfangs konservative Taktik zahlt sich jetzt aus. Bis auf diesen einen Moment …

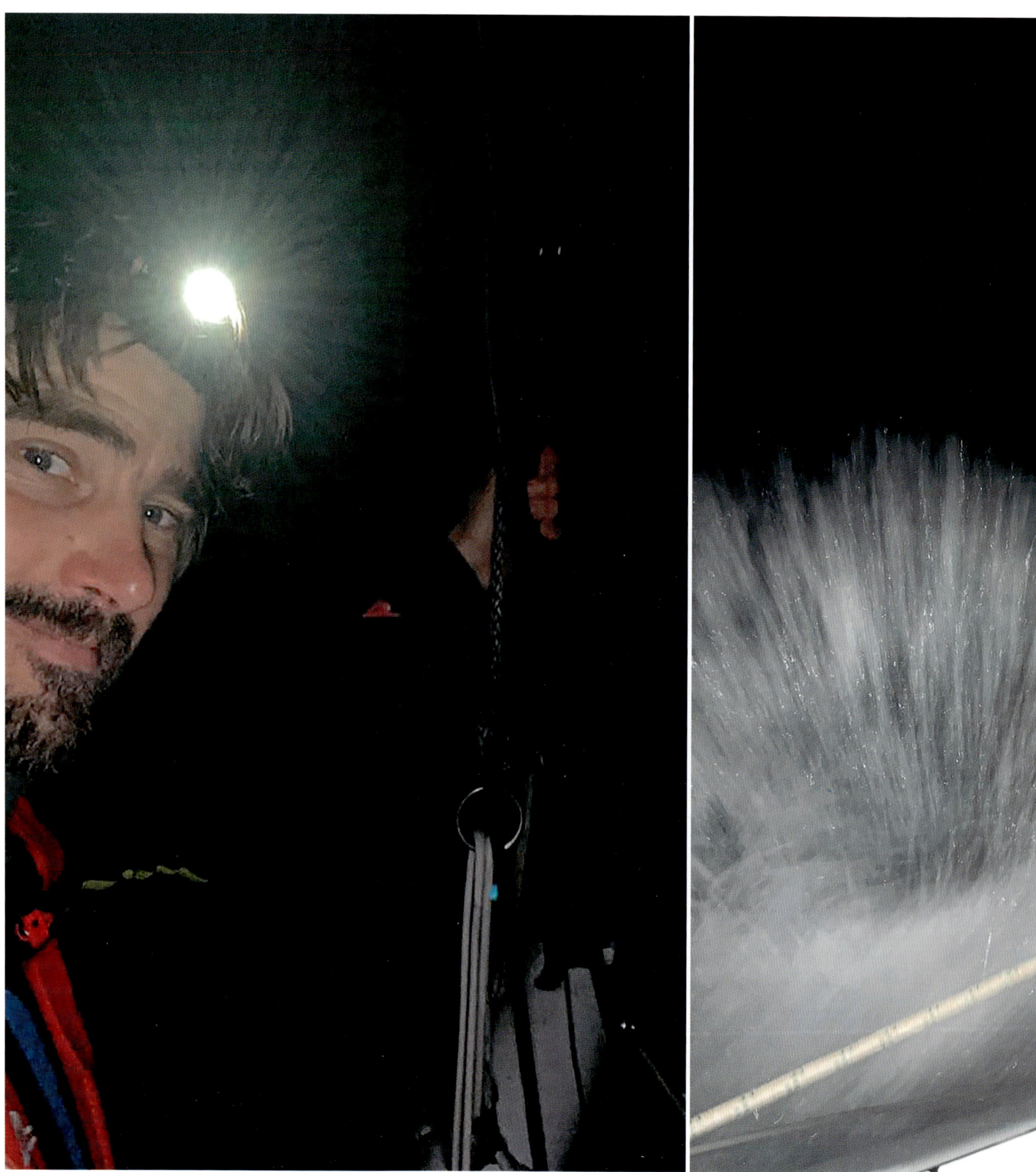

»Ich habe geschlafen, und irgend-
etwas – ich bin aufgewacht, ich war
hier im Cockpit und schaute auf eine
riesige Wand eines Fischtrawlers.
Meine Steuerbordseite klebte an seiner Seite. Mein Gennaker hatte sich in
seinen Kränen und anderen seitlichen
Aufbauten verfangen. Ich hörte, wie
ein Segel riss. Ich hörte meinen
Outrigger ein paar Mal gegen den
Trawler knallen. Dann rutschte ich
glücklicherweise an dem Fischerboot
vorbei und konnte weitersegeln. Aber
das war ein echter Schockmoment.«

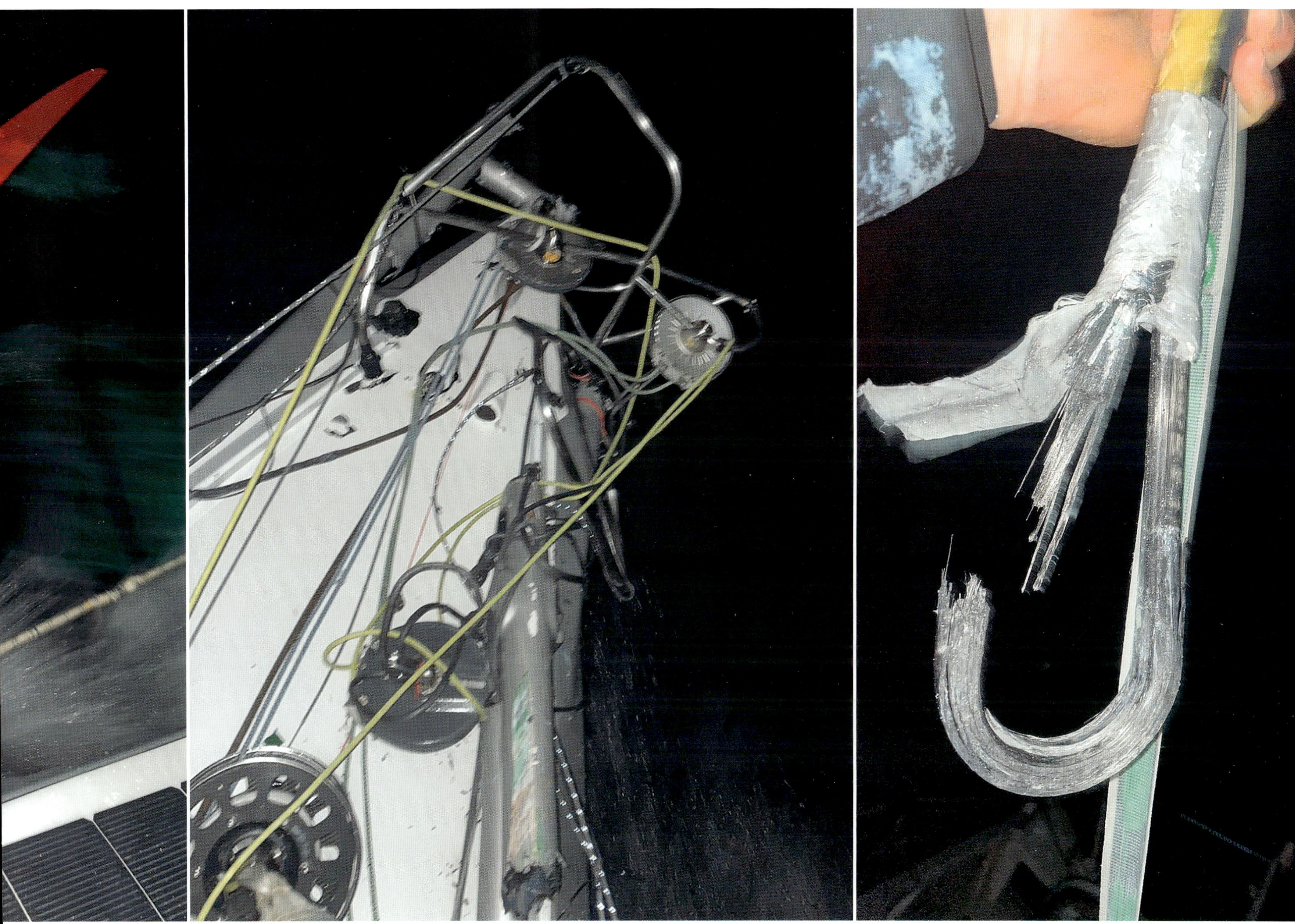

»Solo nonstop around the world. Tonight the first boats in the Vendée Globe return back to France. After 44.000 km and 80 days only minutes and hours separate the top 5 boats. And my good friend Boris Herrmann is one of them! While carrying along scientific equipment to measure oceanic CO_2 ... A true hero!«

Greta Thunberg

phase V

die ankunft

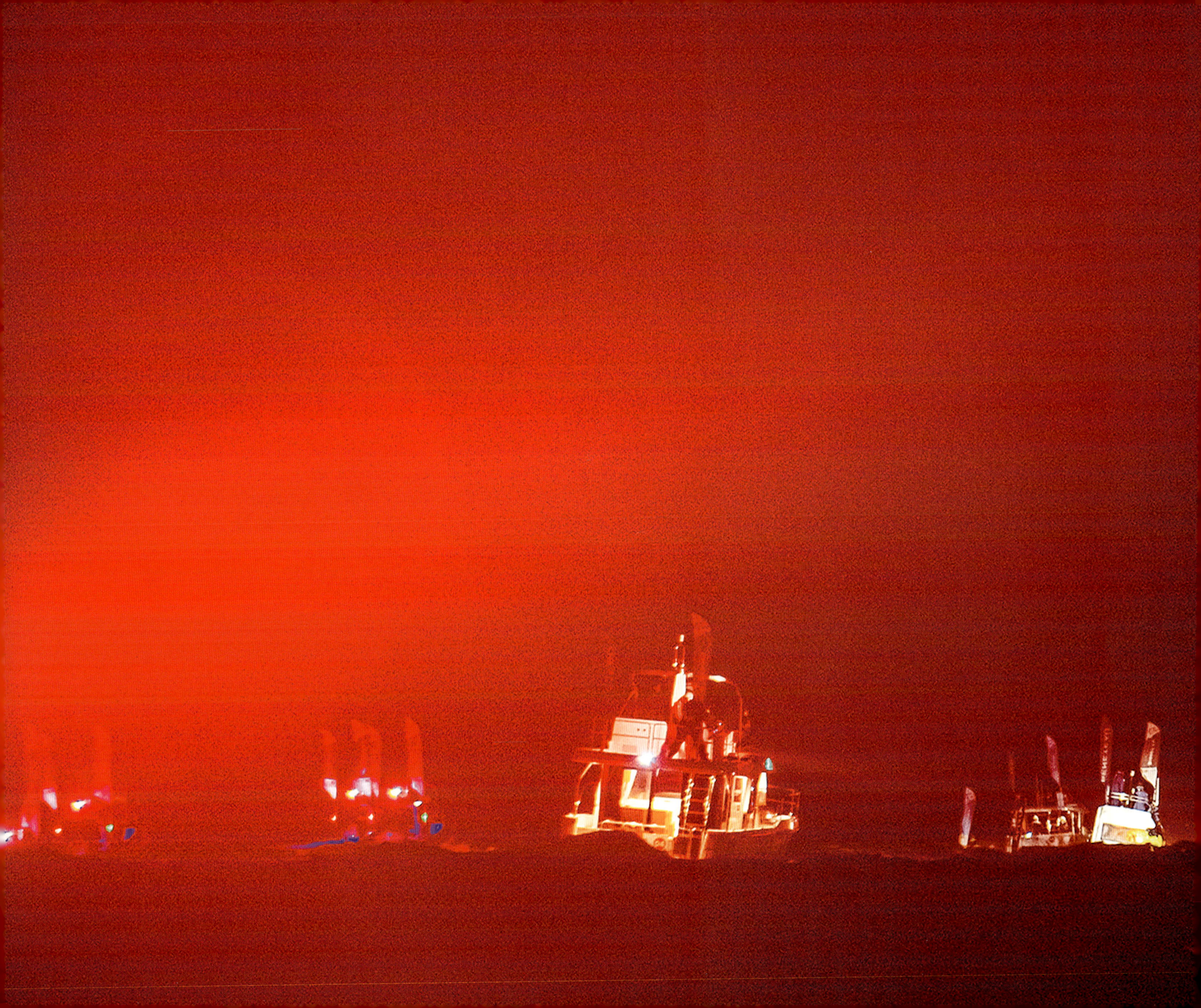

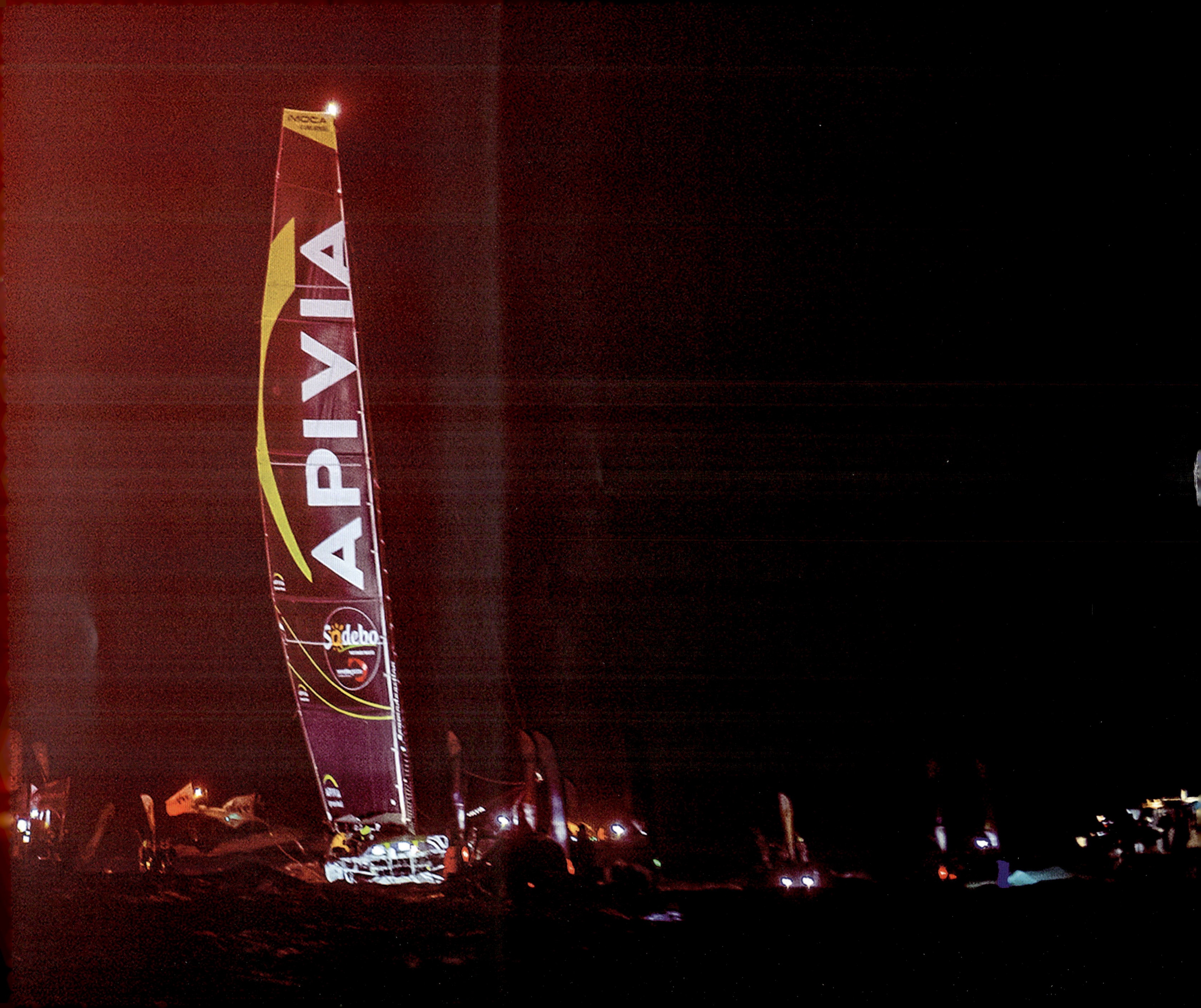

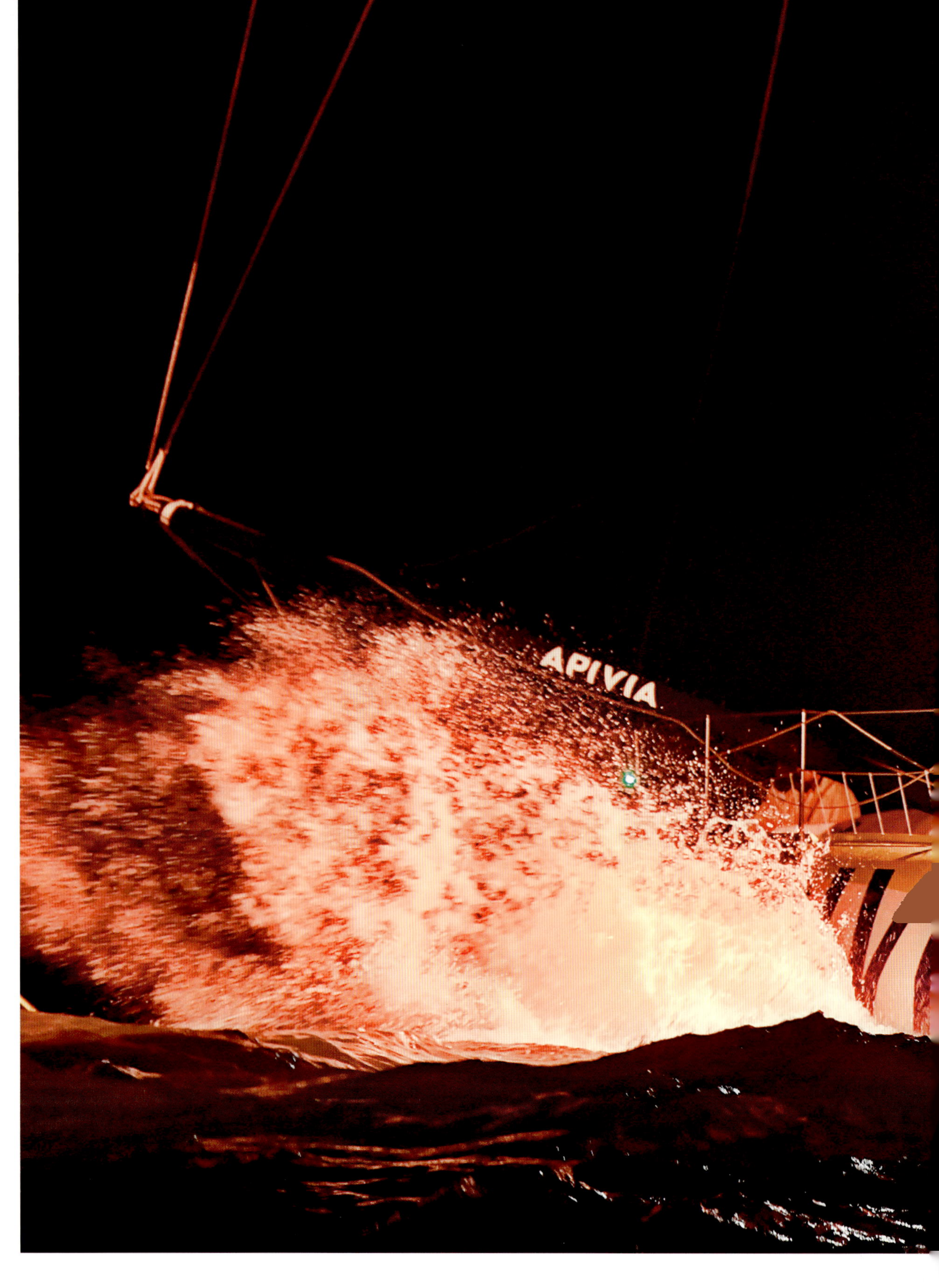

Weltweit sehen Millionen das Finish vor Les Sables d'Olonne live. Charlie Dalin passiert mit seiner Apivia als Erster die Ziellinie, doch am Ende gewinnt Yannick Bestaven dank Zeitgutschrift die neunte Vendée Globe.

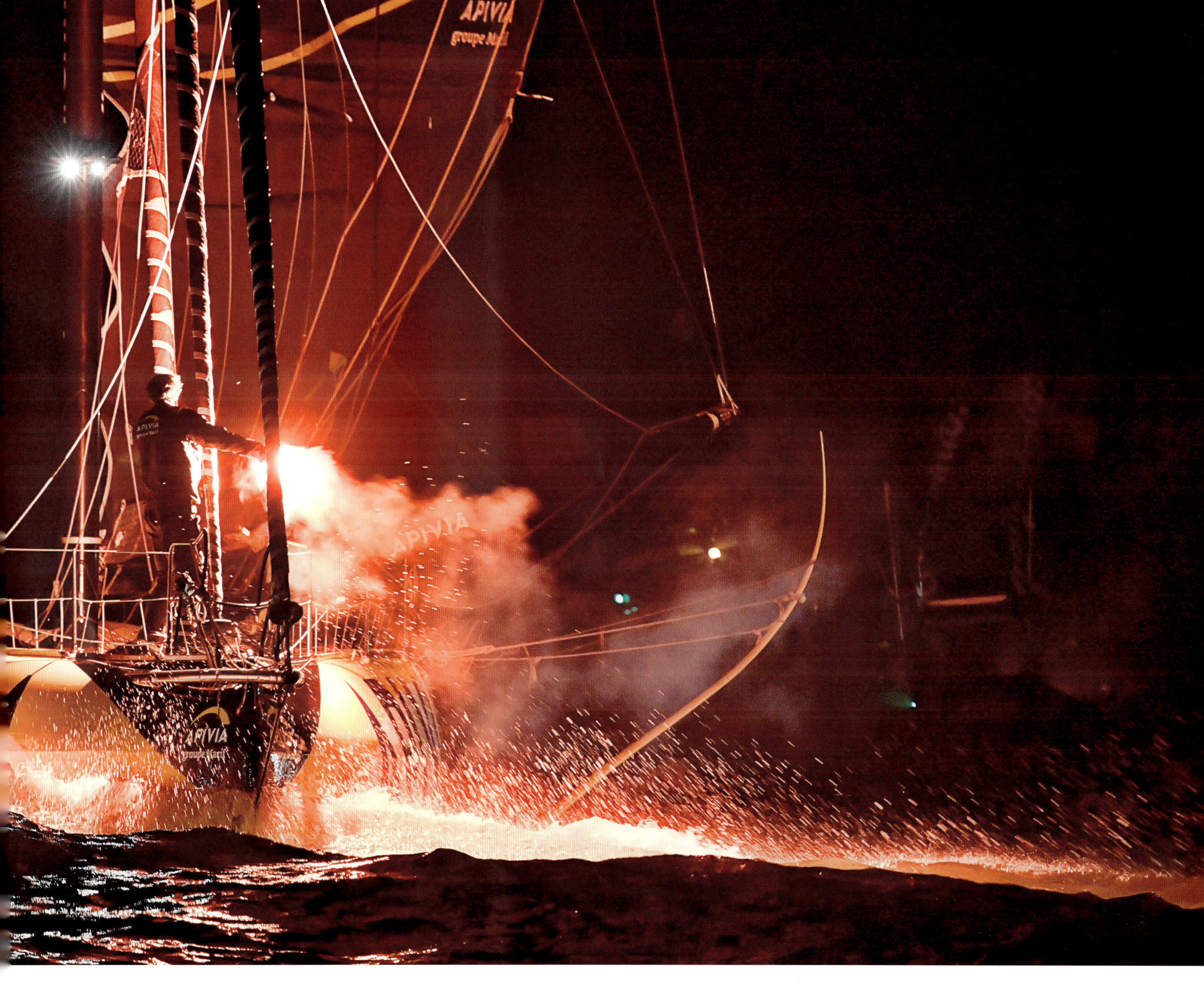
APIVIA
groupe Matli
APIVIA
APIVIA
groupe Matli

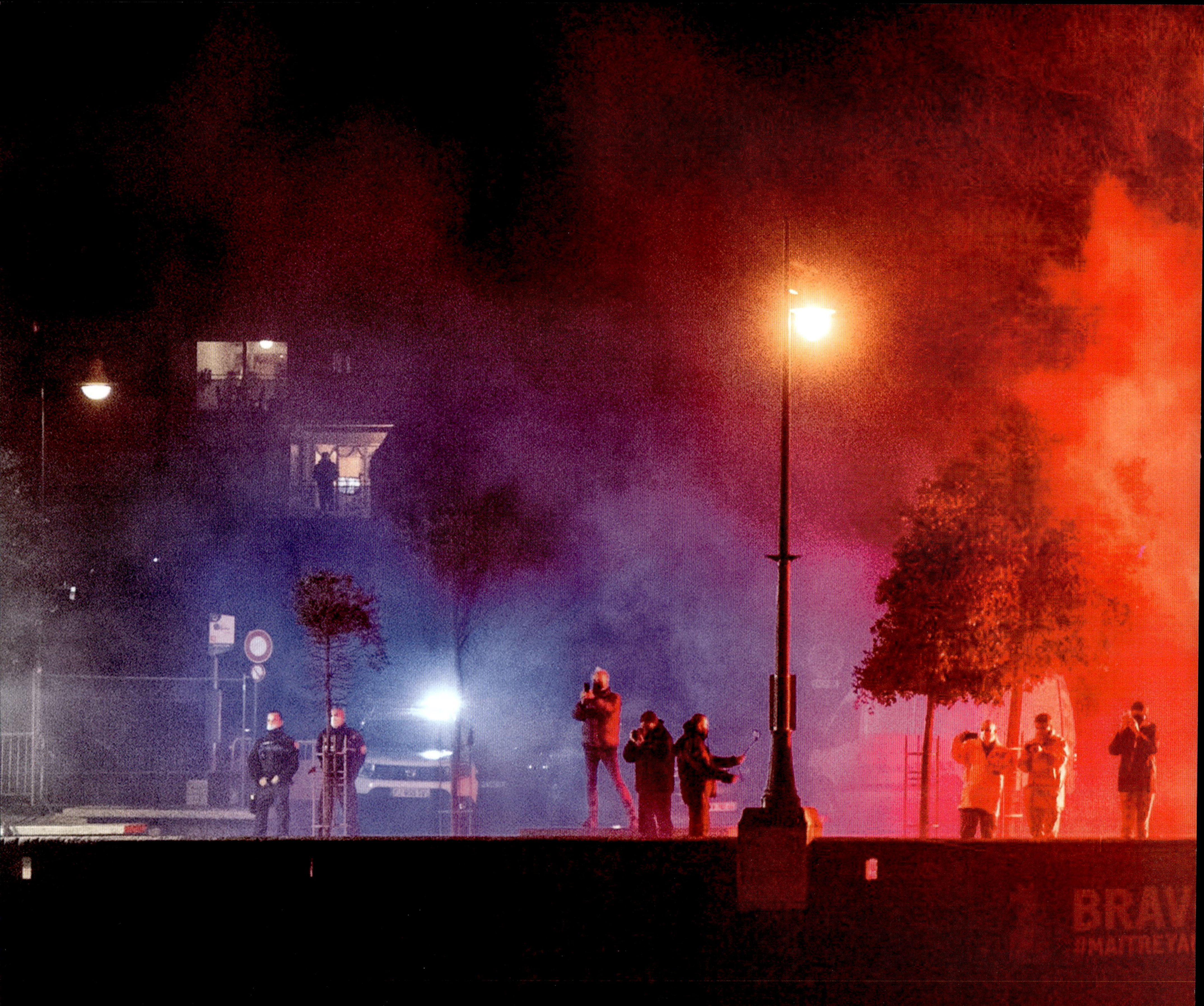

BRAV
MAITRETA

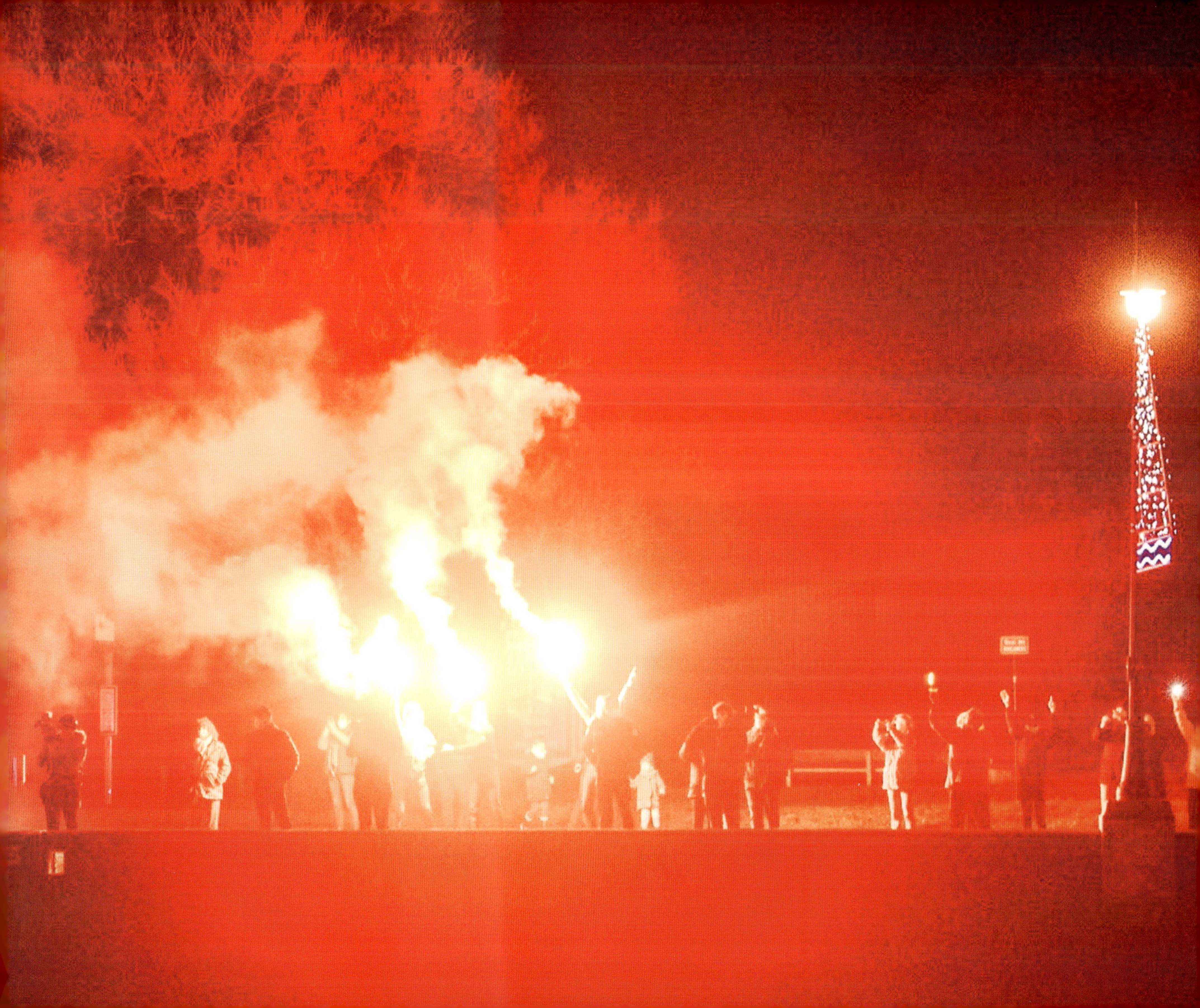

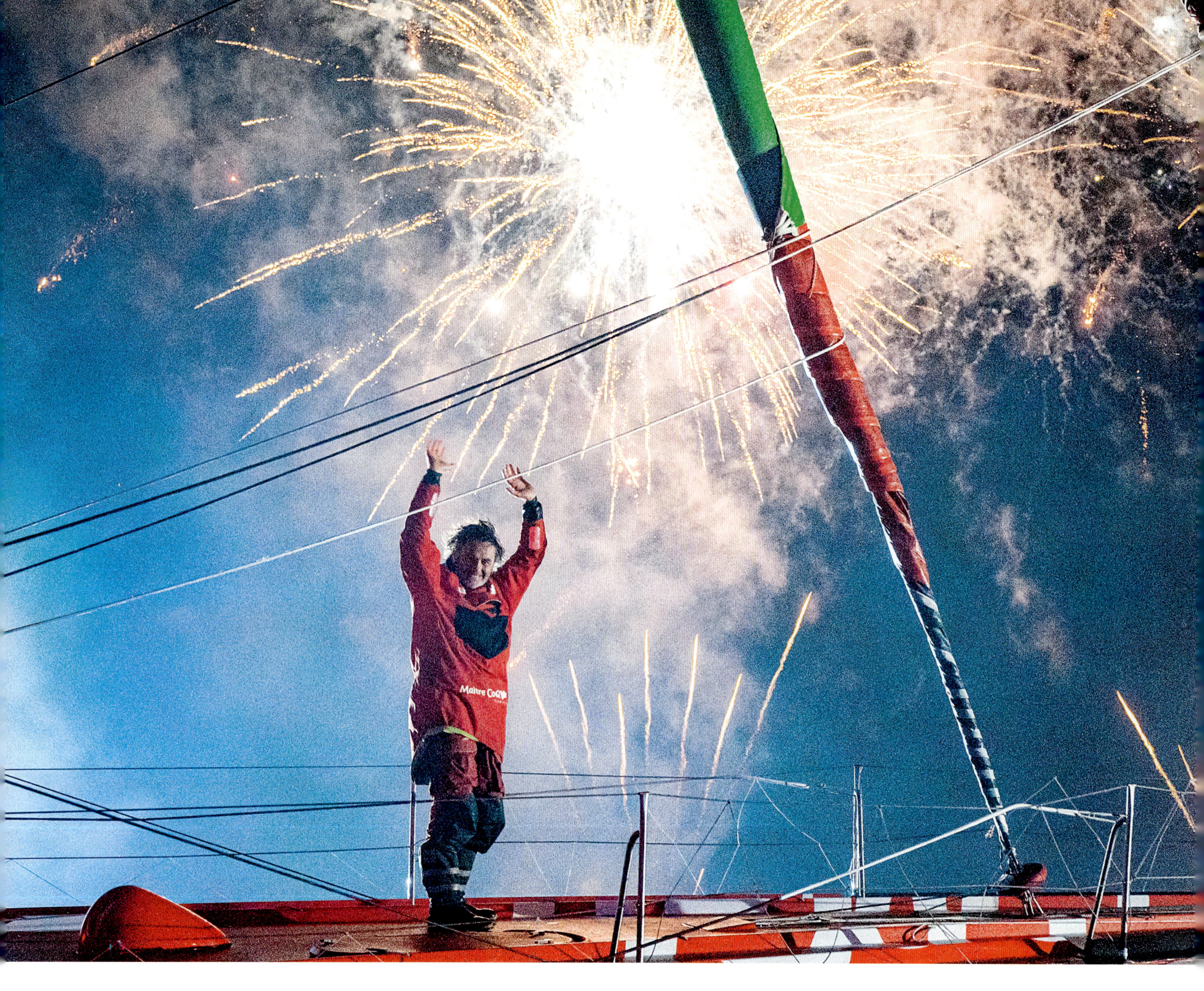

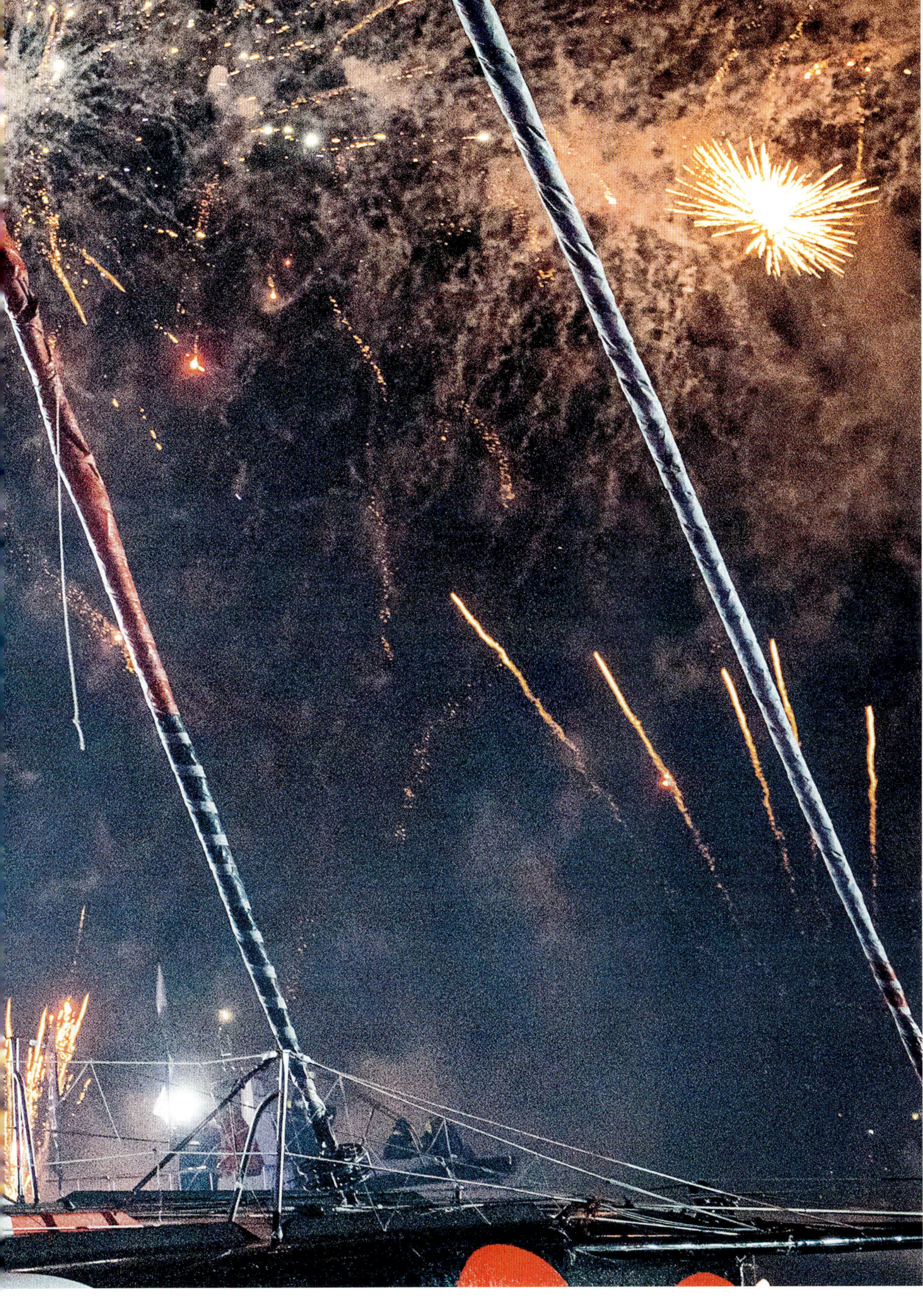

Die Freude von Yannick Bestaven ist unbeschreiblich,
die Erschöpfung auch. War es das alles wert?
Die Antwort ist klar, und sie ist scheinbar universell
für alle Teilnehmer: Ja. Immer wieder: Ja.

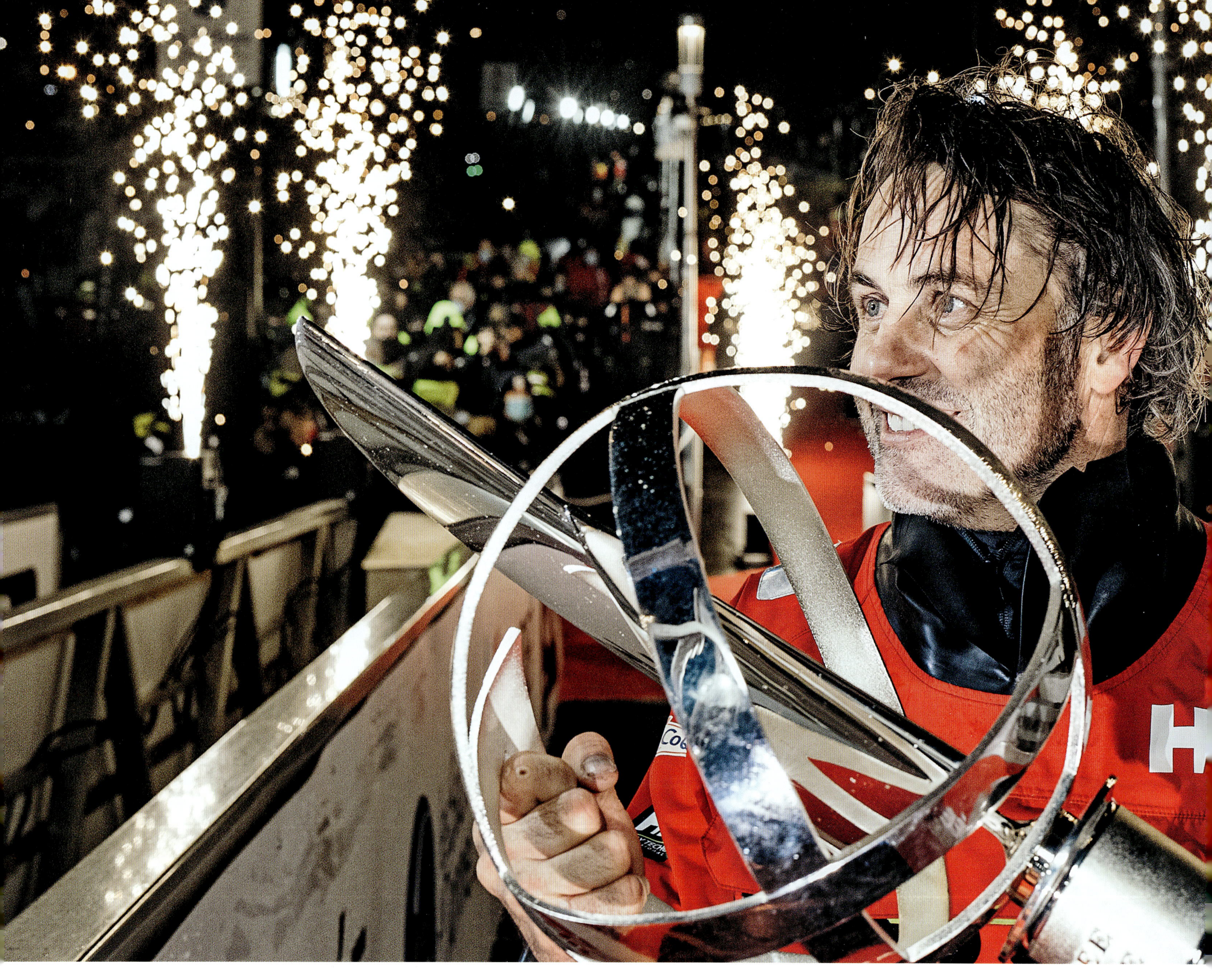

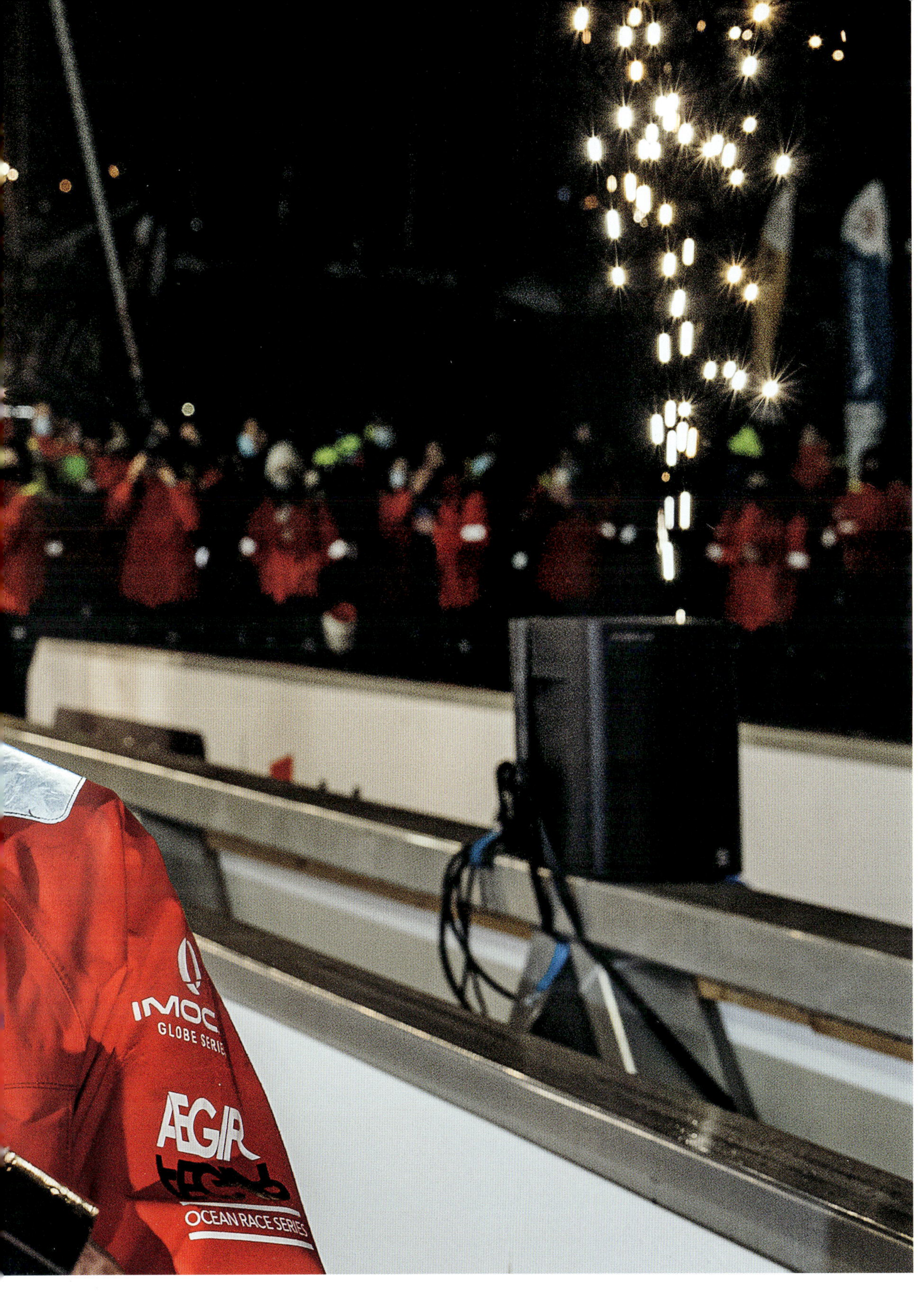

Siegt nach berechneter Zeit von 80 Tagen, drei Stunden,
44 Minuten und 46 Sekunden – Yannick Bestaven.

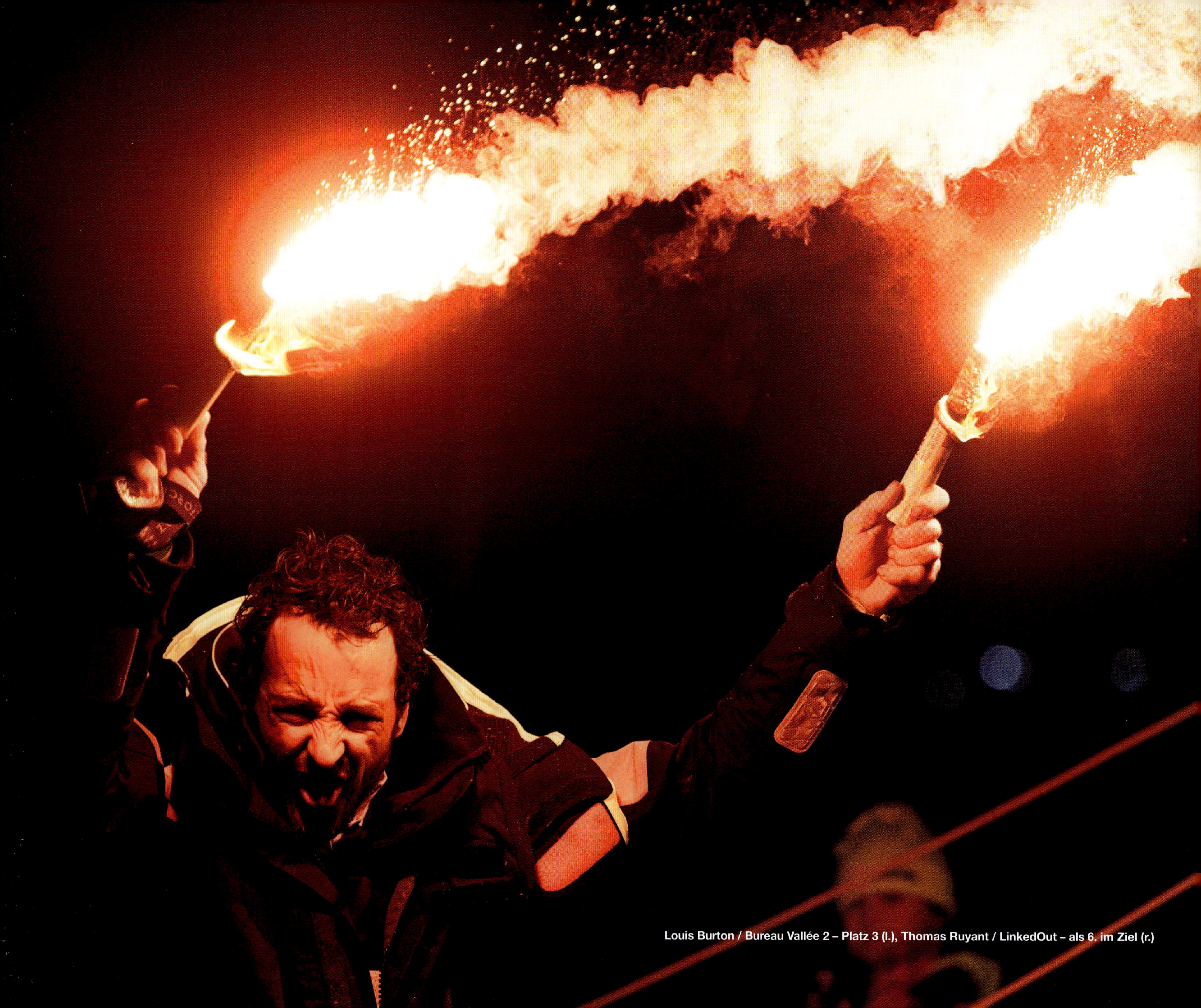

Louis Burton / Bureau Vallée 2 – Platz 3 (l.), Thomas Ruyant / LinkedOut – als 6. im Ziel (r.)

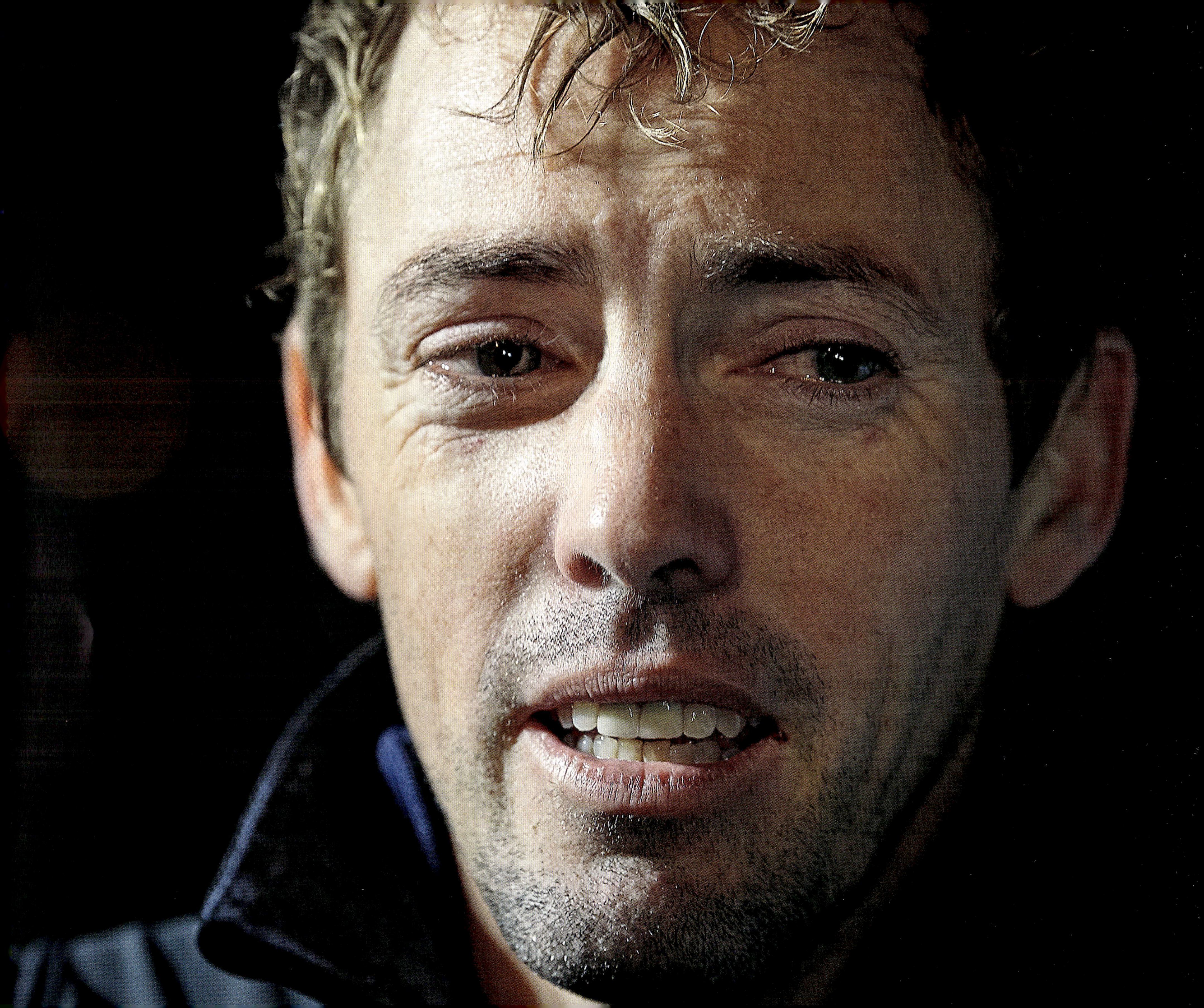

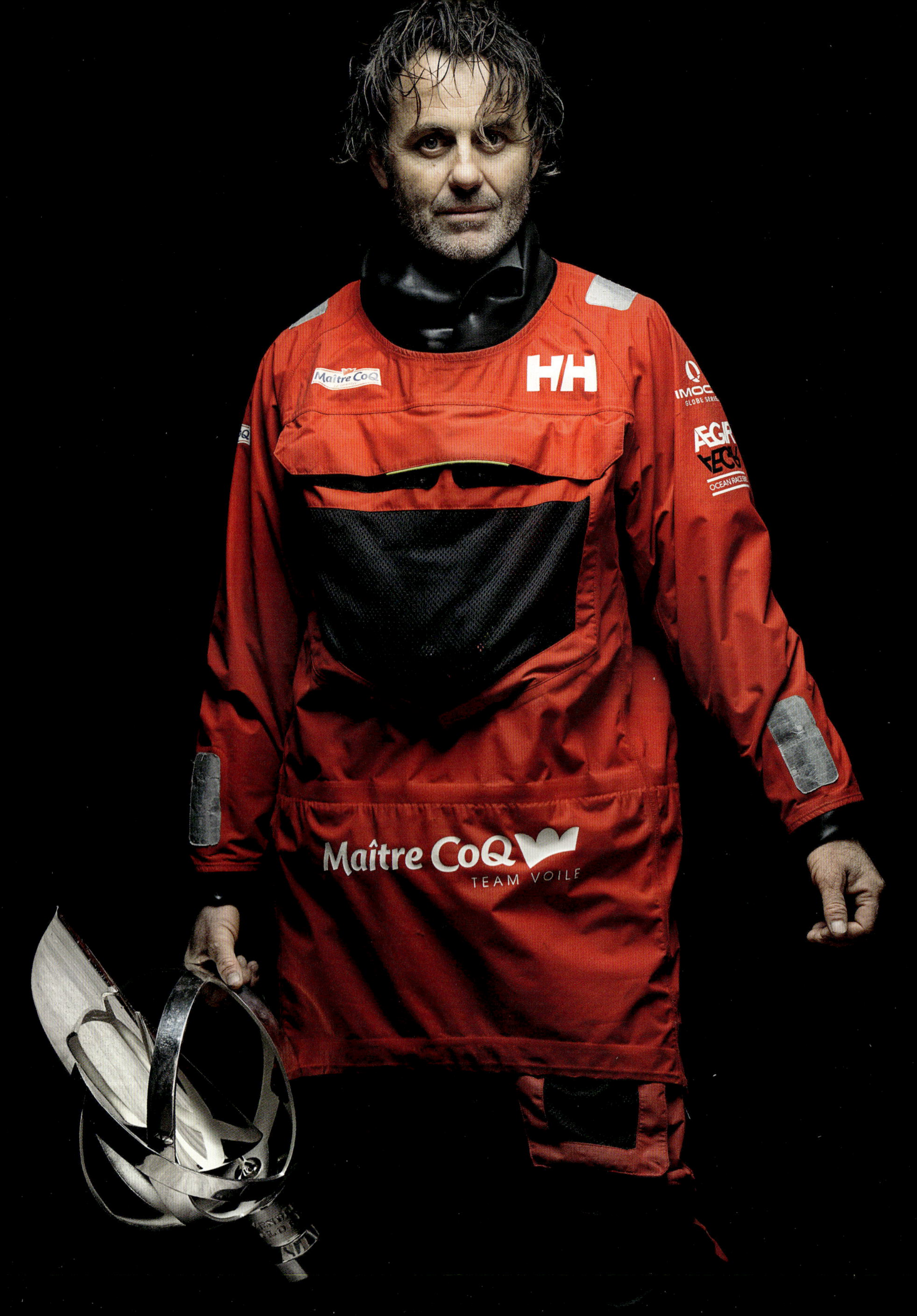

Yannick Bestaven
vor Charlie Dalin vor
Louis Burton. Am
Ende entscheidet
nicht die Reihenfolge
des Zieleinlaufs,
sondern die erhal-
tenen Zeitgutschrif-
ten. Auch hier gilt:
Die Vendée Globe
2020/21 war ein
ganz besonderes
Rennen.

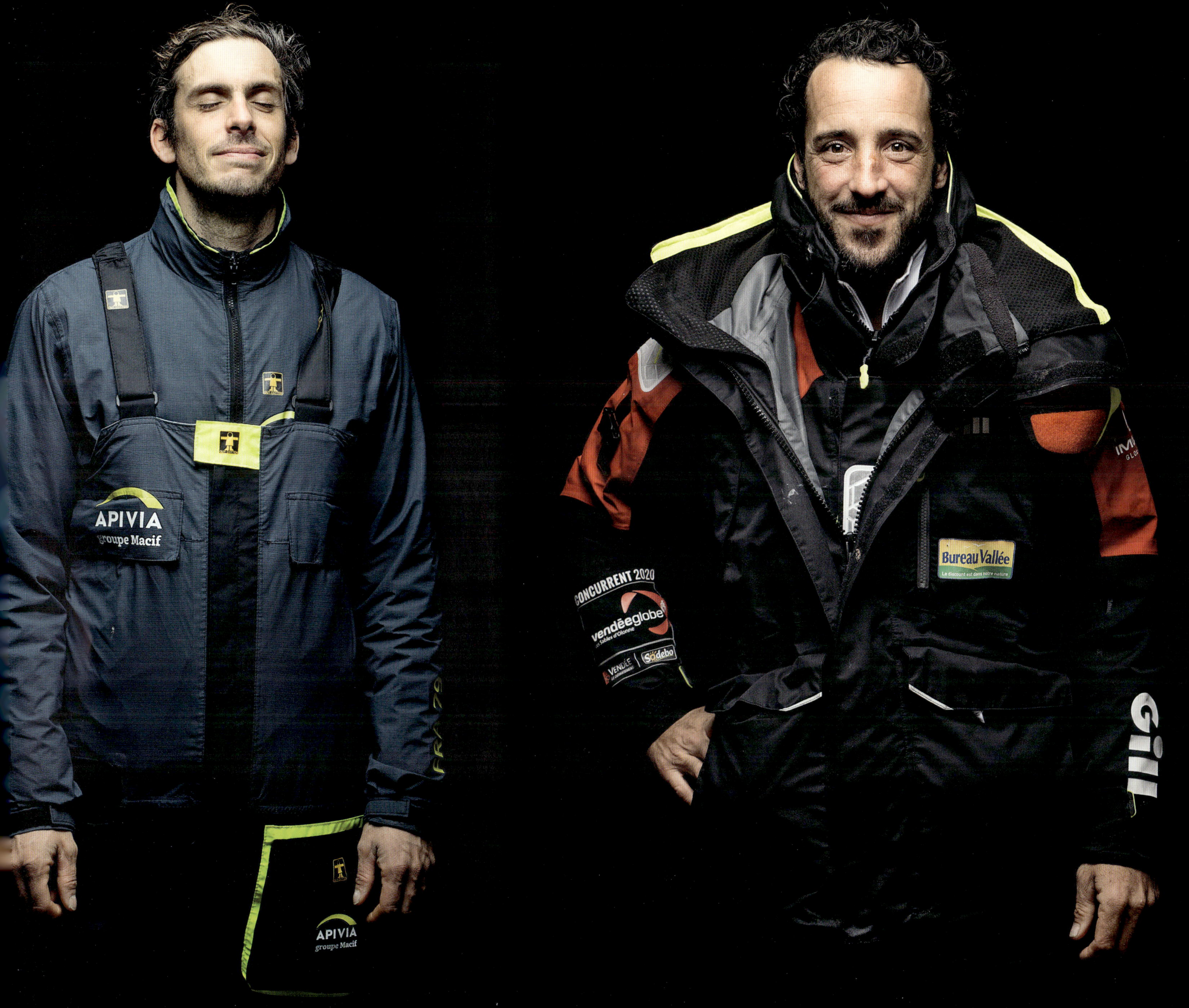

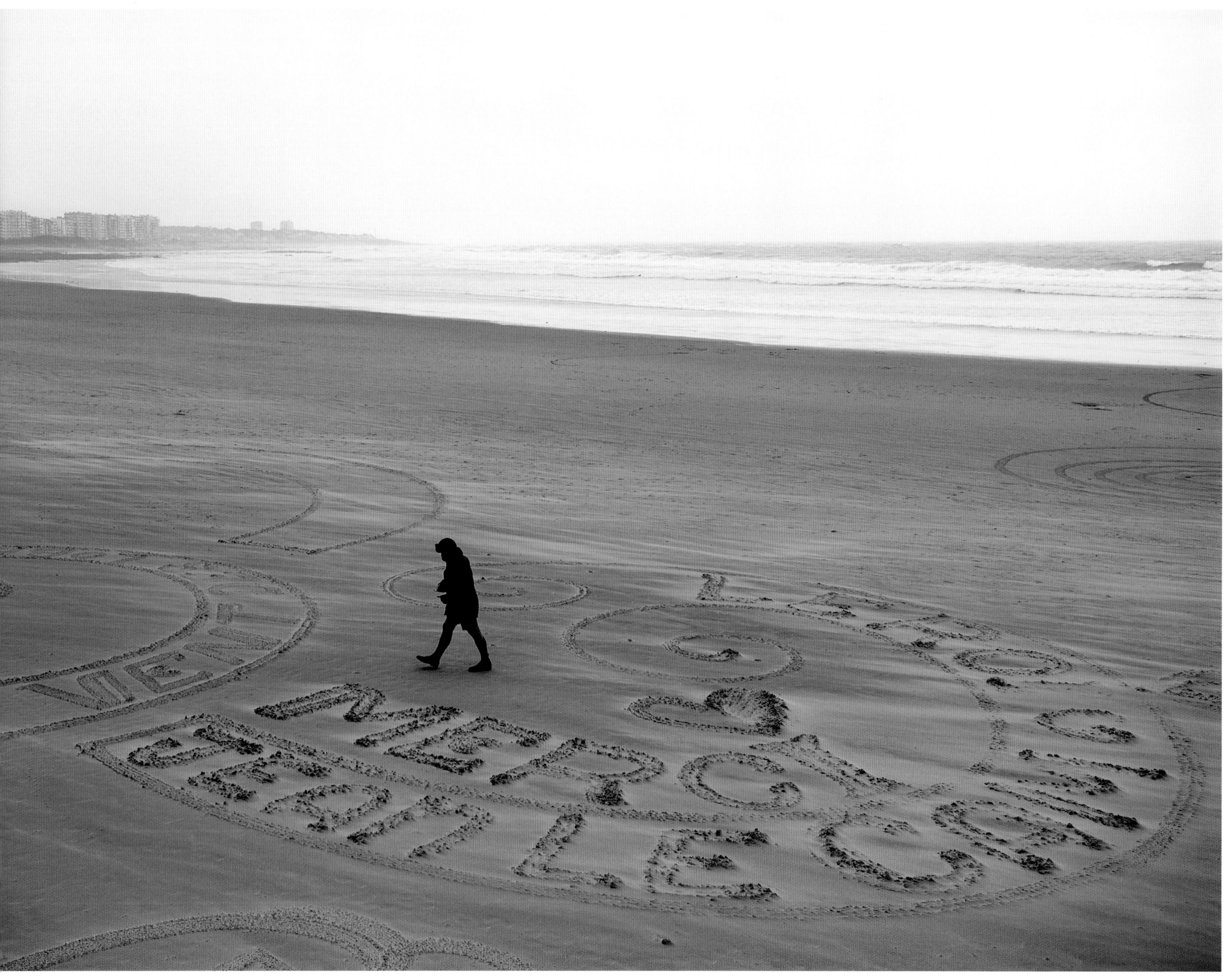
VIENT
MERCI
SEATTLE
LA

phase VI

warten, tag 80

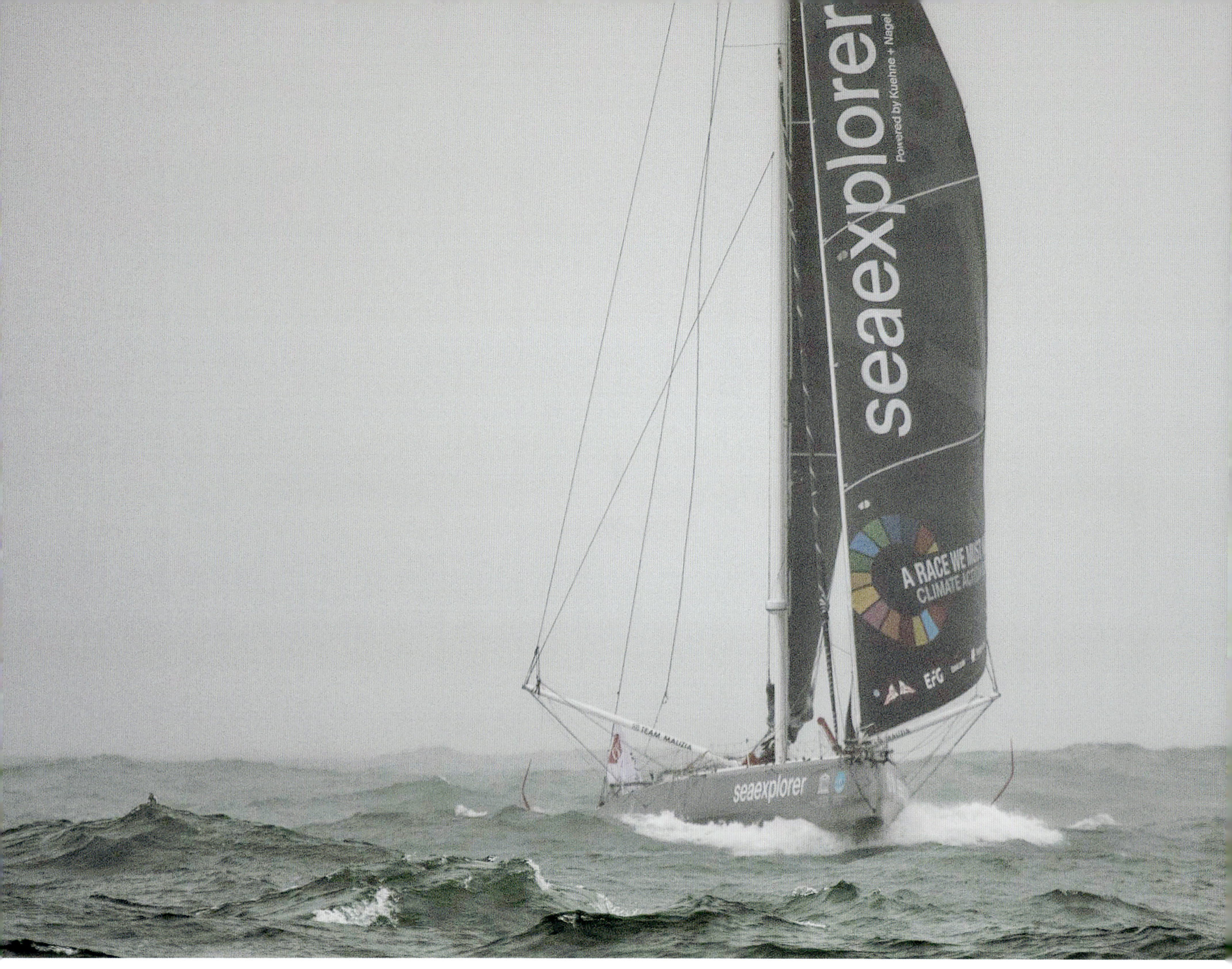
seaexplorer
Powered by Kuehne + Nagel
A RACE WE MUST
CLIMATE ACTION
TEAM MALIZIA
seaexplorer

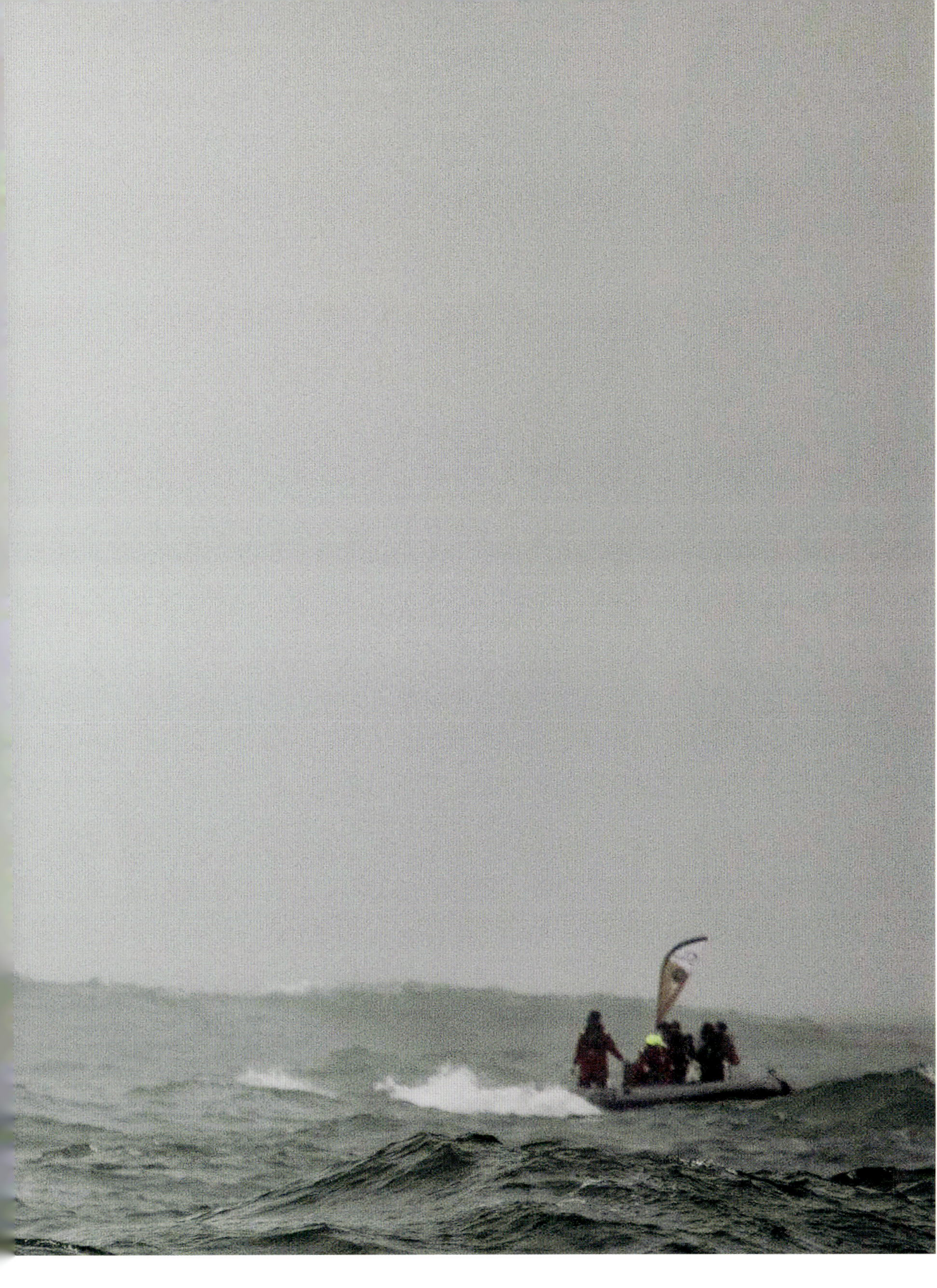

Der sicher geglaubte 2. Platz ist es nicht geworden, aber das selbst gesteckte Ziel allemal, und auch die heimliche Hoffnung: Platz 5 bei der Premiere. Nach epischen 80 Tagen erreicht die Seaexplorer – Yacht Club de Monaco das Ziel. Chapeau!

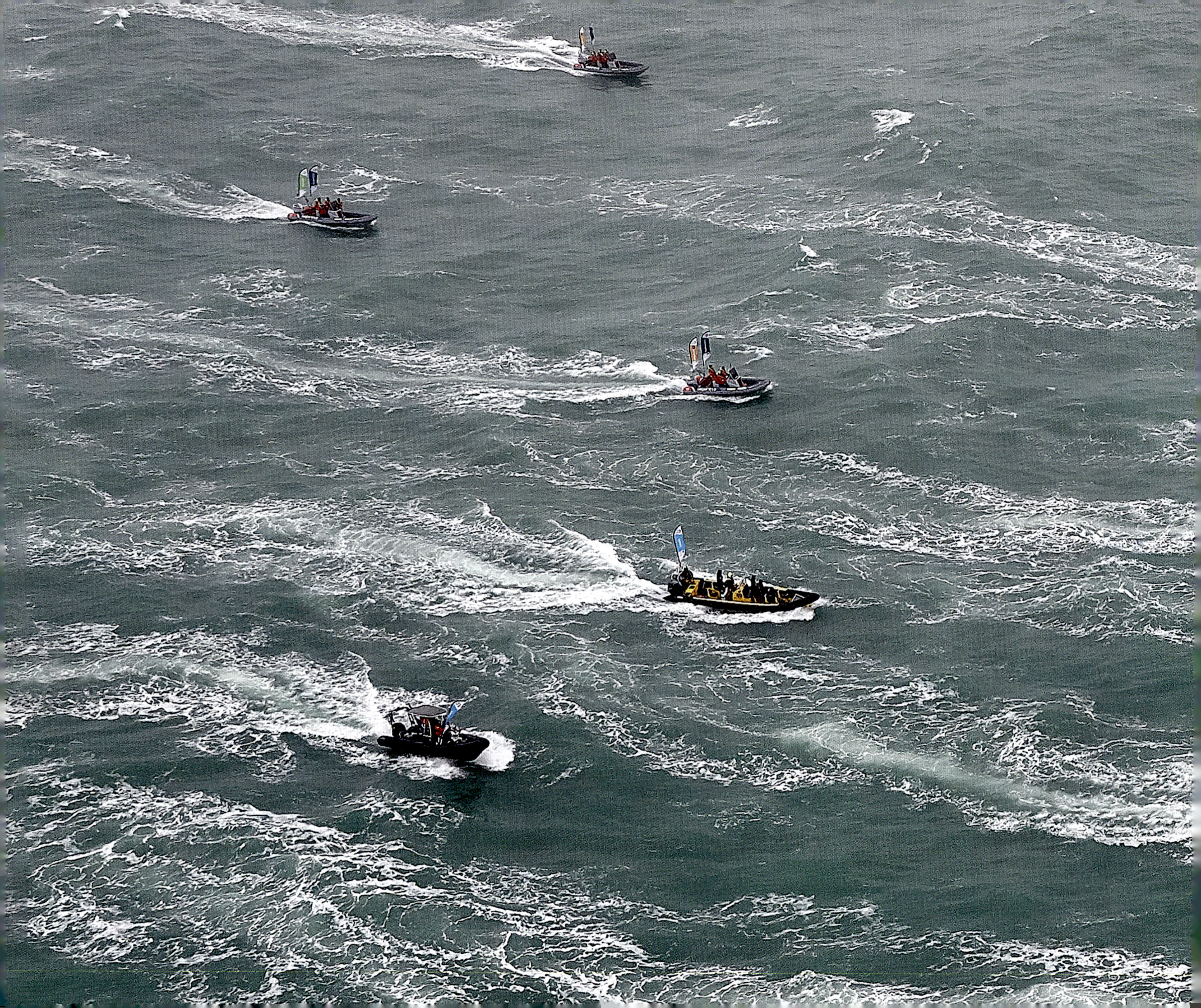

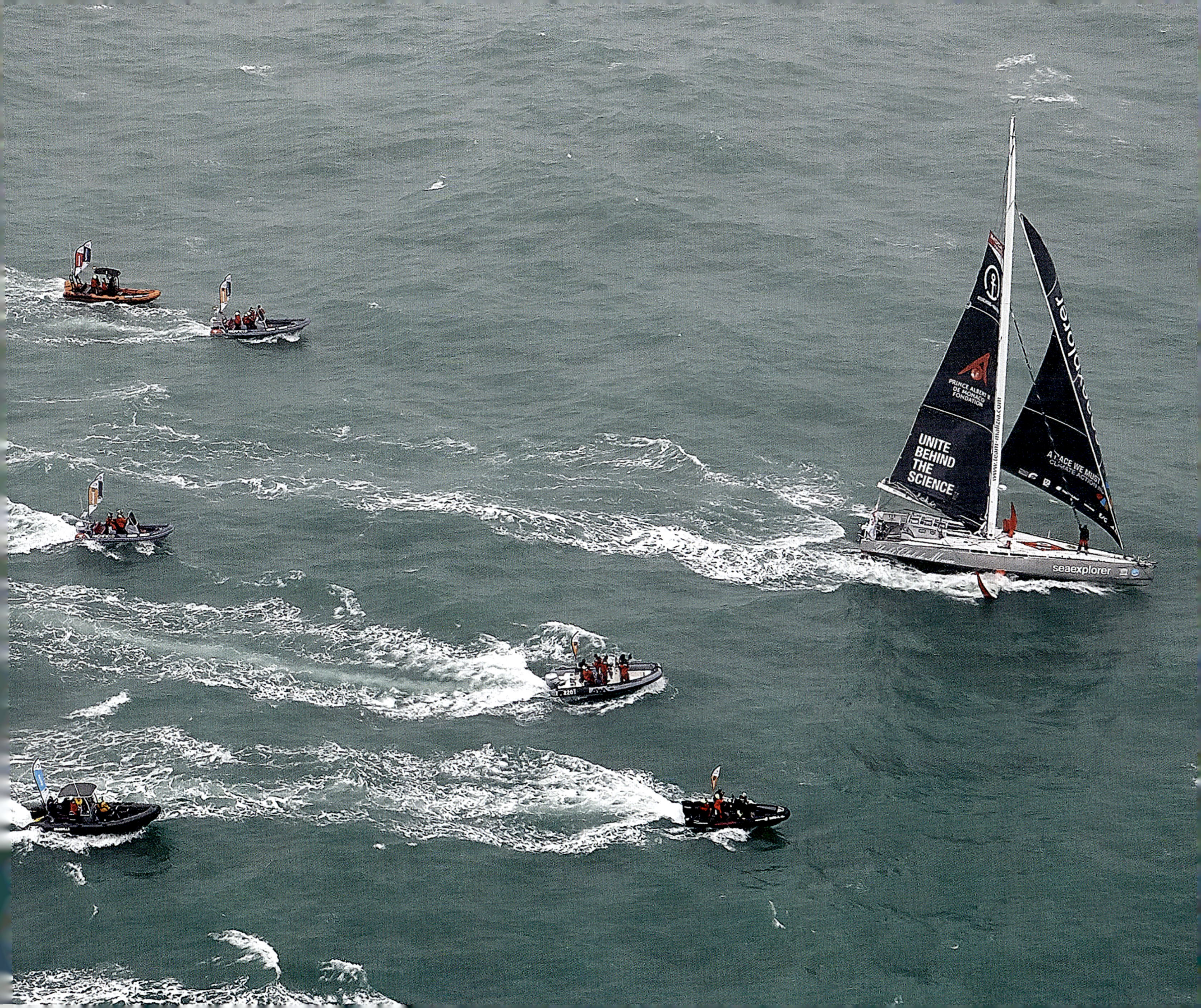

PRINCE ALBERT II
DE MONACO
FONDATION
UNITE
BEHIND
THE
SCIENCE
A RACE WE MUST
CLIMATE ACTION
seaexplorer

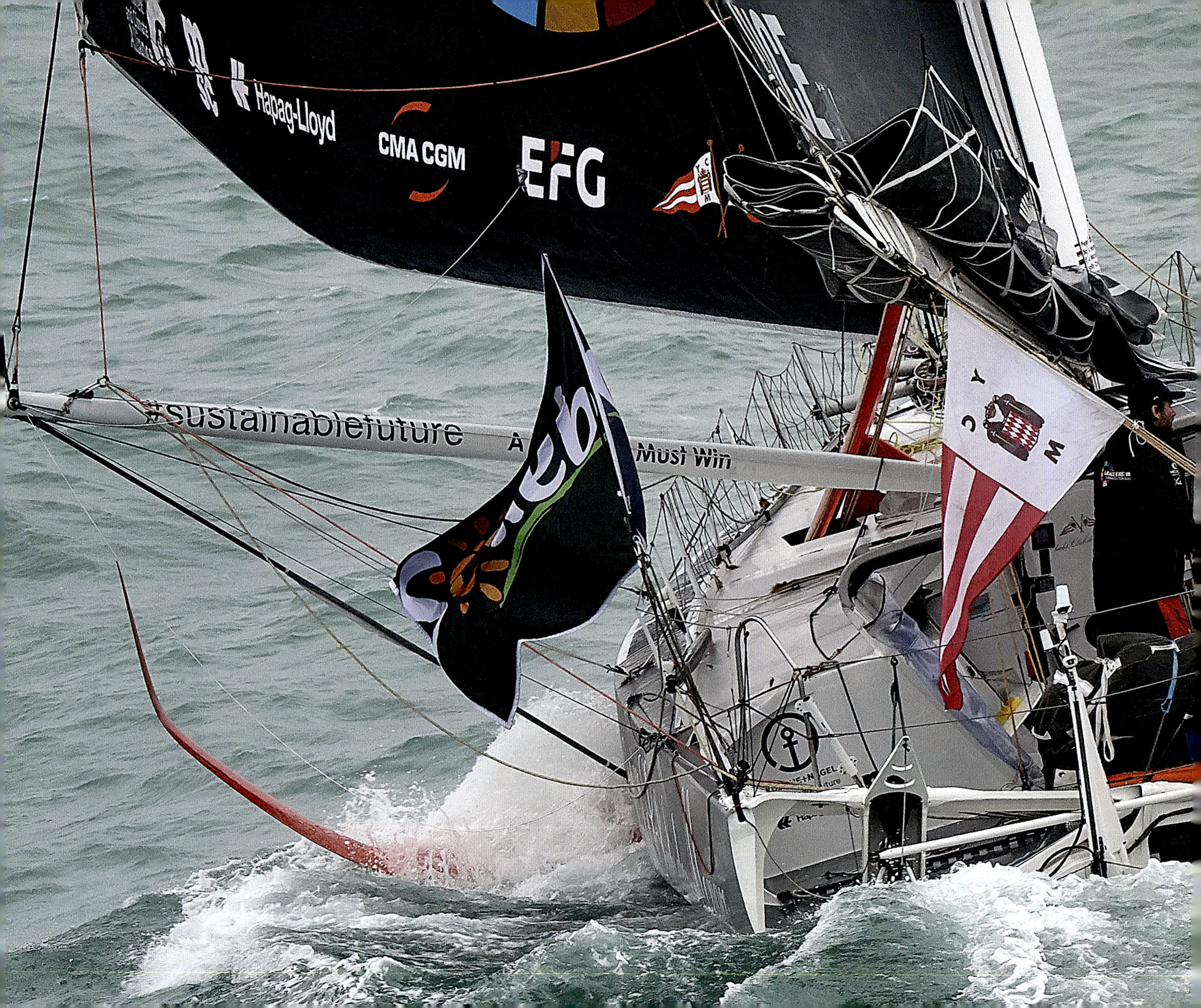

Hapag-Lloyd
CMA CGM
EFG
#sustainablefuture
Must Win

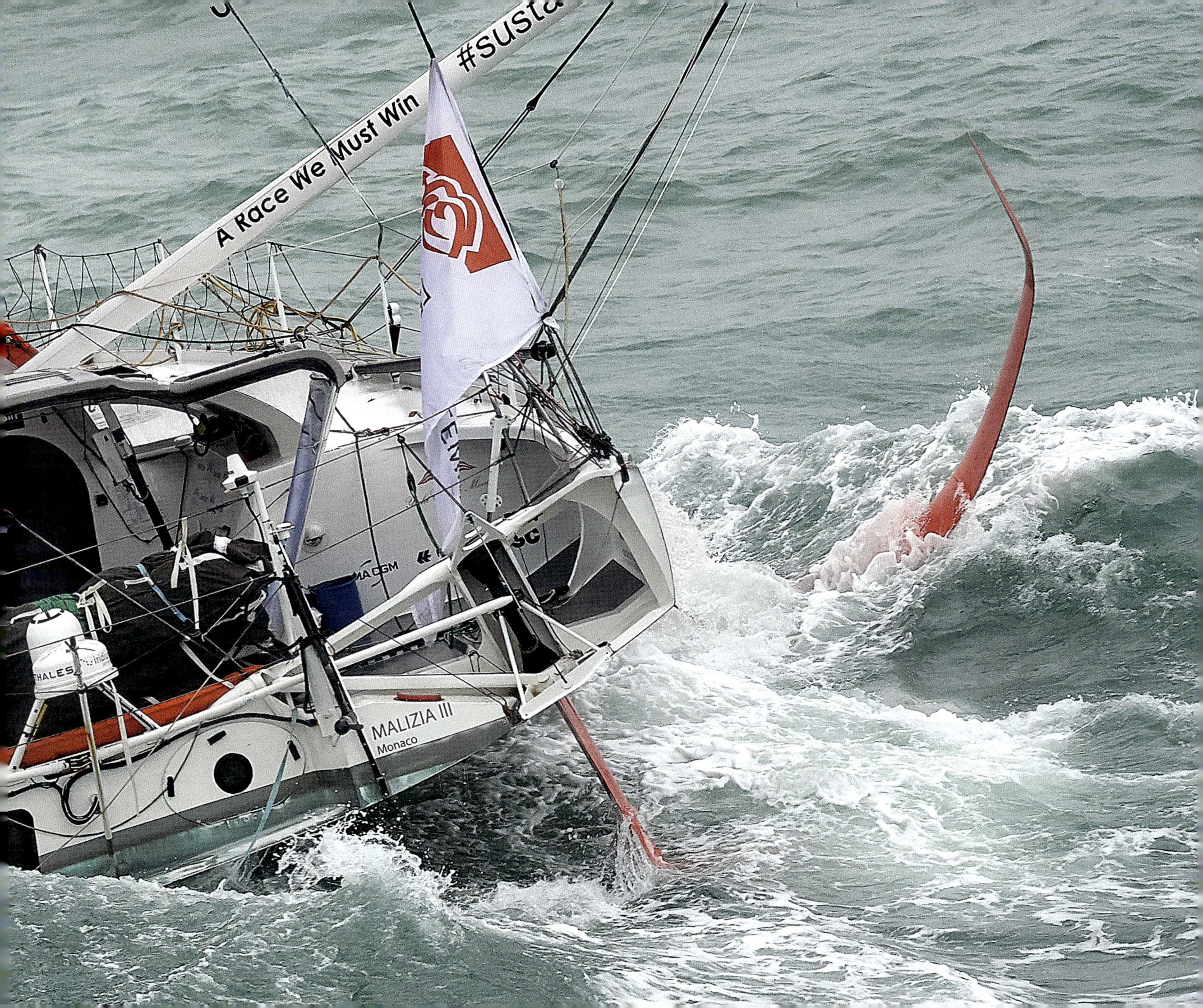

A Race We Must Win #susta
MALIZIA III
Monaco

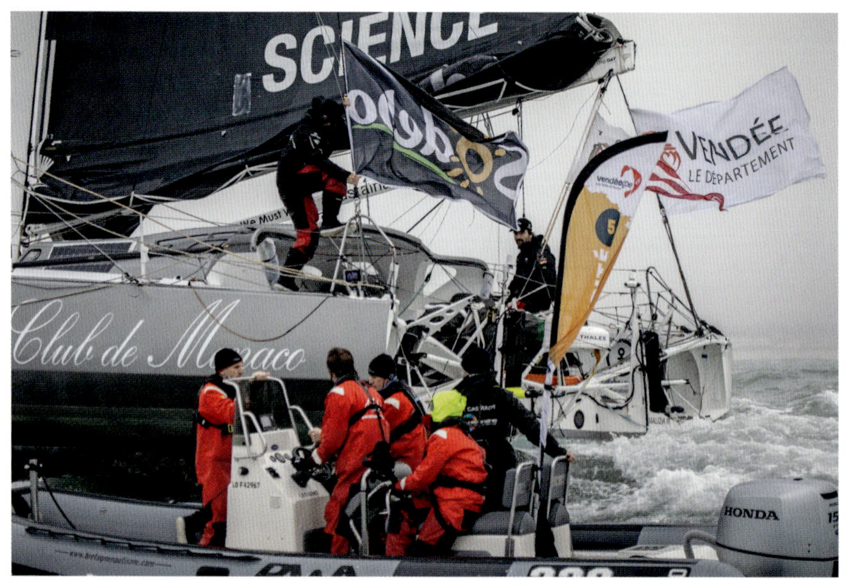

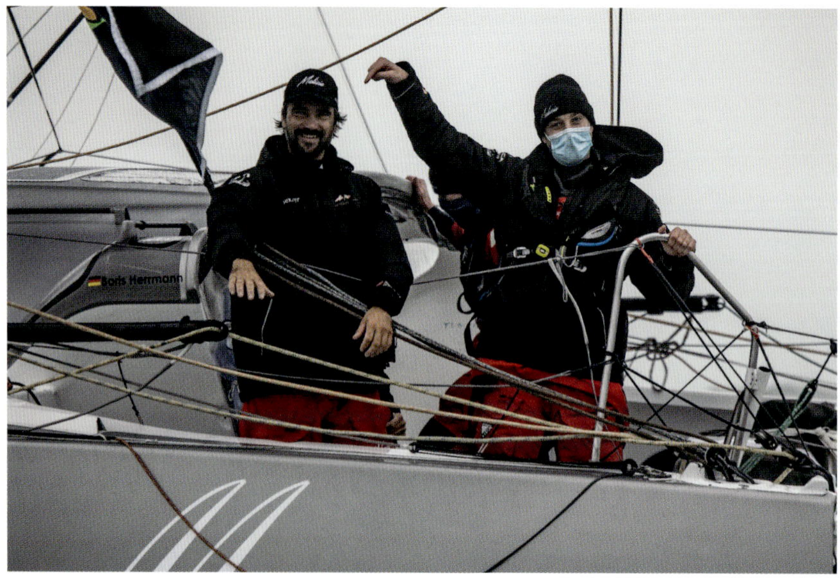

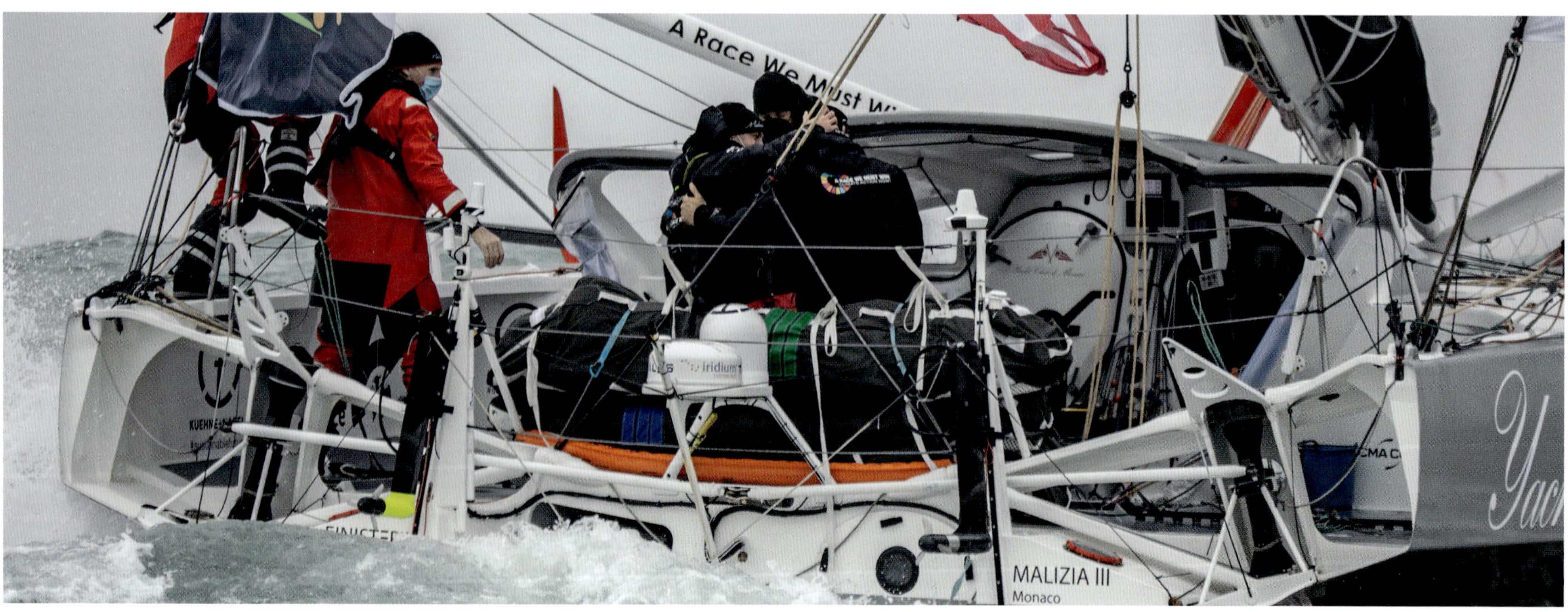

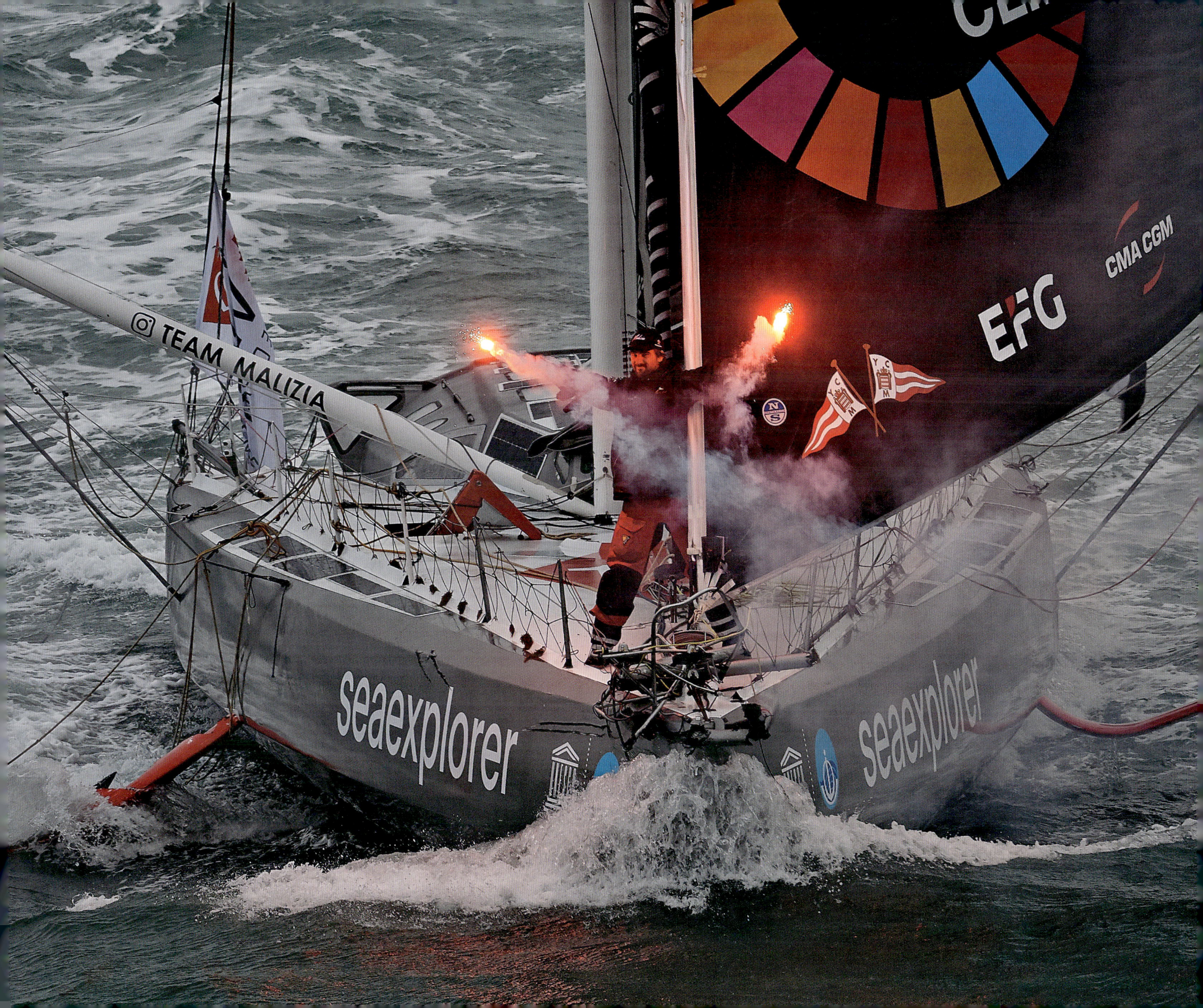
TEAM MALIZIA
seaexplorer
seaexplorer
EFG
CMA CGM

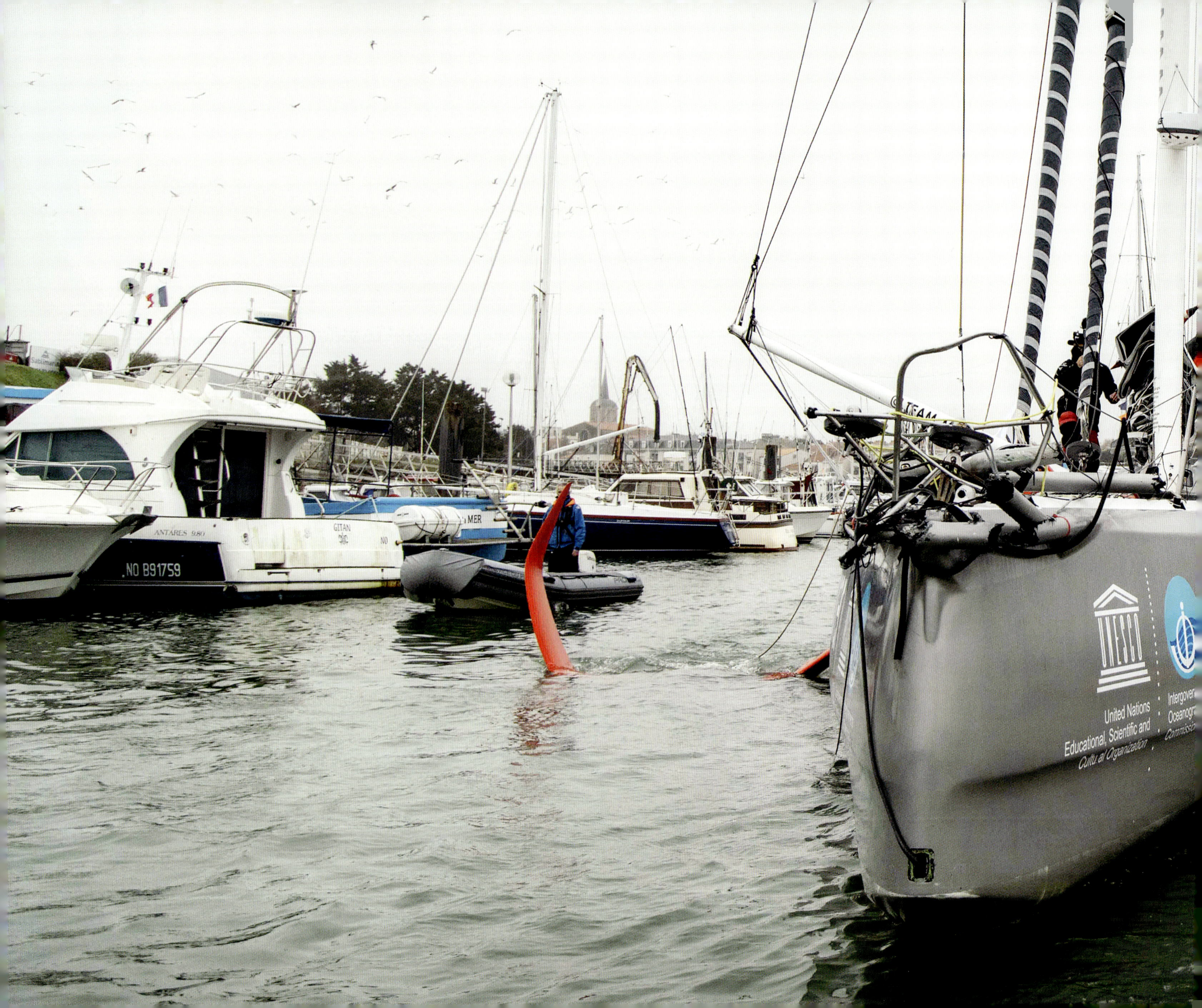

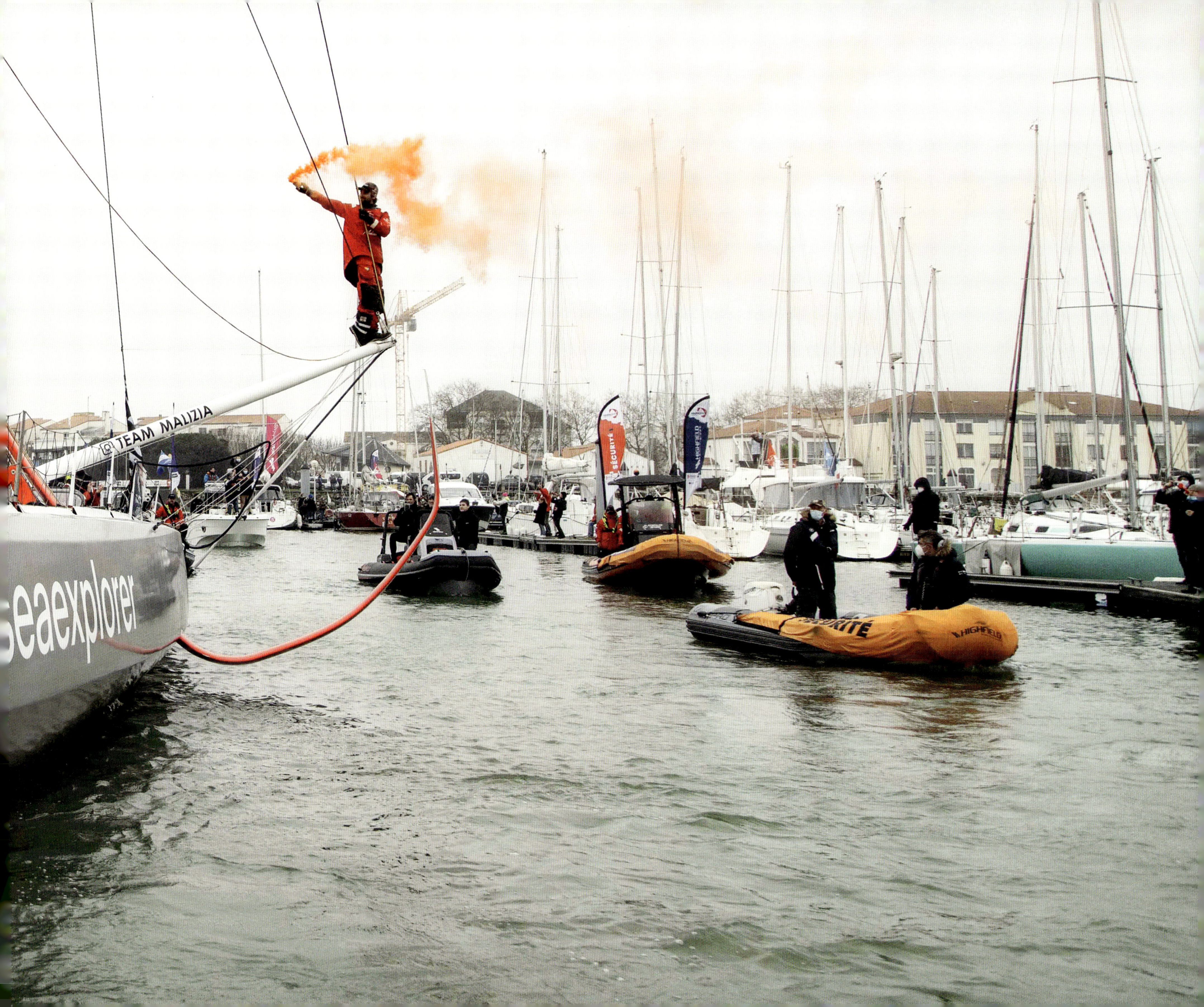

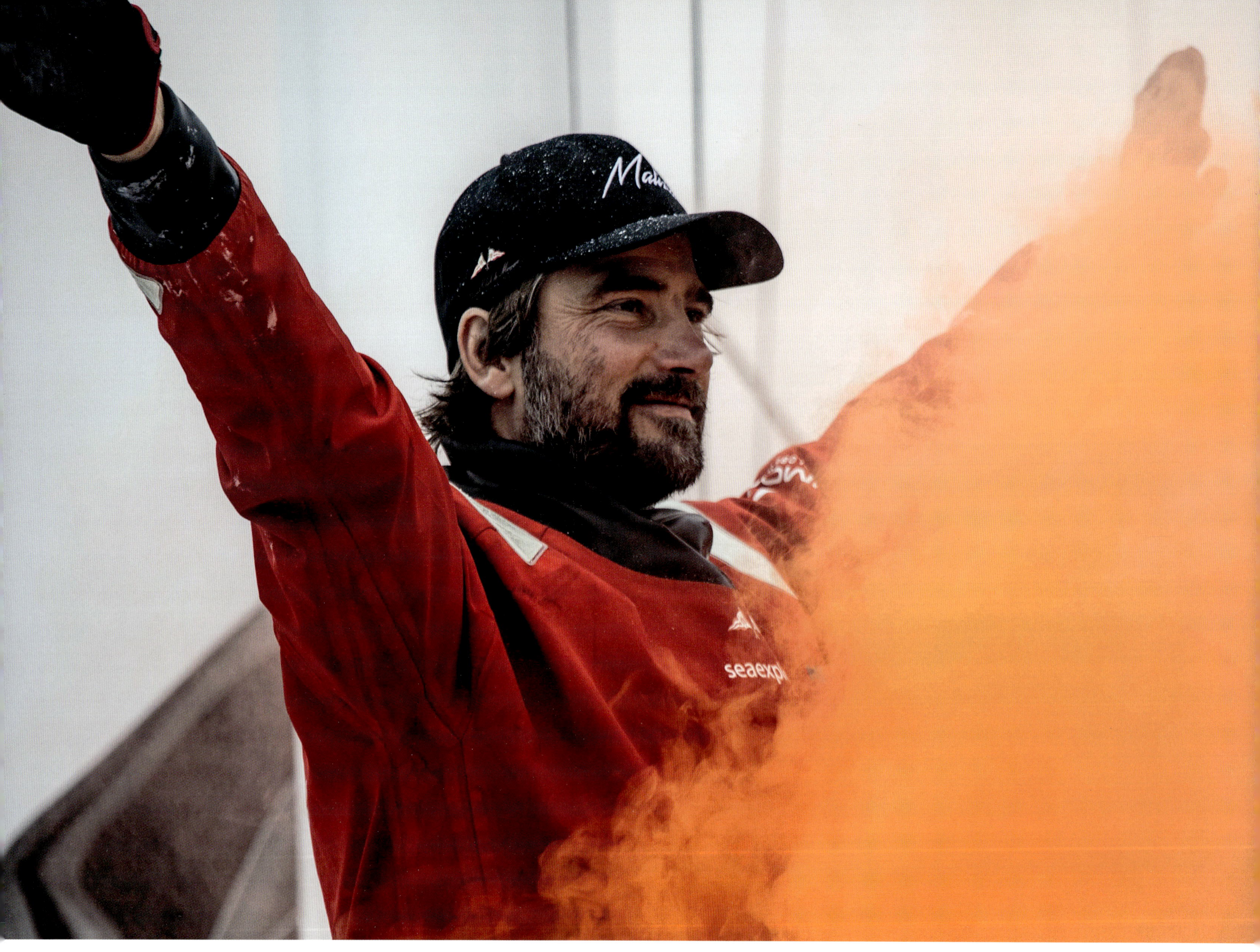

»Ich bin super happy wieder an Land
zu sein, das schwere Rennen geschafft
zu haben. Die Freude von gestern hält
noch an. Die Emotionen der Ankunft
werde ich noch lange in mir tragen. Ich
war voller Adrenalin, voller positiver
Energie. Sie kommt von all den
Menschen und der gemeinsamen
Freude. Das ist die Kraft des Sportes,
diese Freude auszulösen. Ich kam
der Ziellinie näher, sehe ein kleines
Schlauchboot mit Freunden und Team-
mitgliedern, das große Grinsen, die
Freude in den Augen – es war ein
phänomenaler Moment.«

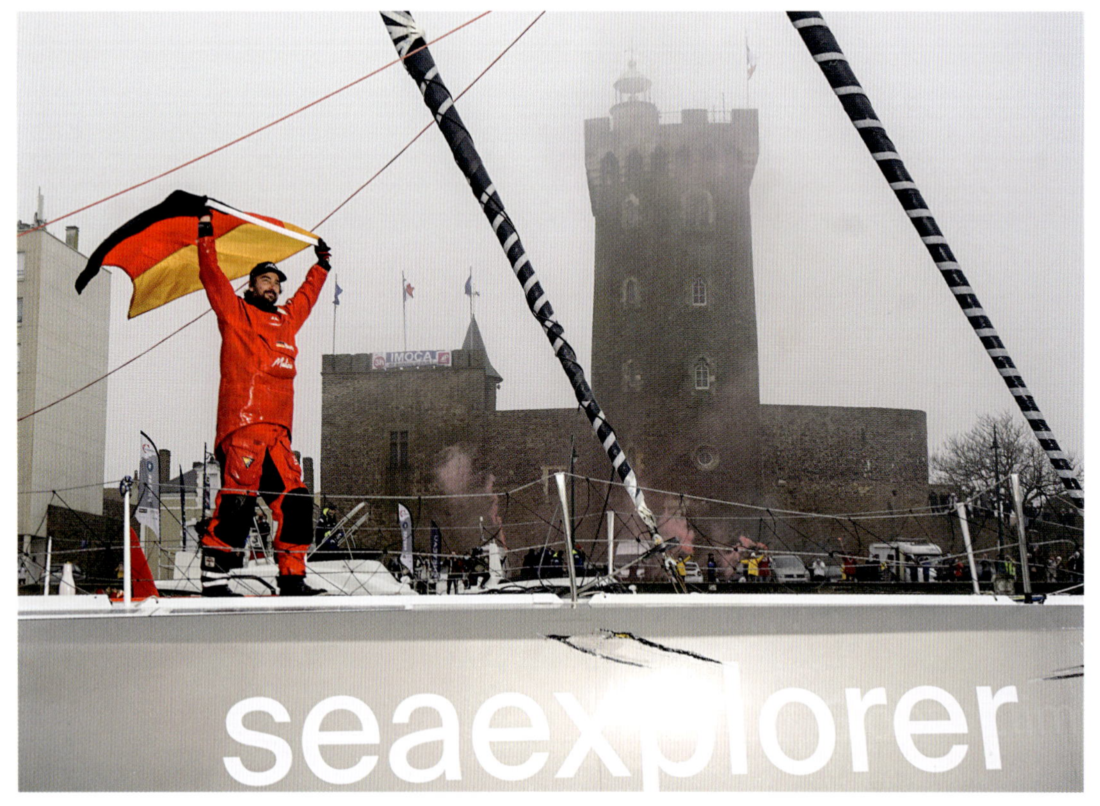

seaexplorer

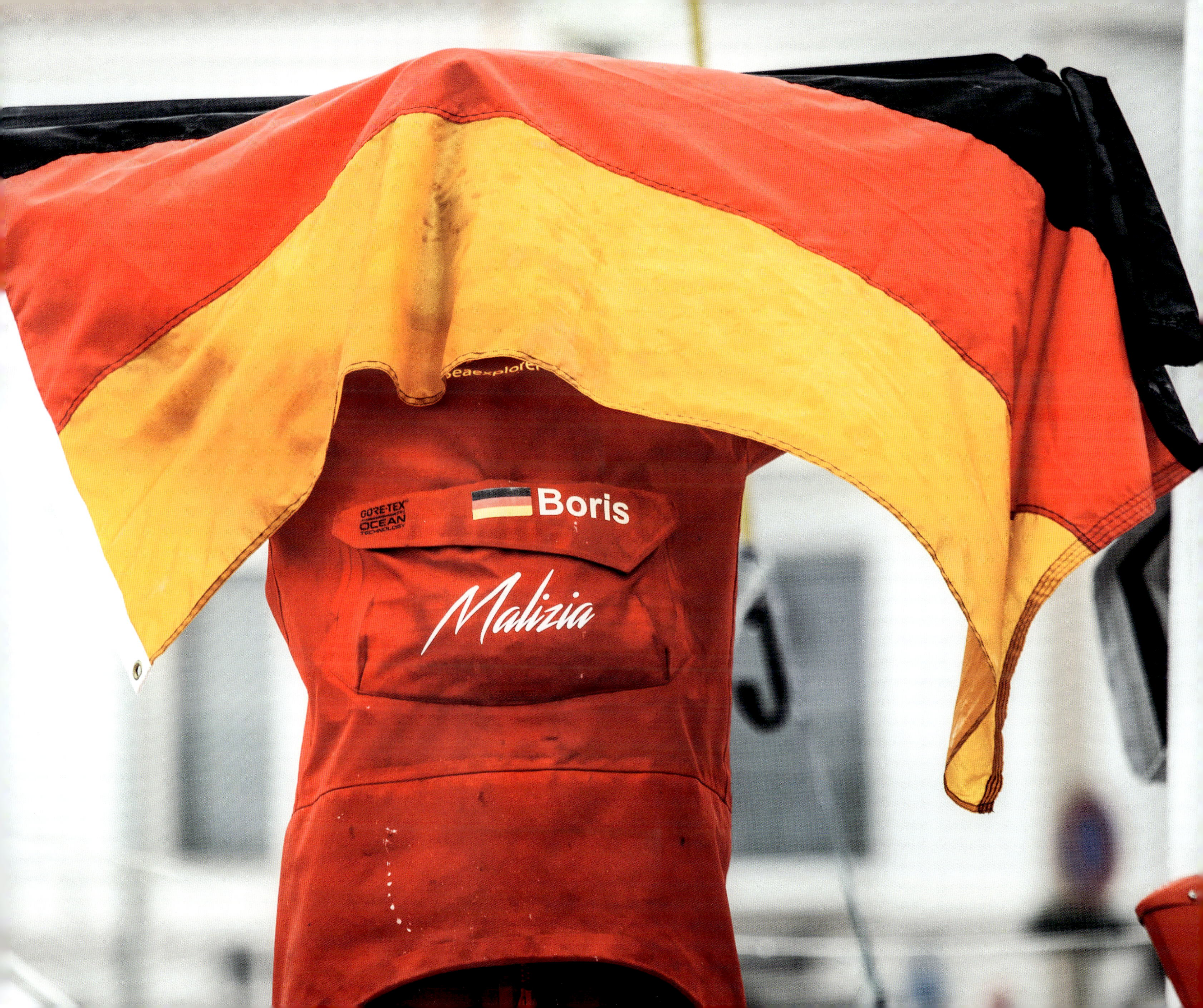

GORE-TEX
OCEAN
TECHNOLOGY
Boris
Malizia

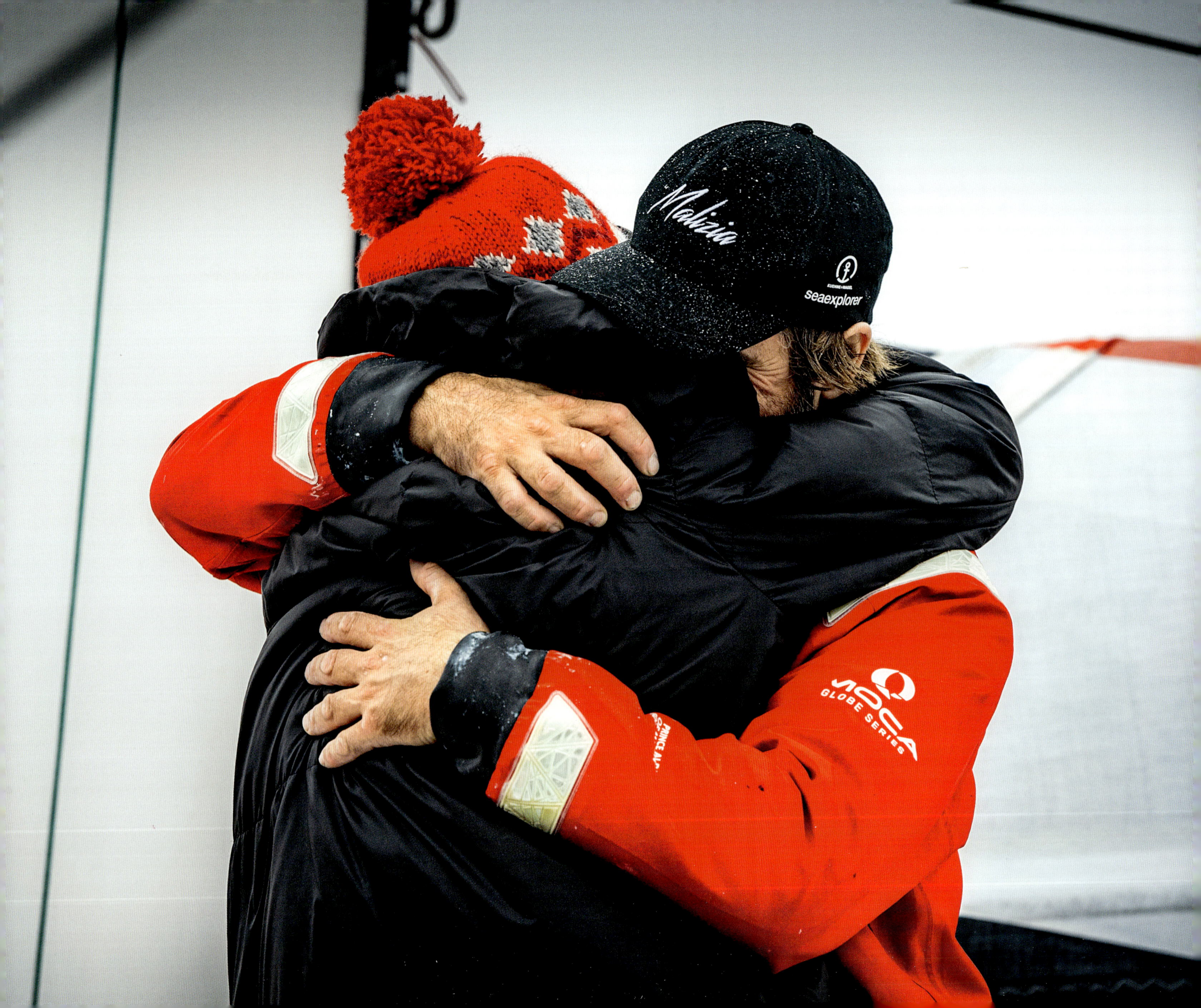

Malizia
seaexplorer
IMOCA
GLOBE SERIES
PRINCE AL...

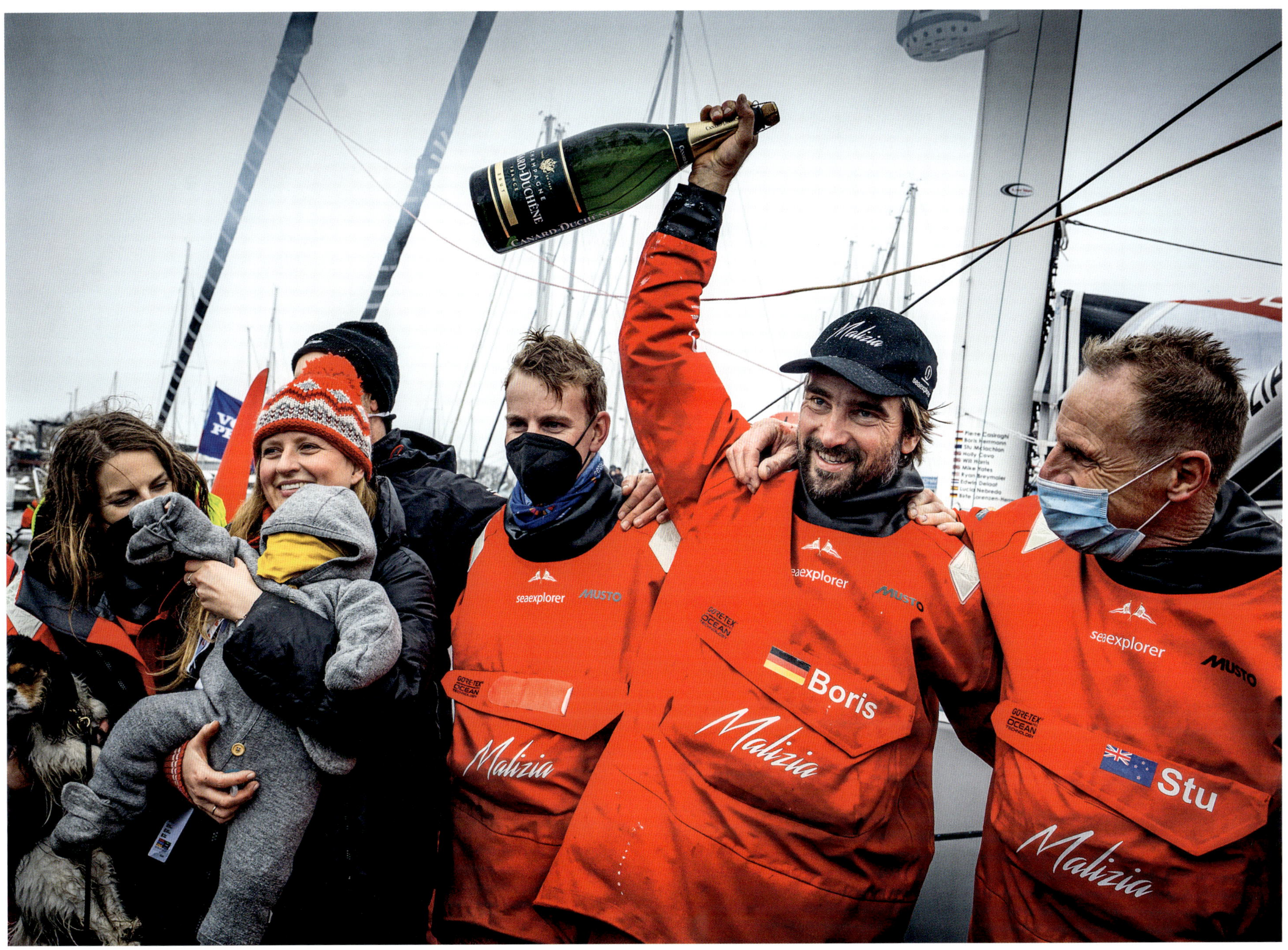

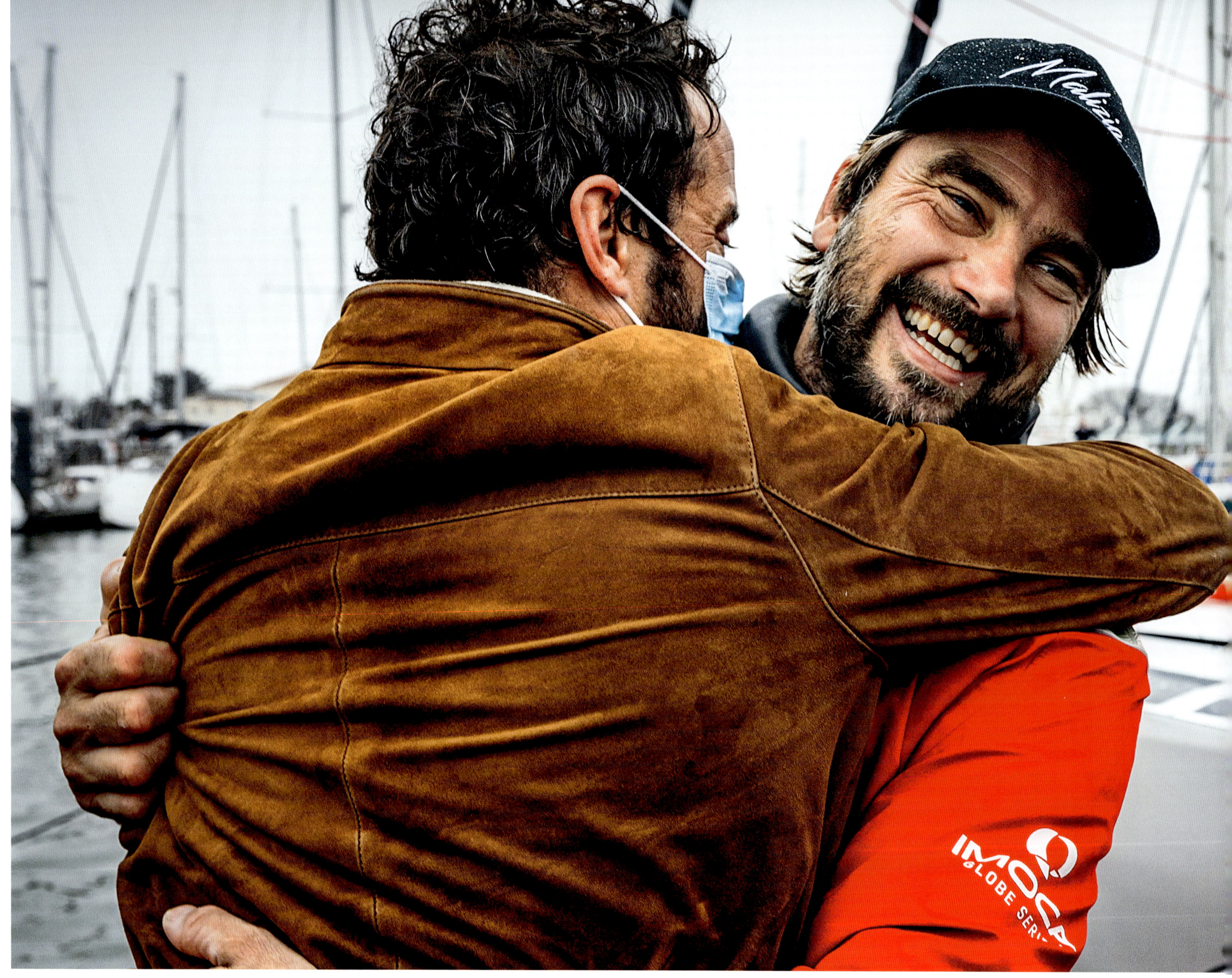

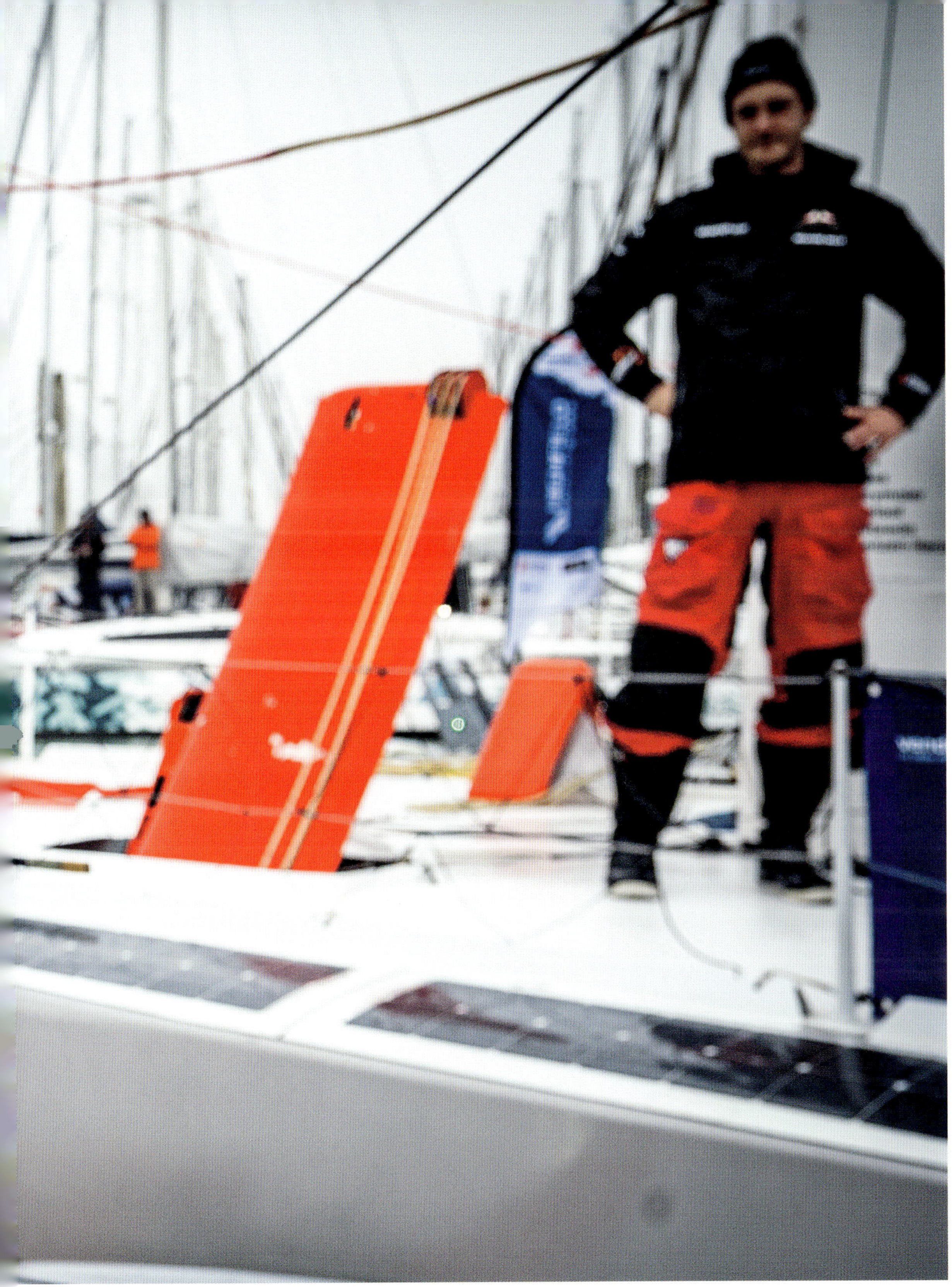

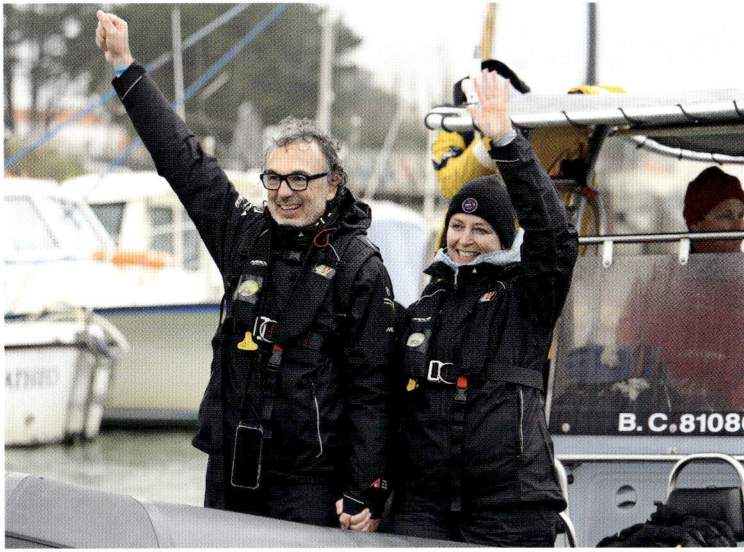

Stolz und Freude auch bei den Eignern der
Seaexplorer, Gerhard und Sabine Senft

Der Traum ist wahr geworden – und war der Traum von
vielen. Vom ganzen Team, von Freunden, der Familie –
und von Millionen Fans, die täglich an den Bildschirmen
den Lauf der Regatta verfolgten.

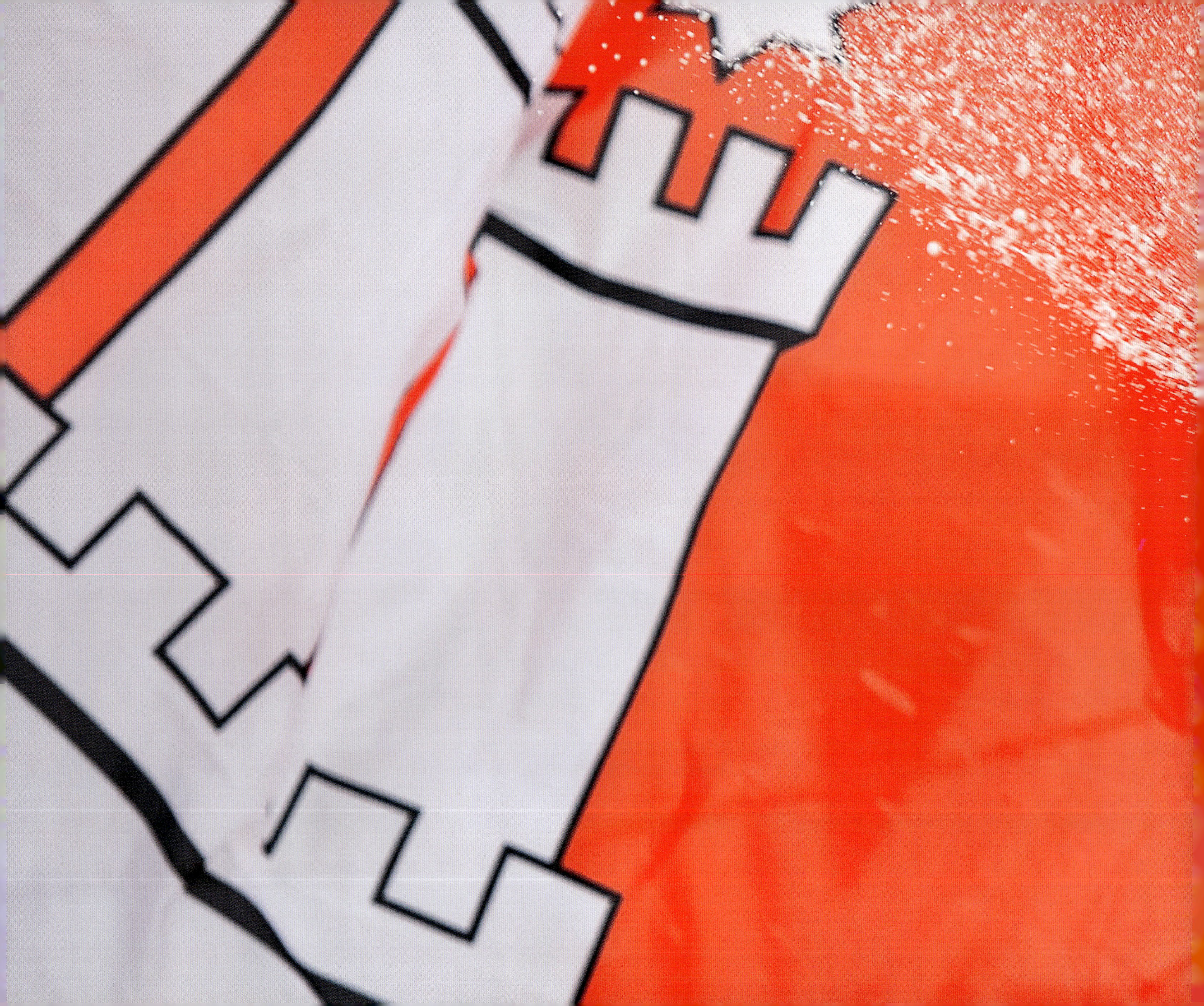

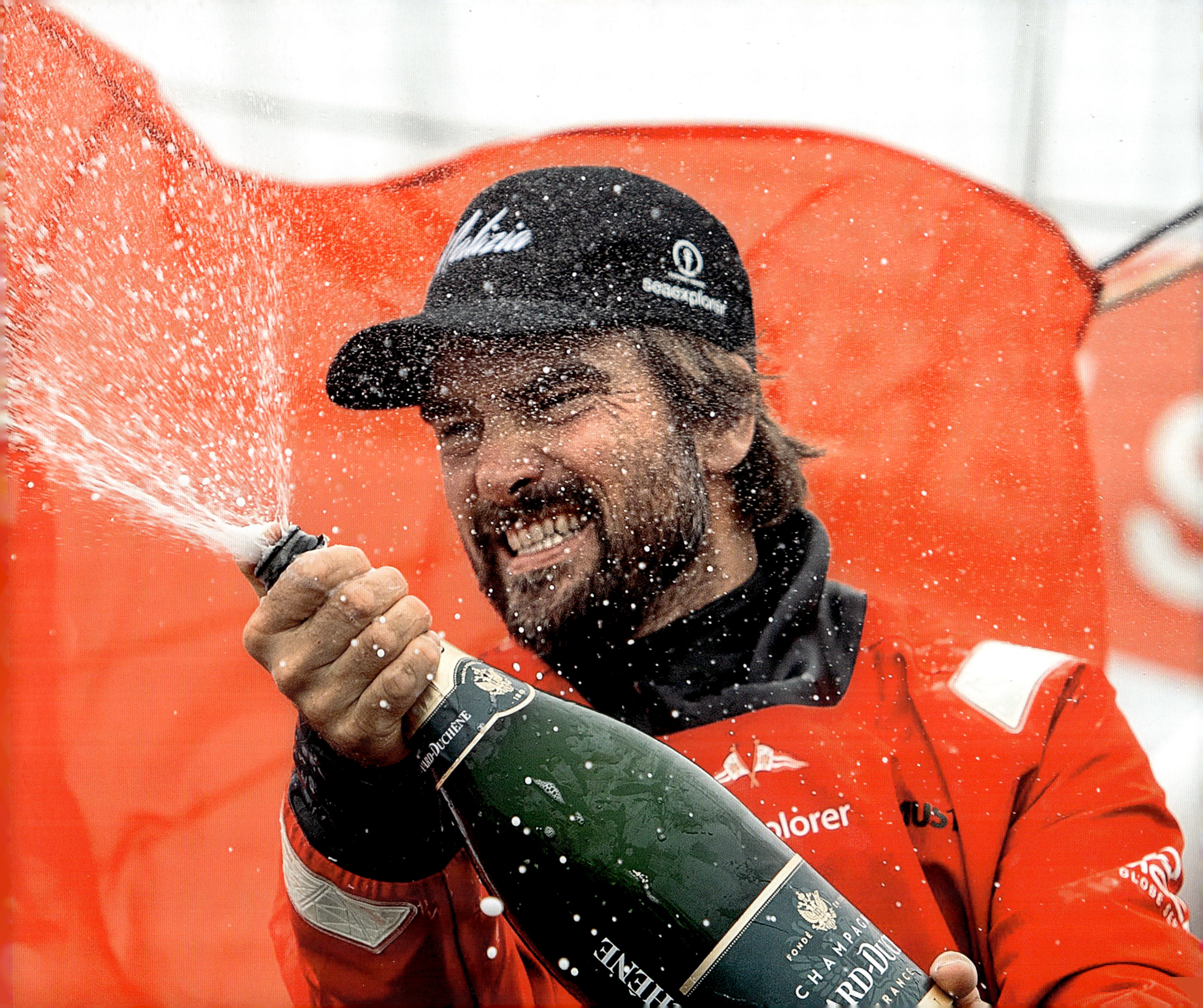

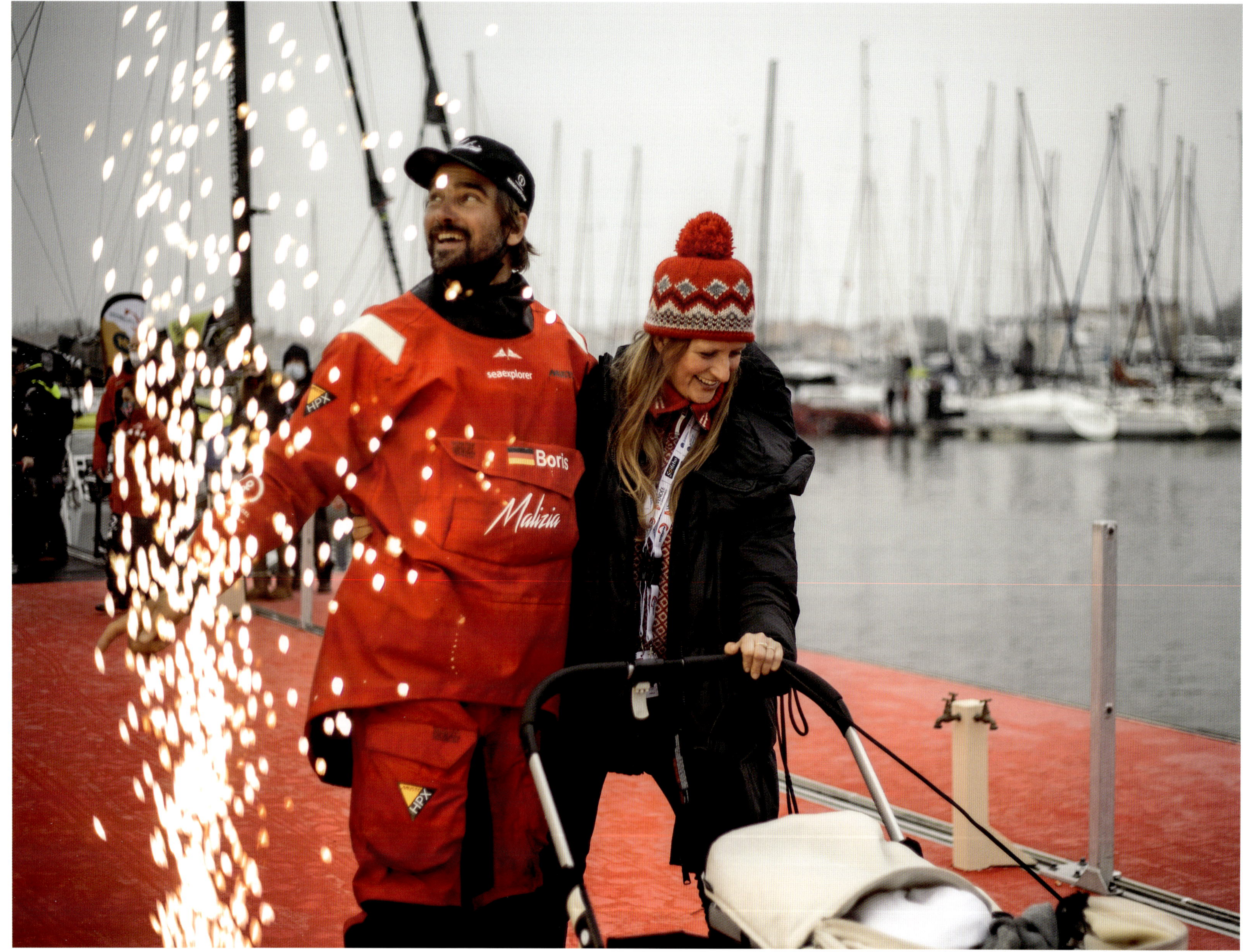

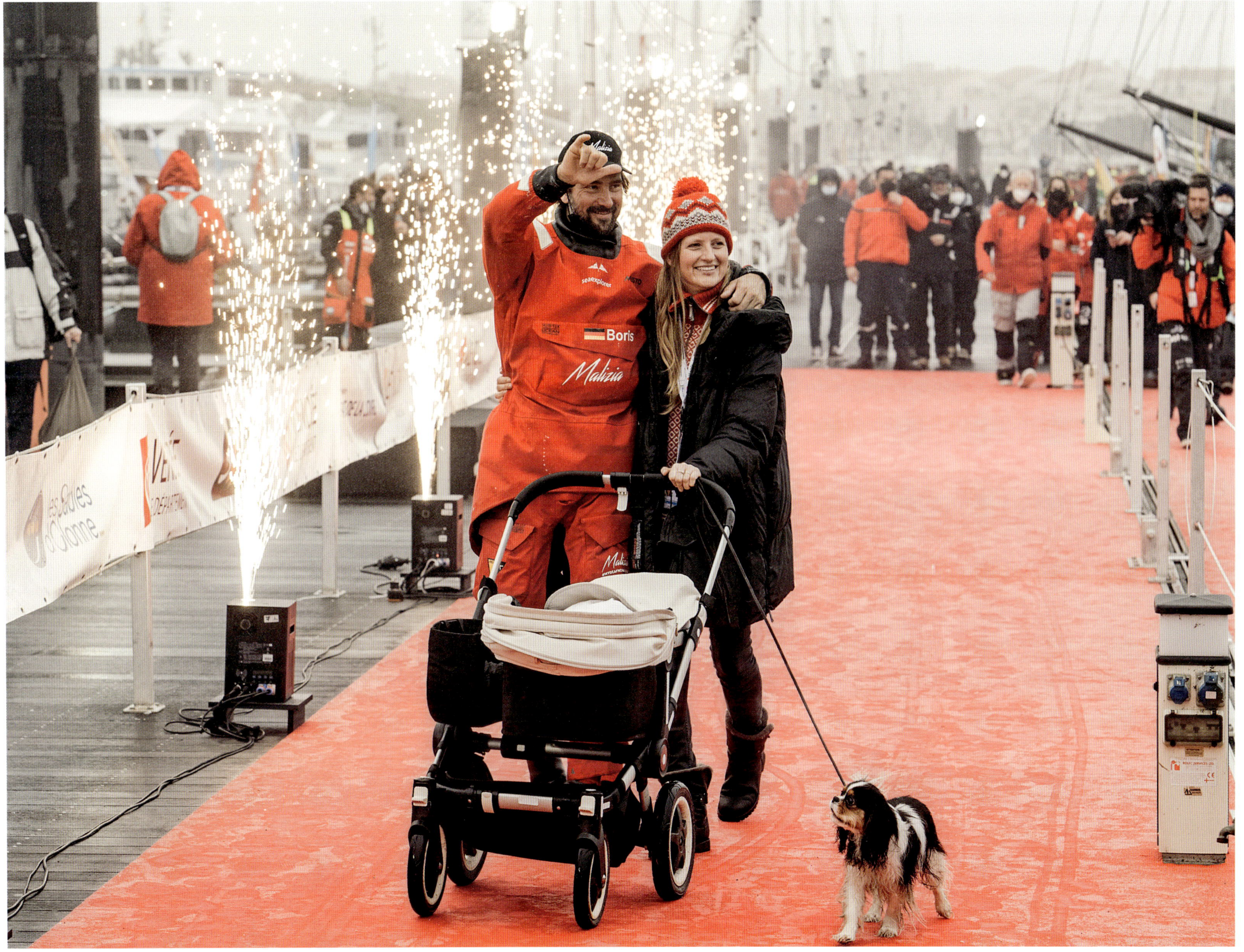

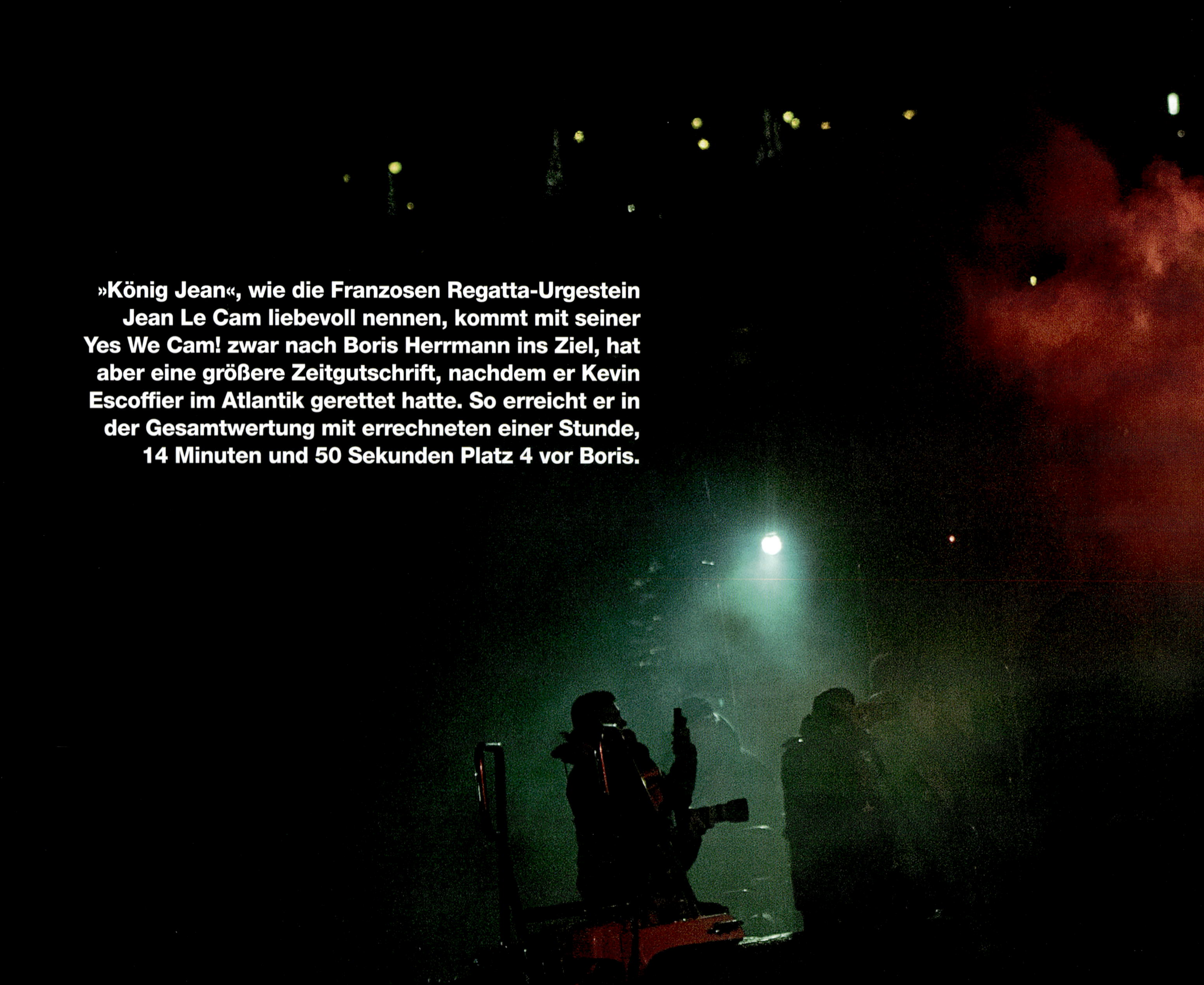
»König Jean«, wie die Franzosen Regatta-Urgestein Jean Le Cam liebevoll nennen, kommt mit seiner Yes We Cam! zwar nach Boris Herrmann ins Ziel, hat aber eine größere Zeitgutschrift, nachdem er Kevin Escoffier im Atlantik gerettet hatte. So erreicht er in der Gesamtwertung mit errechneten einer Stunde, 14 Minuten und 50 Sekunden Platz 4 vor Boris.

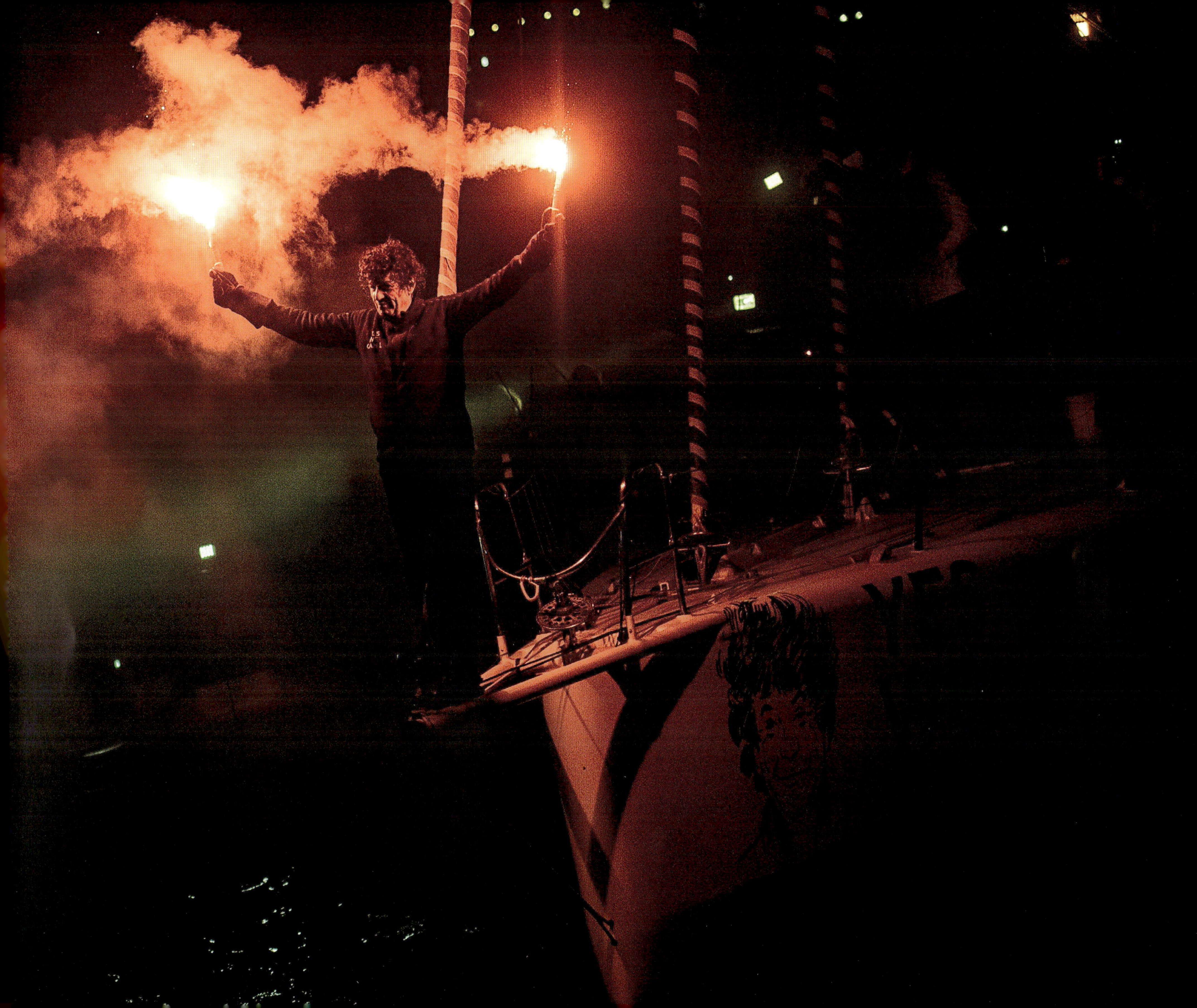

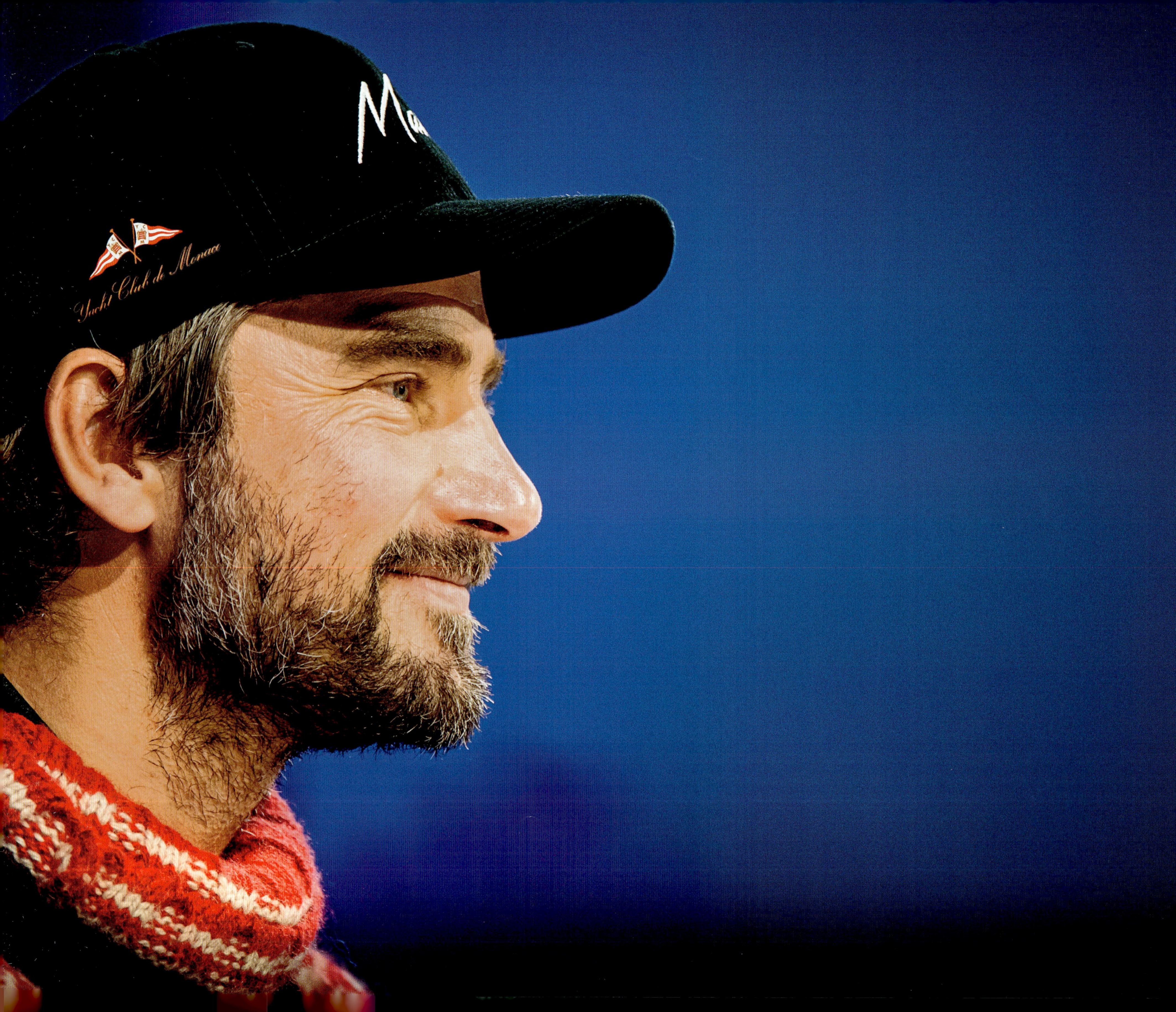

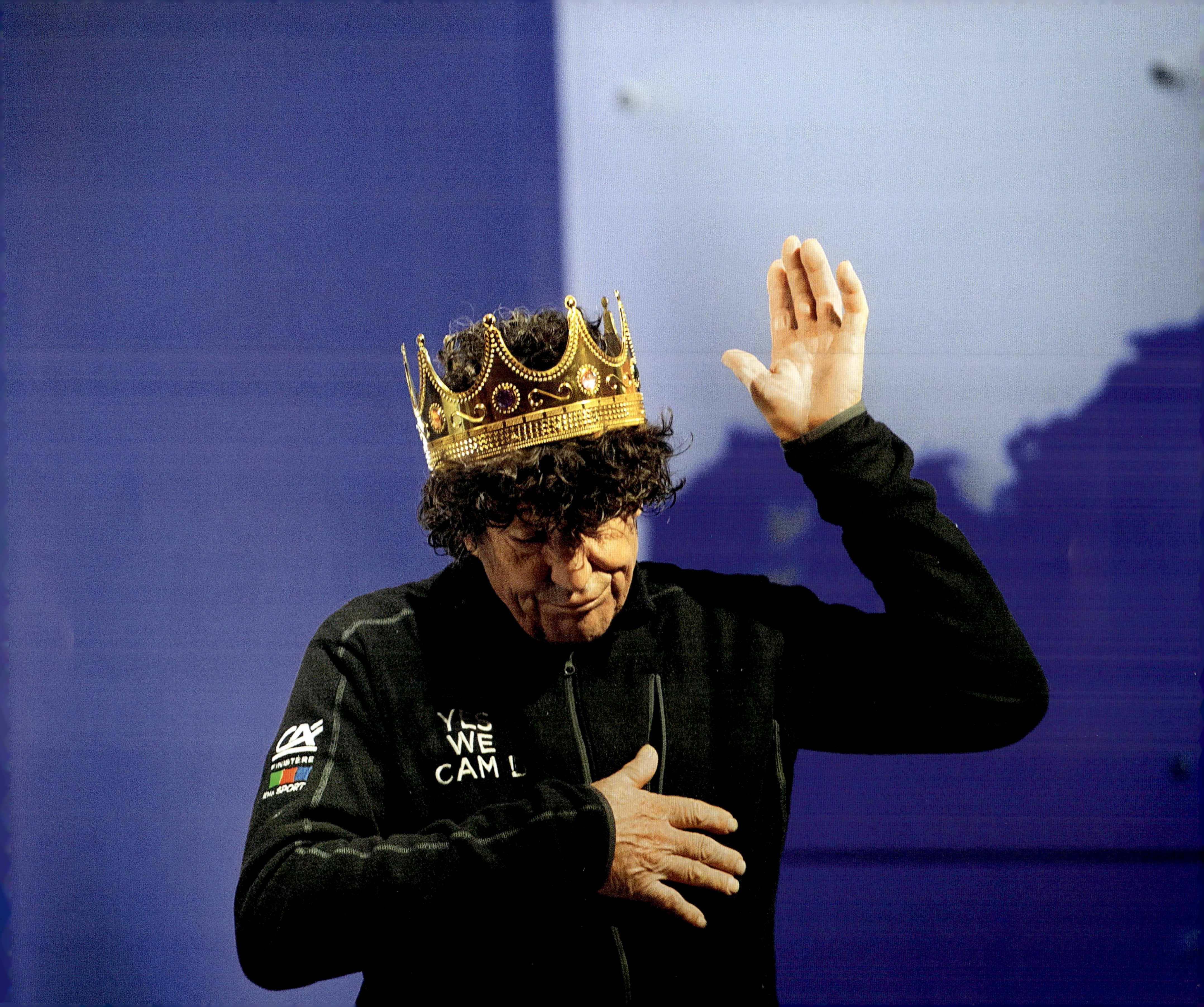

CA
FINISTÈRE
SPORT
YES
WE
CAM

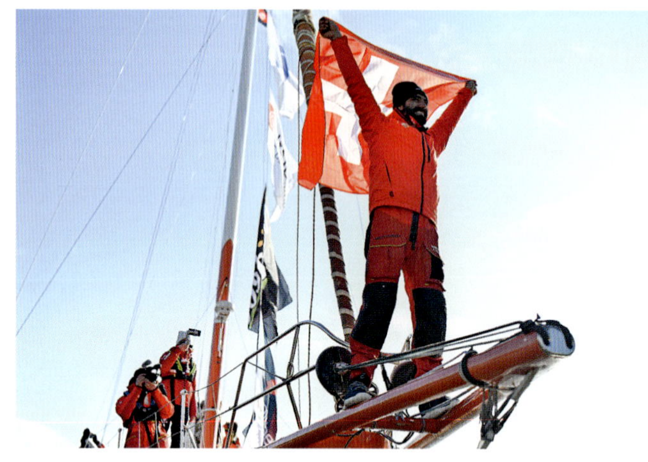

Alan Roura / La Fabrique (17)

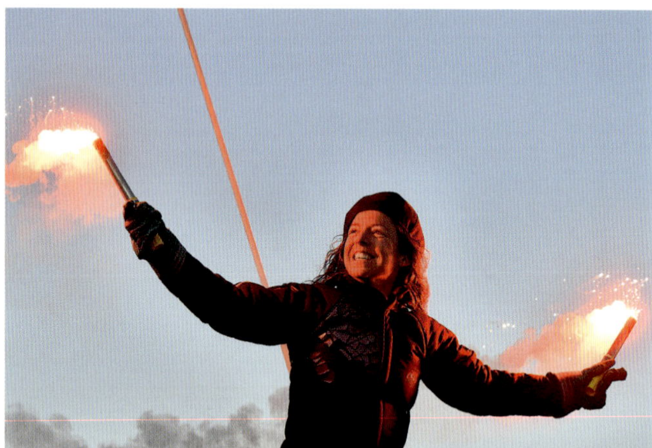

Alexia Barrier / TSE – 4myplanet (24)

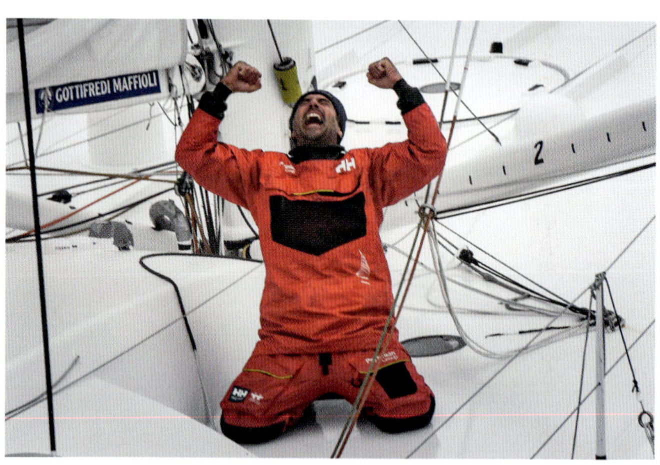

Giancarlo Pedote / Prysmian Group (8)

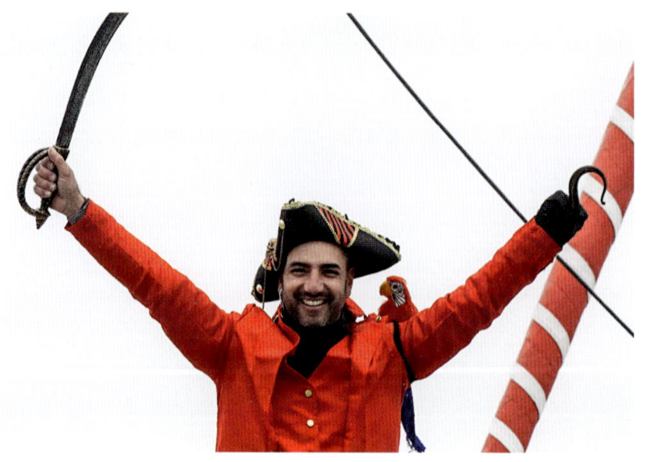

Damien Seguin / Groupe Apicil (7)

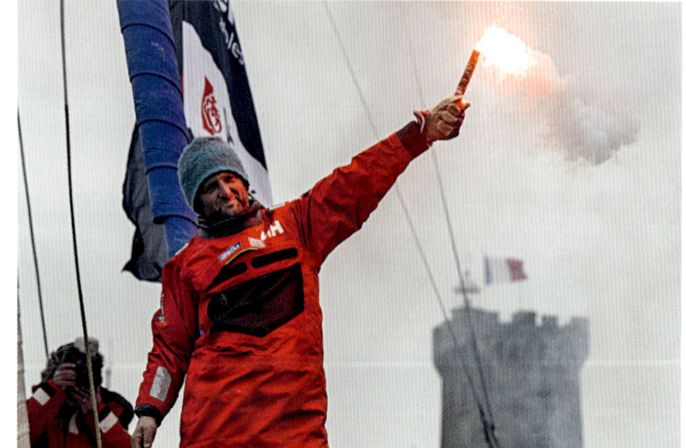

Arnaud Boissières / La Mie Câline – Artisans Artipôle (15)

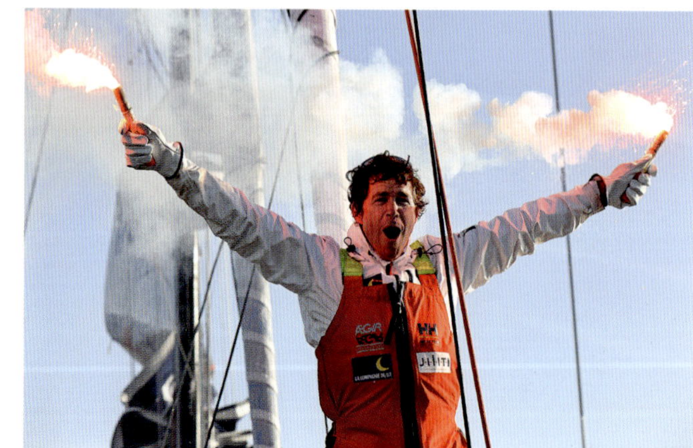

Clement Giraud / Compagnie Du Lit – Jiliti (21)

Clarisse Crémer / Banque Populaire X (12)

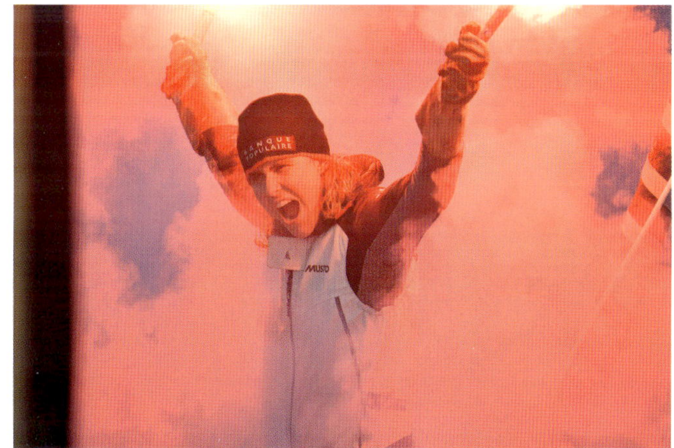

Armel Tripon / L'Occitane En Provence (11)

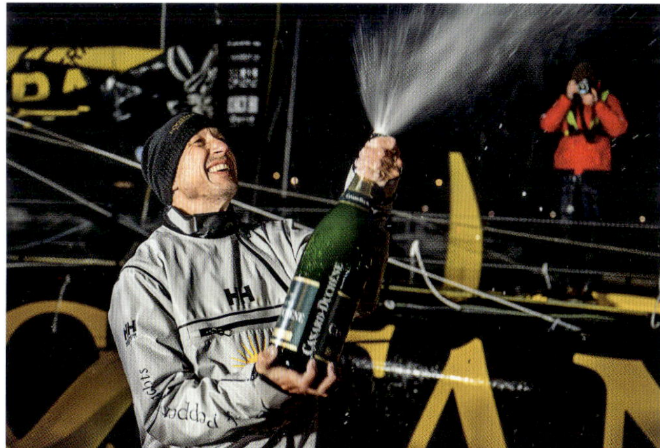

Miranda Merron / Campagne De France (22)

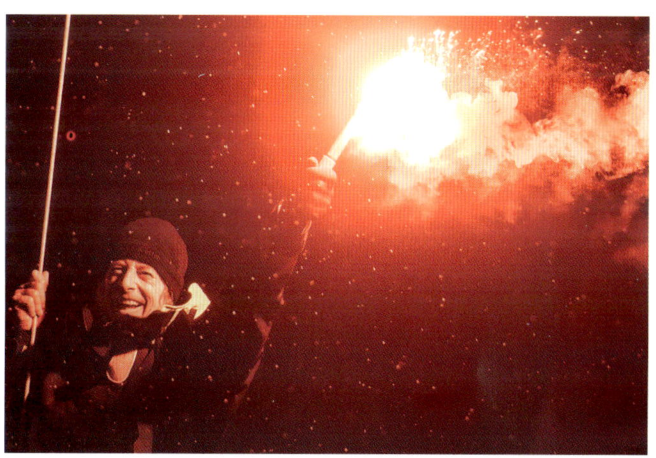

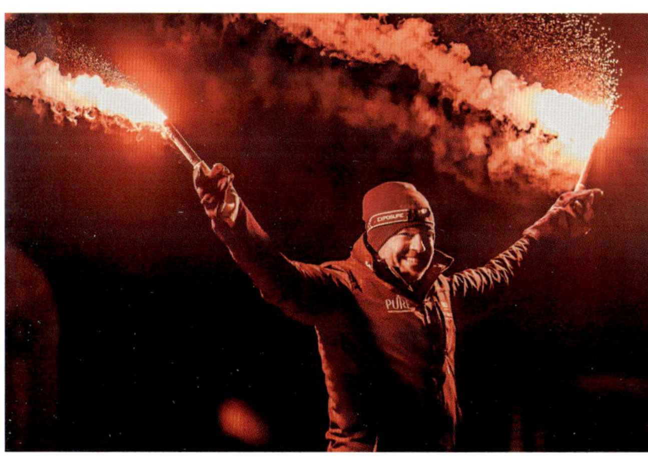

Romain Attanasio / Pure – Best Western (14)

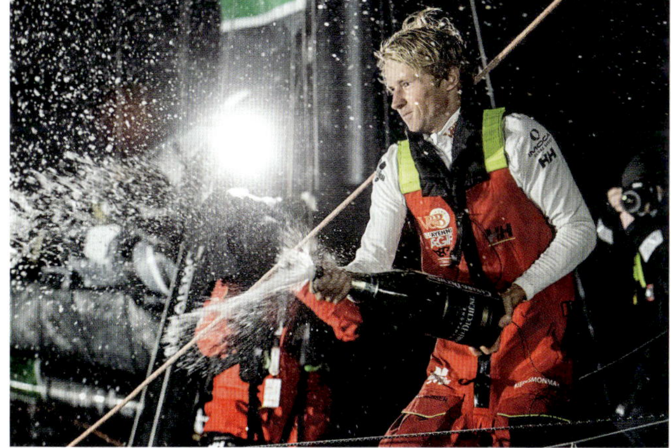

Maxime Sorel / V and B – Mayenne (10)

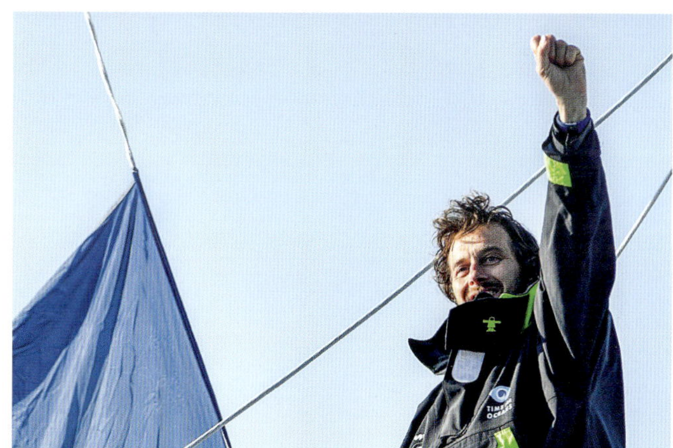

Stéphane Le Diraison / Time For Oceans (18)

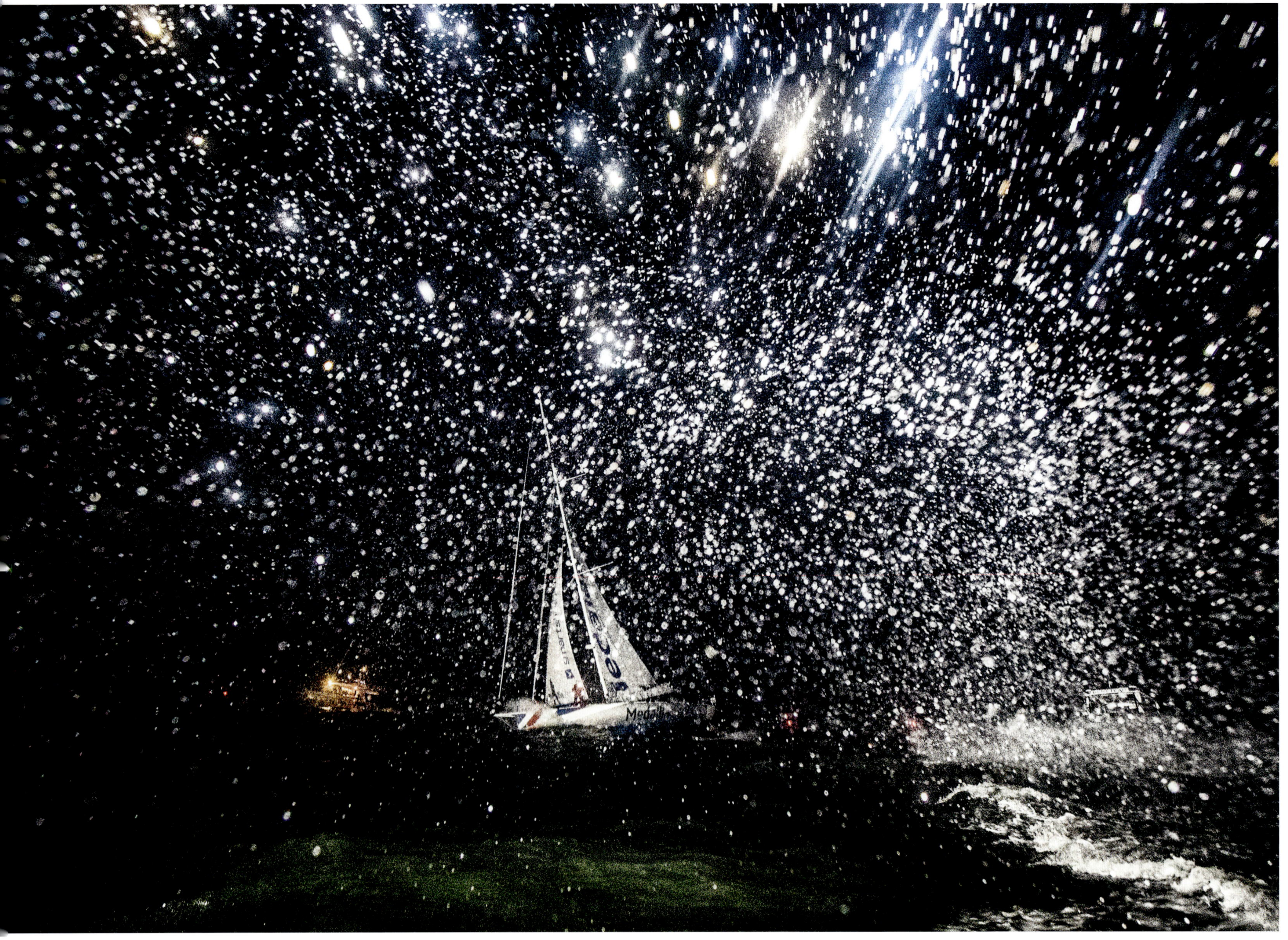

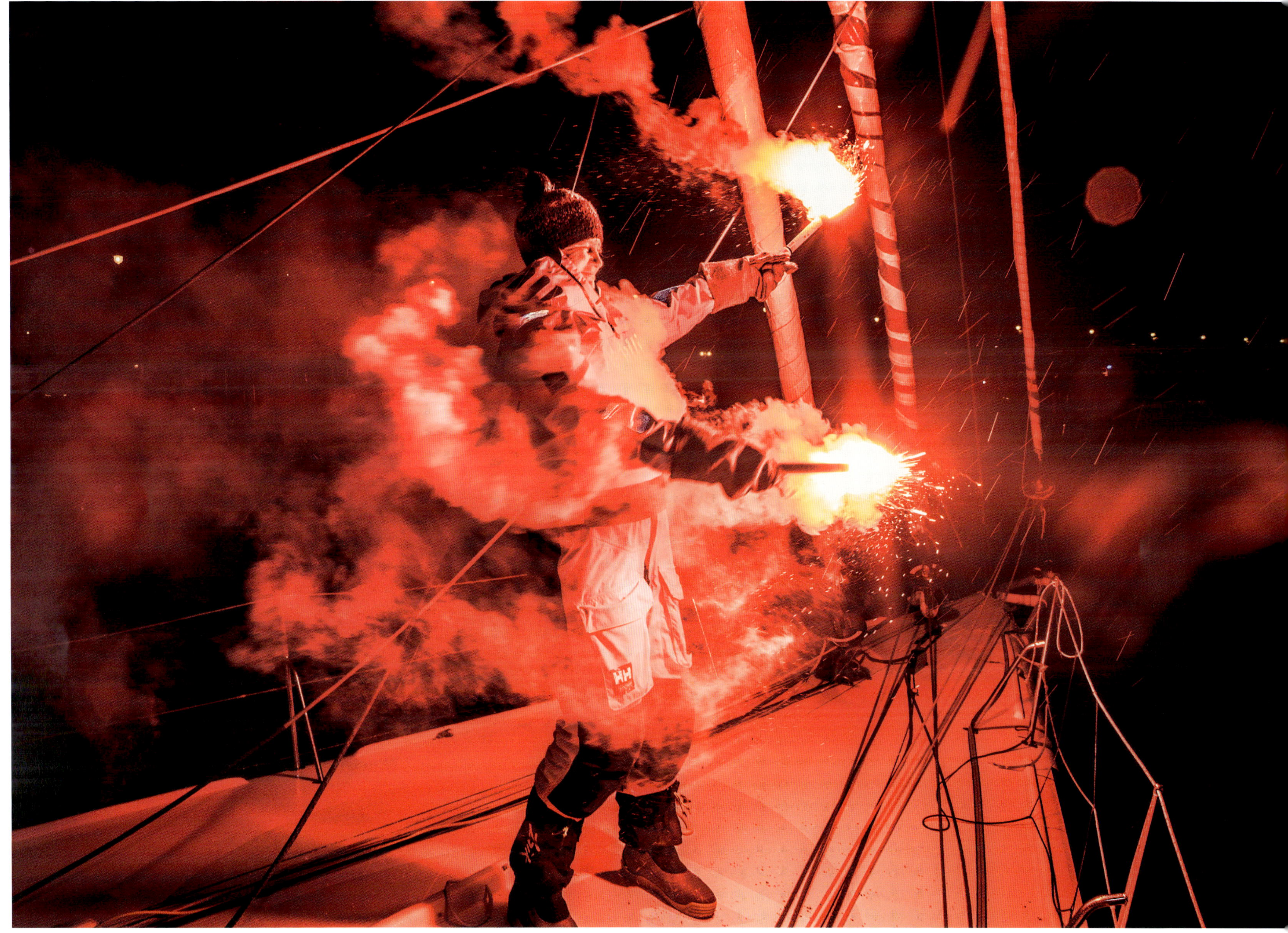

Pip Hare / Medallia (19)

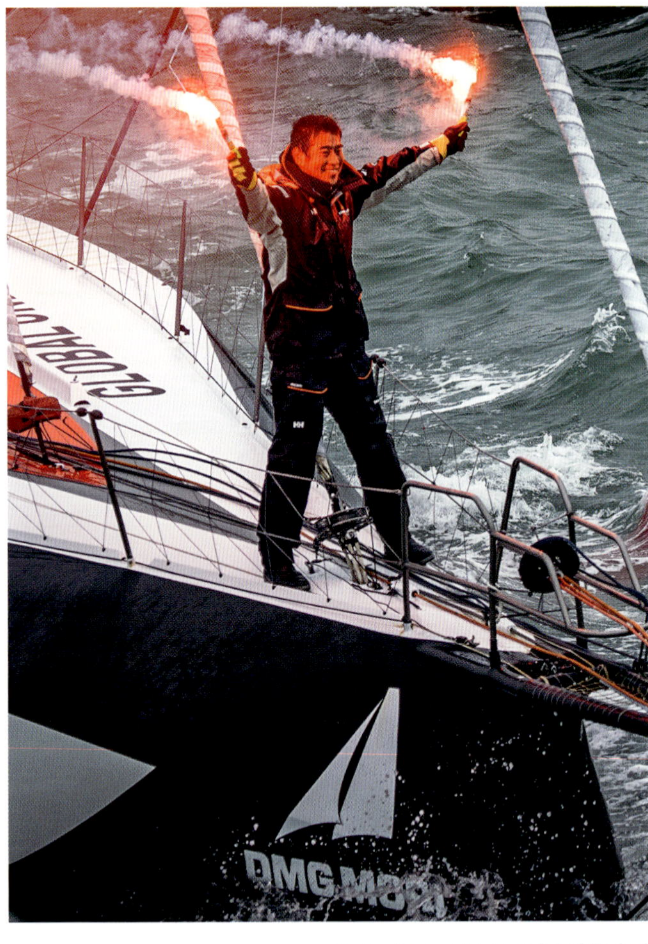

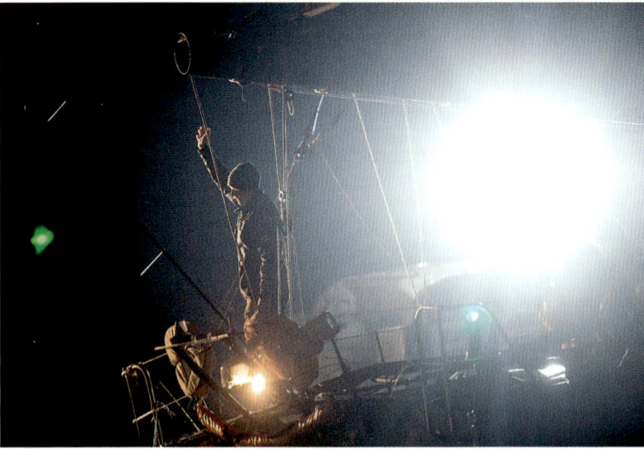

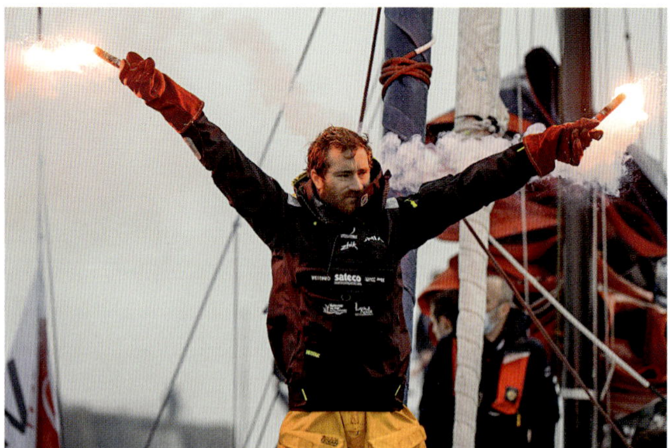

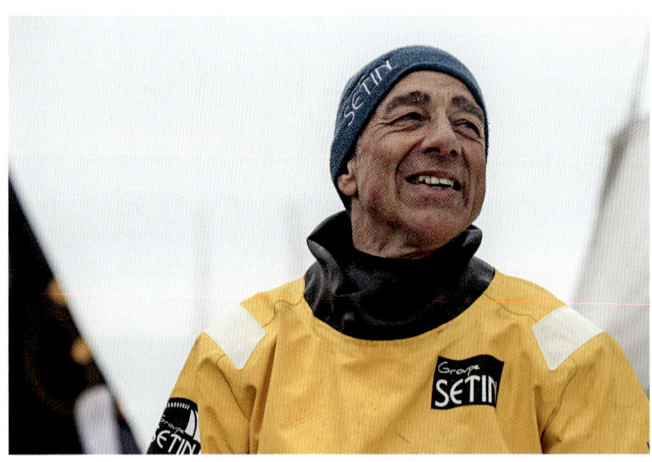

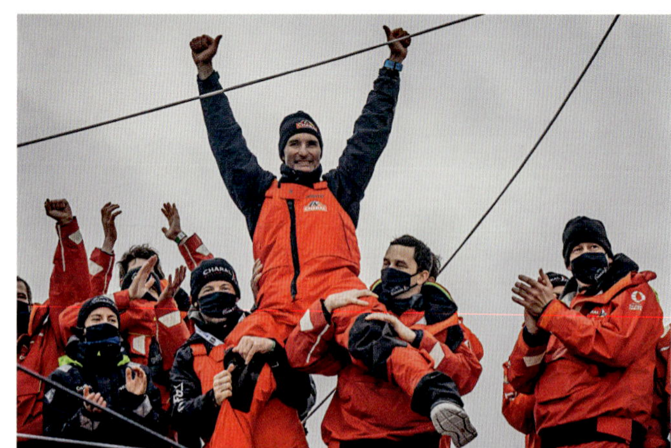

Kojiro Shiraishi / DMG MORI (16)

Manuel Cousin / Groupe Sétin (23)

Jérémie Beyou / Charal (13)

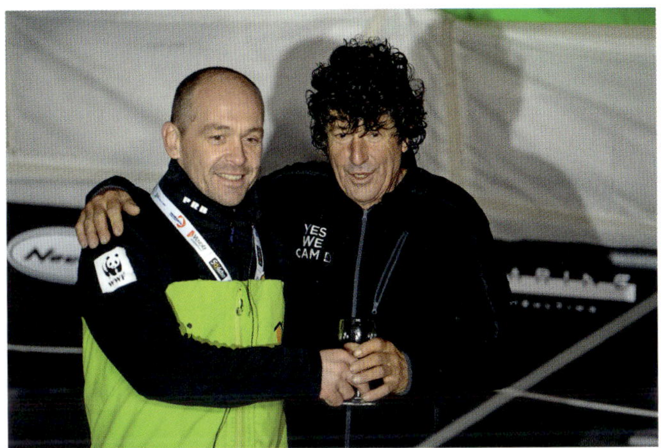

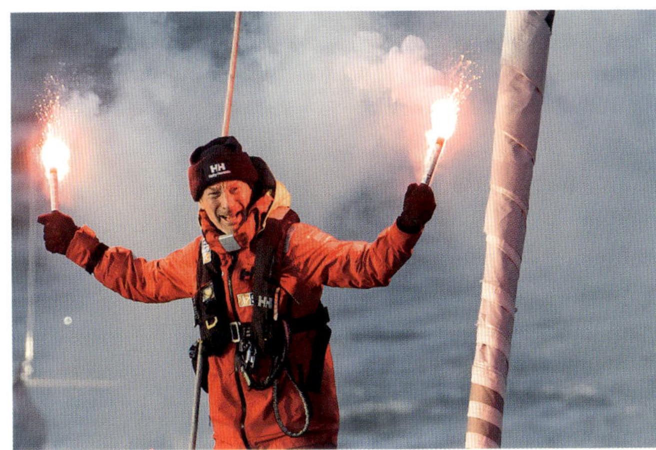

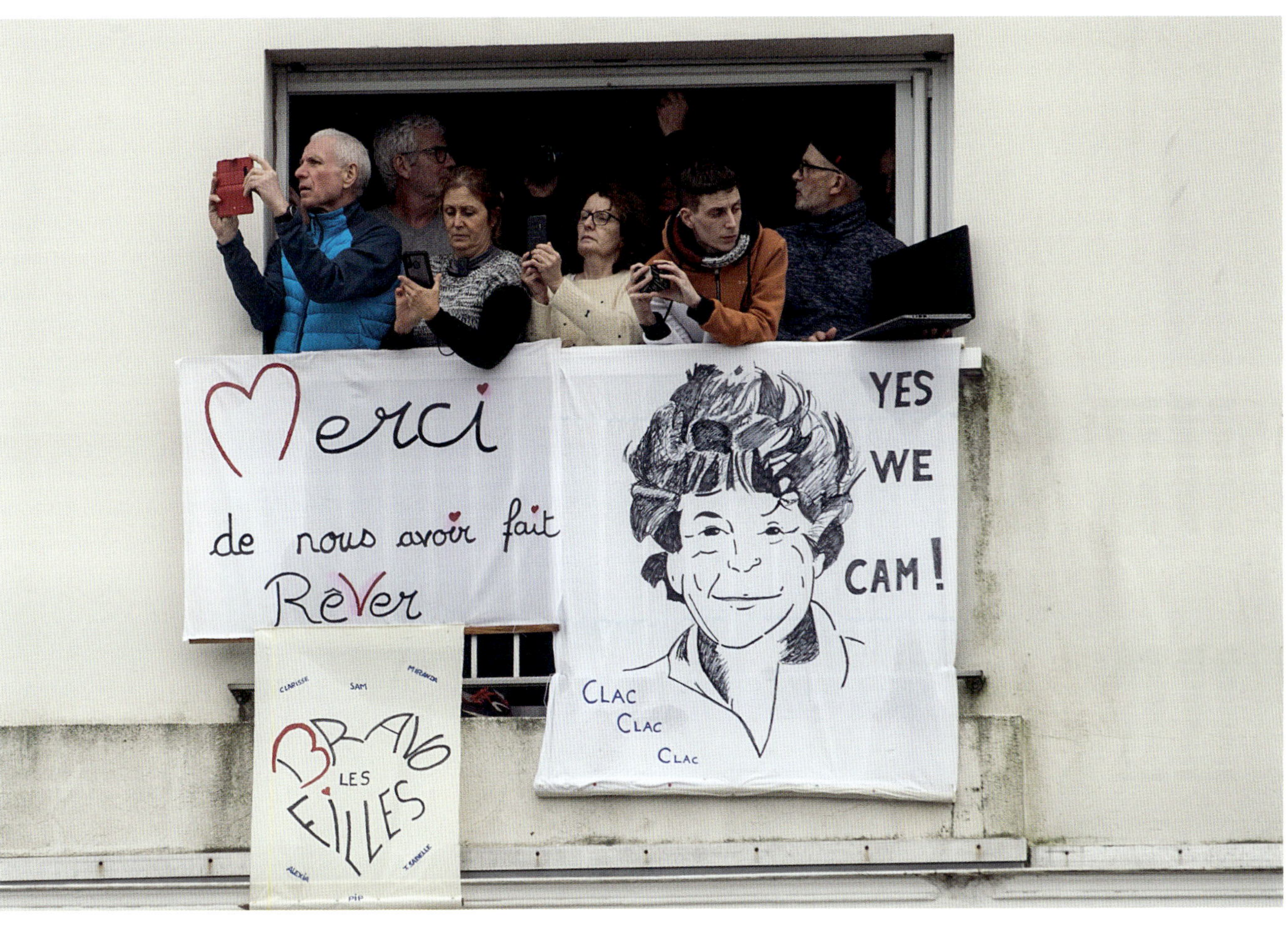

**Alle, die es bis ins Ziel schaffen, werden bejubelt.
Und alle habe es so was von verdient!**

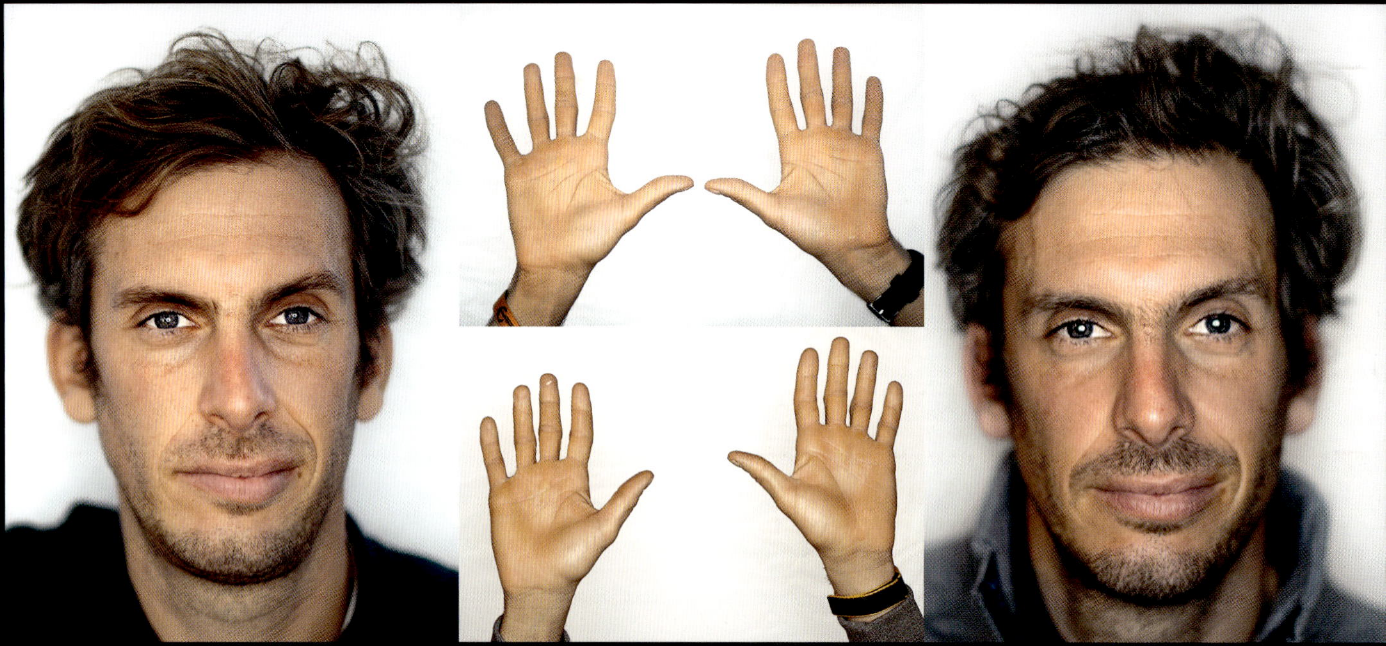

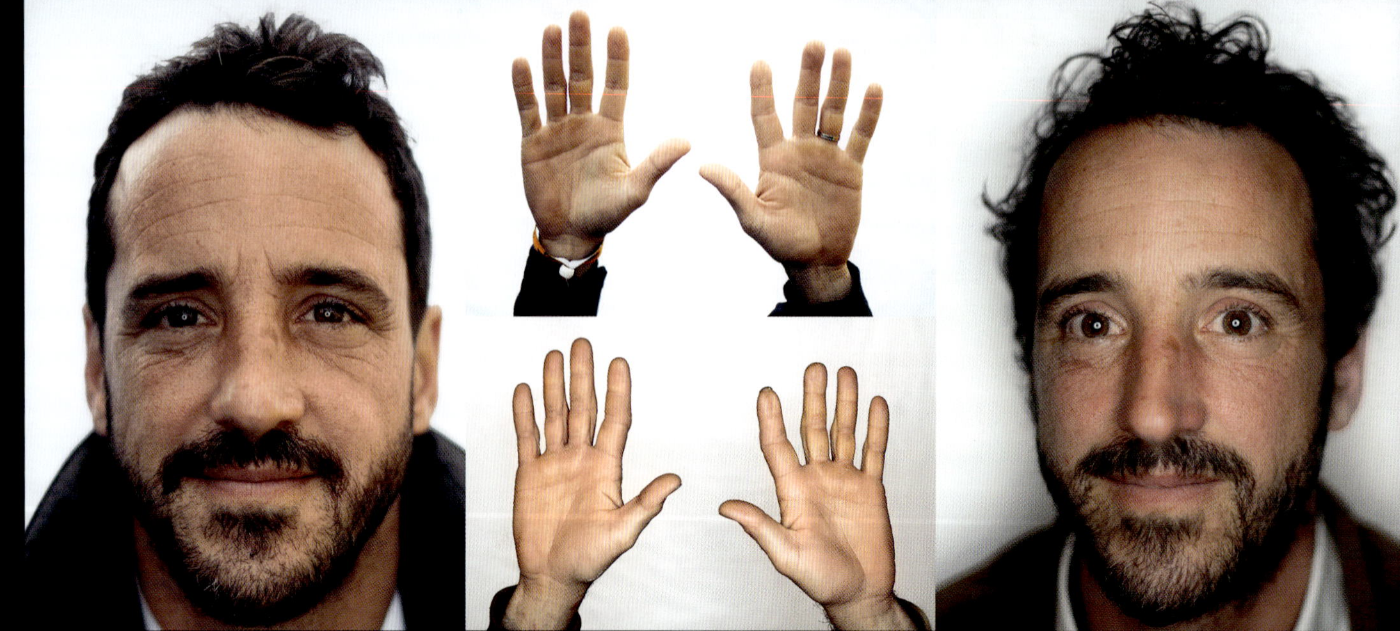

Was macht die
Vendée Globe mit einem?
Sie macht wach, sie
macht müde. Sie führt an
Grenzen; an eigene und
an die des Materials.
Sie macht bärtig (einige)
und langhaarig. Vor allem
aber macht sie eins:
Süchtig nach mehr.

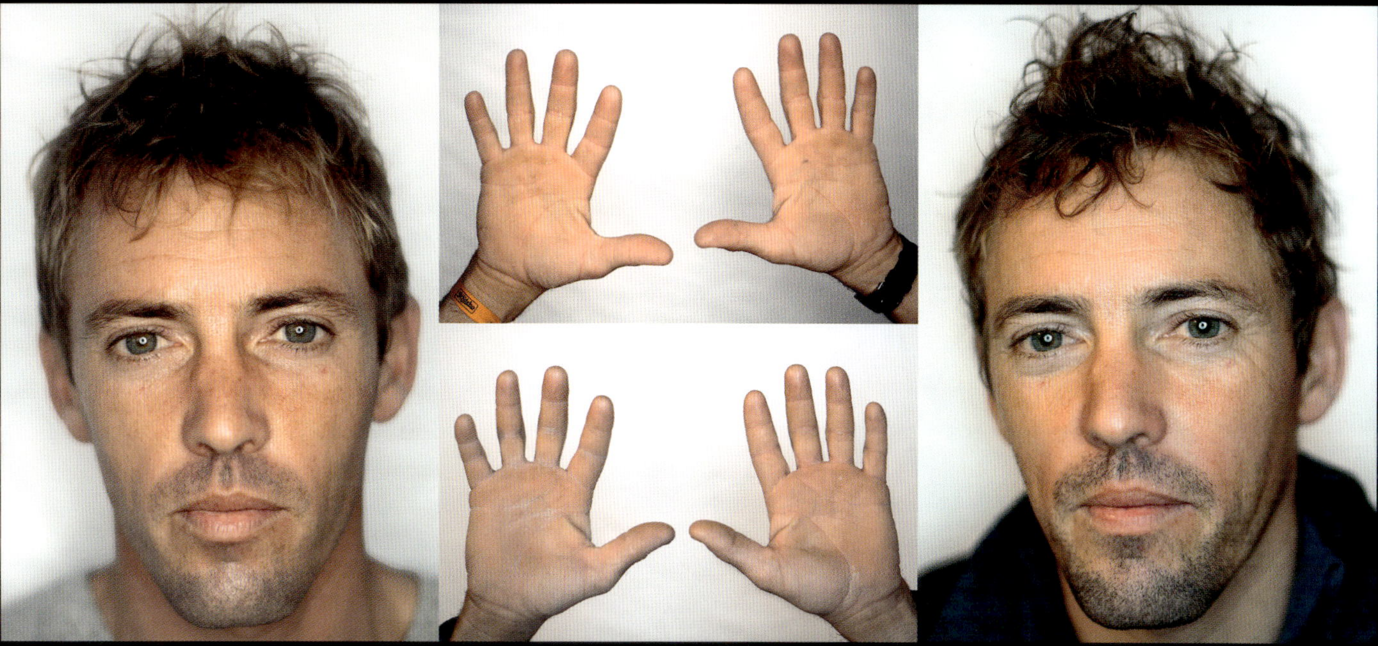

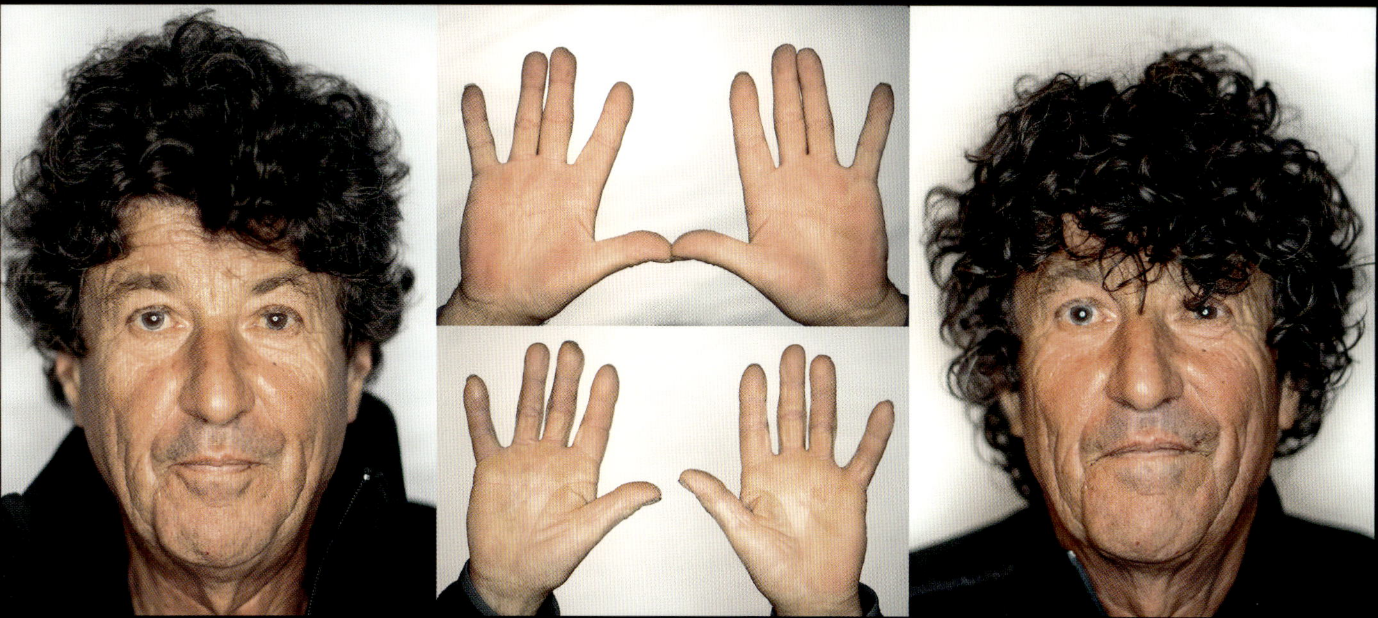

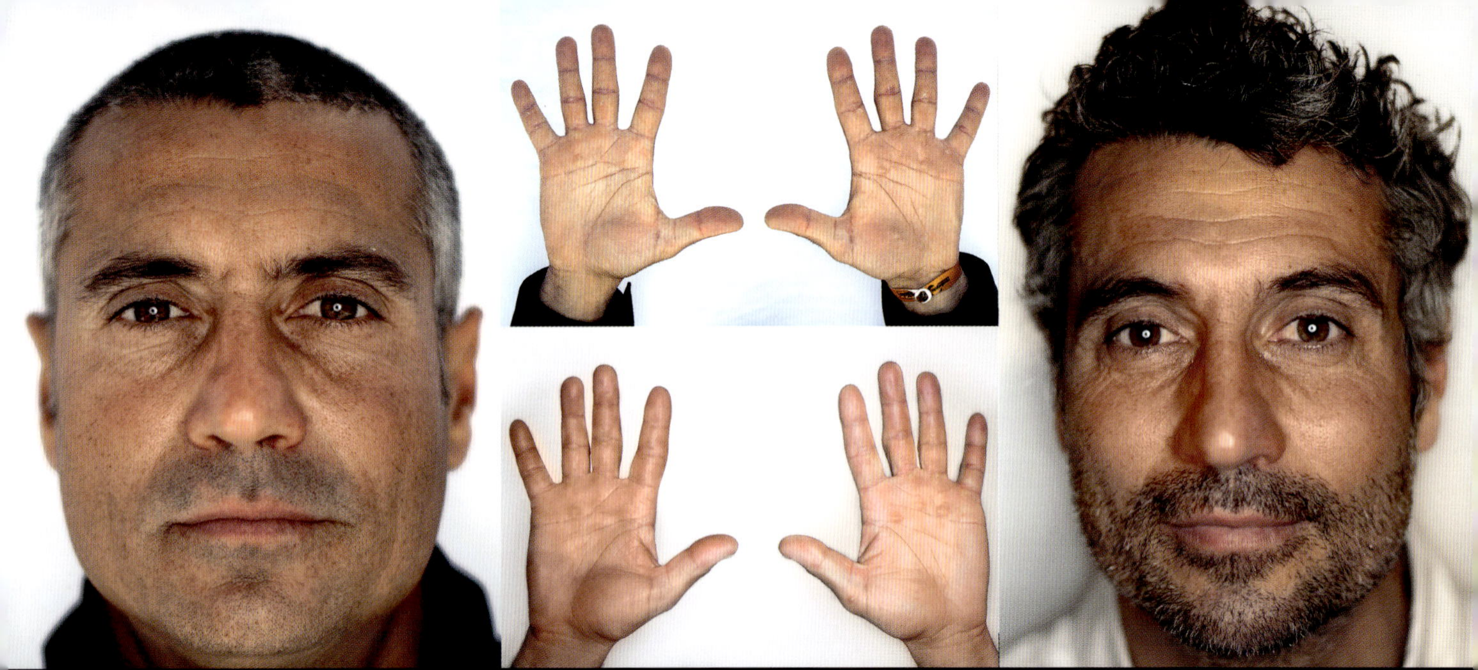

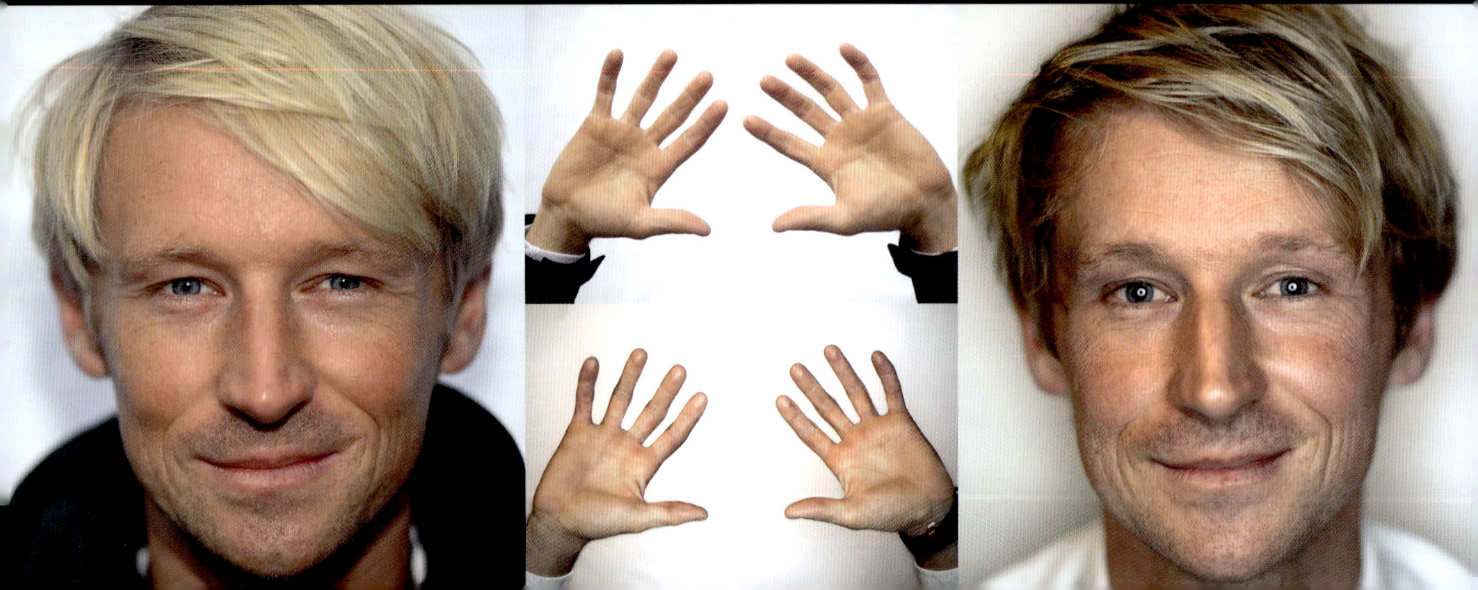

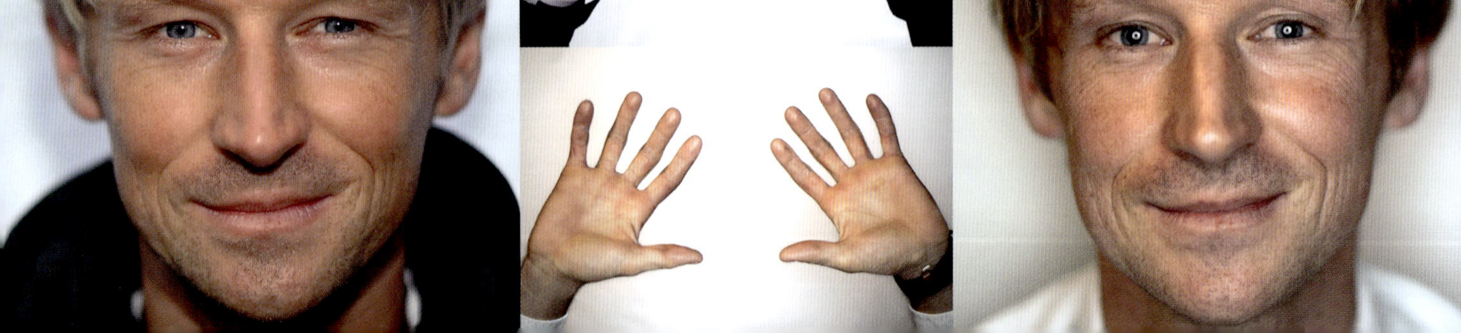

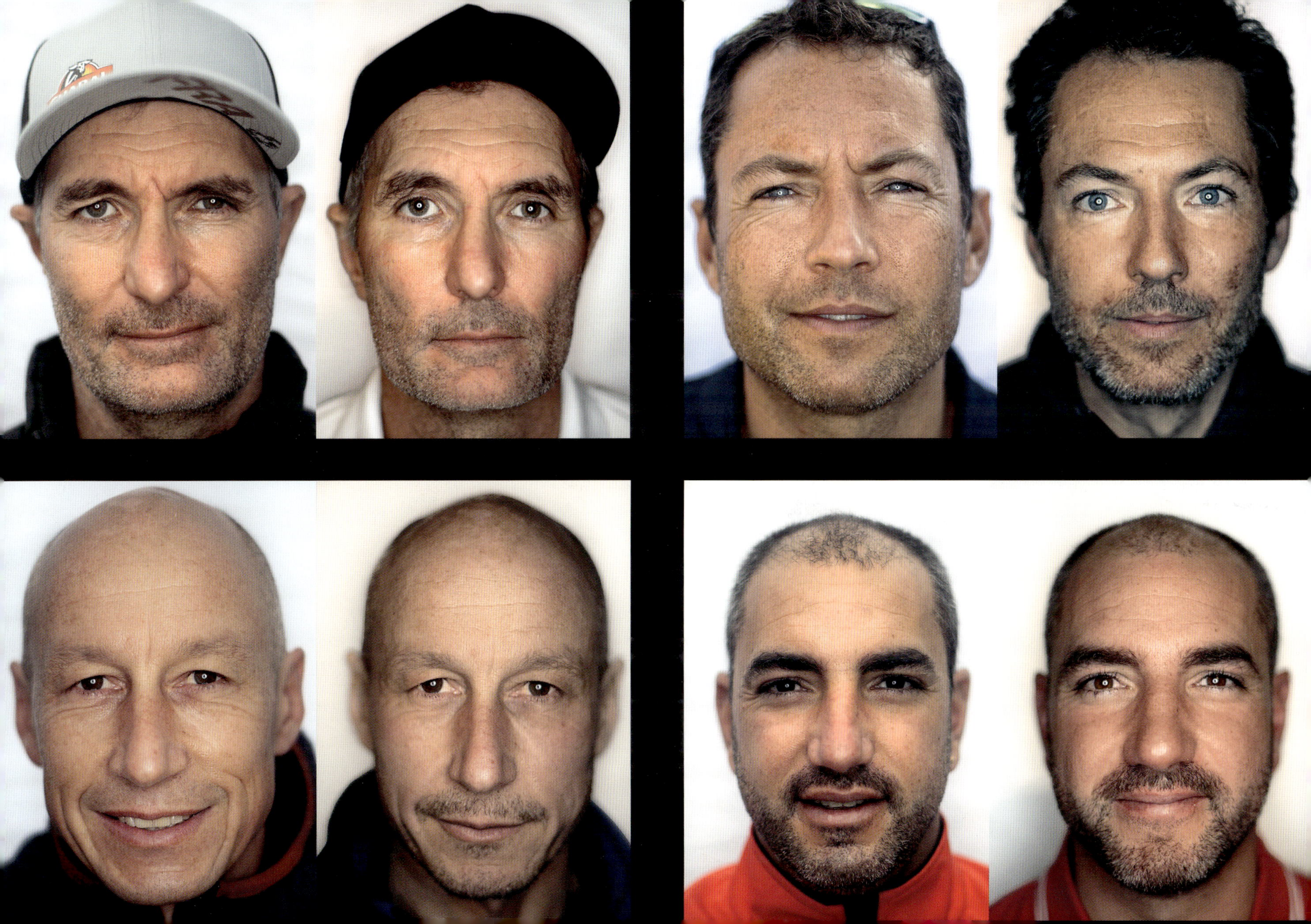

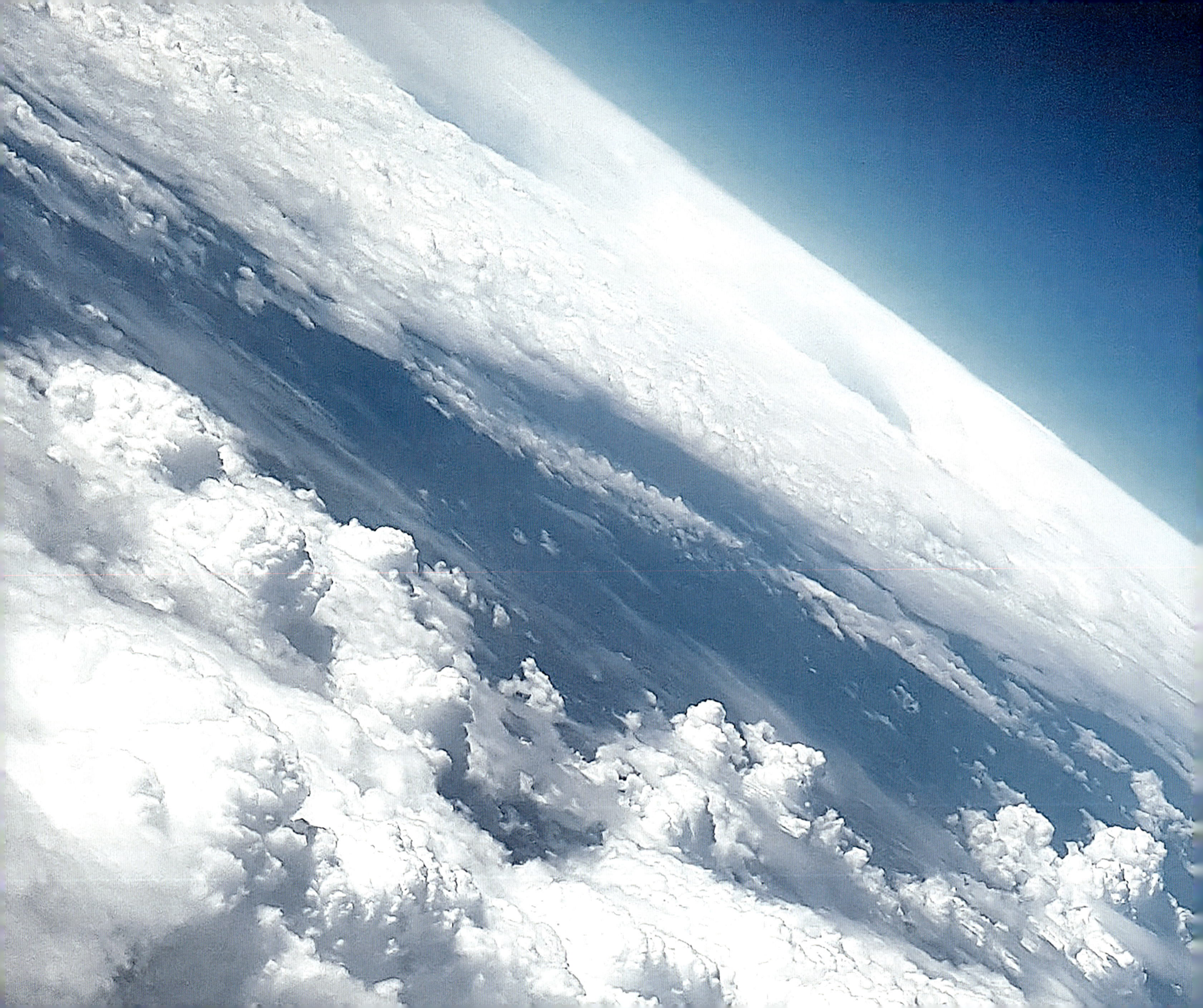

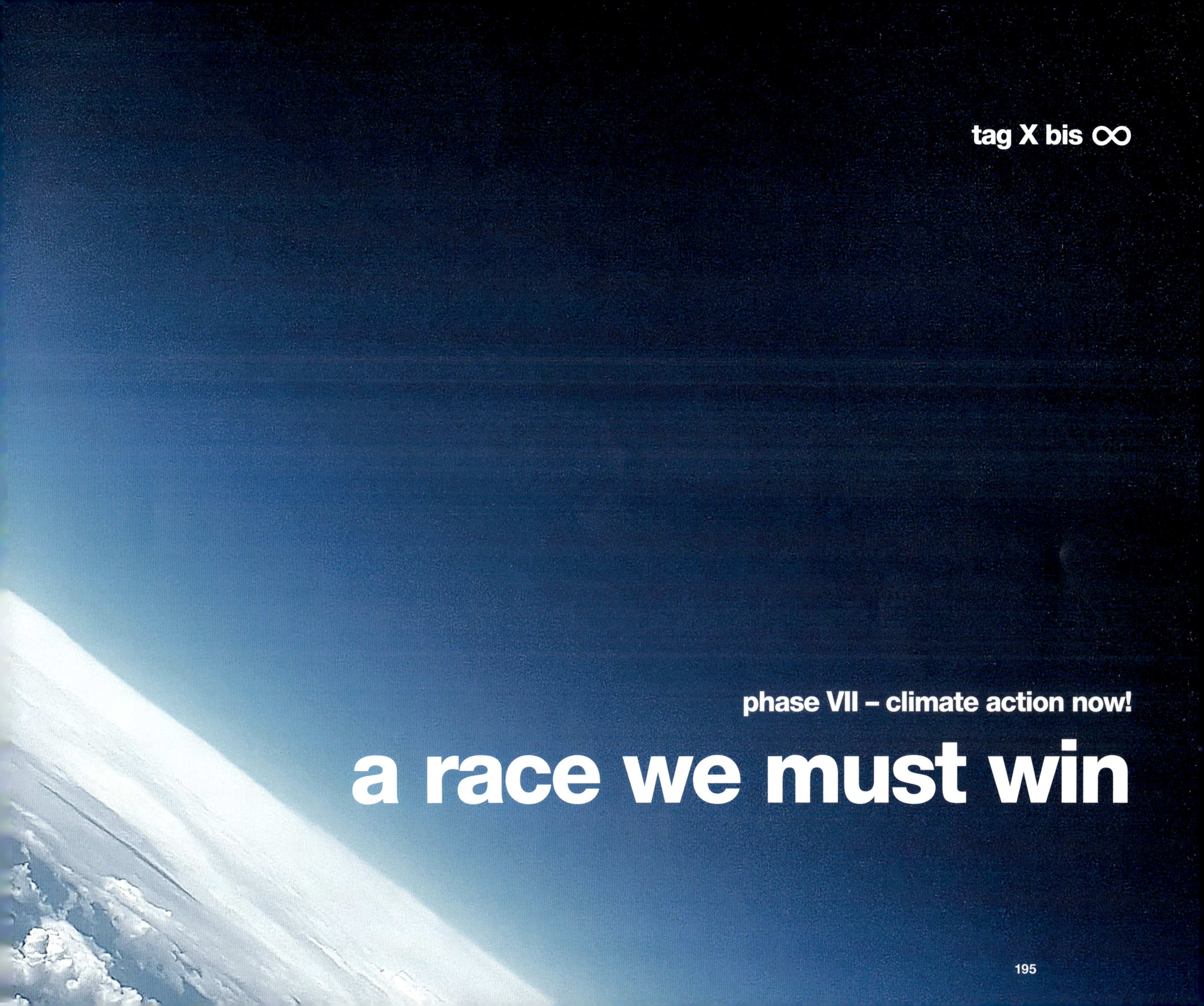

phase VII – climate action now!

a race we must win

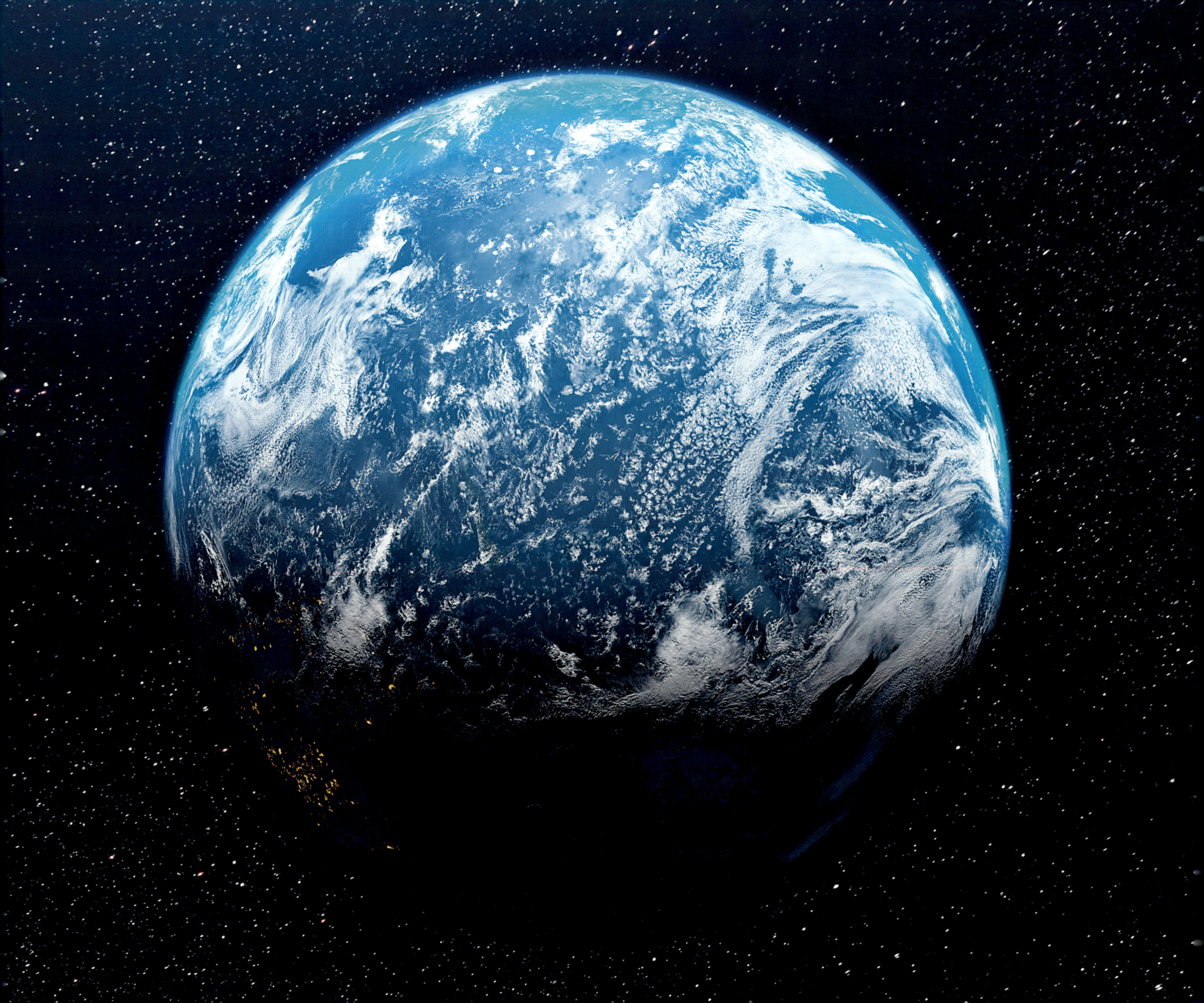

71 % der Erdoberfläche sind von Meeren und Ozeanen bedeckt. Elixier und Lebensraum zugleich, sind sie dennoch seltsam unerforscht. Das zu ändern und zum besseren Verständnis ihrer Bedeutung für das Klima beizutragen, ist Antrieb für »Malizia Ocean Challenge«. Nicht zuletzt die Live-Schaltungen von der Vendée Globe haben hier einen nicht zu unterschätzenden Beitrag geliefert.

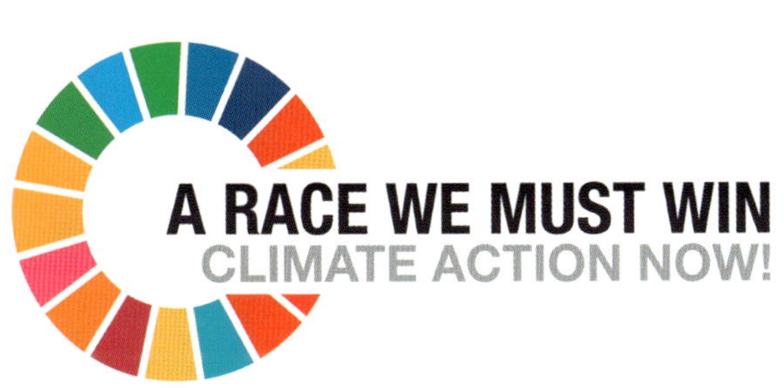

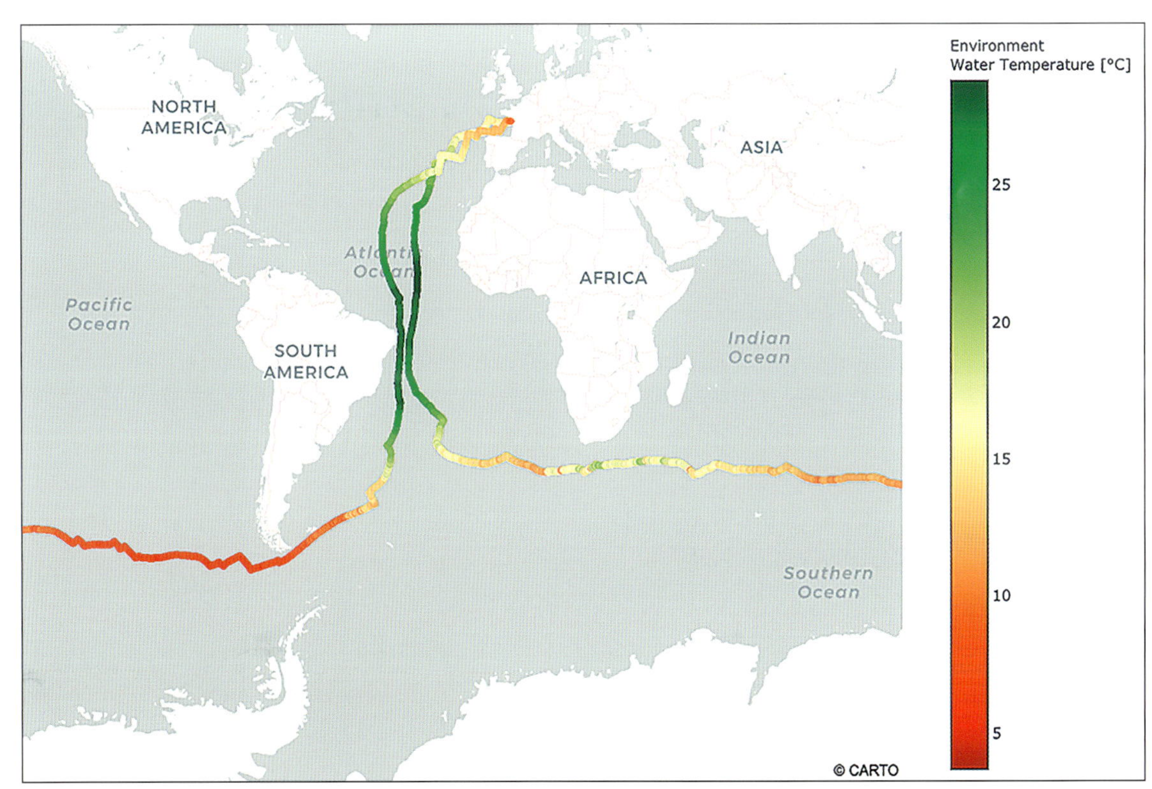

Gesicherte Qualität wissenschaftlicher Daten zu liefern – wie immer die Vendée Globe ausgegangen wäre: Diese Mission war zusätzlicher Anreiz für Boris Herrmann und sein Team. Und das CO_2-neutral.

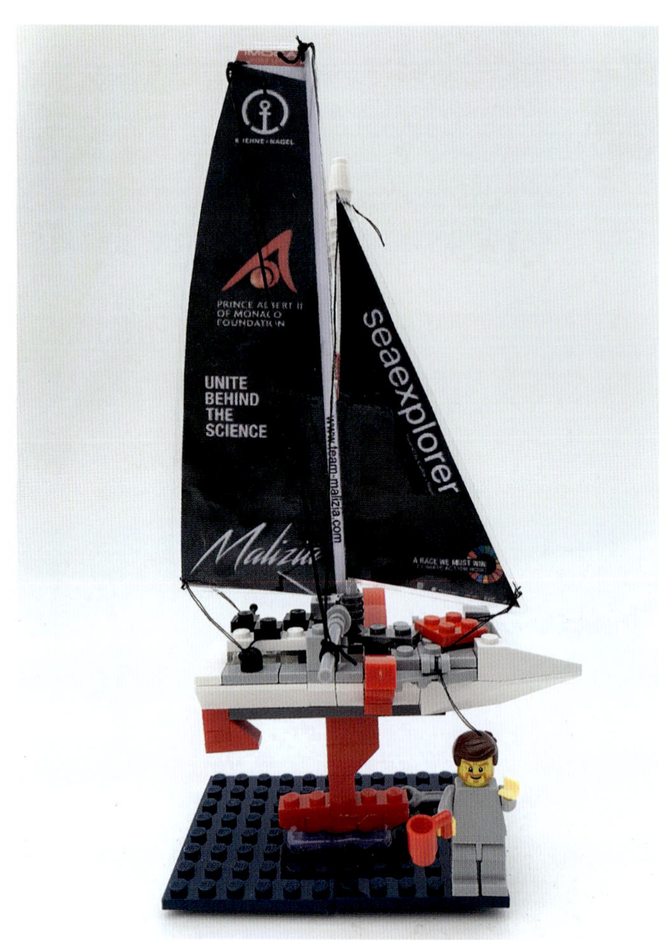

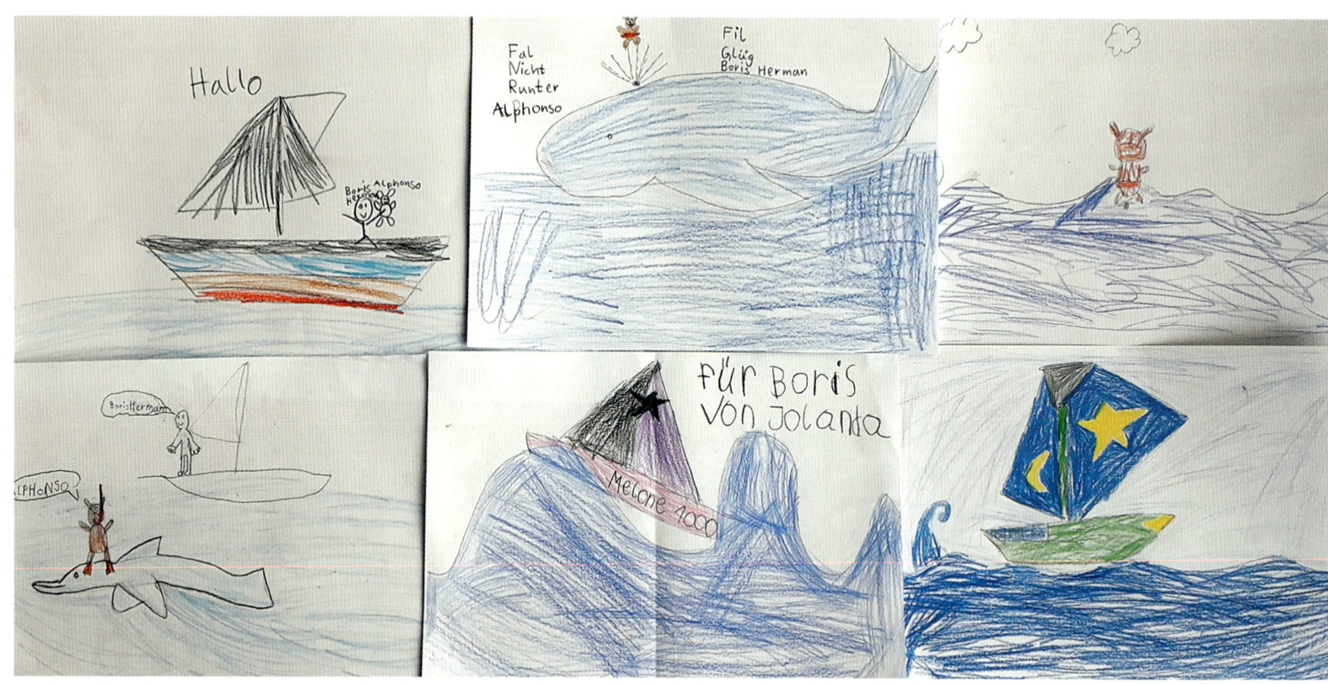

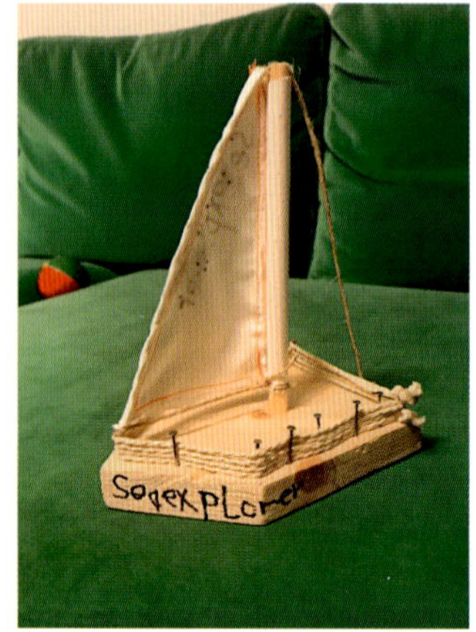

»Ich habe so viele Briefe und Zeichnungen erhalten, als ich in der Vendée Globe segelte, und dies war eine große Motivation, weiterzumachen, denn eines der Hauptziele des Teams ist es, die nächste Generation zu inspirieren und zu erziehen, dass wir alle JETZT handeln müssen im Hinblick auf den Klimawandel – und nicht erst morgen.«

»Heute wollte ich allen jungen Fans, die ständig meine Abenteuer, Rennen und Projekte verfolgen, ein ganz großes DANKESCHÖN aussprechen.« Selbst unter härtesten Regatta-Bedingungen verliert Boris nicht seine zweite, wichtige Mission aus den Augen. Seine Hauptzielgruppe: Junge Menschen, die für die Probleme der Ozeane sensibiisiert werden sollen – um Lösungen zu finden.

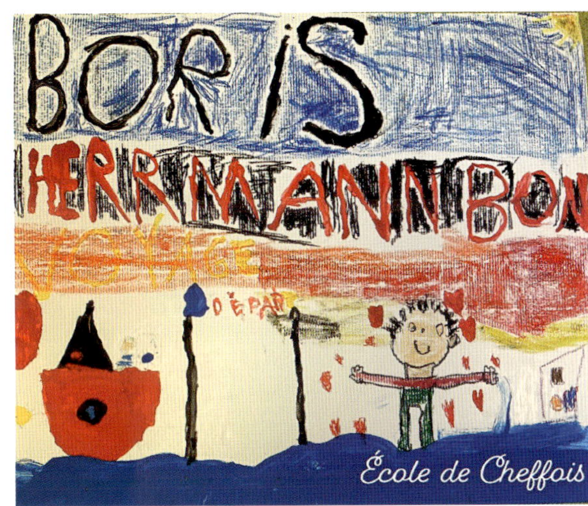

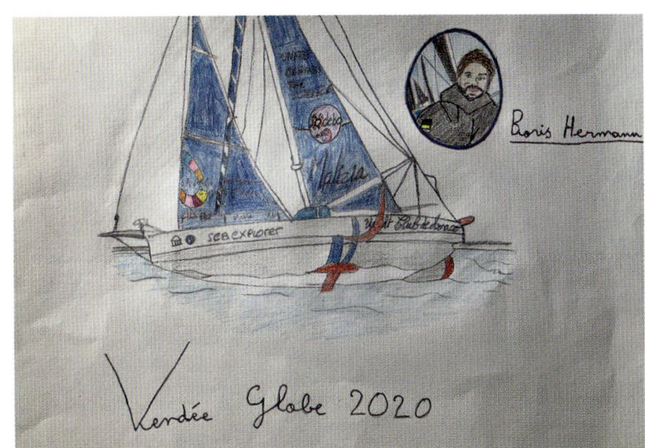

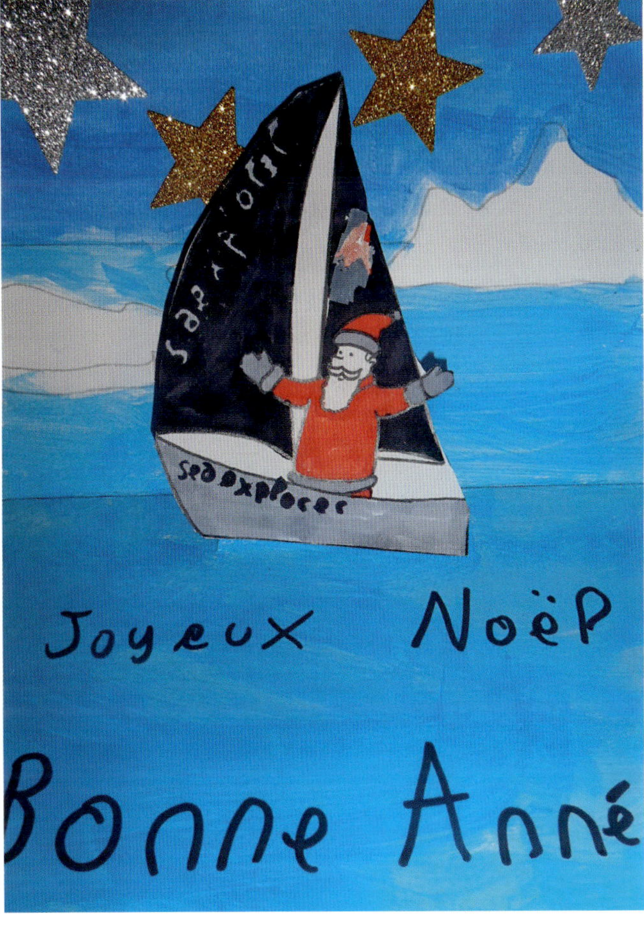

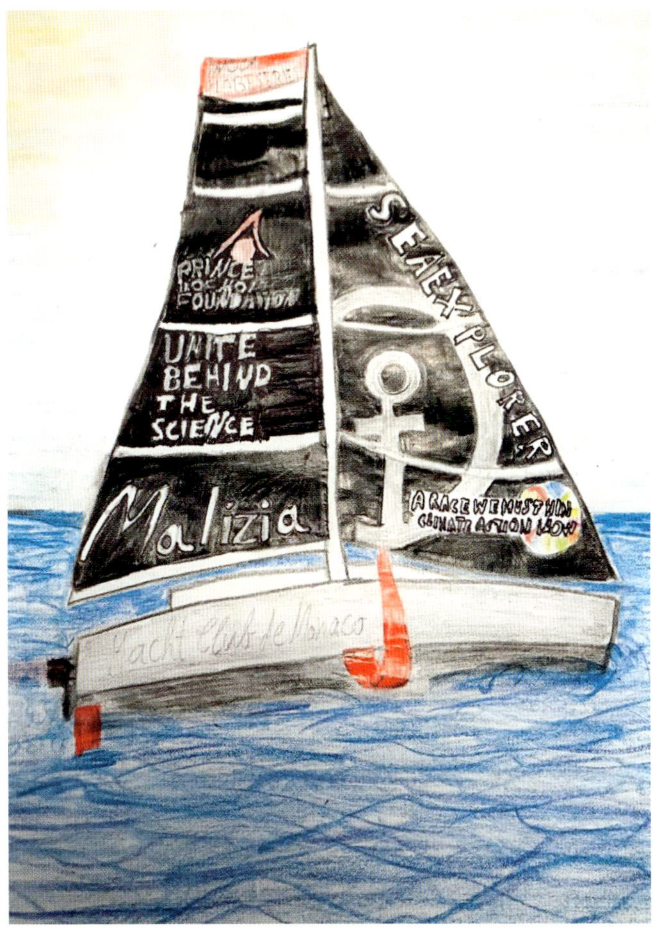

What can *you* do for the ocean?

Segeln, Wissenschaft und Bildung ist der Dreiklang, den Team Malizia liefert ...

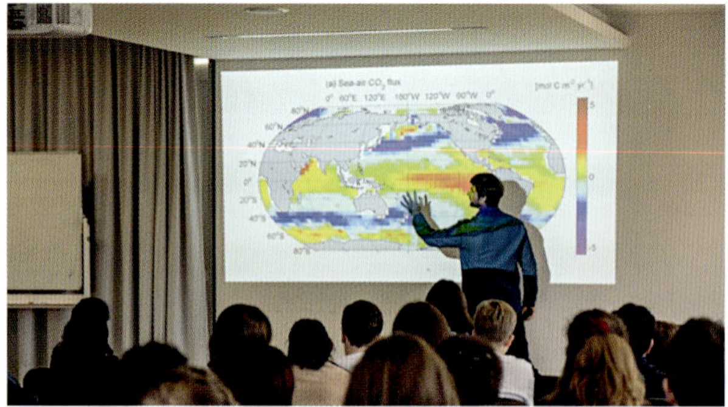

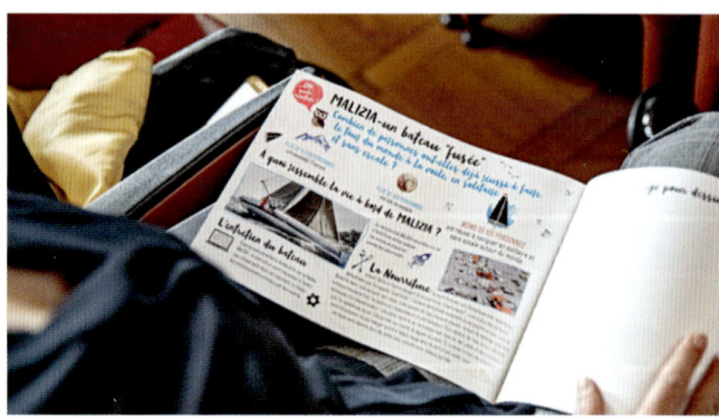

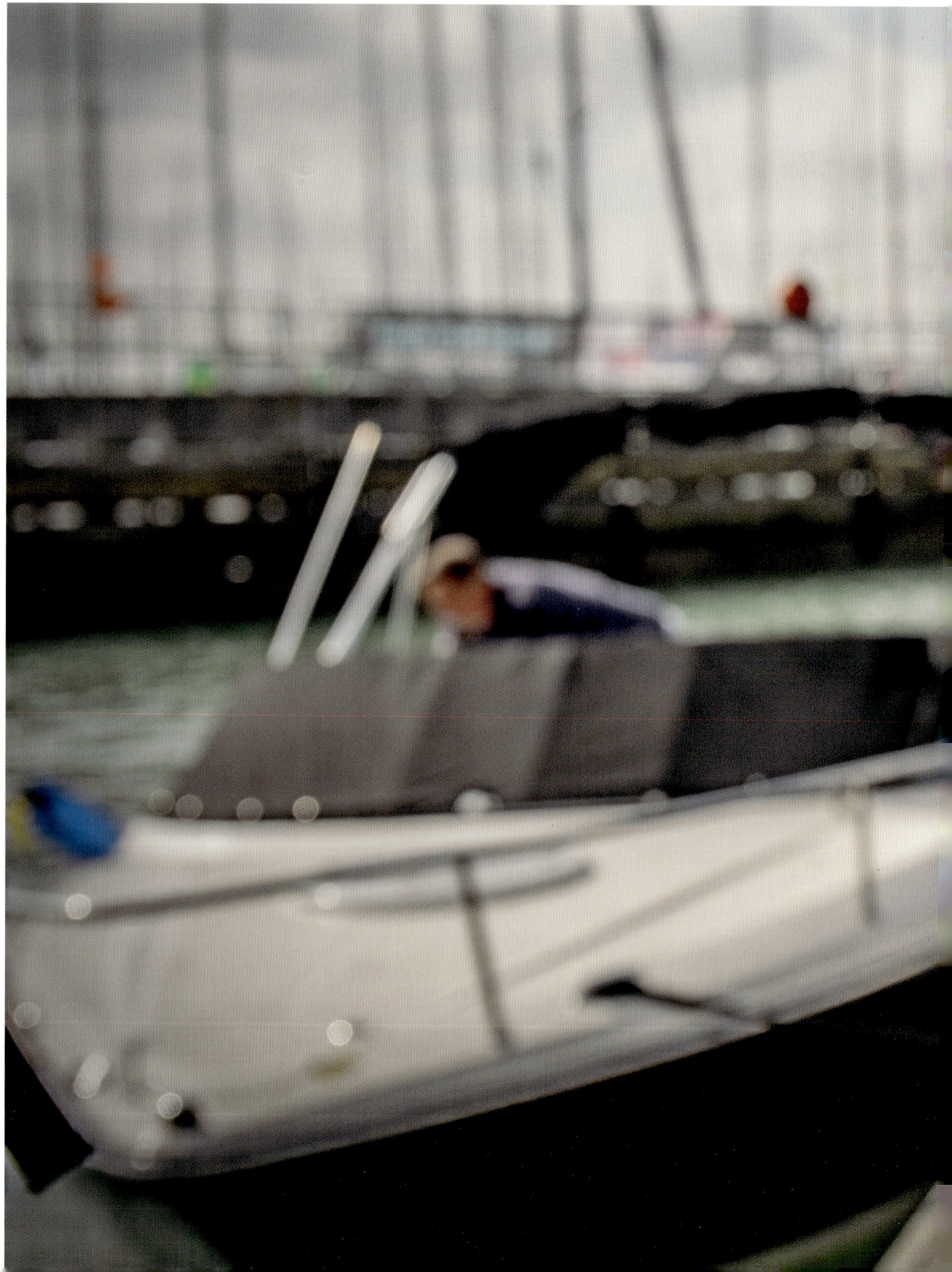

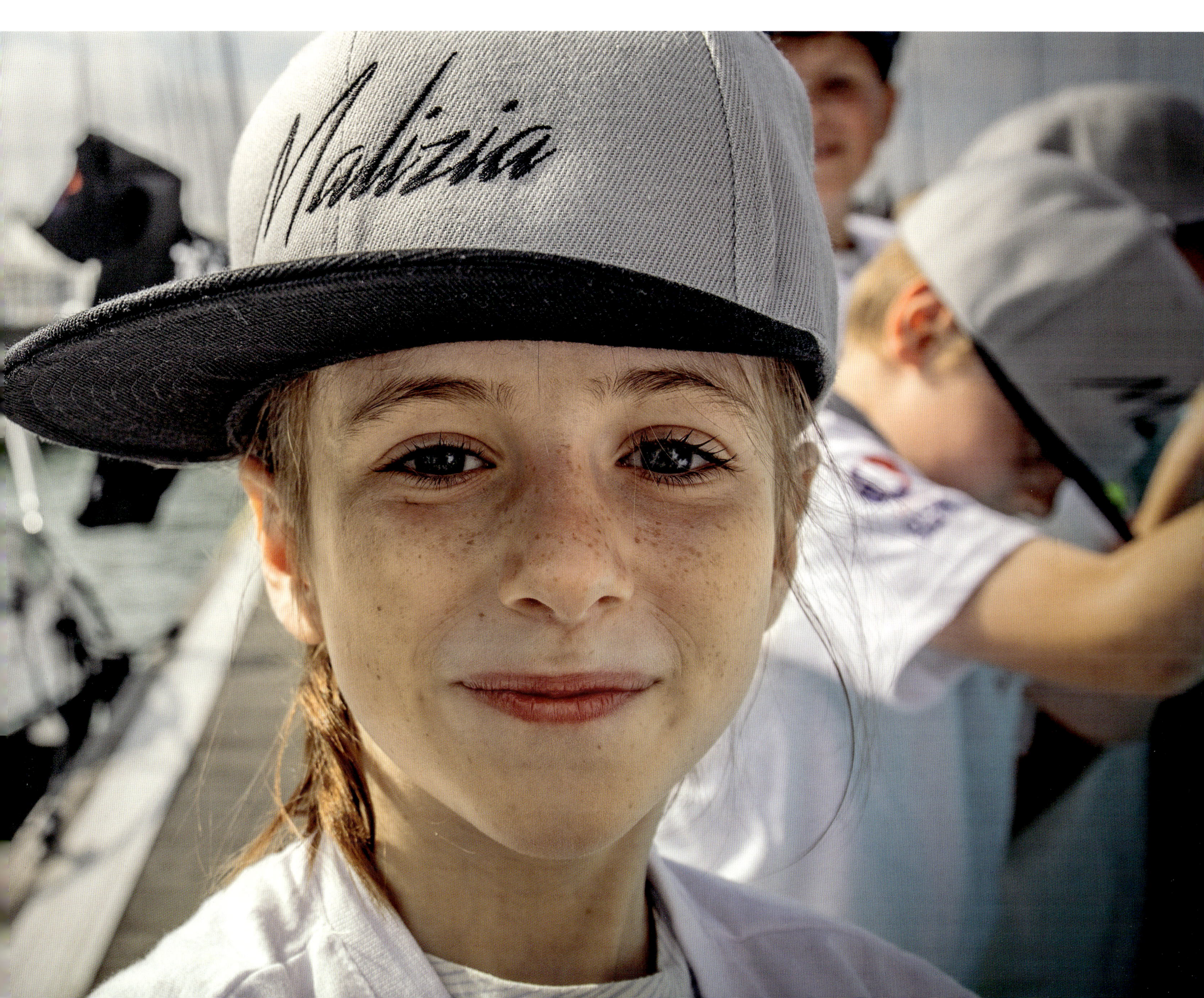

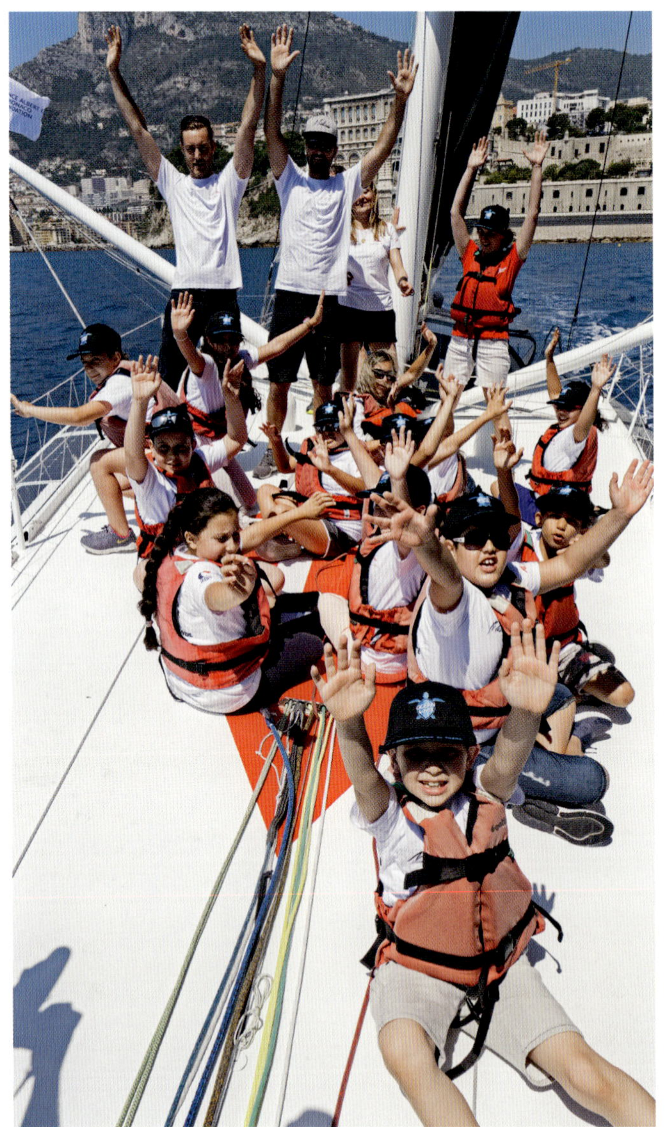

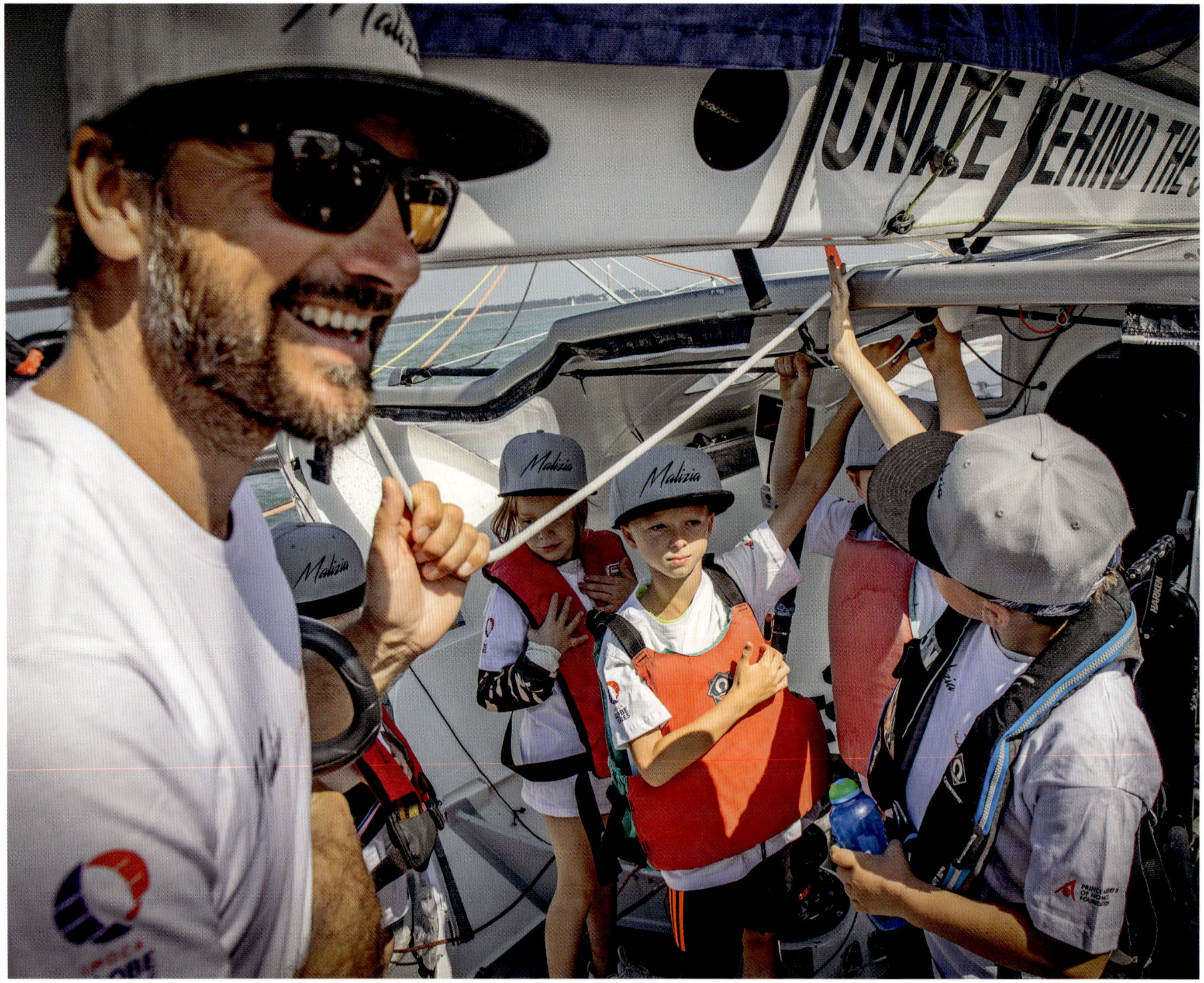

**... und der weltweit begeistert
angenommen wird.**

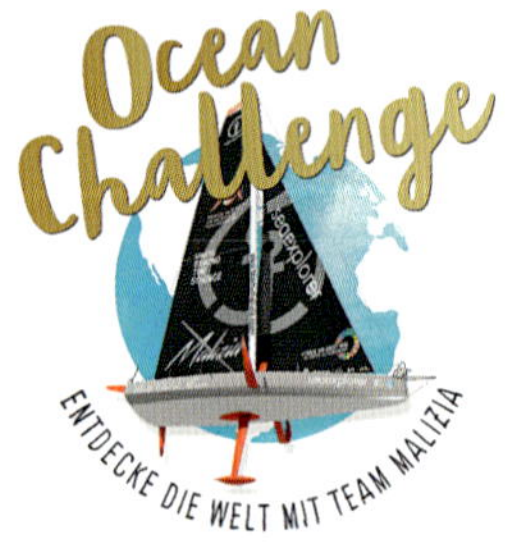

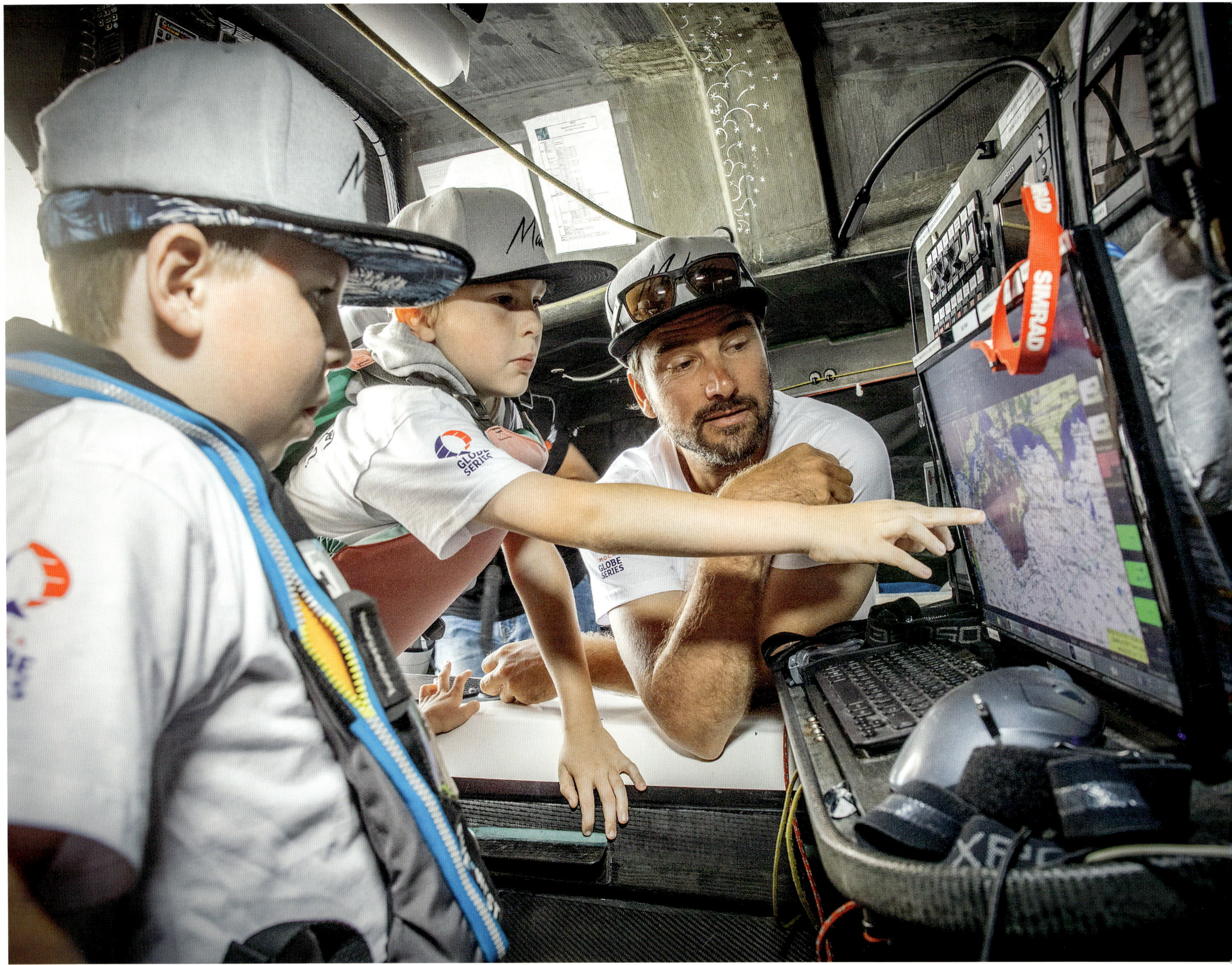

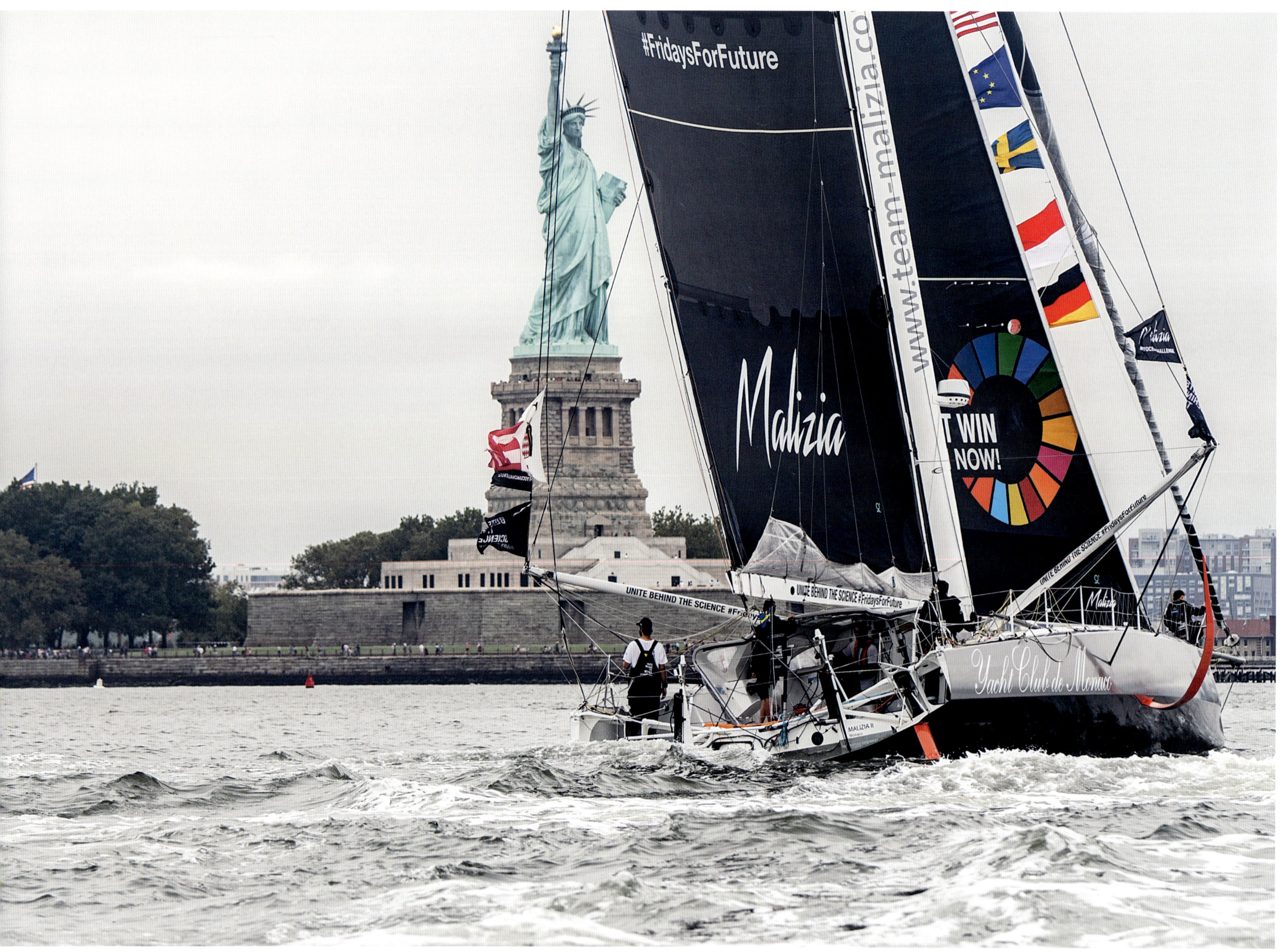
#FridaysForFuture
Malizia
www.team-malizia.co
T WIN NOW!
UNITE BEHIND THE SCIENCE #FridaysForFuture
UNITE BEHIND THE SCIENCE #Fridays
Yacht Club de Monaco
MALIZIA II

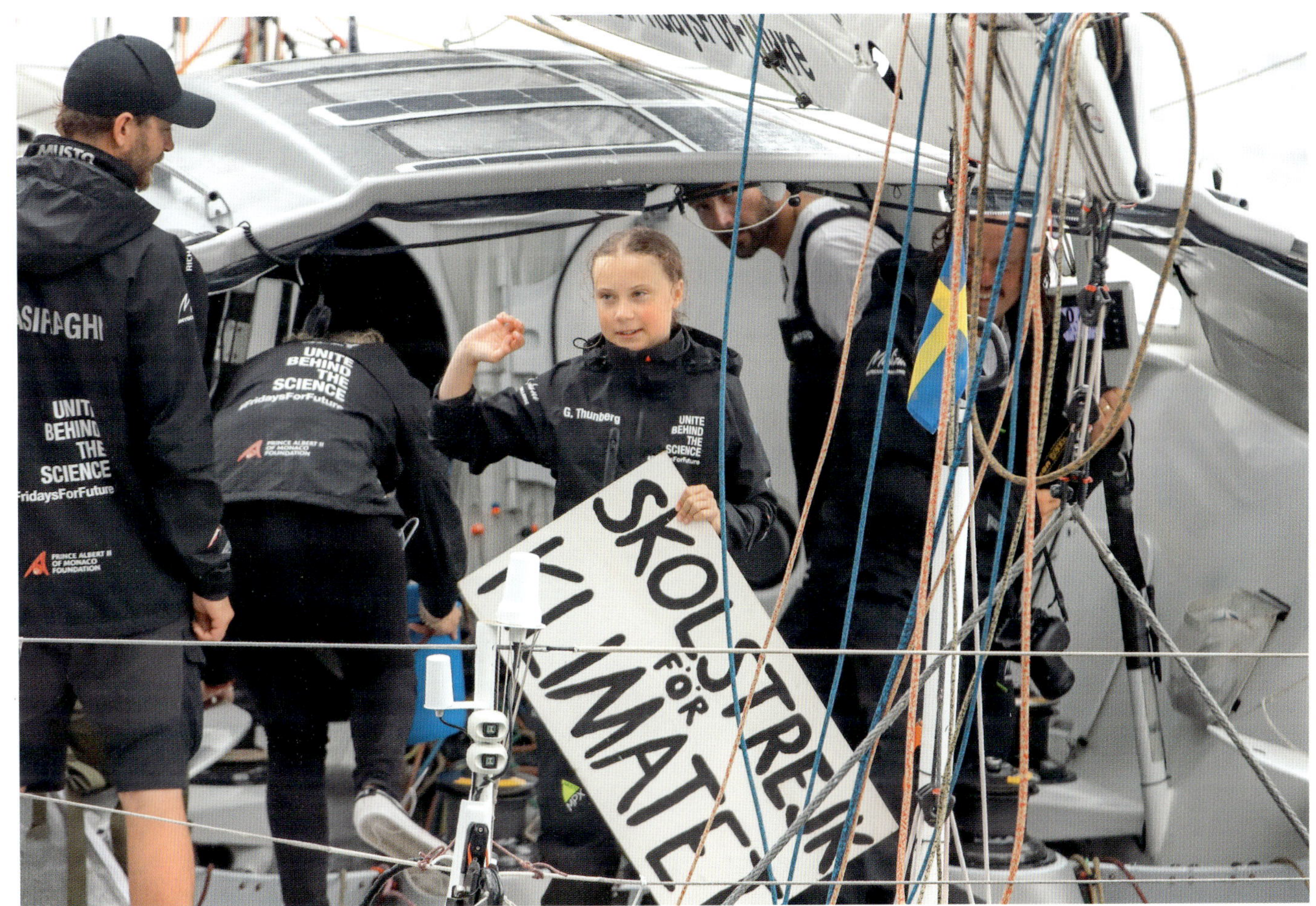

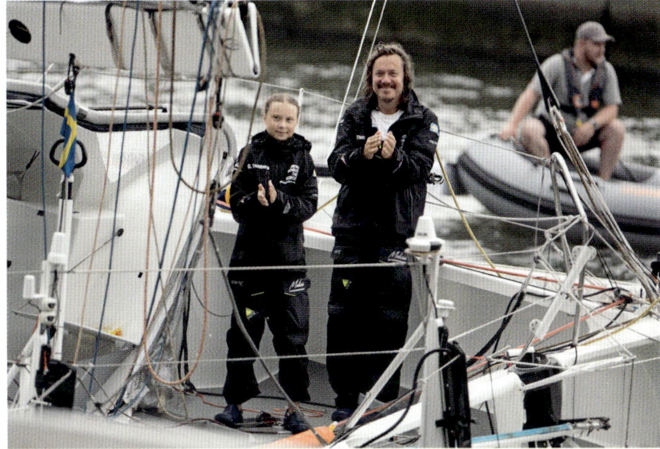

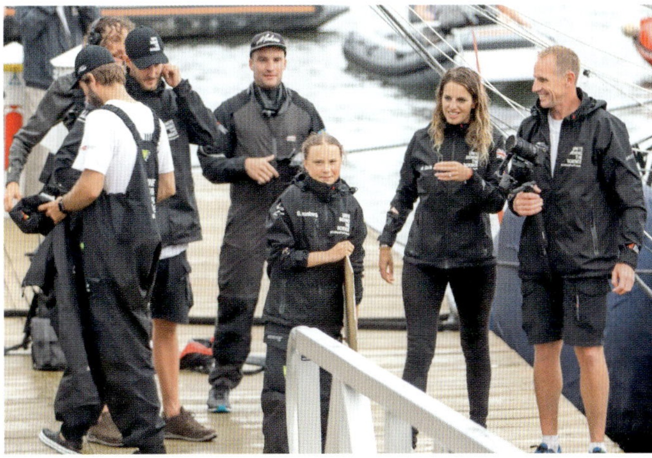

Eine Reise, die trotz Medienaufmerksamkeit viel Persönliches brachte.

**Fridays for Future-
Großdemo in
Hamburg –
Boris Herrmann und
sein Hund Lilly
mittendrin.**

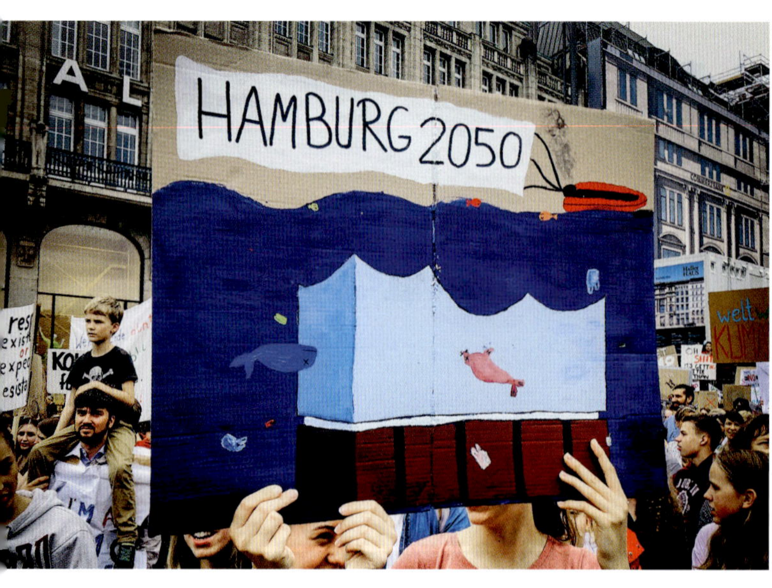

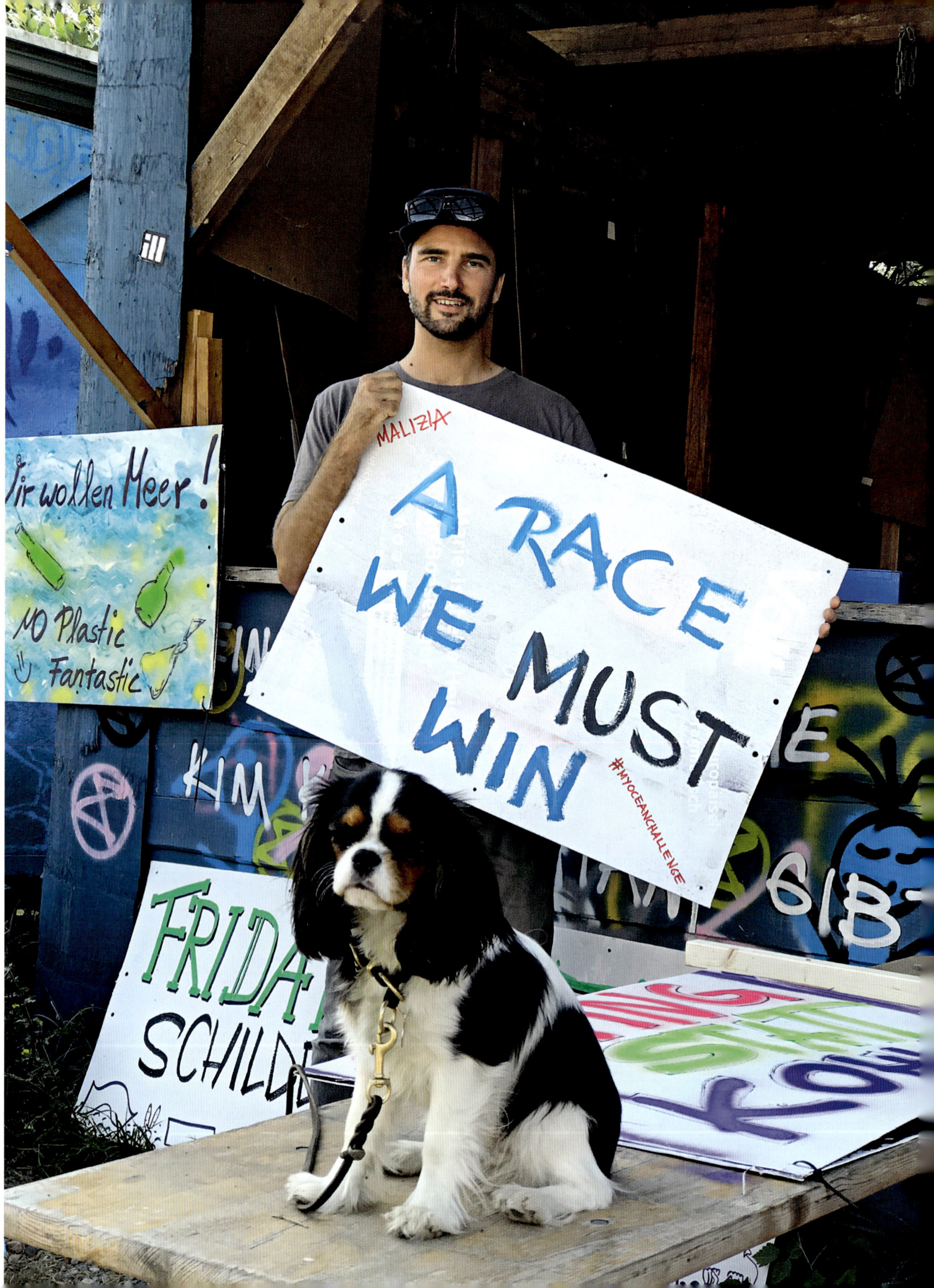

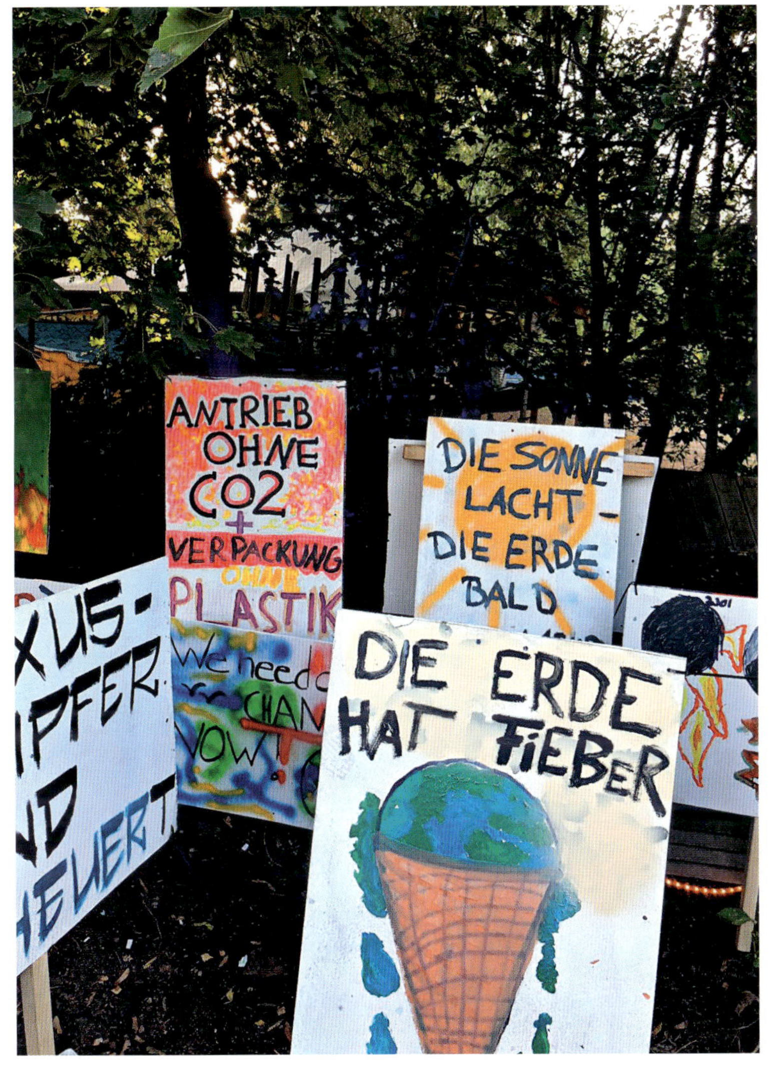

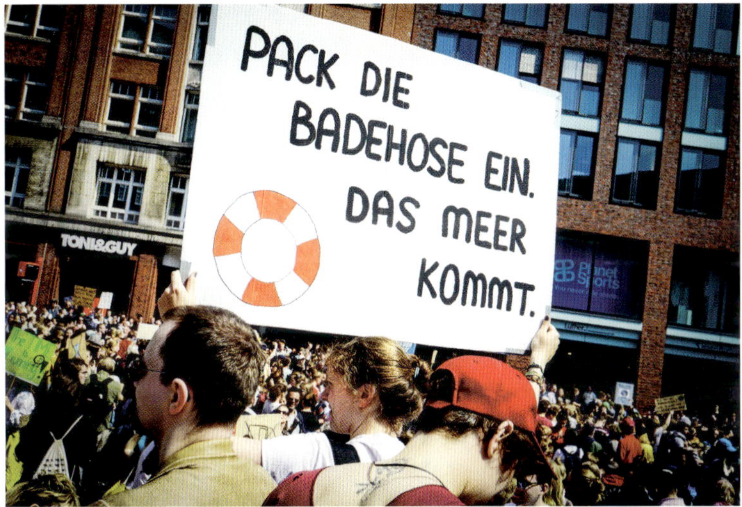

UNITE
BEHIND
THE
SCIENCE

#FridaysForFuture

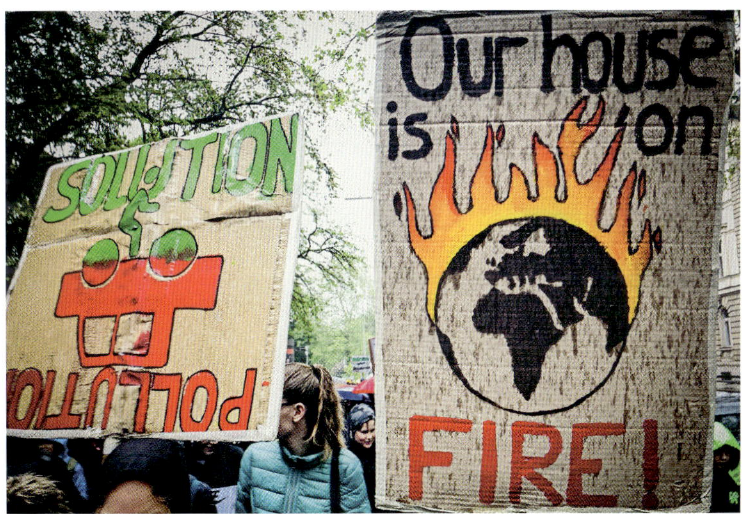

Viele Organisationen, ein Ziel:
Kein Weitermachen wie bisher!

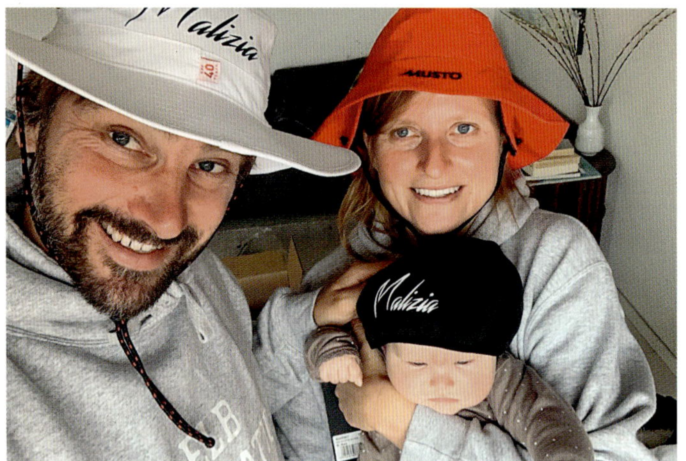

Bücher machen ähnelt in einem Punkt den großen Regatten: Es ist Teamwork vonnöten.

Autor und Verlag danken daher folgenden Personen ganz besonders herzlich – ohne sie wäre weder die Teilnahme an der Vendée Globe, noch dieses Buch möglich gewesen: Den Hauptsponsoren der Seaexplorer – Yacht Club de Monaco sowie Kuehne+Nagel. Dem gesamten Team Malizia. Den Fotografen für die fantastischen Bilder. Der Künstlerin Heinke Boehnert, die aus den gebrauchten Segeln der Seaexplorer fantastische Kunstwerke macht – und einen nicht unerheblichen Teil der Einnahmen der Umweltkampagne My Ocean Challenge stiftet.

Bibliografische Information der Deutschen Nationalbibliothek.
Die Deutsche Nationalbibliothek verzeichnet diese Publikation in der Deutschen Nationalbibliografie; detaillierte bibliografische Daten sind im Internet über http://dnb.dnb.de abrufbar.

2. Auflage
ISBN 978-3-667-12245-2
© Delius Klasing & Co. KG, Bielefeld

Herausgeber: Birgit Radebold, Jochen Rieker, Jörg Weusthoff

Text: Birgit Radebold, Jochen Rieker
Art Direction: Jörg Weusthoff, Weusthoff & Reiche Design, Hamburg
Litho: Mohn Media, Gütersloh
Herstellung: Axel Gerber
Druck: L.E.G.O., I-Vicenza VI
Printed in Italy 2022

Delius Klasing Verlag, Siekerwall 21, D - 33602 Bielefeld
Tel.: 0521/559-0, Fax: 0521/559-115
E-Mail: info@delius-klasing.de
www.delius-klasing.de

Bildnachweis

Adobe Stock: Seiten 4–5, 12–13, 156–157, 194–196
Alea/VG:
– **Vincent Curutchet:** Seiten 26 kl. Bild oben, 152, 170, 185 mi. Bild unten
– **Jean-Louis Carli:** Seiten 84–85, 86 li. Bild oben & unten, 90 re. Bild oben, mi. & re., Bild unten, 148–149, 152–153, 184 li. & mi. Bild oben, 185 re. Bild unten
– **Bernard Le Bars:** Seiten 140–141, 146–147, 172–177, 182 , 185 mi. Bild oben
– **Olivier Blanchet:** Seiten 142–143, 177, 184 mi. Bild unten, 188 mi. Bild unten
– **Yvan Zedda:** Seiten 151, 160–163, 165, 184 re. Bild oben
– **JMLiot:** Seiten 184 li. & re. Bild unten, 188 re. Bild oben & unten
Andreas Lindlahr: Seiten 22 (re. Bild oben), 26 (kl. Bild unten), 28 (re.), 29–31 (inkl. kl. Bild oben), 34–35 (li. Bild oben & unten), 44, 56–59, 76–77, 80–81, 87, 90 (li. Bild unten), 200–201, 202 (re. Bild), 203
Boris Herrmann Racing/Privat: Seiten 32–33, 35 (mi., re. Bild oben & unten), 102–115, 118–137, 197–200, 206 (re. Bild)
DMG Mori: Seite 188 li. Bild
Eloit Stichelbaut/PolaRYSE: Seiten 36–41, 46
Gauthier Lebec: Seite 49
Getty Images: Seiten 62–64, 68, 72–75, 82–83, 91, 116–117, 138, 144–145, 150, 154, 176–177, 180–181, 183, 185 (li. Bild unten), 186–187, 188 (mi. Bild oben), 189–193
Imago Images: Seiten 70, 78–79, 86 (gr. Bild), 88–89, 90 (li. & mi. Bild oben), 92–94, 96–98, 185 (li. Bild oben), 205
Jean Marie-Liot: Cover, Seiten 6–9, 24–25, 50–55, 67
Jen Edney: Seite 204
Josef Kubica: Seite 31 (kl. Bild unten)
Jörg Weusthoff: Seiten 206–207
Martin Keruzoré: Seiten 158–159, 164, 166–169, 171, 178
Martin Messmer: Seiten 20, 22 (gr. & kl. Bild unten), 23, 26 (gr. Bild), 202 (li. Bild)
Pierre Bouras: Seiten 10–11
Privat: Seiten 28 (li. & mi. Bild), 176 (re. Bild klein)
Will Harris: Seiten 27, 48
Yann Riou/PolaRYSE: Seiten 42–43, 46–47

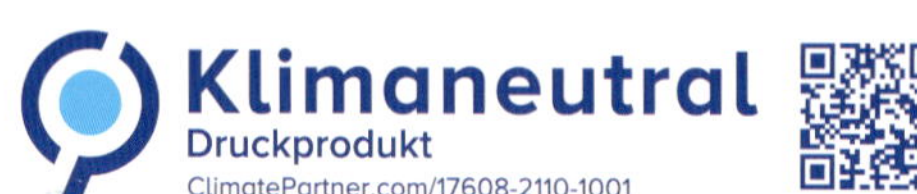

Der Ausgleich der beim Druck dieses Buches entstandenen CO_2-Emissionen erfolgt über das Klimaschutzprojekt »Saubere Kochöfen« in Nyungwe, Ruanda. Mit dessen Hilfe werden effiziente Kochöfen aus lokalem Lehm und Sand eingeführt, der Holzverbrauch und die Rauchbelastung für die Bevölkerung reduziert und somit auch das einzigartige Ökosystem Ruandas geschützt. Das Klimaschutzprojekt »Saubere Kochöfen« hat den Projektstandard: Gold Standard VER (GS VER), leistet eine messbare CO_2-Reduktion und wird regelmäßig überprüft.

Vendée Globe 2020/21 – Ranking

Pos.	Skipper	Bootsname	Zeit	Delta
1	Yannick Bestaven (FRA)	Maître CoQ IV	80T 03h 44m 46s korrigiert / 80T 13h 59m 46s real	
2	Charlie Dalin (FRA)	Apivia	80T 06h 15m 47s	0T 02h 31m
3	Louis Burton (FRA)	Bureau Vallée 2	80T 10h 25m 12s	0T 06h 40m
4	Jean Le Cam (FRA)	Yes We Cam!	80T 13h 44m 55s korrigiert / 81T 05h 59m 55s real	0T 10h 00m
5	Boris Herrmann (GER)	Seaexplorer – Yacht Club De Monaco	80T 14h 59m 45s korrigiert / 80T 20h 59m 45s real	0T 11h 14m
6	Thomas Ruyant (FRA)	LinkedOut	80T 15h 22m 01s	0T 11h 37m
7	Damien Seguin (FRA)	Groupe Apicil	80T 21h 58m 20s	0T 18h 13m
8	Giancarlo Pedote (ITA)	Prysmian Group	80T 22h 42m 20s	0T 18h 57m
9	Benjamin Dutreux (FRA)	Omia – Water Family	81T 19h 45m 20s	1T 17h 01m
10	Maxime Sorel (FRA)	V and B – Mayenne	82T 14h 30m 15s	2T 10h 45m
11	Armel Tripon (FRA)	L'Occitane En Provence	84T 17h 07m 50s	4T 13h 23m
12	Clarisse Crémer (FRA)	Banque Populaire X	87T 02h 24m 25s	6T 22h 39m
13	Jérémie Beyou (FRA)	Charal	89T 18h 55m 58s	9T 14h 31m
14	Romain Attanasio (FRA)	Pure – Best Western	90T 02h 46m 02s	9T 23h 01m
15	Arnaud Boissières (FRA)	La Mie Câline – Artisans Artipôle	94T 18h 36m 06s	14T 14h 52m
16	Kojiro Shiraishi (JPN)	DMG Mori	94T 21h 32m 56s	14T 17h 48m
17	Alan Roura (SUI)	La Fabrique	95T 06h 09m 56s	15T 02h 35m
18	Stéphane Le Diraison (FRA)	Time For Oceans	95T 08h 16m 00s	15T 04h 31m
19	Pip Hare (GBR)	Medallia	95T 11h 37m 30s	15T 07h 53m
20	Didac Costa (ESP)	One Planet One Ocean	97T 06h 27m 03s	17T 02h 42m
21	Clément Giraud (FRA)	Compagnie Du Lit / Jiliti	99T 20h 08m 31s	19T 16h 24m
22	Miranda Merron (GBR)	Campagne De France	101T 08h 56m 51s	21T 5h 14m
23	Manuel Cousin (FRA)	Groupe Sétin	103T 18h 15m 40s	23T 14h 31m
24	Alexia Barrier (FRA)	TSE – 4myplanet	111T 17h 03m 00s	31T 13h 18m
25	Ari Huusela (FIN)	Stark	116T 18h 15m 46s	36T 14h 31m

ausgeschieden

Skipper	Bootsname	
Sébastien Destremau (FRA)	Merci	Ruderanlage und andere Dinge 60 sm südlich von Neuseeland; erreicht Christchurch ohne fremde Hilfe
Isabelle Joschke (FRA)	MACSF	Tag 62: Probleme beim Neigekielmechanismus; erreicht Salvador de Bahia ohne fremde Hilfe. Beendet das Rennen inoffiziell nach 107T 20h 54m
Fabrice Amedeo (FRA)	Newrest – Art & Fenêtres	Allgemeiner Computerausfall; wurde umgeleitet und erreichte ohne fremde Hilfe Kapstadt
Samantha Davies (GBR)	Initiatives-Cœur	Tag 26: Kielschaden nach Kollision mit nicht identifiziertem schwimmendem Objekt; erreichte ohne fremde Hilfe Kapstadt. Sie beendete außerhalb des Rennens inoffiziell in einer Zeit von 109T 23h 40m
Sébastien Simon (FRA)	Arkea Paprec	Tag 25: beschädigtes Steuerbord-Foil nach Kollision mit schwimmendem Objekt; erreichte ohne fremde Hilfe Kapstadt
Alex Thomson (GBR)	Hugo Boss	Tag 21: Ruderschaden, wurde nach Kapstadt umgeleitet und erreichte den Hafen ohne fremde Hilfe
Kevin Escoffier (FRA)	PRB	Strukturelles Rumpfversagen, auf Rettungsinsel umgestiegen; Boot verloren
Nicolas Troussel (FRA)	Corum L'Épargne	Tag 8: Entmastet, umgeleitet zu den Kapverdischen Inseln, die er ohne fremde Hilfe erreichte